교육심리학의 이해

윤길근 김진규 이영훈 공저

신정

머리말

교육은 인간을 대상으로 하기 때문에 인간에 관한 체계적인 지식을 필요로 한다. 교육심리학은 인간에 관한 지식을 터득하고 이해를 도움으로써 교육의 실제를 효과적으로 이끌고자 하는 데 목적이 있다.

교육은 식물을 키우는 것과 유사하다. 식물을 잘 키우기 위해서는 우선 식물의 특성을 이해해야 한다. 식물이 어떻게 자라는지, 어떻게 열매를 맺는지, 그리고 어떤 장소와 기후를 좋아하는지 등에 대해 잘 알고 있어야 한다. 식물의 특성을 잘 이해했다면 이제 어떻게 키워야 병충해에 잘 견디고 풍성한 열매를 맺을 수 있는지를 알아야 할 것이다.

이렇듯 식물을 잘 키우는 사람은 식물의 특성과 재배방법을 잘 알고 있는 사람이다. 교사는 아이들이 잘 자랄 수 있도록 도와주는 사람이다. 훌륭한 교사는 학습자의 특성과 효과적인 교육방법에 대해 정통해야 하는데, 이러한 지식을 배우는 교과목 가운데 하나가 교육심리학이다.

교육심리학은 교사를 위한 도구(a tool for teachers)를 제공하는 학문이라는 데 많은 학자들이 공감한다. 사전적 의미로 도구란 '재료를 원하는 형상으로 만들 때 쓰는 기구나 장비'를 가리킨다. 결국 아이들이 원하는 방향으로 잘 가르칠 수 있도록 하는 도구를 제공하는 것이 교육심리학이다. 교육심리학을 배우게 되면 아이들을 잘 가르칠 수 있는 도구를 얻게 되고 결국 유능한 교사가 될 것이다.

교육심리학은 교육의 과정에서 나타나는 심리적 현상들을 다루게 된다. 인간의 성장과 발달, 학습, 동기, 교수방법, 생활지도 및 상담, 측정 및 평가 등이 교육심리학의 핵심영역이다. 아이에게 언제, 어떤 내용을 가르칠까? 어떻게 하면 아이들이 잘 배우도록 할까? 이왕 하는 공부인데 보다 재미있게 할 수 있는 방법은 없을까? 아이들에게 효과적인 교수방법은 어떤 것인가? 생활지도 및 상담은 어떻게 해야 하지? 어떻게 하면 평가를 통해 아이들이 더 열심히 하게 할 수 있을까? 이 모든 의문들에 대한 중요한 힌트를 교육심리학에서 찾을 수 있을 것이다.

이상적인 교육은 이론적 기초와 교사의 적극성이 조화될 때에만 가능하다. 책을 쓰는 일은 진화론의 기제를 따른다는 말이 생각난다. 이 책은 2008년 신정출판사에서 출간된 윤길근, 김성수, 이영훈 공저의 교육심리학을 토대로 작성하였다.

앞으로 더 좋은 내용으로 거듭나 교육심리학이라는 동굴을 비추어보는 하나의 작은 촛불이 될 수 있도록 최선을 다할 것이다.

끝으로 책이 마무리되기까지 신정출판사 최용구 사장님, 편집에서 출판까지 많은 수고를 해주신 신정의 가족 여러분께 깊은 감사를 드린다.

2017년 8월

윤길근 김진규 이영훈

차 례

제❹장 학습자의 정의적 특성

제❺장 특수 학습자의 특성

제7장 학습동기

제8장 수업이론과 방법

제12장 심리검사

부록

제 1 장

교육심리학의 기초

교사들의 고민을 푸는 열쇠?

김 교사는 출근하던 중 자기 반의 영철이가 떠오르자 머리가 복잡해지고 가슴이 뛰기 시작했다. 영철이는 수업뿐만 아니라 학급생활을 하는 데 기본적인 질서와 예절을 지키지 않는다. 영철이를 어떻게 지도할까 고민 중이다.

강 교사도 다른 고민을 가지고 있다. 은희는 성적도 높고 지능도 높아서 수업 중에 질문에 대답도 잘 하는데 문제는 너무 산만한 행동을 보인다. 도무지 공부에 집중하지 못하는 문제를 갖고 있다. 은희의 주의를 집중시킬 방법은 없을까?

신 교사는 학급에서 따돌림을 당하고 있는 민수 때문에 고민이 깊어지고 있다. 민수는 학교에 오기를 두려워해서 자주 결석을 한다. 학교에 와서도 친구들과 어울리지 못하고 혼자 있는 것을 여러 번 관찰하였다.

최 교사는 영어 말하기 평가 시간에 시험불안 증상을 보이는 윤아를 목격하였다. 윤아는 한 사람씩 앞에 나가서 영어로 자기소개를 하는 수행평가 과제에서 자기 차례가 되니까 갑자기 식은땀을 흘리면서 얼굴이 새파랗게 변하였다. 최 교사는 급히 윤아를 양호실로 옮겼다.

송 교사는 토론 시간에 아이들이 미리 과제를 읽어 오지 않아서 토론 수업을 잘 진행하지 못하고 있다. 아이들은 토론 시간을 수업의 일부라고 생각하지 않는 것 같다. 또한 다른 아이들과 장난하고 다른 과목 책을 공부하기도 한다.

위의 예화에서 나타난 교사들의 고민은 학교현장에서 교사들이 매일 겪는 일들이다. 교사들은 학교에 출근하여 학생을 가르치는 본연의 업무뿐만 아니라 학교에서 맡긴 부서의 담당업무까지 수행해야 한다. 교사들은 수업준비와 교재연구 등과 같은 본연의 교육활동에 투입되는 시간이 부족한 형편이다. 그럼에도 불구하고 교사들은 다양한 개인적 특성을 갖고 있는 학생들을 효과적으로 지도하기 위하여 학습자의 특성과 교수방법을 포함하는 전반적인 교육현상을 이해하는 데 도움을 주는 전문적인 지식과 기술을 습득해야 한다. 이와 같이 교육의 효과성을 극대화시켜 주고 여러 교사들의 고민을 풀어주는 열쇠의 역할을 담당하는 학문 영역의 하나가 바로 교육심리학이다.

개요

교육심리학은 교사를 위한 도구를 제공하는 학문이다. 유능한 교사가 되기 위해서는 교육심리학에 대한 이해가 필수적이다. 유능한 교사는 사회의 변화에 따라 학생의 심리적 특성이 변하는 것을 인식하고 적절히 대처해야 한다. 또한 교육을 진행하는 과정에는 다양한 심리적 요소가 작용하기 때문에 교사는 학습자를 둘러싸고 있는 심리적 측면을 파악해야 한다. 유능한 교사는 학교현장에서 일어나는 교육현상에 대한 올바른 해결책을 강구하기 위하여 과학적으로 탐구하는 데 필요한 다양한 연구방법과 자료수집기법에 정통해야 한다.

이 장에서는 교육심리학을 처음 접하는 독자들에게 교육심리학의 기초적인 내용을 다루고 있다. 먼저 교육심리학이 어떤 성격의 학문인지에 대하여 소개한다. 다음으로 교육심리학에서 다루는 영역이 무엇인지 알아본다. 마지막으로 교육심리학을 탐구하는 연구방법과 자료를 수집하는 연구기법이 어떤 것들이 있는가를 살펴보고자 한다.

제1장
교육심리학의 기초

1. 교육심리학의 개념

교육학은 세 가지 기초 학문, 즉 교육철학, 교육심리학, 그리고 교육사회학으로 구성되어 있다. 교육심리학은 교육학의 심리학적 기초를 제공하는 학문 분야로 간주된다. 교육심리학은 교육학과 심리학이 결합된 학문이라고 할 수 있다. 교육학이나 심리학 모두 인간을 대상으로 하는 학문이라는 점에서 비슷한 특성이 많다. 그러나 교육학과 심리학은 엄밀한 의미에서 차이가 많다. 이성진(1996)이 교육학(혹은 교육)과 심리학의 차이를 4가지 측면에서 구분한 것을 요약하면 다음 〈표 1-1〉과 같다(윤길근 외, 2008).

표 1-1 교육학과 심리학의 차이

교육학	심리학
① 개개 학습자의 특성을 변화시키는 데 그 목적이 있다. ② 다소의 정밀성과 경제성의 희생을 무릅쓰고라도 학습자의 행동에 의미 있는 변화를 일으키는 변인에 관심을 갖는다. ③ 교육은 가치지향적이며 처방적이다. ④ 교육은 자연 상태에 가까운 교실에서 일어나는 과정이다.	① 인간행동에 관한 보편적 원리와 법칙을 확립하는 데에 주목적이 있다. ② 정밀성과 경제성을 중요시하면서 일관성만 있다면 행동의 작은 변화와 차이도 중요한 고려의 대상으로 하고 있다. ③ 보편적으로 가치중립적이며 기술적이다. ④ 심리학의 원리나 법칙들은 주로 통제된 실험실에서 확립되었다.

교육학은 인간을 대상으로 하는 학문이기에 인간의 심리 상태는 교육의 과정과 결과에 절대적인 영향을 미친다. 교육이 진행되는 과정에는 4가지 심리적 요소, 발달심리적 요소, 사회심리적 요소, 학습심리적 요소, 그리고 인성심리적 요소 등이 내포되어 있다(정원식, 2016). 발달심리적 요소는 교육에서 학습자의 성장과 발달에 관한 심리적 현상에 대한 이해가 전제되어야 함을 의미한다. 사회심리적 요소는 학습자에게 주어지는 학습환경을 고려해야 한다는 것이다. 학습심리적 요소는 인간 학습의 심리적 요소를 고려해야 용이하게 학습할 수 있다는 의미이다. 인성심리적 요소는 학습자가 학습환경에 적응할 수 있도록 하기 위한 적응지도의 심리적 요소를 고려해야 한다는 것이다.

교육심리학이 어떤 학문인지에 대해서 모든 학자들이 동의하는 정의는 없지만 분명한 것은 교육심리학은 교사를 위한 도구(a tool for teachers)를 제공하는 학문이라는 것이다. 유능한 교사는 자신의 전공에 관한 지식과 교육학에 대한 지식, 그리고 전문적 판단능력을 지녀야 한다. 한편 교사가 학생의 학습을 지도하고, 생활을 지도하는 역할을 수행하기 위해서는 무엇보다도 교육심리학에 대한 이해가 필수적이다.

유능한 교사가 지닌 특징은 여러 가지가 있다. 유능한 교사는 성격이나 각자 재능에 있어 매우 다양하며, 초보자에 비해 더 많은 지식을 가지고 있고 보다 효율적이며 보다 깊은 통찰력이 있다. 따라서 유능한 교사가 되기 위해서는 지식과 효율성, 문제에 대한 통찰력을 기를 필요가 있다. 예비교사들은 이런 세 가지 기술을 교육심리학과 다른 교과목들, 그리고 실제 수업연습을 통해 발달시킬 수 있을 것이다(전윤식 외 역, 2003).

교육심리학이 교육현장에서 교사가 직면하는 모든 문제에 대해 미리 만들어진 해결책을 제공해 줄 수는 없다고 하더라도, 문제를 인식하고 정의하는 과정, 가능한 해결책을 만드는 과정, 그 해결책들의 효과를 평가하는 과정에 귀중한 도움을 줄 수 있다. 이상적인 교육은 이론적 기초와 교사의 적극성이 조화될 때에만 가능하다. 교육심리학은 이상적인 교육을 수행하면서 교사들이 실제적으로 적용하고 활용할 수 있는 기본적이고 필수적인 이론적 기초를 제공하고자 하는 것이다(임규혁 · 임웅, 2007).

따라서 교육심리학은 학습자의 특성을 탐구하는 것과 교수학습의 과정을 효과적으로 실천하도록 도와주는 것에 관심을 두고 있다. 교육심리학은 학습자의 학습과 교사의 수업에 관련된 여러 가지 현상을 과학적으로 연구하는 학문이다. 교육심리학은 심리학의 지식을 교육활동에 단순히 적용하는 학문이 아니라 독자적인 연구대상과 원리를 수반하는 학문 분야이다.

2. 교육심리학의 영역

20세기 중반 이전까지 교육심리학은 기초 학문인 심리학의 지식이나 연구결과를 활용하는 응용학문으로 여겨져 왔다. 그러나 오늘날 교육심리학은 교육의 과정에 특유한 심리적 현상을 근거로 해서 연구영역과 개념을 규정하고, 독자적인 방법으로 탐구해 나가려는 경향이 뚜렷한 학문으로 자리매김하고 있다. 교육심리학은 바로 교육의 방법에 대한 과학적 · 이론적 근거를 제공함으로써 교사에게 효율적인 도구를 마련해 주는 역할을 한다.

1948년 미국심리학회(APA) 교육심리분과의 뉴스레터에서는 교육심리학의 영역으로 인간의 성장과 발달(human growth and development), 학습(learning), 성격과 적응(personality and adjustment), 측정 및 평가(measurement and evaluation), 그리고 교육심리학의 기술과 방법(techniques and methods)을 제시하였다(김형태, 2007 참조). 일반적으로 학습 과정에서 필요한 교육적 문제인 발달, 학습, 측정 및 평가, 성격과 적응 그리고 생활지도 및 상담에 관한 것이 교육심리학의 주된 연구영역으로 알려졌다. 많은 교육심리학 개론서들은 이 구분을 충실히 따르고자 한다.

표 1-2 교육심리학에서 다루는 내용의 시대적 변화

	1926–1956	1956–1975	1975–1983	1983–현재
교육심리학 교재에 포함된 주 내용	• 검사와 측정 • 교과목 관련 심리학 • 학습 • 교수방법 • 두뇌 생리학 • 유전과 본능	• 학습(행동주의) • 검사와 측정 • 발달 • 동기 • 사회적 및 정서적 문제들	• 학습 • 발달 • 개인차 • 동기 • 검사와 평가 (grading)	• 학습 • 발달 • 개인 및 집단 차 • 동기 및 학급관리 • 교수법 • 평가 (Assessment)
변화된 내용	능력심리학(faculty psychology)과 형식적 훈련의 내용이 삭제되었음	교과목과 두뇌 생리학에 관한 내용이 줄어듦. 성격, 상담, 발달 관련 내용이 늘어남	정신건강, 성격, 적응심리, 사회적 및 정서적 문제, 통계에 대한 내용이 줄어듦. 학급관리, 특수아에 대한 내용이 늘어남	검사, 지능에 관한 내용이 줄어듦. 다양성, 구성주의, 교과목에 관한 심리학 내용이 늘어남

출처: Hoy, A. W. (2000). pp. 257–270.

Hoy(2000)는 1926년 처음으로 교사양성을 위해 양성 기관에서 교육심리학을 가르쳐온 이후 오늘날까지 교육심리학 교재의 내용이 변화해온 과정을 〈표 1-2〉와 같이 제시하고 있다. 교육심리학의 초창기에는 심리검사와 측정, 교과목과 관련된 심리학 이론, 학습, 교수방법, 두뇌 생리학, 그리고 유전과 본능이 주로 다루어졌었다. 1980대 이후 교육심리학에서 다루어지는 내용은 심리검사와 지능에 관한 내용이 줄어들고, 구성주의 심리학, 그리고 교과목에 관한 심리학적 내용들이 늘어나고 있는 추세이다.

오늘날에는 이러한 영역 이외에도 부모심리나 교사심리 등이 교육심리학에 포함되어 그 영역이 확대되고 있다는 점을 알아둘 필요가 있다.

1) 인간의 성장과 발달

학교교육에서 교육심리학이 가장 먼저 관심을 갖는 것은 학습자 변인(變因)이다. 그 이유는 교육목적이 학습자의 행동변화에 있고, 교육이 학습자를 중심으로 일어나기 때문이다. 교육심리학에서 다루는 학습자 변인에는 학습자의 성장과 발달 과정이 포함된다. 학습자의 발달 과정인 인간발달에 관한 지식은 교육의 시기를 결정하고 교육내용 및 방법을 모색하는 데 중요하다는 점에서 교육심리학의 대상이 된다.

교육이 인간의 성장 · 발달의 소극적 관망자가 아니라 적극적 조력자라는 관점에서 보면 교육심리학자가 학습자의 지적, 정서적, 사회적 발달에 관심을 갖는 것은 당연하다. 1960년대 이후 피아제(Piaget)의 인지발달이론이 주목을 받으면서, 교육심리학자들은 피아제의 이론이 교육의 단계에 중요한 시사를 주리라는 기대를 가졌다. '인지기능이 연령에 따라 질적으로 어떻게 환경과 상호작용하는가'에 관한 피아제 이론의 기본 전제는 지능에 대한 종전의 양적 접근에 익숙해 있던 교육심리학자들에게는 상당히 신선하고 매력적인 것이었다.

2) 학습

학습은 교육현장과 밀접한 관계를 맺고 있는 변인으로서 학습의 기제(機制)는 행동변화의 바탕이 되며, 교육 가능성의 바탕이 된다. 따라서 교육심리학은 학습에 집중적인 관심을 갖는다. 수업과 교수도 교육심리학의 큰 관심사다. 학습자와 환경이 만났을 때 환경이 학습자에게 작용하는 것이 수업과 교수이다. 수업과 교수가 교육심리학의 핵심적 관심사가 되는 것은 그것이 교육의 방법 및 실천과 관계를 맺고 있기 때문이기도 하지만 그 과정이 심리학적인 과정이기 때문이다.

학습에 대한 이론은 크게 행동주의 학습이론과 인지주의 학습이론으로 구분된다.

일반적으로 학습자의 학습 과정을 설명하는 데 이 두 가지 이론은 학습 환경의 구성, 교육 과정의 설계, 평가의 측면에서 상이한 이론적 틀을 제공하고 있다(Greeno, Collins & Resnick, 1994). 이처럼 각각의 학습이론에 대한 이해는 교사가 구성하고 설계하는 교육의 여러 측면에 직접적인 영향을 줄 것이다.

3) 학습동기

학습과 관련해서 동기(motivation) 부분도 교육심리학의 중요한 영역이다. 최근에 와서는 동기를 인지 과정으로 설명하려는 시도가 각광을 받고 있다. 동기를 인지 과정으로 개념화하려는 이러한 노력 중 가장 체계적인 이론이 와이너(Weiner)의 귀인이론과 반두라(Bandura)의 사회인지이론이다. 성취동기이론에서 다듬어 낸 귀인이론은 학생이 자신의 성공과 실패(예컨대, 시험에서)가 '운' 때문인지 '노력' 때문인지 그 원인을 어떻게 해석하느냐 또는 어디에 두느냐에 관심을 둔다. 반두라의 사회인지이론은 학습동기가 학습목표와 학습장면에서 개인의 기대와 관련이 있다고 본다. 사람은 어떤 행동을 할 때 목표를 설정하고 그 목표를 달성할 수 있으리라고 믿는 방향으로 행동한다는 것이 이 이론의 기본 전제이다. 사회인지이론은 학교학습사태에서의 학업성취행동과 밀접한 관계를 맺고 있기 때문에 교육심리학자의 관심사가 된다.

4) 교수방법

교수 과정은 학습에 대한 이해와 밀접한 관계를 가지고 있는 분야이다. 효과적이고 체계적인 교수모형과 강의나 질문, 협동학습 등의 여러 가지의 교수방법들에 대한 연구는 교육심리학에서 중요한 내용으로 다루어진다. 이러한 모형이나 방법들을 학습자들의 개인차를 고려한 교실수업으로 어떻게 전개할 수 있는지에 대한 내용들을 제시한다. 또한 교사의 성격과 학급운영은 학생의 태도, 동기, 비행, 성취에 직접적인 영향을 줄 수 있으며, 특히 교사의 학생에 대한 기대는 학업성취에 적지 않은 영향을 미치는 것으로 알려져 있다(신명희 외, 1998).

5) 생활지도 및 상담

교육현상이란 교과서적인 이론이나 원리를 단순히 적용하는 것 이상을 필요로 하고 다양하고 역동적인 경우가 대부분이다. 따라서 학습자가 경험하는 인지적 · 정의적 측면의 문제들을 적절하게 해결해 주지 못한다면 효과적인 교육을 기대할 수 없다. 이러한 이유로 교육심리학에서는 학생의 생활지도와 상담에 관한 이론과 기법을 발전시켜왔다.

6) 측정 및 평가

교육심리학의 또 다른 관심영역은 교육의 평가이다. 교육목적이 인간행동을 바람직한 방향으로 변화시키기 위한 것이며, 교육 과정이 계획적이어야 한다면, 교육이 종료되는 시점에서 반드시 앞서 일어난 교육 또는 수업이 적절했는가, 그리고 설정한 목적은 달성되었는가를 따져 보아야 한다. 교육평가를 교육심리학의 주요 관심사로 보는 것은 그것이 교육의 과정을 평가하고 학습자의 학습목표달성도를 측정하기 때문이다. 그러나 더 중요한 것은 평가의 결과가 학습자에 의한 학습 과정과 교사에 의한 교수 과정에 피드백(feedback)됨으로써 학습 과정에 변화를 초래한다는 점이다. 학습자의 성취수준에 대한 정확한 정보는 교수 내용과 방법의 효과를 점검할 수 있으며, 학습자의 다음 학습에도 영향을 준다는 측면에서 중요한 영역으로 이해되고 있다.

3. 교육심리학의 연구방법

우리들은 일상생활을 하면서 '연구'라는 말을 거리낌 없이 사용하고 있다. 인터넷에 자료를 올리는 방법을 알아보는 것도 연구라 하고, 학생들이 보고서를 쓰는 일련의 과정을 연구라고 하기도 한다. 또한, 기업에서는 신상품을 개발하는 것을 연구라고 하기도 한다. 그렇지만 엄밀히 말하면 이러한 활동들은 연구가 아니다. 단지 방법을 알아보는 것, 보고서를 작성하는 것, 신상품을 개발하는 것이다. 심지어 학생들 중에는 자신의 친구가 좀 이상한 행동을 보이면 곧바로 "너는 연구 대상이야"라는 말을 쓰기도 한다. 이때, 연구라는 말은 거의가 진정으로 연구에 대해 알고 하는 말은 아닐 것이다. 단지, 마음속으로 이리저리 따져 깊이 생각하는 것, 또는 그러한 생각을 말하는 것이다. 이처럼 마음속으로 이리저리 따져 깊이 생각하는 것, 또는 그러한 생각을 우리는 흔히 궁리(窮理)한다고 한다. 궁리와 연구는 다른 것이다. 물론 궁리라는 말의 의미 속에는 사물의 이치를 깊이 연구하는 것이란 의미도 있다. 그렇다면 무엇이 연구이고 무엇이 연구가 아닌가? 연구란 우리의 지식을 넓히기 위해서 아직 풀리지 않은 문제를 과학적이고 체계적으로 해결하는 일련의 과정이라고 말할 수 있다. 이미 축적되어 있는 자료나 새로이 수집한 자료에서 무엇인가 의미 있는 것을 찾아내 분석하려는 과학적 노력이 곧 연구인 것이다. 가만히 있다가 발견한 사실은 연구라 하지 않는다.

교육심리학자들은 과학적 방법을 통해서 알려지지 않은 교육의 심리학적 제 현상들을 밝히게 된다. 과학이란 어떤 사실이나 현상에 대한 이론을 정립하는 작업(성태제, 1998)이라고 말할 수 있으나 현재까지 과학에 대한 통일된 정의는 없다. 나시(Nash, 1963)는 과학이란 우주현상을 보는 방법이라고 하였으며, 댐피어(Dampier, 1961)는 과학이란 자연현상에 대한 체계화된 지식이며 현상을 설명하는 개념 간의 관계를 연구하는 작업이라고 정의하고 있다. 한국어학회에서 발간된 우리말 큰 사전은 과학이란 사물의 법칙과 이치에 관한 바른 지식체계 또는 그것을 밝히는 학문이라고 정의하고 있으며, 교육학 용어사전(서울대학교 교육연구소, 1994)에는 과학은 자연과 인간의 현상을 합리적으로 이해하기 위한 목적의 탐구행위라고 정의하고 있다. 이런 다양한 정의들을 종합해 볼 때 "과학은 지식을 얻는 방법 또는 구조화된 지식체계 그 자체"를 말한다(성태제, 1998 재인용).

교육심리학 연구에서 주로 동원되는 연구방법 및 연구기법을 살펴보면 다음과 같다.

1) 연구방법

교육심리학은 여러 영역의 문제를 다루며, 교사들이 학생들에게 직접적으로 교육심리학의 원리와 이론들을 적용한다는 점에서 믿을 수 있고 타당한 경험과학적 연구방법이 필요하다. 경험과학적 연구방법들로 기술연구, 상관연구, 실험연구, 질적연구, 현장연구 등을 들 수 있다(신종호 외, 2015).

(1) 기술연구

기술연구(descriptive research)는 무엇이 존재하고 있는가를 면담, 관찰, 설문 등을 이용하여 있는 그대로 기술(記述)하고 해석하는 연구이다. 따라서 기술연구를 하는 사람은 그가 관심을 가지고 있는 어떤 현상이나 사건에 대하여 아무런 통제나 또는 조작을 하지 않고 자연적인 상황에서 있는 그대로를 파악하여 정확하게 기술하는 것을 연구의 목적으로 삼는다. 또한 어떤 사건이나 현상에 관련된 여러 변인들 간의 상호관계를 분석하는 것도 기술연구의 주요 기능이다.

(2) 상관연구

상관연구는 어떤 사건이나 현상에 내재되어 있는 여러 변인들 간의 일반적인 관계(인과관계가 아님)를 규명하는 데 초점을 둔다. 상관연구에서는 두 변인 간의 관련성 정도를 밝히기 위해 상관관계분석이라는 통계적 기법을 사용하게 된다. 이때 구해지는 상관관계의 정도를 나타내는 지수를 상관계수(correlation coefficient)라 하며 r로 표시한다. 상관계수는 −1.00~+1.00 사이의 범위를 갖는다. r=1.00이라는 것은 최대의 정적상관을 가리킨다. 예컨대, 두 변인 간의 상관계수가 +1.0이라면 이는 한 변인의 값이 증가하는 만큼 다른 변인도 정확히 같은 비율로 증가할 때를 의미하며, 이런 상관관계를 완전한 정적(positive) 상관관계라 하는데, 사회현상에서는 실제로 +1.0의 값이 존재하지 않는다. 이와는 반대로 상관계수 −1.0이란 한 변인의 값이 일정한 양만큼 증가할 때 다른 변인의 값은 정확히 같은 비율만큼 감소하는 경우이다. 이를 완전한 부적(negative) 상관관계라고 한다. 상관계수 값이 0.0이란 두 변인 간에는 어떤 관련성이 존재하지 않는 경우로써, 무상관 또는 상관이 전혀 없다고 한다. 상관계수에서 나타나는 +, −기호는 상관의 방향을 나타낸다.

이러한 상관연구는 한 변인을 통해 다른 변인을 예언할 수 있는 정도를 알 수 있다는 점에서 널리 쓰인다. 예컨대, 어떤 연구에서 수학능력점수와 대학에서의 학점간의 상관계수(r)가 0.6이라면 한 학생의 수학능력점수를 통하여 그 학생이 대학에 들어가 얻을 학점의 36%를 예언할 수 있다(일반적으로 상관계수 r을 제곱한 값이 예언도이다). 그러므로 요즈음 대학 당국에서 학점이 우수한 학생들을 선발하고 싶다면, 학생들의 다양한 자료들(내신성적, 수능성적, 면접점수 등)과 학점과의 상관계수를 구하여 예언도가 높은 차례대로 비중을 두어 선발할 수 있다(권준모, 2001).

(3) 실험연구

실험연구란 집단을 나누어 통제된 상황에서 관심변인만을 조작하여 그 결과를 알아보는 연구를 의미한다. 이때 조작하여 영향을 미치는 변인을 독립변인이라 하고 실험효과가 나타나 영향을 받는 변인을 종속변인이라고 한다. 실험의 대상자를 피험자라고 하며 실험의 대상이 되는 집단을 실험집단, 실험처치를 받지 않고 비교하기 위한 집단을 통제집단이라 지칭한다. 검사는 실험에 따라 그 실시횟수가 다른데 실험 전에 행하는 검사를 사전검사, 실험 후에 행하는 검사를 사후검사라고 한다. 실험연구의 특징은 조사연구와는 달리 특정 변인이 어떤 사건 혹은 현상과 어떠한 관계가 있는지를 알아보기 위해 연구자가 변인을 직접 조작한다는 데 있다. 따라서 상관연구에서는 확신할 수 없는 인과관계(causal relation)가 확인될 수 있는 것이 최대의 장점이다.

실험연구는 실험에 동원되는 집단의 수나 검사실시의 횟수에 따라 다양하게 이루어진다. 이를 실험설계라고 하는데 가장 전형적인 실험설계는 '전후검사 통제집단 설계'이다. 이는 대체로 다음과 같은 절차를 밟게 된다. ① 가능한 한 무선적으로 피험자를 선정한다. ② 피험자들을 실험집단과 통제집단에 무선적으로 배치한다. 무선적 배치는 아무런 규칙 없이 난수표 같은 것에 의해 배정되는 것을 말한다. 예를 들어, 200명의 학생을 실험집단과 통제집단에 배정할 때 이 200명의 이름을 적어 상자 안에 넣고 처음에 뽑은 학생은 실험집단, 다음에 뽑은 학생은 통제집단에 배정하는 것과 같은 방식으로 계속하여 실험집단과 통제집단에 학생들을 배정하는 것이다. ③ 실험집단과 통제집단에 각각 사전검사를 실시한다. ④ 실험집단에 실험처치(프로그램의 실시 등)를 가하고, 통제집단에는 실험처치를 주지 않는다. 이 밖의 모든 조건에서는 두 집단이 동일하도록 조건을 통제한다. ⑤ 실험처치를 끝마친 다음 실험집단과 통제집단에 각각 사후검사를 실시한다. ⑥ 모든 실험절차가 끝나면 연구의 목적 및 실험실시에서 조작된 것 등에 대해 말해주고 협조한 것에 대해 감사를 표한다. ⑦ 얻어진 검사결과를 토대로 알맞은 통계적 방법을 사용하여 두 집단을 비교하면서 실험처치의 효과를 평가한다.

이를 그림으로 표현하면 다음과 같다. 〈표 1-3〉에서 O는 측정을 통한 관찰

표 1-3 전후검사 통제집단 설계

	사전검사	실험처치	사후검사
실험집단	O1	X	O3
통제집단	O2		O4

(observation)을 말하며, X는 프로그램 투입 여부를 의미한다.

(4) 현장연구

현장연구(action research)는 실행연구 또는 행동연구로 번역되기도 한다. 현장연구는 교육상황에서 일어나는 문제를 해결하기 위하여 연구자와 교사가 공동으로 진행하는 연구이다. 현장연구는 특정한 학교나 학급과 관련된 문제에 대해 해답을 얻기 위해 설계, 실시되는 응용연구의 한 형태이기도 하다. 현장연구는 특정한 학교나 학급 내에서의 교육실제를 향상시키는 데 목적이 있다. 또한 현장연구는 교육현장에서 겪고 있는 여러 교육문제를 해결하기 위해 기술연구, 상관연구, 실험연구방법을 아울러 활용할 수 있다.

(5) 사례연구

사례연구(case study)는 특정한 개인이나 집단 또는 기관을 대상으로 하여 어떤 문제나 특성을 심층적으로 조사하고 분석하는 연구이다. 즉, 소수의 연구 대상을 선정해서 필요한 각종 정보나 자료를 여러 가지 방법으로 조사 수집하고, 이러한 자료들을 기초로 하여 연구 대상이 가지고 있는 특성이나 문제점을 종합적으로 진단하고 기술하는 연구이다. 사례연구는 사례의 어떤 특정한 측면만을 연구하는 것이 아니라, 그 사례의 신체적 · 심리적 · 환경적인 모든 요인을 조사하고 이러한 요인들을 토대로 그 사례가 당면한 문제를 포괄적으로 고찰한다. 면접 · 관찰 · 실험 · 표준화검사 · 자서전 등 어떠한 방법이건 문제해결에 도움을 준다고 생각되는 것이면 모두 이용한다. 사례연구에서는 집단의 특성이나 집단 간의 차이에는 관심의 초점을 두지 않는다. 주로 개체에 관심의 초점을 둔다. 사례연구는 연구의 대상이 되고 있는 개인이 당면한 곤란이나 부적응을 교육적으로 혹은 심리적으로 치료하여 주는 데에 그 목적이 있다. 한 예로, 학급에서 공격적 행동을 보이는 한 학생을 대상으로 행동수정기법을 이용하여 문제행동을 감소시키고자 하는 목적으로 수행된 연구를 들 수 있다. 사례연구는 이처럼 연구대상이 1명 또는 소수이기 때문에 연구결과를 일반화하는 데 문제가 있다.

2) 교육심리학의 연구기법

교육심리학의 연구를 수행하기 위해 주로 사용되는 자료수집방법에는 관찰법, 질문지법, 사회성 측정법 등이 있다.

(1) 관찰법

넓은 의미에서의 관찰은 어떤 현상에 대한 객관적 자료를 수집하기 위한 절차이다. 예를 들어, 만화경으로 그 속의 다양한 모양을 보는 것이나 청소년에게 질문지를 주고 가치관을 조사하는 것 등은 모두가 넓은 의미(광의)의 관찰에 속한다고 할 수 있다.

그러나 좁은 의미(협의)의 관찰은 보다 제한된 의미로 사용된다. 즉 일상에서 진행되는 자연스런 인간의 행동을 연구하되, 연구자와 대상 사이에 미리 특별한 장치를 사용하지 않고 관찰 직후에 곧 기록하는 것을 전제로 하는 방법이다. 이와 같은 관찰을 직접적인 관찰(direct observation)이라고 한다. 직접적인 관찰은 행동의 기초가 되는 심리적 현상에 연구자를 가까이 접하게 한다는 이점이 있다. 이에 비해 검사나 면접, 질문지 등을 통한 자료수집은 인간행동에 대한 간접적인 관찰방법이라 할 수 있다.

관찰은 그 절차에 있어서 대체로 두 단계의 과정을 거친다. 첫째 단계는 행동을 기록하는 과정이고, 둘째 단계는 기록을 분석하는 과정이다. 그러나 이 같은 두 가지 과정에 들어가기에 앞서 연구자는 연구문제에 적합한 관찰 계획을 세워야 한다. 관찰 계획 시에 반드시 결정되어야 할 사항으로는 행동의 표집, 관찰 장면의 선택, 기록방법 등이다. 어떤 행동을 관찰할지, 어떤 장면에서 관찰할지, 기록방법은 지필묵으로 할지, 동영상 촬영을 통해 할지, 녹음만을 할지 등을 미리 계획해야 한다.

관찰은 또한 크게 자연적 관찰과 통제된 관찰로 나뉜다. 자연적 관찰(naturalistic observation)은 있는 그대로의 자연스런 상황에서 관찰이 이루어지며, 관찰장면에서 일어나는 다양한 현상을 아무 제한 없이 관찰하는 것이다. 반면 통제된 관찰(controlled observation)은 관찰장면에 일종의 통제가 가해지는 관찰로서 통제의 의미가 실험적 조작을 뜻하기도 하고, 관찰될 행동이나 시간을 미리 일정한 형태로 계획해 놓고 특정한 영역의 행동에 대해서만 관찰하는 것을 일컫기도 한다. 그 외에 관찰자가 대상집단의 일원으로 현장에 참여하는가에 따라 참여관찰과 비참여관찰로 나눌 수 있다. 참여관찰은 현장연구에서 주로 동원되는 방법이다.

관찰의 오류를 유발하는 요인으로는 첫째, 관찰대상에 미치는 관찰자의 영향을 들 수 있다. 평소에 떠들던 학생도 관찰자가 있게 되는 떠들지 않고 조용할 수 있다. 둘째, 관찰자 자신이 범하는 오류로서 관찰자의 개인적인 기대, 관찰자의 과잉 일반화, 관찰대상에 대한 후광효과, 그리고 주관적 해석 및 관찰자의 지각적 특성 등을 들 수 있다.

(2) 질문지법

질문지법은 응답자로 하여금 일련의 질문에 대해 스스로 응답을 기입하도록 하는 조사연구의 한 방법이다. 질문지의 문항형식은 개방형 질문과 폐쇄형 질문으로 나눌 수 있다. 개방형 질문은 주어진 질문에 대한 반응 양식이 일정하게 정해져 있지 않고 응답자로 하여금 자유롭게 자신의 생각을 서술하도록 하는 형식으로 자유기술형식이라고도 한다. 반면에 폐쇄형 질문은 연구자가 제시하는 몇 개의 반응 범주 중에서 하나 또는 그 이상의 응답을 선택하게 함으로써 반응하는 형식이다.

한편, 질문지에 대한 답을 응답자에게 스스로 기입하도록 하여 자료를 수집하는 방법에는 대체로 두 가지가 있다. 그 하나는 응답자에게 자료를 개별적으로 우송하여 회수하는 우송조사와 다른 하나는 학교교실이나 기관 등에 집단으로 모아놓고 배부한 후 수집하는 집합조사이다.

질문지조사의 장점으로는 경제적 이점, 시간과 노력의 절약, 응답자의 익명성 보장, 조사도구의 높은 신뢰도 등을 들 수 있다. 단점으로는 대상의 수준에 따라 질문을 바꾸거나 첨가할 수 있는 융통성의 부족, 낮은 응답회수율, 응답자의 동기수준을 알 수 없다는 점, 조사 상황에 대한 통제가 불가능하다는 점, 응답자의 행동과 우발적인 반응을 관찰할 수 없다는 점, 그리고 질문의 내용이나 형식이 지나치게 복잡하고 선행문항에 대한 응답에 따라 선택적으로 응답해야 되는 문항이 많을 때 부적합하다는 점 등이 있다.

(3) 사회성 측정법

사회성 측정법이란 동료집단에서 구성원 간의 상호선택, 의사교환 및 상호작용 패턴에 관해 자료를 수집하고 분석하는 방법이다. 즉, 집단을 이룬 구성원 간의 상호수용이나 거부 정도 및 형태를 조사하여 개인의 사회적 지위와 집단의 구조를 발견해 내려는 방법이라고 할 수 있다. 이 방법은 교육현장에서 교우관계를 조사하거나 집단의 특성을 파악하는 자료로 흔히 사용되고 있다.

사회성 측정 자료를 분석하는 대표적인 방법으로 소시오그램(sociogram)을 들 수

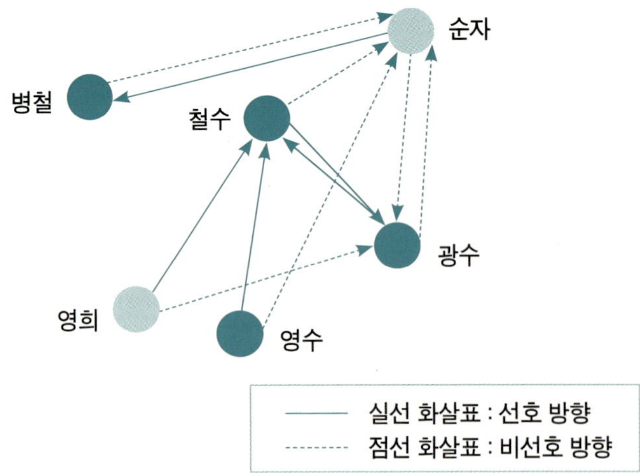

그림 1-1 소시오그램의 예

있다. 이 방법은 한 집단의 사회적 관계를 그림으로 표시하는 것으로써 교우도 또는 교우관계도라고도 한다. 이 방법은 그림을 통해 보다 신속하게 집단의 구조나 인간관계를 이해할 수 있게 하며, 특정 개인의 사회적 지위 역시 전체적 맥락 속에서 해석될 수 있게 한다.

이 기법의 장점으로는 첫째, 자료수집의 방법으로서 단순하고 경제적이다. 둘째, 방법상 융통성이 크다. 즉 연구의 대상과 실시목적에 따라 지시나 문항을 다양하게 작성할 수 있다. 셋째, 교육현장에 실제적인 도움을 줄 수 있다.

이러한 다양한 연구방법과 기법들을 숙지하고 올바로 사용했을 때, 교육심리학은 비로소 학교 현장의 다양한 문제들을 가식 없이 객관적으로 평가할 수 있는 하나의 과학이 될 것이다.

제2장

학습자의 발달

한 사람의 전 생애 주기를 통한 변화?

성호는 대학생이 된 후에 사람은 무엇인가에 대해 관심을 가지기 시작하였다. 그는 사람이 태어나서 죽을 때까지 어떻게 변하는지를 나름대로 알아보기로 하였다. 어린 시절에는 인간의 발달이 급격하게 이루어지므로 짧은 기간에도 많은 변화를 쉽게 관찰할 수 있다. 가령 어제까지 아무 말을 하지 못하던 아이가 "맘마"라고 했을 때 부모는 벅찬 감동을 느낀다. 또한 매일 배밀이로 움직이던 아이가 책상 다리를 잡고 일어설 때 부모는 신기해서 격려의 박수를 친다. 항상 엄마 손을 잡고 한 발자국을 겨우 내딛던 아이가 엄마 손을 놓고 한두 걸음 걷기 시작할 때는 부모가 가장 감격스러워 하는 순간 중 하나이다.

이와 같이 하루가 다르게 빨리 성장하는 어린 시절의 모습에 비하여, 나이가 들면 발달이 멈추거나 쇠퇴하는 것같이 보인다. 사람이 나이가 많아져서 늙고 쇠퇴하는 것은 발달이 멈춘 것인가? 일반적으로 사람은 태어나서 영유아기, 아동기, 청년기, 성인초기, 중년기, 노년기 등의 발달 단계를 거쳐 죽음에 이르게 된다. 출생 후 청년기에 이르는 과정에서는 증대, 진보, 향상 등의 상승적인 변화를 보이지만 청년기 이후 노년기까지는 감소, 쇠퇴 등의 하강적 변화를 보인다.

개요

유능한 교사가 되기 위해서는 전공에 관한 전문적 지식이나 교수법에 능통하는 것만으로는 부족하다. 학습자들이 어떤 과정을 거쳐 성장하고 발달하는지에 대해서도 잘 알아야 한다. 교사는 학습자들의 건강한 발달을 도와주는 촉진자이자 안내자이기 때문이다. 교사는 자신이 맡고 있는 학습자의 연령의 발달 수준에 맞는 내용을 가르치기 위해 인간 발달에 대한 이해가 필요하다. 또한 교사가 학습자의 발달 수준을 충분히 이해하고 있어야 그러한 발달 수준에 최적한 교수방법을 동원할 수 있다.

일반적으로 학습자의 발달은 학습에 중요한 영향을 미치는 변인으로 작용한다. 발달심리학자들은 학습자의 발달적 특성을 정확하게 이해하고자 다양한 발달이론을 제안하였다. 이러한 발달이론은 인간의 성장 과정을 일정한 패턴에 비추어 바라볼 수 있다. 발달이론은 학습자의 발달적 특징을 이해되도록 기술하고 설명하며, 일상의 문제를 해결하는 지침을 제공할 수 있다. 이 장에서는 학습자의 발달적 기본 개념을 토대로 인지발달을 비롯하여 성격, 사회성, 그리고 도덕성 발달을 살펴보고 교육적 함의를 탐색하고자 한다.

제2장

학습자의 발달

1. 발달의 기초

1) 발달의 개념

발달(development)이란 인간의 수정에서 사망에 이르기까지 일련의 신체적 · 심리적 변화를 말한다. 이러한 변화는 전 생애(life-span)를 통해 일어나는 심신의 구조 · 형태 · 기능 등의 변화이며, 연령 증가와 함께 일어나는 체계적인 일련의 변화로써 새로운 특성의 획득은 물론 낡은 특성의 소멸을 포함한다. 발달과 유사한 용어로 성장(growth) · 성숙(maturation) · 경험(experience) 등이 사용되고 있는데, 발달은 가장 상위 개념으로, 성장 · 성숙 · 경험을 모두 포함하는 것이다.

발달과 관련된 용어의 정의

- 성장 : 신체적이고 양적인 변화 (예, 신장이나 체중의 증가)
- 성숙 : 자연적으로 나타나는 신체적, 생리적 변화 과정. 경험과는 독립적이다. (예를 들면, 사춘기의 2차 성징과 같은 변화)
- 학습 : 경험의 결과로 나타나는 잠재적 능력이나 특성 또는 행동상의 비교적 영속적인 변화
- 발달 : 생애 전반에 걸친 성장, 성숙, 그리고 학습을 포함하는 변화와 적응의 과정

2) 발달의 원리

발달은 체계적인 과정에 따라 일어나는 변화로 발달에서 발견되는 일반적인 원리가 있다. 이러한 발달 원리에 대하여 학자들 간에 약간의 견해 차이가 보이는데, 이것은 발달 원리 자체에 대한 견해 차이라기보다 분류의 차이에서 오는 것이라 하겠다. 여러 학자들이 대체로 공통적으로 들고 있는 발달의 원리는 다음과 같다.

발달의 원리

- 발달은 성숙 요인과 학습 요인의 상호작용의 결과이다.
- 발달에는 분화와 통합의 과정이 있다.
- 발달은 연속적이고 점진적이다.
- 발달에는 방향성이 있다.
- 발달속도에는 개인차가 있다.
- 발달에는 결정적 시기나 민감한 시기가 있다.
- 발달은 개인내적으로 상관이 있다.
- 개인의 자발성에 따라 발달의 정도가 달라진다.
- 발달은 양적인 동시에 질적이기도 하다.

3) 발달에 대한 주요 논쟁

(1) 유전과 환경의 논쟁

발달에서 유전과 환경 중 어느 것이 더 중요한 영향을 미치는가에 대한 논쟁은 그 역사가 매우 깊다. 유전과 환경에 대한 논쟁(nature-nurture debate)으로 명명된 이 논쟁은 로크(Locke)와 루소(Rousseau)의 철학사상에서 뿐만 아니라 인간발달이 유전적 소양이냐 아니면 환경의 영향에 의한 결과인가가 주된 주제이다. 예를 들어, 9개월 된 유아가 걷게 되는 것이 걷는 것을 배웠기 때문인가 아니면 타고난 유전적 프로그램이 수행됨으로써 나타난 것인가? 남자아이들이 여자아이들보다 더 공격적인 것은 사회-문화적 조건의 결과인가 아니면 생물학적 요인의 결과인가?

유전과 환경이 오랫동안 열띤 논쟁을 벌이게 된 이유는 이런 의문에 대한 답들이 인간의 변화와 발달의 결과에 대해 중요한 의미를 포함하고 있기 때문이다. 만약 지능이 대개 유전적인 요인에 의해 결정된다면 어린이에게 풍부한 환경을 제공하는 것이 지적발달에 도움이 되지 않을 것이라는 주장이 가능해진다. 한편 지능발달이 환경적 경험에 의해 결정된다면 지적 성장을 최대한 높일 수 있는 경험들을 제공해 주는 것이 아주 중요해질 것이다.

유전론을 지지하는 입장은 성숙론으로 대표된다. 게젤(Gessell) 등(1929)은 일란성 쌍둥이 여아를 대상으로 간단한 실험을 진행하였다. 먼저 쌍둥이 여아 중 한 아이에게는 생후 46주 때부터 계단 기어오르기를 6주간 매일 훈련시켰고 다른 한 아이는 생후 55주 때부터 2주만 훈련받았다. 그 결과 두 쌍둥이 여아는 똑같이 계단 오르기를 수행하였다. 훈련을 3배 더 받았지만 훈련의 효과는 동일한 것으로 나타났다. 게젤은 이 쌍생아의 연구에서 발달은 성숙적인 요인에 의해 결정된다고 주장하며 성숙론을 지지하였다.

이와 달리 환경론을 지지하는 입장은 행동주의자의 입장으로 대표된다. 위먼(Willman) 등(1970)은 사회경제적 지위가 하류인 가정의 아동이 중류 가정의 아동보다 이후 발달단계에서 더 지체되는 경향이 있음을 보고하였다. 미국에서 1960년대에 실시된 헤드 스타트 프로그램(Head Start Project)은 하류계층의 아동들에게 풍부한 환경을 제공함으로써 환경적 박탈 경험에 대처하려 하였다. 그러나 헤드 스타트 프로그램의 효과에 관한 연구결과에서는 환경론을 지지하는 일관된 결과가 나타나진 않았다(이해경 외, 2005 재인용).

오늘날 발달심리학자들의 주된 견해는 인간발달이 유전이나 환경, 어느 한 요인에 의해 결정되기보다는 상호작용의 결과로 본다(Bayley, 1965). 발달심리학자들의 주요 관심은 유전과 환경 두 요인이 어떻게 상호작용하는가에 관심이 있다. 즉, 어린이가 성장하는 데 두 요인이 중요한 역할을 하며, 각 발달이론들은 유전과 환경의 효과를 어떻게 보는가에 따라 각기 다른 위치를 차지하고 있다. 피아제의 인지발달이론은 상호작용론을 지지하는 대표적 이론들 중 하나이다.

(2) 발달의 연속성 대 비연속성

발달이 양적 변화와 같이 연속적인 변화를 거치는지 아니면 질적 변화와 같은 비연속적인 변화, 즉 단계적 변화를 거치는지에 관한 논쟁이 있었다. 다시 말해, 4살짜리 아이와 12살짜리 아이의 성격은 점진적으로 변화되는가? 비약적으로 변화되는가? 여기서 연속적인 변화란 점진적으로 양적 축적에 의해 변화되는 과정을 말한다. 예를 들어, 사고능력의 변화는 아이가 점진적인 기억능력의 증가에 의한 것이다. 비연속적 변화란 질적으로 다른 단계적 변화를 말한다. 또한, 피아제의 발달단계이론에서와 같이 아동의 사고방식이 자아중심적인 사고에서 탈 중심적 사고로 변화되는 과정이 이에 해당한다.

(3) 발달의 결정적 시기

결정적 시기(critical period)란 특정한 심리적 특성이 잘 학습되는 시기를 의미한다. 이 시기를 놓치면 이후에는 학습이 제대로 이루어지지 않거나 훨씬 어려워진다는 것이다. 예를 들면, 어머니가 임신 중에 먹은 약물은 태아의 신체적, 지적 발달에 치명적 해를 미치기도 한다. 또한 유아기에 돌봐주는 사람과의 애착형성을 하지 못하면 나중에 심각한 정서적 장애를 유발하기도 한다. 애착형성이론에 따르면 아동이 애착을 형성하는 특정 시기, 즉 결정적 시기가 있다는 것을 가정한다.

결정적 시기를 지지하는 증거는 로렌츠(Lorenz)의 각인(刻印: imprinting) 연구에서 나타난다. 그는 새끼 오리의 각인현상에 관한 연구에서 새로 출생한 새끼 오리가 부화된 후 2~3시간 안에 처음으로 움직이는 물체를 만나게 되면 그 물체가 어미인줄 알고 따라다닌다는 사실을 발견하였다. 그 움직이는 물체에 애착을 느끼는 경향이 일정한 시간 안에 나타나기 때문에 그 시간을 결정적 시기라고 명명하였다. 이와 같이 인간에게도 결정적 시기를 가정하는 입장은 발달단계이론들에서 발견된다.

그림 2-1 영화 '아름다운 비행'(1996년작) 중에서

프로이트(Freud) 이론은 생의 5년 동안의 경험이 성격 형성에 결정적인 영향을 미친다고 주장하는 입장으로 발달의 결정적 시기를 지지하는 한 이론으로 볼 수 있다.

결정적 시기의 개념에 대해 발달의 모든 영역에서 모든 이론가들이 동의하는 것은 아니다. 결정적 시기를 지지하는 발달심리학자들은 특히 학습이 잘 일어나는 특정 시기가 있다면 그 특정 시기에 맞추어 학습하는 것이 효과적이라고 주장한다. 따라서 발달심리학자들의 관심은 발달영역에서 결정적 시기가 언제인가를 밝히고자 하며, 결정적 시기를 놓쳤을 때 오는 부정적 효과가 무엇이며, 그 효과를 극복할 수 있는 방안이 무엇인가를 밝히고자 한다.

2. 인지발달이론

인지(cognition)란 인간의 지적 혹은 정신적 사고 과정을 의미한다. 인지라는 말에는 주위의 자극이나 사물 혹은 사상에 대한 지각, 기억, 개념형성, 사고, 문제해결의 과정, 언어 등이 포함된다. 따라서 인지발달에 대해 말할 때에는 이러한 지각, 기억, 개념형성, 사고, 문제해결, 언어 등을 살펴보아야 한다. 교육과 심리분야에서 가장 대표적인 이론으로 피아제와 비고츠키(Vygotsky)의 이론을 살펴보기로 한다.

1) 피아제(Piaget)의 인지발달

(1) 기본 개념

피아제가 주장하는 인지발달이란 인지구조의 계속적인 질적 변화의 과정이자 환경과의 상호작용을 통한 적응 과정이다. 피아제는 우리 머릿속에 낱낱의 지식이나 정보가 담겨 있는 가상적 인지구조를 도식(schema)이라고 했다. 다시 말해, 도식이란 외부세계에 대한 정신적 표상 또는 외부세계와 상호작용을 하기 위한 인지구조를 일컫는다. 인지발달은 바로 도식이 확장되고 정밀해져 가는 과정을 의미한다. 도식은 아동의 성장과 더불어 초기의 반사적, 감각적 도식으로부터 분화되며 도식의 분화는 주어진 경험 내용을 동화(assimilation)와 조절(accommodation)의 상호 보완적 작용을 통해 평형화(equilibrium)를 이루면서 복합적인 고차원의 도식을 만들어 나간다. 여기서 동화란 새로운 자극, 정보, 지식을 기존의 인지구조 속으로 받아들여 조직하고 통합하여 새로운 인지구조를 생성하는 과정을 말한다. 다시 말해 외부세계의 대상을 기존에 자신이 가지고 있는 인지구조 체계에 맞게 받아들여 소화, 흡수하는 것을 말한다. 이 경우에 지식은 누적되게 된다. 조절이란 새로운 자극, 정보, 지식을 기존에 자신이 가지고 있는 인지구조 속으로 받아들여 소화, 흡수하지 못하고 기존의 인지구조 체계를 변경하여 받아들이는 것을 말한다. 이 경우에는 지식의 교체가 일어나게 된다. 인지발달은 바로 인지구조, 즉 도식이 확장되고 정밀해지는 과정을 의미한다. 이러한 과정을 통해 미숙한 사고수준이 성숙한 사고수준으로 발달하게 된다.

이상과 같이 동화와 조절은 발달에 없어서는 안 되는 것이다. 이들의 상대적 비율도 매우 중요하다. 동화와 조절 사이의 상호작용은 계속 일어나는 것이고 상호작용의 자기조정기제(自己調整機制)를 평형화(equilibrium)란 개념으로 설명한다. 평형화는

표 2-1 피아제이론에 따른 미숙한 사고와 성숙한 사고의 차이

미숙한 사고	성숙한 사고
단순한 일차원적 사고	복잡한 다차원적 사고
단편적인 사고	조합적인 사고
절대주의적인 도덕성에 의한 사고	상대주의적인 도덕성의 의한 사고
고정불변적인 사고	유동적인 사고
융통성 없는 완고한 사고	융통성 있는 유연한 사고
자기중심적인 사고	탈자기중심적인 사고(사회적인 사고)
미분화적인 사고	분화적인 사고
성격진단적인 사고	행동진단적인 사고

출처: 김형태 (2007).

동화와 조절의 균형을 말한다. 여기서 불균형이라는 것도 생각할 수 있다. 만일 불균형이 생기면 평형을 추구하는 동기유발이 된다. 즉 평형화란 균형을 향한 추동이라고 할 수 있다.

피아제는 인지발달은 질적으로 다른 4단계를 밟아 이루어진다고 본다. 감각운동기, 전조작기, 구체적 조작기, 형식적 조작기가 그것이다. 여기서 조작(operation)이란 개념을 정확히 이해하는 것은 각 단계의 특징을 이해하는 데 매우 중요하다. 조작이란 환경에 적응하려는 유기체의 내적인 정신활동을 의미한다. 이를 좀 더 쉽게 설명하면 머릿속으로 사물이나 사상을 꾸며보거나 만들어 보는 것을 말한다. 예를 들어 방안에 있는 가구를 다시 배치하고 싶을 때 어른들은 일일이 배치하지 않더라도 책상과 침대를 어느 쪽으로 놓으면 어떤 모양이 될지를 머릿속으로 그려볼 수 있다. 하지만 어린 유아들은 실제로 가구를 옮겨놓기 전에는 불가능하다. 따라서 전조작기란 말은 정신적으로 조작을 할 수 있기 이전의 단계라는 의미로써, 앞서 설명한 정신적 조작이 불가능한 단계를 말한다. 한편, 3단계와 4단계에 해당하는 구체적 조작기와 형식적 조작기란 머릿속으로 조작가능한 단계를 말한다. 하지만 두 단계 사이에는 조작의 질적 차이가 존재한다. 구체적 조작이란 위에서 예로 든 가구의 배치와 같이 물리적인 조작을 정신적으로 해낼 수 있는 것을 말한다. 한편 형식적 조작이란 구체적인 사물의 정신적 조작이 아니라 추상적인 개념을 머릿속으로 조작할 수 있는 것을 말한다. 예를 들어, 인간은 동물이다, 모든 동물은 죽는다, 따라서 인간도 죽는다는 삼단논법이 논리적으로 타당한지는 직접 물리적으로 조작해볼 수 있는 것이 아니라 추상적인 개념들의 조작을 통해 그 타당성을 확인할 수 있는 것이다. 이제 조작의 개념에 대해 충분히 이해했으면 피아제의 인지발달 4단계에 대해 알아보기로 한다.

(2) 인지발달단계

피아제는 인지발달을 4단계로 나누어 설명하고 있다. 그는 각 발달단계에서 보여주는 특징은 그 단계에 고유한 것이고 점진적으로 발달하기보다 특정 단계에 이르러 새롭게 획득된다. 즉 아동 개개인은 각 발달단계에서 전혀 다른 도식을 사용한다고 주장한다.

1단계 : 감각운동기(sensorimotor stage, 0~2세)

0~2세의 유아는 감각과 동작을 통해 주위환경과 상호작용한다. 다시 말해서 행동과 감각을 통해 세계를 알게 된다. 생후 1개월의 유아는 주로 반사적인 인지활동을 한다. 1개월이 지나면서 유아반사는 점차로 사라지고 새로운 반응양식이 생겨난다. 동작을 반복함으로써 운동이 정교해지고 의지에 따른 운동을 하고 일련의 목적에 도달하는 행동을 하게 된다. 이 단계의 끝 부분에 가서는 여러 가지 동작을 동시에 하여 동작활동의 조화를 잘 이루게 된다. 예를 들면 몸의 균형을 유지하면서 바닥에 있는 장난감을 집어 올릴 수 있다. 이 단계의 유아는 언어를 가지고 있지 않기 때문에 자기가 직접 다루고 있는 사물이 아닌 경우에는 그 사물은 존재하지 않는 것이 된다. 자기를 중심으로 해서 자신의 심리적 세계만 존재하는 것이다. 즉 자기중심적이다.

이 감각운동기단계의 마지막 부분에 이르면 대상영속성(object permanence)이란 개념이 발달한다. 4~5개월 된 유아는 가지고 놀던 장난감을 다른 사람이 손으로 덮거나 보자기로 감추면 그 장난감을 찾으려고 하지 않는다. 그러나 8개월 된 유아는 똑같은 상황에서 감추어진 장난감을 찾는다. 그것은 엄마가 나타났다 사라지고 다시 나타나는 경험 등을 통해 있던 물체는 현재 감각 속에 들어오지 않는다 해도 계속 존재한다는 것을 알게 되었기 때문이다. 그러나 비록 목적에 이르는 행동을 할 수 있고 대상영속성의 개념을 갖고 있다 하더라도 여전히 감각운동적 경험에 제한되어 있다.

2단계 : 전조작기(preoperational stage, 2~7세)

전조작기는 감각운동적 양식의 활동에서 개념적, 상징적 양식으로 넘어가는 과도기이다. 감각운동기를 벗어난 아동은 이제 사상(事象)을 점점 내적으로 표상할 수 있게 되고 감각운동적 행동에의 의존도는 줄어들고 사고에의 의존도가 증가한다. 그러나 아직 사고의 조작적 법칙은 사용할 수 없기 때문에 전조작기라고 부른다. 전조작기는 전개념적 사고기(2~4세)와 직관적 사고기(4~7세)로 대별된다.

이 기간에 새로운 특징의 능력들이 많이 나타나는데 이들 중에 가장 뚜렷한 것이 언어의 발달이다. 언어는 아동에게 새로운 길을 열어준다. 언어와 표상에 의해 행동이 내면화되고 행동의 내면화는 경험의 속도를 빠르게 한다.

이 시기의 언어는 전개념(前概念)과 집단독백(collective monologue)의 성격을 지니고 있다. 전개념은 개념이 아직 부정확함을 나타낸다. 예로서 남자어른을 모두 "아빠"라고 부른다. 집단독백이란 남의 관점이나 역할을 의식하지 못하고 남도 자기가 생각한 것과 똑같이 생각한다고 여김으로써 듣는 사람이 알아들을 수 없게 혼자 중얼거리며 이야기하는 것을 말한다. 즉 자기중심적이기 때문에 나타나는 현상이다. 그리고 자기가 갖는 심상에 따라 모든 것이 생명이 있는 것처럼 생각하여 인형과 같은 물건과 대화를 한다. 이렇게 현실과 환상을 혼동하는 심리 경향을 물활론적(物活論的) 사고(animism)라고 한다.

이 시기의 아동은 사물을 판단할 때 그 사물이 가지고 있는 속성들 중에 가장

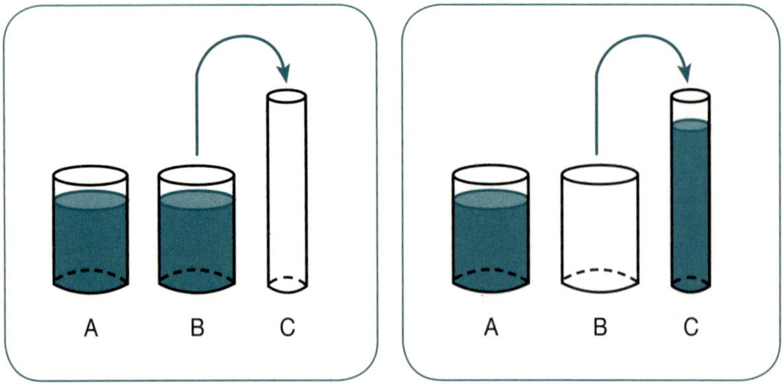

그림 2-2 Piaget의 보존성 실험 과제

강한 1개 차원에만 주목하는 도식을 갖는다. 그래서 다음 단계의 특징인 보존성(conservation) 개념이 없다. 보존성이란 물체가 여러 가지 형태로 보일 수 있으나 어떤 양을 더 보태거나 빼지 않으면 형태가 달라져도 양은 변하지 않는 성질을 의미한다. 아동은 대상을 여러 가지 관점에서 보지 못하고 한 가지 방식으로만 본다. 즉 한 차원에만 사로잡혀 다른 측면들을 탐색할 수 없다.

피아제는 전조작기 아동의 특징인 보존성을 한 실험에서 보여주었다(그림 2-2 참조). 아동에게 물이 똑같이 담긴 같은 크기, 같은 모양의 2개의 유리잔 A, B를 보여준다. 각 잔에 담긴 물의 양이 같은지를 물으면 아이들은 같다고 대답한다. 그 다음 아동에게 그 중 잔 B의 물을 길고 가는 다른 잔 C에 부으라고 한다. 새로 물을 담은 잔 C의 물의 높이는 남아 있는 잔 A의 물보다 훨씬 높다. 이때 아동에게 잔 A와 잔 C 중 어느 것이 더 많은 물을 가지고 있는지를 물으면 아동은 잔 C라고 답한다.

아동은 상황 중 가장 강한 특징 –이 경우에는 물의 높이– 에 기반을 두고 인지적 판단을 한다. 이렇게 동시에 두 개 이상의 차원을 볼 수 없는 것을 중심화(centering)라고 하는데, 위 실험에서 물이 담겨진 잔의 높이와 넓이를 동시에 고려하지 못하는 것은 중심화 경향 때문이라 할 수 있다. 한 차원의 변화는 다른 차원의 변화에 의해 대치된다는 사실을 깨닫지 못한다. 또한 전조작기의 아동은 논리적 조작을 역으로 할 수 없다. 예를 들어서 물을 본래의 잔에 부으면 물의 높이가 원래의 모양대로 돌아간다는 사실을 알지 못한다. 이 단계의 도식은 보존성과 가역성을 만들지 못한다. 이러한 전조작기는 전개념적 사고기와 직관적 사고기로 나누어진다.

① 전개념적 사고기(2~4세)

이 시기에서 아동은 내재적으로 형성된 표상을 여러 형태의 상징 또는 기호로 표현하는 상징적 기능(semiotic function)이 인지발달의 주축을 이루는 시기이다. 이 시기의 아동은 대상에 대한 심상을 형성할 수 있지만 개념을 규정하지는 못한다. 예를 들어, 이 시기의 아동에게 고양이가 무엇이냐고 물으면 "털이 있다"거나 "야옹 한다"와 같이 응답을 할 수 있다. 이 시기는 상징적인 놀이를 하는 것이 특징이다. 언어가 출현하기 시작한다.

- 상징적인 놀이 : 놀이 속에서 자기 자신이나 또는 물건들을 실제와 다른 것으로 간주해서 노는 놀이(ex. 소꿉놀이에서 엄마 노릇을 하거나 나무토막을 자동차나 비행기라고 생각하고 노는 것)

② 직관적 사고기(4~7세)

직관적 사고란 대상이나 사태가 갖는 단 한 가지의 현저한 지각적 속성에 의해 그 대상이나 사태의 성격을 판단하는 유아기의 중심화된 사고양상을 의미한다. [그림 2-2]에서 예로 든 바와 같이, 좁고 높은 잔에 담긴 물이 넓고 얕은 잔에 담긴 물보다 양이 많다고 본다. 이때 아동은 높이와 넓이라는 두 개의 차원을 고려하지 못하고 구별하기 쉬운 높이라는 특징에만 주목하기 때문에 두 개의 잔에 담긴 물의 양이 같다는 것을 깨닫지 못하는 것이다. 이 시기의 또 다른 중요한 특징은 자아중심성(ego-centrism)과 물활론(animism)적 사고이다.

- 중심화 : 여러 요소들이 관련되어 있는데도 불구하고 물체의 한 요소에만 집중하는 경향

- 자아중심성 : 아동이 타인의 생각, 관점이나 감정을 이해하지 못하고 자신의 입장에서만 세계를 바라보는 경향
- 물활론(animism) : 모든 사물(무생물 포함)은 생명과 의식이 있는 존재라는 생각

3단계 : 구체적 조작기(concrete operational stage, 7~12세)

구체적 조작기는 전조작기가 지난 7~12세까지다. 아동이 구체적 조작기에 들어감에 따라 자아중심성이 약해지고 다른 사람의 생각도 할 수 있게 된다. 따라서 언어도 사회화되어 간다. 가감승제, 대소, 장단 같은 비례의 관계를 진행시키는 논리적 조작이 가능하고 조작의 가역성도 분명해진다. 한 번에 모든 변화하는 차원을 고려할 수 있기 때문에 보존성 문제는 이 단계의 아동에게는 매우 쉬운 것이다.

이 시기에 또 하나 다른 인지발달의 중요한 점은 위계적 분류체계를 구성할 수 있는 능력이다. 즉 사물을 단일 차원에서뿐만 아니라 여러 차원에서 분류할 줄 안다. 아동에게 6개의 장미와 4개의 수선화의 그림을 보여주고 장미가 많으냐 또는 꽃이 더 많으냐고 물으면 정확히 답할 수 있다. 책상을 색깔과 크기와 용도에 따라 분류하

질문 – "여기 흰색공과 검은색 공이 있는데 어떤 공은 크고 어떤 공은 작네요. 모두 몇 종류의 공들이 있을까요?"

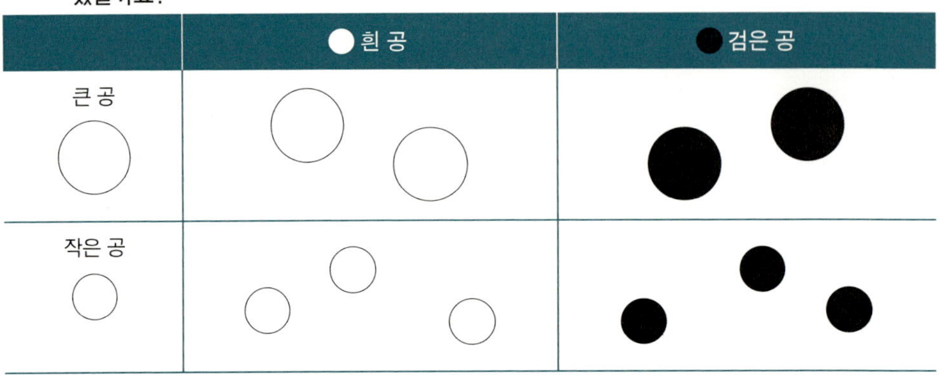

그림 2-3 구체적 조작기 아이들에게 분류화 능력을 이용하여 곱셈을 가르치기 위한 문제

출처: Lefrancois, G. A. (2000).

고 그것을 상위개념에 소속시킬 수 있다.

이 같은 진전에도 불구하고 아동의 사고는 아직도 직접 지각하고 손으로 만질 수 있는 구체적 사물에만 한정되어 있다. 이들에게 지역사회 또는 발전과 같은 추상적 개념을 가르치려면 아동이 직접 경험할 수 있는 예를 많이 들어 주어야 할 것이다.

4단계 : 형식적 조작기(formal operational stage, 11세 또는 12세)

11세 또는 12세경 대부분의 아동들은 형식적 조작의 새로운 시기에 들어선다. 이 형식적 조작기 단계에서 가장 발달한 인지조작이 가능해진다. 논리에 따라 추리하는 능력을 보여주고 모든 가능한 결론을 미리 정신적으로 추리하여 가설을 만들고 그것을 체계적으로 검증할 수 있다. 피아제의 형식적 조작의 연구는 흔히 과학적 접근을 요구하는 문제를 제시하는 형태를 취한다. 문제에 부딪치면 처음에 그들은 고도의 체계적이고 논리적인 방법을 생각해 낸다. 해답을 얻은 후에도 다른 가능성이 있는지를 알아본다.

형식적 조작기에 있다고 해서 전 단계들의 인지조작을 사용하지 않는 것은 아니다. 예를 들면 성인들은 자동차 운전을 할 때 얼마간의 감각운동기의 인지적 조작을 사용한다. 지도를 볼 때는 구체적 조작을 한다. 그러나 형식적 조작을 함에 따라 경험의 세계는 넓어지고 여기 그리고 지금의 구체적 현실을 다루는 조작은 많은 조작들 중의 일부가 된다.

(3) 교육 장면에서의 적용

피아제의 인지발달이론의 대표적인 교육적 시사점은 아동과 성인의 사고는 질적으로 다르다는 것이다. 어린 아이들의 사고가 어떤 과정을 거쳐 발달하는지, 어린아이들은 왜 성인들에게는 아주 쉬운 문제를 반복적으로 실패하는지 등에 대한 해답을 제시했다고 할 수 있다. 또한 아이들이 무엇을 생각하는지 뿐 아니라 어떻게 생각하는지에 대한 답을 주었다고 할 수 있다. 이제 피아제의 인지발달이론을 교육장면에서 어떻게 적용할 수 있는지 알아보자(박아청, 1999; 전성연, 2001).

첫째, 수업전략과 교재는 아동의 발달단계와 일치해야 한다. 왜냐하면, 아동은 교육과 언어를 통해 유익한 정보를 받아들일 수 있다. 그런데 이는 아동이 그 정보를 이해할 수 있는 단계에 도달했을 때라야 한다. 즉, 정보를 받아들이기 위해 아동은 새로운 정보를 동화할 수 있는 인지구조를 가지고 있어야 한다. 한편, 교사가 담당하고 있는 학습자 모두가 각 단계의 기능을 성공적으로 수행할 수 있는 배경적 경험과 성숙 수준을 갖추고 있는 것은 아니다. 이것은 학습자의 연령이 형식적 조작기에 해당되는 연령이라 해도 가능한 자주 구체적인 사례를 사용해야 한다는 것을 시사한다.

둘째, 교육 내용은 학습자들의 발달 수준에 맞는 내용으로 구성되어야 한다. 이는 학년 간이나 학년 내에서의 교수프로그램은 아동의 준비도 상태에 따라 구성되어야 한다는 것을 말한다.

셋째, 피아제의 이론은 교실에서 아동들에게 가장 유익한 것은 '활동적'인 것임을 시사하고 있다. 어린이들이 정보를 외우는 것은 주어진 사실을 기억하고 또한 요구받을 때 이를 다시 추출해 낼 수 있기 위해서이다. 그러나 이것은 아동이 새로운 지식을 획득하거나 정보를 완전히 습득할 수 있음을 보장해 주지 못한다. 따라서 교사들은 나이가 어린 아동일수록 활동을 통해 학습 내용을 습득할 수 있도록 교수전략을 마련해야 한다.

넷째, 학습을 촉진하기 위해 인지적 갈등을 경험하게 한다. 제시되는 과제나 경험들은 학습이 일어날 수 있도록 학습자가 지닌 인지구조와 관련성이 있으면서도 학습자 내부에서 인지적 불균형을 일으킬 수 있도록 적절히 도전적이어야 하며, 긍정과 모순이 되는 다양한 대안을 탐구하도록 해야 한다.

다섯째, 상위 수준의 지식 습득에 능동적으로 참여하도록 한다. 학습자에게 다양한 학습기회를 제공하여 다양한 방법으로 문제를 해결하도록 하되 새로운 시도에 대한 학습자의 실수에 대하여 긍정적인 피드백을 줌으로써 자신감과 도전감을 고취시키도록 한다.

2) 비고츠키(Vygotsky)의 인지발달

비고츠키의 인지발달이론은 피아제의 이론과 대비되는 하나의 이론으로 인정받고 있으며 최근 유아교육, 교육학, 심리학, 언어학에서 주목받고 있다. 비고츠키는 피아제와 같은 해인 1896년에 태어나 37세의 짧은 생을 살고 간 러시아 최초의 심리학자였다. 비고츠키의 인지발달이론은 피아제의 관점과는 많은 점에서 대비된다. 첫째, 피아제는 아동은 스스로의 세계를 구조화하고 이해하는 존재로 보는 관점과 달리 비고츠키(1978, 1986)는 아동이 타인과의 사회적 관계에서 영향을 받으며 성장하는 사회적 존재로 본다. 둘째, 지식의 형성 과정에서 보면 피아제는 개인내적 지식이 사회적 지식으로 확대, 외면화되어간다는 것으로 보나, 비고츠키는 사회적 지식이 개인내적 지식으로 내면화된다고 본다. 특히 비고츠키는 피아제와 달리 인간에 대한 이해에 있어서 사회, 문화, 역사적 측면을 강조한다. 그에 따르면 인간의 정신은 독립적 활동이 아니라 사회학습의 결과이며, 일상에서의 과제해결은 성인이나 혹은 또래와의 대화로부터 영향을 받는다. 이처럼 사회의 보다 성숙한 구성원들과 상호작용하는 동안 자신의 문화에 적합한 인지 과정이 아동에게 전이된다. 따라서 비고츠키는 상호작용에 필수적 요소인 언어의 습득을 아동발달에 가장 중요한 변인으로 생각한다.

(1) 비고츠키의 사고와 언어의 발달

사고와 언어 : 사고와 언어발달에 있어서도 비고츠키는 피아제와 상이한 견해를 보인다(그림 2-4). 첫째, 피아제의 견해에 따르면 언어의 발달은 인지의 발달 정도를

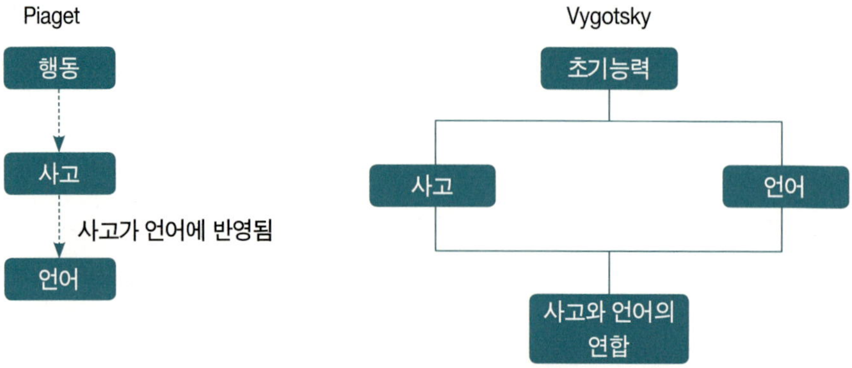

그림 2-4 사고와 언어의 발달 과정

출처: A Clarke-Stewart, & J. B, Koch (1983).

나타내며 인지발달 후 언어가 발달하게 된다고 주장한다. 반면에 비고츠키의 견해에 따르면 사고와 언어는 상호 독립적으로 일어나며 일정 시간이 지난 후에는 서로 연합되고 이러한 연합은 아동이 발달해 가는 과정에서 변화하고 성장한다(Vygotsky, 1962).

둘째, 아동의 혼잣말의 역할에 있어서도 다른 견해를 보인다. 피아제는 전조작기 아동의 특징 중에 하나는 타인의 관점과 자신의 관점이 다르다는 것을 이해하지 못하는 자아중심성(egocentrism)이 나타나고 이런 자아중심적 사고의 특징은 자아중심적 언어로 나타난다고 보았다. 이런 자아중심적 언어는 인지의 미숙한 상태를 나타내며 비효과적인 사회적 언어라고 보았다. 또한 자아중심적 언어는 또래와의 의견의 불일치를 경험하는 과정에서 점차 사회적 언어가 나타나게 된다고 보았다. 반면에 비고츠키는 아동이 사용하는 혼잣말은 단순히 자기만의 생각을 표현하는 인지적 미성숙을 나타내는 것이 아니라 자신의 사고와 행동을 지도하기 위한 수단이라고 주장하였다. 혼잣말이 자기 자신과의 의사소통을 목적으로 하는 문제해결을 위한 사고의 도구라고 보았으며, 이를 사적 언어(private speech)라고도 하였다.

비고츠키는 아동의 언어는 초기에는 소리내어 말하는 중얼거림에서 속삭이는 언어로 그리고 점차 조용히 입술만 움직이는 것으로 변화하고 최종적으로는 생각만 하는 단계로 변화된다. 아동의 사적 언어 혹은 혼잣말의 사용은 5세에서 7세에 절정을 이루고 일반적으로 9세에 사라진다. 더 영리한 아동은 이러한 변화를 더 일찍 겪는 것으로 보인다(Bee, 1992). 그에 따르면 사적 언어는 사회적 상호작용을 경험할수록 더욱 증가하게 되며 내적 언어(inner speech: 사고)는 사회적 언어가 내면화된 것으로 본다. 아동의 내적 언어의 발달에 관한 연구(Palincsar & Brown, 1989)에 따르면 내적 언어의 사용빈도가 증가할수록 과제수행 수준도 향상되는 것으로 나타났으며, 과제의 난이도가 높을수록 내적 언어의 사용이 증가하는 것으로 나타났다. 이러한 결과는 내적 언어가 아동의 문제해결에 중요하게 기능한다는 것을 지지하였다(이해경 외, 2005 재인용).

근접발달영역(zone of proximal development) : 근접발달영역이란 어린이가 혼자서는 문제해결을 할 수 없지만, 성인의 안내나 능력이 더 앞선 또래들과 협력하는 과정에서 성공적일 수 있는 영역을 말한다(Wertsch, 1985). 근접발달영역에 위치한 아동에게는 문제를 구조화하여 형성할 수 있는 단서를 제공하거나 세부사항과 단계를 기억할 수 있도록 조력하고, 꾸준히 시도하도록 격려하는 도움이 필요하다. 비고츠키는 인지발달이 아동과 어른 혹은 더 나은 능력을 가진 동료들과의 상호작용을 통해 발생한다고 믿었다. 그들은 아동이 지적으로 성장하는 데 필요한 요소를 지원하는 안내자 혹은 교사의 역할을 할 수 있다. 이러한 조력을 발판 혹은 비계설정(scaffolding)이라고 하며, 이 용어는 아동이 궁극적으로 아동이 스스로의 힘으로 문제를 해결할 수 있도록 하는 과정에 제공되는 조력을 의미한다.

비계설정(발판)을 통해 문제해결이 일어날 수 있는 영역을 비고츠키는 근접발달영역이라고 하였다. 이러한 비계설정(발판)은 아동이 점차 자신의 안내를 받을수록 줄어드는데, 그것은 처음에는 사적 언어(혼잣말)로서 자극을 주고 나중에는 내적 언어(사고)로서 자극을 주기 때문이다.

(2) 비고츠키 이론의 교육적 시사점

비고츠키 이론은 아동의 인지발달에 있어서 교사나 성인, 또래와의 상호작용으로 도움을 줄 수 있다는 이론적 근거를 마련했다는 점에서 가장 중요한 의미를 갖는다고 할 수 있다. 그의 이론을 교육장면에서 적용할 수 있는 방법을 몇 가지 소개하면 다음과 같다.

첫째, 잠재적 발달 수준에 상응하는 수업이 이루어져야 한다. 교사가 학습자의 수행을 보조하고자 학습자와 나누는 대화에는 학습자의 근접발달영역에 대한 즉각적

표 2-2 피아제와 비고츠키 이론의 차이점

Piaget	Vygotsky
자연적이고 생물학적인 면을 강조한다.	역사적이고 사회적 환경의 역할 강조한다.
인지발달은 문화적 맥락과 관계없다.	문화적 맥락은 인지 과정의 유형을 결정한다.
성숙된 사고발달을 위해 아동과 물리적 사물과의 상호작용을 강조한다.	사람들과의 상호작용이 아동의 형식적 사고를 결정하는 것으로 간주한다.
언어는 지적 발달의 원천이기보다는 지적 발달의 부산물이다.	언어는 인지발달에 중요한 역할을 하며 한 유아의 정신기능의 핵심이다.
아동을 세상에 대해 스스로 학습해 나가는 '독립적 발견자'로 간주한다.	한 아동의 학습은 문화적 맥락에서 일어나며, 발견되는 대상과 그것을 발견하는 수단은 모두 인류 역사와 문화의 산물이다.
아동들이 혼자서 알아낸 것만이 그들의 현재 인지적 위상을 반영해준다.	한 유아가 다른 사람과 공유된 활동을 수행하는 것은 독립적인 수행을 하는 것만큼이나 그 유아의 지적 위상을 결정짓는 데 가치 있는 자료가 된다.
학습이 발달에 미치는 효과에 있어서, 유아의 현재 발달 수준이 그 아이의 학습능력을 결정해 주며, 발달수준은 학습 그 자체에 의해 바뀔 수 없다.	지식의 종류나 내용, 그리고 유아의 연령에 따라 한 걸음의 학습이 두 걸음의 발달을 의미할 수도 있다.
협동학습에 있어서 '더 나이 든 아동이나 성인과의 상호작용이 더 유익하다고 하였으며, 구체적 조작기에 이르러 자기중심성을 극복하게 될 때까지 또래들과 진정한 의미의 협동적 상호작용이 불가능하다.'	성인 혹은 혼합연령 아동과의 협동에서 또래들과의 갈등은 상호작용하는 협력자들끼리 논쟁을 해결하고 공동의 의견을 모으는 경우에만 이해를 증진시킨다. '또래간의 협동이 가능해지는 시기는 정해져 있지 않으며, 새로운 인지능력은 모든 연령에서 가능하다.'

인 진단을 함축하고 있다. 때문에 교사는 학습에 대한 학습자들의 현재 상태에 관한 자신의 생각을 끊임없이 정리하고 재정리해야 한다(전성연, 2001).

둘째, 아동의 사적 언어의 분석은 아동의 사고 과정을 이해할 수 있는 단서를 제공한다.

셋째, 문제해결을 위해 내적 언어를 활용하도록 하라. 비고츠키의 언어발달 개념에 따르면 아동의 내적 언어는 사고의 도구로서 작용한다. 따라서 아동이 문제의 상황에서 사고를 전개하기 위해 언어를 사용하도록 격려해야 하고, 아동이 성취하려고 노력하는 것이 무엇인지에 대해 말로 표현할 수 있도록 해야 함을 시사한다.

넷째, 교수적 대화(instructional conversation)를 활용하도록 수업환경을 배치한다. 아동의 중요한 학습과 이해를 위해서는 상호작용과 대화를 필요로 한다. 따라서 학습장면에서 교사나 또래와의 상호작용 과정에서 학습할 수 있는 상황, 즉 '교수적 대화'를 필요로 한다는 것을 시사한다. 따라서 교사는 학생들이 설명이나 예증, 다른 학생들과의 상호작용을 하도록 수업환경을 배치할 필요가 있다.

3. 성격발달

1) 프로이트(Freud) 성격발달이론

프로이트는 성격에 관한 정교한 이론을 처음으로 제시한 사람이다. 그는 정신과 의사로서 환자에 대한 치료 경험을 토대로 인간의 정신구조와 역동, 그리고 그 발달 과정을 과학적으로 체계화하려 하였다. 그의 정신분석학은 이후 심리학 전반에 커다란 영향을 미쳤다. 그의 이론은 생물학적 기제와 본능적인 충동을 기초로 하고 있다.

프로이트는 성격의 구조를 원초아(id), 자아(ego), 초자아(superego)의 세 가지로 구분하여 제시하였다. 이들 구조는 각기 상이한 역할과 기능을 가지며 때로는 협조하고 때로는 반목한다. 원초아란 성격의 기초를 이루는 것으로 태어날 때부터 존재하는 인간의 가장 기본적인 생물학적 충동, 예컨대, 음식, 물, 배설, 성적인 욕구 및 공격적인 욕구 등을 지칭한다. 이런 욕구들은 현실적인 상황과 결과를 고려하지 않고 지금 당장 욕구들을 충족시킴으로써 긴장을 피하고 만족을 얻으려는 쾌락 원리를 따른다. 자아는 원초아만을 가지고 있던 어린이가 외부 현실의 벽에 부딪히면서 원초아로부터 분화시킨 부분이다. 어린이는 커가면서 원초아의 욕구들을 만족시키되 현실의 요구들을 고려하여 현실세계의 조건에 부합하는 방식을 따르게 된다. 이를 현실원리라 한다. 초자아는 자아로부터 분화되어 나온 것으로서 인간의 마음에서 행동의 선악을 평가하는 재판관 같은 역할을 하는 부분이다. 초자아는 부모나 사회의 도덕규범이나 가치가 내면화된 것으로 도덕의 원리에 따라 움직인다. 이러한 세 가지 성격구조를 형성하고 움직이게 하는 것이 성적 에너지인 리비도(libido)이다.

(1) 프로이트의 성격발달단계

프로이트에 따르면 사람은 태어나서 다섯 살까지의 경험이 성격 형성에 결정적인 영향을 준다고 하였다. 그는 청소년기까지 5개의 심리성적단계(psychosexual stages)를 거친다고 하였다. 이 단계를 성격발달단계라고도 하며 단계의 구분은 리비도가 집중적으로 모이는 성감대의 변화에 따른다. 프로이트는 태어나서 다섯 살까지 입, 항문, 성기 등의 순서로 성감대가 바뀌어 간다고 믿고, 구강기, 항문기, 남근기 등으로 발달단계를 구분하고 있으며 이 시기를 성격 형성의 결정적 시기라고 보고 있다. 다섯 살 이후 성적으로 깨어나는 청소년기를 잠복기, 다시 청소년기 이후를 생식기로 구분하고 있다.

각 단계에서 어떤 경험을 하느냐에 따라 개인의 성격이 형성되고, 각 단계별로 아동이 추구하는 성적 쾌감을 충분히 느끼지 못하거나 지나치게 몰두하면 고착

(fixation)현상을 일으켜 다음 단계로의 발달에 부정적인 영향을 미친다고 본다.

① 구강기(oral stage : 0~1세)

이 단계의 아이의 성감대는 구강주변으로 입술이나 구강을 통해 성적 쾌감을 느끼는 단계이다. 이 단계의 아이는 물체를 손으로 잡을 수 있게 되면 잡히는 데로 입으로 가져가서 빨기 시작하며, 치아가 생기면 물어뜯기 시작한다. 빨기, 깨물기 등을 통해 느끼는 성적 쾌감은 어머니의 수유활동으로 대표된다. 만약 어머니의 적절한 보살핌을 받지 못하고 또한 추구하는 쾌감을 얻지 못한다거나 반대로 과잉충족을 하게 되면 성격적 결함이 나타나난다. 이때의 성격적 결함은 구강 고착적 성격으로 나타나게 되는데, 예를 들면, 지나친 흡연, 손가락 깨물기, 과음, 과식, 남을 비꼬는 일을 일삼는 미성숙한 성격을 형성하게 된다.

② 항문기(anal stage : 2~3세)

이 단계의 아이의 성감대는 구강에서 항문으로 옮아가며 변을 참거나 배출하는 과정에서 항문근육의 자극 경험을 통해 주로 성적 쾌감을 느끼는 단계이다. 이때 부모는 배변훈련을 통해 유아가 적절한 때와 장소에서 배설하면 이에 적합한 보상을 주게 되며 시간과 장소가 적절하지 않을 때에는 이를 규제하게 된다. 배변훈련 과정에서 부모가 지나치게 깔끔하고 지나치게 규율을 강요하게 되면 지나치게 엄격하고 인색하고 완고하거나 규율을 준수하려는 결백성을 갖는 항문 강박적 성격이 되거나 지나치게 무질서하고 지저분하고 잔인하고 파괴적이며 반항적인 항문 배설적 성격을 형성하게 된다.

③ 남근기(phallic stage : 3~5세)

남근기는 성감대가 성기 주변으로 옮아가며, 자신의 성기를 만지거나 성적인 공상을 하는 데서 성적 쾌감을 느끼는 단계이다. 이 시기의 아동은 남녀의 신체 차이, 아기의 출생, 부모의 성역할 등에 대해서 상당한 관심을 가지게 된다. 이로 인해 남자 아이들은 어머니에게 성적인 애정을 느끼고 아버지에게는 애정의 경쟁자로서 느끼는 오이디푸스 콤플렉스(Oedipus complex)를 갖게 된다. 여자아이의 경우에는 반대로 어머니를 자신의 경쟁자로 느끼고 아버지를 성적 애정의 대상으로 생각하는 엘렉트라 콤플렉스(Electra complex)를 갖게 된다. 남자아이들은 아버지와의 경쟁관계에서 아버지가 강한 존재이므로 아버지에 대한 경쟁심은 자신의 남근을 거세당할지도 모른다는 두려움으로 변모하게 되는데 이를 거세불안(castration anxiety)이라고 한다. 한편 여자아이들은 자신에게서 남근이 없음을 알게 되고 이를 부러워하는 남근선망(penis envy)을 하게 된다. 이러한 콤플렉스를 극복하는 과정에서 동일시(identification) 현상이 나타나게 된다. 동일시 과정에서 남자아이는 어머니에 대한 성적 애정을 포기하고 아버지의 생각, 태도, 행동 등을, 여자아이는 어머니의 생각, 태도, 행동을 모방하여 자기 것으로 삼음으로써 닮아가게 되며 성역할을 학습하게 된다. 이러한 콤플렉스는 유아기 아동의 성격 형성에 결정적인 중요성을 갖게 된다.

④ 잠복기(latent stage : 6~11세, 청소년기)

잠복기는 성적인 욕구가 표면적으로 드러나지 않으며 심리적으로 억압되어 있으며 잠복되어 있는 시기이다. 이 시기에 아동의 모든 리비도는 학교과업, 운동 등 사회적으로 용납되고 인정되는 활동을 통해 강력한 에너지로 발산된다. 그러나 사춘기의 성적 변화와 더불어 잠재기는 끝나게 된다.

⑤ 생식기(genital stage : 11세 이후, 청소년기 이후)

사춘기와 더불어 신체적, 성적 발달이 급격히 이루어지면서 이성이 중요한 관심대상으로 대두되는 시기이다. 이 시기의 청소년들은 성행위를 통한 리비도의 충족을 추구하게 되며 이러한 리비도의 표출양식은 전 생애를 통해 지속된다.

(2) 프로이트 이론의 교육적 시사점

프로이트의 이론은 비과학적이라는 비판에도 불구하고 교육학, 심리학, 문학, 예술 분야에 이르기까지 지대한 영향을 미쳤다. 특히 인간 행동의 의식 영역보다 무의식의 영역이 더 큰 영향을 미칠 수 있음을 주장함으로써 인간 행동을 이해하는 새로운 관점을 제공하였다. 또한 성격의 구조와 그 역동적 과정을 설명함으로써 인간 행동을 치료하는 데 새로운 관점을 제공하였다. 그리고 인생의 초기 경험을 강조함으로써 유아교육의 중요성을 강조하고 있다. 특히 그의 이론은 생의 초기 경험이 정서 발달과 사회성 발달에 중요한 영향을 미칠 수 있음을 시사한다. 그러나 그의 이론은 인간의 성적 욕망을 지나치게 강조하였다는 점과 성인 환자의 치료 과정에서 얻은 자료를 가지고 정상아동의 발달을 역으로 추정하여 설명하고 있기 때문에 과학적 정확성이 결여되어 있다는 것이 그의 이론의 최대 약점으로 지적되고 있다.

2) 에릭슨(Erikson)의 사회성 발달 - 심리사회적 이론

에릭슨의 성격발달이론은 프로이트의 정신분석학 이론에 기초를 두고 있다. 그러나 에릭슨이 주장하는 발달이론은 프로이트 이론과 동일한 것은 아니다. 프로이트는 성격이 청소년기까지 5단계에 걸쳐 발달한다고 보는 반면에 에릭슨은 노년기까지 8단계에 걸친 전생애 발달(life-span development)이 일어난다고 본다. 또한 프로이트는 성격의 중심 구조로 원초아에 초점을 두는 반면에 에릭슨은 자아에 초점을 두고 있다. 에릭슨은 아동이 어떻게 자아정체감을 발달시키고 어떻게 사회화되는지에 관심을 가졌다. 그래서 그의 이론을 사회심리적 발달(psychosocial development)이론이라고 한다.

에릭슨에 따르면 성격발달이란 8개의 단계를 통해 일어나는데 각 단계마다 개인의 생리적 성숙과 더불어 개인에게 부과된 사회적 요구(즉, 발달과업)가 따르고, 이 요구는 하나의 위기(crisis)로서 이것의 해결 여부가 성격발달의 주요인으로 간주되고 있다. 각 발달단계의 위기를 해결하는 데 있어서 부정적인 면보다 긍정적인 면으로 해결하는 비율이 더 많을 때 성격발달에서 더 성숙하게 된다. 즉, 자아를 제어할 수 있고 자신의 문제를 적절히 통합할 수 있게 된다. 반면에 위기에 직면했을 때 긍정적인 측면보다 부정적인 측면이 더 많을 때 다음 단계의 발달을 지연시키고 인격형성에 좋지 않은 영향을 미친다.

(1) 에릭슨의 발달단계

① 기본적 신뢰감 대 불신감(basic trust vs. mistrust : 0~1세)

이 시기는 출생부터 약 1세까지의 시기이며, 부모로부터 받는 양육의 질에 의해 신뢰감이 형성된다. 예를 들어, 부모가 일관성 있고 믿을 수 있게 자신이 필요로 하는 것들을 해준다면 아기는 부모에 대한 기본적 신뢰감을 형성하게 된다. 그러나 그렇지 못할 때 불신을 형성하게 된다. 에릭슨의 발달단계에서 주의할 점은 신뢰는 발달시켜야 하고 불신은 발달시키지 말아야 한다는 것이 아니다. 모든 아기들은 이 두 가지를 모두 경험하게 되며, 불신 역시 성장에 필요하다는 것이 에릭슨의 생각이다. 건강한 발달에 있어 중요한 것은 신뢰와 불신 사이의 적당한 비율이다. 신뢰가 불신보다 더 큰 비율을 차지하는 것이 필요하다. 이와 같은 원리는 에릭슨의 다른 단계들에도 해당된다.

② 자율성 대 수치감(autonomy vs. shame and doubt : 2~3세)

이 단계의 아동은 신체적 및 생리적 성숙에 의해 최초로 대소변 가리기와 같은 자기통제가 가능하게 된다. 그러나 많은 아동의 자기통제 행동은 이들의 미숙함을 우려하는 부모의 규제를 받거나 또는 스스로 실행해 보는 과정에서 실패에 부딪히게 된다. 이와 같은 성공과 실패의 양극적 위기를 극복함으로써 아동은 자기통제에 기본적인 자신감을 갖게 되어 자율감이 형성된다. 과도한 외부의 통제로 인해 위기의 극복에 실패할 때 아동은 통제능력을 상실함으로써 자신에 대한 수치와 회의에 빠져들게 된다. 이러한 자율성 대 수치감간 위기의 극복 양상은 일생 동안 지속되는 자기 통제력의 기초가 된다.

③ **주도성 대 죄의식**(initiative vs. guilt : 4~5세)

이 단계의 아동은 주도성 대 죄책감의 위기를 경험하게 된다. 이 시기에 아동은 왕성한 지적 호기심과 더불어 자신의 활동을 계획하고 목표를 세우며 이를 달성하고자 노력한다. 놀이장면에서 정글짐을 필사적으로 오르거나 또래들과의 놀이 활동에서도 자기주장이 나타나며, 경쟁에 몰입하며, 이러한 과정 속에서 때로는 좌절을 경험하기도 한다. 이 시기에 최초로 싹트는 자기 주도적 활동이 적절한 비율로 성공하게 되면 아동은 주도성을 확립하게 되지만, 실패의 경험이 많을 경우 아동의 주도성은 위축되고 자신의 주장에 대해 죄의식을 갖게 된다.

④ **근면성 대 열등감**(industry vs. inferiority : 6~11세)

이 단계는 아동의 자아성장의 결정적인 단계로서 근면성 대 열등감의 위기를 맞게 된다. 이 위기를 극복하기 위해서는 인지적 및 사회적 기술을 요구하게 된다. 아동들은 학교에서 부과되는 여러 과제들에서 갖는 성공과 성취가 아동의 근면성을 발달시키게 된다. 따라서 이 단계에서는 교사와 또래 친구들의 영향력이 매우 중요하다. 만약 이 단계에서의 도전이 너무 어려워 실패로 끝나는 경험이 많아지면 아동은 열등감에 빠지게 된다. 학습자로서의 아동이 학습상황에서 성공과 성취 경험이 많아지면 매우 긍정적인 자아개념이 발달하게 된다. 이 단계에서 습득된 근면성은 인생에 있어서 적응과 성공 그리고 인간관계를 결정하는 데 매우 중요한 요인으로 작용한다.

⑤ **정체감 대 역할혼미**(identity vs. role diffusion : 12~18세)

이 단계의 청소년들은 정체감과 역할혼미의 위기를 맞게 된다. 청소년들은 신체성장과 생리적 변화는 익숙하지 않는 성적 충동과 함께 자기의 신체에 대해 새로운 느낌을 갖게 된다. 이런 변화는 상급학교와 직업을 선택해야 하는 사회적 압력과 함께 청년으로서의 여러 가지 역할에 대해 생각해 보게 된다. 청년의 기본 과업은 아동기부터 그가 해온 여러 가지 동일시를 더욱 완전한 하나의 정체감으로 통합하는 것이다. 에릭슨(Erikson)은 전체(통합된 정체)는 부분(이전의 동일시)의 합보다 더 크다는 것을 강조한다. 이와 같이 새로 형성된 정체감은 청년의 새로운 욕구, 기술, 목표와 잘 부합된다. 만일 청년이 그의 동일시와 역할 혹은 단편적인 자기 자신에 대한 개념들을 전체적인 하나로 통합할 수 없으면 그는 정체혼미를 맞게 된다. 이 단계에서는 자신의 정체성 확립이 기본 과제가 된다.

⑥ 친밀감 대 고립감(intimacy vs. isolation : 19~24세)

이 단계의 성인들은 사회에 참여하게 되고 자유와 책임을 가지고 스스로의 삶을 영위하기 시작하는 시기이다. 이 단계에서는 자기 자신의 문제에만 몰두하는 것에서 벗어나 직업 선택, 배우자 선택, 친구 선택 등 다양한 문제를 경험하게 된다. 이 단계에서는 이런 문제에 직면해서 타인과 친밀한 관계를 형성하느냐 아니면 고립되느냐 하는 심리적 위기를 맞게 된다. 타인과의 친밀한 관계를 유지한다는 것은 타인을 이해하고, 또 자기 자신도 이해받을 때 가능한 것이다. 여기서 이해란 정체감이라는 말로 대신할 수 있다. 따라서 자아정체감이나 타인의 정체감을 발견할 수 없을 때 인간은 고립되고 방황하게 된다. 앞 단계에서 성공적으로 정체감이 형성되면 타인과의 심리적인 친밀감의 형성도 가능해진다. 반대로 자신의 정체감이나 타인의 정체감을 발견할 수 없을 때 인간은 고립되고 방황하게 된다.

⑦ 생산성 대 침체성(generativity vs. absorption : 25~54세)

이 시기는 성인중기에 해당한다. 이 단계의 중심적 관제는 자녀를 낳아 기르는 것이다. 또한 직업적 성취나 학문적 · 예술적 업적을 통해서도 생산성을 발휘되기도 한다. 그렇지만 에릭슨은 자녀를 키우고 돌보는 것에 더 중점을 두고 있다. 이러한 생산성을 발휘하지 못하면 성격이 침체되고 개인적 결손감에 빠져들게 된다. 다음 세

대에 대한 관심과 사회에 대한 관심을 두지 않고 자기 자신의 세계에만 머물며 자신의 소유에만 집착하면 다른 사람에 대한 관대함이 결여되어 침체성이 형성된다. 새로운 것이나 자녀를 보살피는 경험을 통해 타인을 배려하는 마음을 갖는 것이 중요하다.

⑧ **통정감 대 절망감**(ego integrity vs. despair : 54세 **이상**)

이 시기는 성인후기(노년기)에 해당한다. 노년기에 접어들면서 사람들은 신체적으로 노쇠해지고 사회적으로도 은퇴를 하게 되며, 수입의 감소, 배우자나 가까운 친구

표 2-3 Erikson의 성격발달의 8단계

발달단계 및 근접연령	Freud 발달 단계	심리사회적 위기	중요한 사회적 관계 및 주요사건	바람직한 결과와 바람직하지 못한 결과
1단계 (0~2세)	구강기	신뢰감 대 불신감	어머니 또는 어머니 대리자, 돌봄 및 수유활동	타인과 주변세계에 신뢰 및 믿음 타인과 주변세계에 대한 불신, 의심, 두려움
2단계 (2~3세)	항문기	자율감 대 수치감	부모, 배변훈련	자기통제감 및 자기효능감 획득 수치심과 자기의혹
3단계 (3~5세)	남근기	주도성 대 죄책감	기본 가족과의 사회적 관계	자신의 활동에서의 자율감 획득 죄책감 및 부족감
4단계 (6~11세)	잠재기	근면성 대 열등감	이웃과 학교	지적, 사교적, 신체적 능력에서의 유능감 획득 지적, 사교적, 신체적 능력에서의 무능감 획득
5단계 (12~18세)	성기기	정체감 대 역할혼미	또래집단과 외부집단	자기 정체성의 확립 자신의 정체성과 역할에 대한 혼돈
6단계(19~24세, 성인초기)		친밀감 대 고립감	친구 : 성, 경쟁, 협동	타인과의 친밀한 관계 형성 타인과의 관계에서 고립, 소외, 배척감
7단계(25~54세, 중년기)		생산성 대 자기몰입	가정과 직장동료와의 사회적 관계 양육과 생산 활동	가정과 사회에 대한 책임감과 배려 가정과 사회에 대한 무책임, 이기심, 침체감
8단계(54세 이상, 노년기)		통정감 대 절망감	자기의 인생에 대한 반영과 수용	충족감과 자기 인생에 대한 만족감 인생에 대한 불만과 절망감

의 죽음을 경험하게 된다. 이러한 절망감 속에서 사람들은 자신의 생을 되돌아보며 자신의 삶에 대해 음미하게 된다. 이때 자신의 삶을 있는 그대로 인정하고 수용했을 때는 자아 통정감을 느끼지만, 자신의 삶에 대해 무의미함과 허무함을 느낄 때는 절망감에 빠지게 된다. 자신의 삶을 궁극적으로 감사하게 받아들이고 통합하는 지혜가 필요한 시기이다.

(2) 에릭슨 이론의 교육적 시사점

에릭슨의 심리사회적 발달단계는 교육현장에 중요한 시사점을 주고 있다.

① 성격 형성에서 유아의 초기 경험의 중요성을 인지하여 바람직한 성격 형성을 도와야 한다.

양육자 혹은 부모들은 각 발달단계에는 발달단계별 아동이 직면하는 발달적 위기를 이해하고 발달과업을 잘 성취할 수 있도록 해야만 건강한 성격 형성에 기초를 제공한다. 특히 1단계의 신뢰성 획득이 그 다음 단계의 원만한 성격 형성에 매우 중요함을 인지하여 유아가 신뢰성을 갖도록 양육할 필요가 있다. 또한 유아교육의 현장에 있는 교사들도 초기교육의 중요성을 인지하여 아동의 원만한 성격 형성을 하도록 도와야 한다. 예를 들어, 4~5세의 아동은 주도성 혹은 죄책감의 위기를 경험하게 된다. 그러므로 이 시기에는 다양한 신체적 활동과 언어활동에 참여하게 될 때 아동의 자아주도적인 활동에 지나치게 간섭해서는 안 되며 가능하면 인정하고 포용해야 할 것이다.

② 교사는 발달단계에 따른 발달과업을 숙지하고 있어야 하며 그에 대한 환경을 체계적으로 계획하고 제시할 수 있어야 한다.

교사는 각 연령의 학습자들이 발달과업을 잘 성취할 수 있도록 교실환경을 조성하고 학습과제를 설정하는 노력이 필요하다. 예를 들어, 중등학교의 학생들은 정체감 혹은 역할혼미의 위기를 경험하게 되는 연령이다. 매사에 자신이 없고 무력해지면 용기가 없어지거나 반대로 파괴적이고 반항적일 수 있다. 이러한 현상은 학생 스스로가 자기통찰력이 생기면 없어지게 되는데 이를 위해 교사는 학생에게 자신감이 회복될 수 있도록 주의를 환기시켜 주거나 유능감을 경험할 수 있는 과제로 정체감을 형성할 수 있도록 적극적 개입이 필요하다.

③ 발달에 대한 새로운 관점의 이해가 필요하다.

에릭슨의 이론은 발달이 전 생애에 걸쳐 이루어진다고 주장한다. 따라서 교육 가능성 또한 전 생애에 걸쳐 가능하며 도덕적 추리의 원리를 교사가 직접 가르치기보다는 에릭슨의 이론이 평생교육이나 사회교육의 필요성에 대한 이론적 근거를 제공하였다는 점에서 그 의의가 크다고 볼 수 있다.

4. 도덕성 발달

1) 콜버그(Kohlberg)의 도덕성 발달이론

도덕성은 인간이 사회생활을 해나가는 데 있어서 바람직하다고 생각하는 행동특성의 규범이라고 한다. 도덕성 발달의 대표적 이론은 콜버그 이론이다. 콜버그는 피아제의 도덕성 발달이론을 더욱 발전시켜 체계화하였다. 피아제는 도덕성 발달을 인지발달과 관련시켜 제시하였는데 도덕성 발달이 외부의 규칙에 의존하는 타율적 도덕단계에서 스스로 평가하는 자율적 도덕단계로 진행된다고 보았다. 콜버그는 피아제가 타율적 도덕성과 자율적 도덕성으로 양분한 것을 도덕성 발달을 지나치게 단순하게 본 것이라고 간주하였다.

콜버그는 도덕성 발달단계를 연구하기 위해 도덕적 딜레마를 담은 여러 이야기를 피험자들에게 제시하고 이 상황에 대해 아동들이 어떻게 대답하는지, 그 반응 내용을 기초로 도덕성 발달의 단계를 구성하였다. 콜버그는 'Heinz의 딜레마'라는 사례를 제시하여 도덕성 발달 수준을 판단하였다(권준모, 2001).

Heinz의 딜레마

유럽에서 어떤 부인이 특수한 암으로 죽어가고 있었다. 의사가 보기에 그녀를 구할 수 있는 약이 꼭 하나 있었다. 그 약은 최근에 같은 마을의 약제사가 발견한 일종의 라디움이었다. 그 약을 제조하는 데 비용도 많이 들었지만 약제사는 약을 만드는 데 든 비용의 열 배를 약값으로 매겼다. 라디움 제조에는 200불이 들었지만 그 약을 투약하기 위해서는 2000불을 지불해야 했다. 그 부인의 남편인 하인즈는 자기가 아는 사람을 모두 찾아가 돈을 빌렸지만 약값의 절반인 1000불 정도밖에 구할 수가 없었다. 그는 약제사에게 아내가 죽어가고 있다고 말하고, 약을 좀 싼 값에 팔든지 아니면 모자라는 돈은 뒤에 갚도록 해줄 것을 간청하였다. 그러나 약제사는 "안 됩니다. 내가 그 약을 발견했습니다."라고 말했다. 하인즈는 절망에 빠진 나머지, 약제사의 가게에 침입하여 아내를 구할 그 약을 훔쳤다. 남편은 정당한 일을 하였는가? 만약 정당하다면 왜 그러한가?

2) 콜버그의 도덕성 발달단계

콜버그는 위의 하인즈 딜레마와 같은 여러 가지 다른 갈등 상황을 제시한 연구에서 아동들이 이런 상황에 대해 어떻게 대답하는지를 기초로 도덕성 발달의 단계를 구성하였다. 그는 도덕성에 대한 사고는 크게 6개의 단계로 발달한다고 주장한다. 이들 6개의 단계는 다시 3수준으로 세분된다. 즉, 각 수준 내에서는 2개의 단계를 포함한다. 콜버그는 1단계와 2단계를 인습 이전 수준으로, 3단계와 4단계를 인습 수준으로, 그리고 5단계와 6단계를 인습 이후 수준으로 각각 분류하고 있다. 그는 이런 도덕성 발달단계는 모든 문화권에서 보편적인 단계를 거친다고 주장하였다(Nisan & Kohberg, 1982). 다음은 콜버그의 도덕성 발달단계에 대한 설명들이다(권준모, 2001).

(1) 수준 1 : 인습 이전 수준

이 수준에서는 아동은 행위의 결과에 따라 주어지는 보상이나 처벌에 의해 옳고 그름을 판단하거나 개인이나 타인의 욕구충족의 정도에 따라 도덕성을 판단한다.

1단계 : 처벌과 복종지향 – 이 단계에 속한 아동의 판단은 인간행위의 물리적 결과에 따라 옳고 그름을 결정한다. 또한 이 단계의 아동은 처벌을 피할 수 있거나 힘이 있는 사람에게 무조건 복종하는 것 자체가 도덕적 가치를 갖는다.

- **괜찮다** – 훔친 약값이 실제로는 200불밖에 안 될지도 모른다.
- **나쁘다** – 남의 것을 함부로 훔칠 수 없다. 그것은 죄다. 약값이 비싸니까 비싼 것을 훔치면 그만큼 죄가 된다.

2단계 : 개인적 보상 지향 – 이 단계에 속한 아동의 판단은 자신의 필요나 욕구, 경우에 따라서는 타인의 필요나 욕구를 충족시켜 주는 행위이면 옳다고 판단한다. 인간관계는 시장의 원리와 유사하다. 공정성, 상보성, 분배의 평등성 원칙에 따라 자신에게 돌아오는 이익에 근거하여 판단한다.

- **괜찮다** – 약국 주인에게 큰 해를 끼치는 것도 아니고, 또 언제나 갚을 수도 있다. 아내를 살리려면 훔치는 길밖에 없다.
- **나쁘다** – 약사가 돈을 받고 약을 팔려는 것은 당연한 일이다. 그것은 영업이고, 이익을 내야만 한다.

(2) 수준 2 : 인습 수준

이 수준에서는 가족, 기존 사회질서, 사회집단, 국가의 기대를 유지하는 방향으로 동조하거나 적극적으로 질서를 유지하고 지지하며, 집단이나 그 구성원들에게 동일시하고 충성하는 것을 포함한다.

3단계 : 대인간 조화 또는 착한 소년 · 소녀 지향 – 이 단계에서는 옳은 행동은 타인을 기쁘게 하거나 도와주며, 타인으로부터 인정받는 것이다. 대다수의 사람들이 갖는 고정관념에 동조한다. 타인의 반응이 도덕성 판단의 기준이 되지만, 물리적인 힘보다는 심리적인 인정 여부에 관심이 있으며, 착해짐으로써 타인의 인정을 얻는다. 이 단계에서부터 사회적 규제를 수용하며 의도에 의해 행위의 옳고 그름을 판단하기 시작한다.

- **괜찮다** – 훔치는 것은 나쁘지만 아내를 사랑하는 남편으로서 당연한 행동이다. 아내를 살리려 하지 않는다면 비난받을 것이다.
- **나쁘다** – 아내가 죽는다고 해서 남편이 비난받을 수는 없다. 죄를 짓지 않았다고 해서 무정한 남편이라 할 수는 없다. 훔치지 않아도 하인즈는 자기가 할 일을 다 한 것이다.

4단계 : 법과 질서 지향 – 이 단계에서는 권위, 고정된 규칙, 사회적 질서를 지향한다. 자신의 의무를 다하며, 권위자를 존중하며, 사회적 질서를 유지하는 것이 옳은 행동이다.

- **괜찮다** – 사람이 죽어 가는데 의사가 잘못한 것이다. 아내를 살리는 것이 하인즈의 의무이다. 그러나 약값은 반드시 갚아야 하고, 절도에 대한 처벌도 받아야 한다.
- **나쁘다** – 아내를 살리려는 것은 당연하지만, 그래도 남의 것을 훔치는 것은 역시 나쁘다. 자기감정이나 상황과 상관없이 규칙은 항상 지켜야 한다.

(3) 수준 3 : 인습 이후 수준

이 수준에서는 집단의 권위와 권리를 행사하는 사람들과는 무관하게 도덕적 가치와 원리에 따라 도덕적 판단을 하고자 한다. 콜버그에 따르면 이 단계는 성인초기까지는 도덕적 책임과 도덕적 선택의 어떤 경험을 하게 될 때까지는 대개 도달되지 않는다고 본다.

5단계 : 사회적 계약과 합법적 지향 – 이 단계에서는 개인의 권리를 존중하고 사회 전체가 인정하는 기준을 준수하는 것이 옳은 행동이다. 법은 개인의 자유의 규제가 아닌, 극대화하기 위해 제정된다는 것을 인식한다. 사회적 약속은 대다수의 성원들의 보다 나은 이익을 위해 항상 바뀔 수 있는 것으로 판단되며, 이전 단계와 달리 도덕적 융통성을 갖는다.

- **괜찮다** – 훔치는 것이 나쁘다고 말하기 전에 전체적인 상황을 고려해야 한다. 이 경우 법은 분명히 훔치는 것이 나쁘다고 규정한다. 그러나 이 상황이라면 누구라도 약을 훔칠 수밖에 없을 것이다.
- **나쁘다** – 약을 훔쳐서 결과적으로 아내를 살릴 수 있지만, 목적이 수단을 정당화하지 못한다. 하인즈가 전적으로 나쁘다고 말할 수 없지만 상황을 핑계로 해서 그의 행동이 정당화될 수도 없다.

6단계 : 보편적인 윤리적 원리 지향 – 이 단계에서 옳은 행동은 자신이 선택한 윤리적 원리와 일치하는 양심에 의해 결정된다. 이 원리는 구체적인 규율이 아닌 인간의 존엄성, 정의, 사랑, 공정성에 근거를 둔 추상적이며 보편적인 행동지침이다. 이 단계의 도덕성은 극히 개인적인 것이므로 때로 대다수가 수용하는 사회적 질서와 갈등을 일으킬 수 있다. 그러나 이 단계에 도달한 사람들은 자신의 양심이 가하는 처벌을 사회가 가하는 처벌보다 더욱 고통스럽게 생각한다.

- **괜찮다** – 법을 준수하는 것과 생명을 구하는 것 사이에서 선택하라면 약을 훔치더라도 생명을 구해야 하는 것이 더 높은 수준의 원칙이다.
- **나쁘다** – 암은 많이 발생하고 약은 귀하니 필요한 모든 사람에게 약이 다 돌아갈 수 없다. 이 경우 모든 사람에 보편적으로 옳다고 생각되는 행동을 해야 한

다. 감정이나 법에 따라 행동할 것이 아니라 한 인간으로서 무엇이 이성적인가를 생각했어야 한다.

3) 콜버그 이론의 교육적 시사점

도덕발달이론에 따르면, 아동들은 자신의 행동에 대해 보상을 받는지 벌을 받는지에 따라 자신의 행위에 대한 도덕적 후속결과를 이해하기 시작한다고 볼 수 있다. 교육장면에서 교사들은 콜버그가 제시한 도덕성 발달단계를 이용하여 가치교육이나 가치명료화 프로그램을 진행할 수 있을 것이다. 다음은 교사들이 콜버그의 이론을 수업장면에 적용하는 데 도움이 되는 몇 가지 지침이다.

① 도덕적 딜레마를 사용하여 아동의 도덕발달 수준을 진단하라.
② 도덕적 사고의 발달을 위해 아동 스스로 판단의 이유를 설명하게 하고 도덕 원리를 생성하게 하라.
③ 단계적 연계토의로 도덕발달단계를 높여라.
④ 교사는 아동의 도덕성 발달을 위한 촉진자의 역할을 한다.

표 2-4 발달단계이론의 비교

단 계	연령 범위	주요 특징 및 발달과업	인지발달 (Piaget)	심리성적 발달 (Freud)	심리 사회적 발달 (Erikson)	도덕성 발달 (Kohlberg)
신생아기	분만~ 24개월	신체이동, 기본언어획득, 사회적 애착	감각운동기	구강기 항문기	신뢰감 대 불신감	전도덕기
유아기	2~6년	언어능력 숙달, 성차발달, 집단유희, 취학준비완료	전조작기	남근기: 오이디푸스 콤플렉스	자율성 대 수치심	제1, 2단계 복종과 처벌 대인간조화
아동기	6~12년	인지가 성인수준으로 발달, 협동놀이	구체적 조작기	잠재기	주도성 대 죄책감	제3단계 대인간조화
청년기	12~20년	사춘기로 시작 성숙이 끝남, 최고수준의 인지획득, 부모로부터 독립, 이성관계형성	형식적 조작기	성기기	근면성 대 열등감	제4단계 법과 질서
성년기	20~45년	직업선택과 가족형성			정체감 대 역할혼미	제5단계 사회계약
장년기	45~65년	직위가 가장 높아짐, 자기평가, 자녀출가로 인한 '공허감' 위기, 은퇴			생산성 대 침체감	제6단계 보편윤리
노년기	65~사망	가족과 업적을 즐김, 죽음에의 공포 극복			자아통정 대 절망감	

제3장

학습자의 지적 특성

프로이트와 아인슈타인의 재능과 창의성

유대인의 가정에 태어난 프로이트(Freud)는 어머니와 유모의 각별한 관심과 애정을 받으면서 자라났다. 언어지능이 뛰어났던 그는 명작들을 원어로 읽기 위해 프랑스어, 스페인어를 익혔고, 상상력이 풍부해서 여러 언어로 인물을 생생하게 그려냈다. 자연보다는 인간문제에 관심이 많았던 프로이트는 자신이 만났던 사람들, 그들의 감정과 야망, 내적 갈등, 인간관계의 갈등 등을 상세하고 활기차게 묘사하는 편지로 사람들과 교류하였다. 그는 인간의 본성에 대해 남다른 관찰력을 보였고, 주로 언어에 기반하여 사고하였다.

아인슈타인(Einstein)은 프로이트와 달리 사물의 세계와 물리적 힘에 주로 관심을 기울였다. 그는 객관적 사물과의 관계에 매료되었다. 아이슈타인의 가정은 유대인이었지만 유대교 의식에 얽매이지 않은 자유로운 분위기를 지니고 있었다. 그는 자신이 흥미를 가진 주제에 몰두하였고 16세에 학문적인 틀을 갖출 정도가 되었다. 그에게는 작은 공부모임에서 만난 친구들, 지속적으로 우정을 나눈 친구들이 많았다. 이들과의 대화는 아인슈타인의 혁신적인 업적에 영향을 미쳤다. 남다른 집중력과 논리수학적 지능과 공간지능이 뛰어난 아인슈타인은 자기의 생각을 다양한 표상을 통해 표현하는 것을 즐겼다(Gardner, 1993).

프로이트와 아인슈타인의 걸출한 업적은 서로 다른 재능에 기반을 두고 있다. 프로이트는 언어지능과 대인관계 능력에 기반하여 그의 학문 세계를 펼쳤다면, 아인슈타인은 물리적 세계의 법칙을 파악하는 논리수학지능이 뛰어났으며 자신의 생각을 언어 이외의 표상을 통해서 표현하는 것을 좋아하였다. 무엇보다도 이들은 자신의 관심분야 주제에 몰입하였고, 자신이 하는 일을 즐기고 그 일에 몰입하는 열정적인 삶을 살았던 사람들이다(신종호 외, 2015).

개요

교육에서 가장 핵심이 되고 자주 거론되는 용어가 바로 지능과 창의성일 것이다. 지난 100년간 지능에 대한 연구는 인간이 가지고 있는 능력의 전반적인 측면을 이해하고 측정하려는 노력의 산물이다. 교실 상황에서 학생들의 학습 효과를 극대화시키기 위해 고려해야 할 개인차 변인은 매우 다양하다. 개인차 변인 가운데 가장 중요하게 생각하는 것이 바로 지능이다. 대부분의 교사와 학부모들은 학업성취에 개인차가 드러날 경우 그 원인으로 지능의 개인차 문제를 생각한다. 지능이란 학생들이 얼마나 빨리, 얼마나 쉽게, 얼마나 더 많은 것을 학습할 수 있는가에 대한 매우 중요한 영향을 준다. 그러나 최근에는 지능보다 더 관심을 끄는 변인으로 학습자의 창의성을 들고 있다. 창의성은 지능이 부각시키지 못했던 인간의 독창적이고 생산적인 능력의 측면을 가리킨다. 20세기가 지능을 강조하는 시대였다면, 21세기는 창의성이 보다 강조되는 시대이다. 미래 사회에서 살아가야 할 학생들은 복잡한 문제에 대한 독창적이고 다양한 해결책을 생각해 내는 능력을 갖추어야 하기 때문이다.

이 장에서는 지능과 창의성의 개념, 이론, 지능과 창의성 간의 관계, 그리고 교육장면에서의 지도방법 등에 대해 소개하고자 한다.

제3장

학습자의 지적 특성

1. 지능

1) 지능의 개념과 지능연구의 흐름

교육과 밀접한 관계를 맺고 있는 학습자의 특성은 그의 지적능력이다. 지적능력, 즉 지능(intelligence)이란 개인이 자신의 환경 속의 여러 사상(事象)을 지각하고 인지하고 거기에 내포된 문제를 해결하는 일반적 능력을 말한다. 명석함, 사물을 이해하는 능력, 문제를 해결하는 능력, 경험을 통하여 학습하는 능력 등을 모두 뜻한다. 지능이란 개념은 개념 자체가 가설적인 것이어서 보는 입장이나 강조점에 따라서 여러 가지로 정의를 내릴 수 있다.

첫째, 지능의 적응기능을 강조하는 입장이 있다. 비네(Binet)와 사이먼(Simon)은 지능을 '환경에 적응할 수 있는 능력'이라 하였고, 프리먼(Freeman, 1955)도 '지능은 전체 환경에 자신을 적응시키는 능력, 다시 말해서 새로운 사태에 적절하고 효과적으로 자신의 행동패턴을 재조직하는 능력'이라고 하였다. 이들의 정의에 따르면 지능이란 한 개인의 전체 환경에 대한 적응이며, 생활의 새로운 문제에 대한 일반적인 정신적 적응력이라고 한다. 따라서 지능이 높은 사람은 새로운 문제 상황에 직면했을 때보다 효과적이고 적절하게 적응해 나가게 되고, 지능이 낮으면 적응력도 낮아진다고 본다.

둘째, 지능을 학습하는 능력으로 보는 입장이 있다. 스피어맨(Spearman, 1923)은 학습하는 능력을 곧 지능으로 보았으며(Sattler, 1992 재인용), 길포드(Guilford, 1985)도 지능을 학습할 수 있는 능력으로 개념화하였다. 이와 같이 지능이란 개인이 교육받을 수 있는, 혹은 학습할 수 있는 능력의 수준으로 정의되기도 한다. 지능이 높은 사람은 보다 잘 학습할 수 있고 지능이 낮은 사람은 학습능력이 낮다고 보는 것이다.

셋째, 포괄적인 관점에서 지능을 정의하는 방법이 있다. 웩슬러(Wechsler)는 지능이란 목적을 향해 행동하고, 합리적으로 사고하며, 환경을 효과 있게 다루는 개인의 특성의 집합적 능력이라고 정의하고 있다. 이와 유사하게 스턴버그(Sternberg, 1986)도 지능을 '개인의 실생활환경에 목적을 가지고 적응하며, 환경을 변형시키고 선택할 수 있는 정신적 활동'이라고 정의하고 있다. 이러한 정의는 개인의 지능을 행동의 집합으로 보고 있다는 점과 행동의 목적성을 포함하고 있다는 점이 특이하다.

이처럼 지능의 정의와 의미가 다양한 것은 지능은 겉으로 드러나 보이는 것이 아니기 때문일 것이다. 그러나 지능을 어떻게 정의하든 한 가지 명백한 것은 지능이란 단일한 능력이 아니라 몇 개의 구별되는 하위능력을 포함하고 있는 복합적인 능력이라는 것이다. 다시 말해서 지능에는 어떤 구조가 있다. 지적능력은 결국 지능구조를 지시하는 하나의 근거가 된다.

오래 전부터 사람들은 인간의 지적능력을 높이 평가하고 그에 따른 많은 관심을 가져왔다. 그 당시에 지능은 마음, 판단, 영혼, 지식, 정신과 구별되지 않았다. 그러나 18세기부터 과학의 관심영역이 되면서 지능의 개념이 18세기(재능), 19세기(일종의 학습능력), 1920년대(세상에 대한 이해능력), 1960년대(정보처리과정)를 기점으로 전환기를 맞이하게 되었다. 그러나 1960년대 정보과정 심리학의 지능 역시 인간의 독창성을 무시하고 종합적인 틀에서 해석하지 못하고 논리수학적 과제만을 중시하였다(최유현, 1999).

현대 지능연구의 가장 두드러진 특징은 지능 개념을 협소한 학업성적에서 벗어나 개인이 처한 상황 속에서 발휘되는 정신(mind in context)의 개념으로 폭넓게 이해하려는 경향이다. 이런 경향은 종래의 지능 개념이 주로 학교상황에서 요구되는 논리력, 기억력, 언어력 등의 인지능력만을 강조하고, 학교 밖의 현실세계에서 가치 있게 여겨지는 다른 능력들을 무시한 것에 대한 반성에서 비롯되었다. 최근의 지능 개념은 학업적성 이외에 창의성, 사회적 능력, 예술적 재능, 정서이해 및 표현능력 도덕성, 성격 및 동기 등을 포함시켜 확장되며, 또 과거보다 더 현실세계에서의 수행과 밀접하게 관련되는 특성을 띠고 있다. 가드너(Gardner)가 제안한 다중지능이론(multiple intelligence)은 이러한 동향을 반영하는 대표적인 지능이론이다(하대현, 1998).

가드너(Gardner, 1983, 1993)는 과거의 여러 지능연구들이 모두 일차원적 관점에서 이루어졌기 때문에 인간의 지적능력을 제대로 설명하는 데 한계가 있다고 주장하고, 보다 다원적 측면에서 지능을 파악하여 내 세운 지능이론이 다중지능이론이다. 이 이론은 자연히 지능 개념을 협소한 학업적성에서 벗어나 개인이 처한 상황 속에서 발휘되는 정신의 개념으로 이해함으로써 그 개념이 확대되었다. 이런 경향은 종래의 지능 개념이 주로 학교 상황에서 요구되는 논리력, 기억력, 언어력 등의 인지능력만을 강조하고, 학교 밖의 현실 세계에서 가치 있게 여겨지는 다른 능력들을 무시한 것에 대한 반성에서 비롯되었다고 볼 수 있다. 즉, 다중지능이론은 인간의 지능을 다차원적 능력으로 규정하게 되었고 IQ 중심의 지능이론을 탈피하려는 새로운 지능이론인 스턴버그(Sternberg, 1985)의 실제적 지능 또는 성공지능이론, 살로베이와 메이어(Salovey & Mayer, 1997)의 정서지능이론들이 출현하는 데 기여하였다.

또한 다중지능이론은 학교교육에 있어서도 개인의 장점과 잠재력을 극대화시키는 논리적 근거를 제시하여 기존 교육에서 다소 소외되었던 예술적 능력, 신체적 능력, 사회적 능력 등이 동등하게 그 가치를 인정받게 된 사실은 교육적으로 시사하는 바가 매우 크다.

다중지능이론은 한두 가지 학업능력만을 조장하는 현행 학교교육은 개인의 다양한 적성을 고려하지 않은 불평등한 교육으로 간주한다. 지능검사는 개개인의 각기 다른 장점들이 드러날 수 있도록 달라져야 하며, 학교교육도 개인의 장점이 극대화될 수 있도록 개선되어야 한다는 것이다. 미국의 경우 종래의 획일적인 교육에서 벗어나 개인의 장점 또는 잠재력을 극대화시키는 새로운 학교개혁의 이론적 틀로써 다중지능이론이 크게 부각되었다.

2) 초기의 지능이론

(1) 스피어맨(Spearman)의 2요인설

스피어맨은 지능이 일반 요인과 특수 요인으로 구성된다고 주장하였다. 일반 요인은 개인이 지니고 있는 지적능력의 공통된 부분으로 우리가 흔히 머리가 좋거나 나쁘다고 이야기하는 기준에 해당된다. 한편, 일반 지능이 낮은데 예체능 분야에 대해서만 특별히 우수한 경우 이는 지능의 특수 요인을 통해 설명할 수 있다. 이러한 스피어맨의 2요인 이론은 오늘날 지능 연구의 기초가 되었다(김제한, 1999).

(2) 서스톤(Thurstone)의 다요인설

스피어맨과는 달리 서스톤은 요인분석이라는 통계분석 방법을 이용하여 지능의 구조를 탐색하여 지능은 서로 독립적인 여러 가지 요인으로 구성되었다고 주장하였다. 그는 지능을 구성하고 있는 7개 하위 요인으로 수리능력, 지각속도, 공간사고력, 언어능력, 기억, 언어유창성, 추리력 요인들을 추출하였다. 그의 연구결과는 그 후 지능을 프로파일(profile)에 따라 진단하고자 하는 검사의 개발로 이어져, 오늘날 많은 지능검사들은 서스톤이 추출한 7개의 하위 요인과 유사한 여러 개의 하위검사로 나뉘어져 있다.

(3) 길포드(Guilford)의 삼차원적 구조설

2요인설과 다요인설이 지능의 구조를 1차원적으로 본 것인 반면에 길포드는 내용차원, 조작차원 그리고 산출차원 등 3차원으로 설명하였다. 즉, 그는 지능이란 해결하고자 하는 정보의 종류, 그 정보를 정신적으로 조작하는 방식, 그리고 이를 통해 산출된 결과의 유형에 따라 구분된다고 하였다.

내용(contents)차원이란 주어진 정보의 내용으로써 그 안에는 다시 시각적, 청각적, 상징적, 어의적, 그리고 행동적 정보의 5가지 종류로 나누어진다. 예를 들어, 자신의 생각을 그림으로 표현할 때, 주어진 정보는 시각적 정보라 할 수 있다. 조작(operations)차원은 문제해결을 위한 정신적인 조작방법으로써 인지, 기억저장, 기억파지, 수렴적 사고, 확산적 사고, 그리고 평가 등 6가지로 나뉜다. 예를 들어, 자신의 느낌을 그림으로 표현하는 과제를 수행할 때 그 답은 무한하게 나올 수 있기 때문에 확산적 사고방식을 사용해야 한다. 여기서 확산적 사고란 한 가지 사고가 다양한 사고로 퍼져나가는 것을 말한다. 반면, 수렴적 사고란 다양한 사고가 한 가지로 귀결되는 것을 말한다. 산출(products)차원은 주어진 내용을 특정한 조작에 따라 얻어진 결과를 의미한다. 길포드는 산출되는 결과의 종류를 단위, 유목, 관계, 체계, 변환, 함축 등 6가지로 구분하였다. 앞의 예에서 자신의 느낌을 그림으로 표현하는 과제를 통해 산출된 결과의 종류는 변환이라고 할 수 있다. 왜냐하면, 느낌이라는 심리적 상태를 그림이라는 시각적 정보로 바꾼 것이기 때문이다.

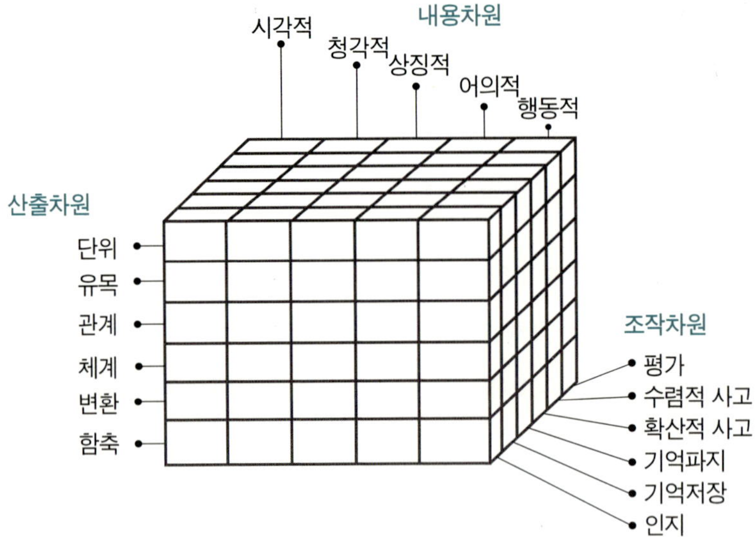

그림 3–1 길포드의 지능의 삼차원적 구조모형

3) 최근의 지능이론

(1) 스턴버그(Sternberg)의 지능삼원설

지능의 내용이 개인 간에 어떻게 다른지를 설명하는 전통적인 지능이론과는 달리 스턴버그는 개인이 문제를 해결하기 위해 어떻게 정보를 수집하고 어떻게 해결하며 어떻게 지적으로 행동하는지를 설명하는 새로운 이론을 제시하였다(Woolfolk, 1995).

스턴버그는 지능의 유형을 크게 세 가지로 나누어 설명하는 삼원지능이론(triarchic theory of intelligence)을 주장하였다. 그에 따르면, 지능은 분석적 능력, 창의적 능력, 그리고 실제적 능력의 세 가지 측면이 있다고 하였으며, 각각의 능력에 이를 설명하는 3가지 하위이론으로 요소적 지능이론, 경험적 지능이론, 그리고 맥락적 지능이론을 제시하였다(권준모, 2001; 전윤식 외 역, 2003)(그림 3–2 참조).

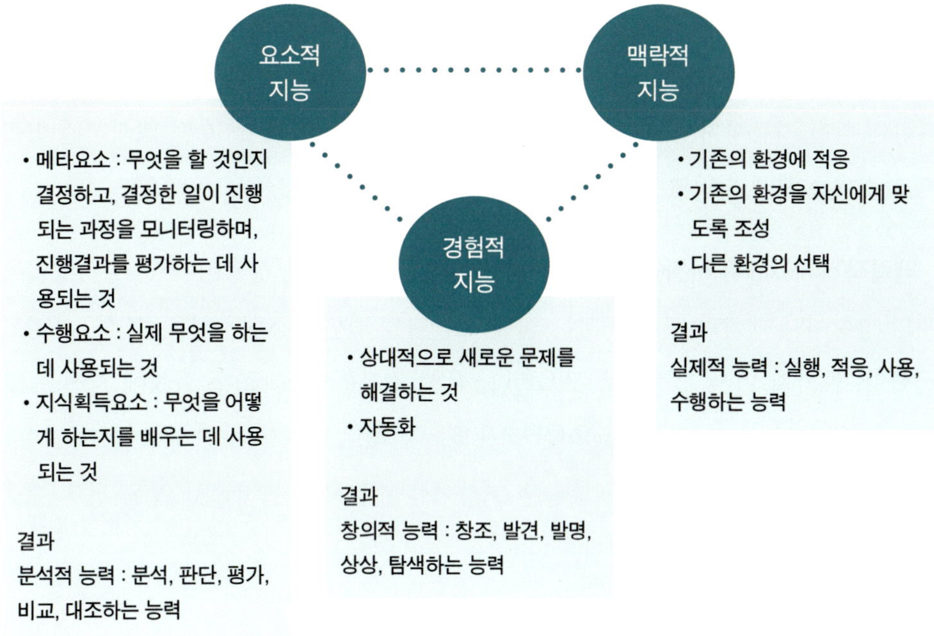

그림 3-2 스턴버그의 지능삼원론

출처: 전윤식 외 역 (2003).

요소적(componential) 하위이론 : 이는 새로운 지식을 획득하고 이를 논리적 과제해결에 적용하는 분석적 능력을 말한다. 이는 기존의 지능의 개념과 가장 유사하다고 할 수 있다. 여기에는 다시 세 가지 하위 과정이 있다(전윤식 외 역, 2003). ① 과제를 수행하는 방법을 학습하는 것(지식-획득 요소 : knowledge-acquisition components)과 ② 무엇을 어떻게 할 것인지를 계획하는 것(메타요소 : metacomponents) 그리고 ③ 이를 실제로 행하는(수행요소 : performance components) 과정이다. 이는 대부분의 학교 장면에서의 과제를 수행하는 데 영향을 주는 요소들이다.

경험적(experiential) 하위이론 : 새로운 상황에서 발휘되는 직관력과 통찰력 그리고 새로운 과제를 효과적으로 다루는 창의적 능력을 일컫는다. 이는 최초에 관련이 없는 요소들을 연관시켜 다소 다르거나 새로운 것을 창출해내는 능력과 유사하다. 따라서 경험적 지능이 뛰어난 사람은 우등생은 아닐지라도 매우 창의적인 사람이라 할 수 있다. 또한 경험적 지능이 높으려면 과제에 친숙해지는 자동화(automation)가 필요한데 일단 자동화가 되면 정보를 처리하는 데 적은 노력이 들고 덜 의식적인 방법으로 수행을 하게 된다고 한다.

맥락적(contextual) 하위이론 : 이는 학교 과제를 수행하는 상황이 아닌 일상생활에서의 상황이나 맥락과 관련이 있는 실제적 능력을 말한다. 이는 적응, 조성, 그리고 선택의 세 가지 기본 과정으로 구성된다. 우선 적응(adaptation)은 환경에 자신을 맞추는 것을 말한다. 조성(shaping)이란 적응과는 반대로 환경을 자신에게 맞도록 변형시키는 것을 말한다. 선택(selection)은 조성이 불가능하거나 적절치 않을 경우 새로운 환경을 선택하는 것을 말한다.

스턴버그는 지능삼원론을 교실현장에 적용하는 것에 대해 세 가지 지능 중 개인이 우수한 한 가지 지능만을 개발하는 것은 옳지 못하며, 분석적, 창의적, 실제적 능력과 함께 기억력을 향상시키는 것이 중요하다고 하였다. 그가 제안한 수학 수업의 예를 들면 다음과 같다(Sternberg, 1998)

- 기억력 : 9×6은 얼마인가?
- 분석적 능력 : 만일 3x+9=30이라면 x값은 얼마인가?
- 창의적 능력 : 인수분해 문제를 만들어 보시오.
- 실제적 능력 : 교량을 건설하는 데 삼각함수가 어떻게 적용될 수 있을지 설명해 보시오.

스턴버그의 지능이론은 기존의 다른 전통적 이론과는 달리 일상생활과 관련된 실제적 지능을 포함하고 있다는 점에서 많은 관심을 받아왔다. 또한 그의 지능이론이 교육적으로 시사하는 바는 다음과 같다.

첫째, 지능의 지적 측면뿐 아니라 실제적인 측면도 강조해야 한다. 예를 들어, 사회과목에서 학생들에게 지금과는 다른 환경이 주어졌을 때 어떻게 적용할 것인지를 생각해 보도록 함으로써 실제적 지능을 길러줄 수 있다.

둘째, 학생들의 문화적 배경이 지능의 정의나 표현에 영향을 준다는 점을 고려해야 한다. 지능적 행동은 상황에 따라 다를 수 있다. 학교에서 지적인 행동이 집에서는 그렇지 않을 수 있다는 것을 이해시킬 필요가 있다.

셋째, 학생들이 자신의 장점을 파악할 수 있도록 도와주어야 한다. 사람들은 자신이 잘할 수 있는 것이 무엇인지 알고 있어야 하며, 이러한 장점을 잘 이용해야 한다. 스턴버그에 따르면 지능이 높은 사람은 자신의 장점을 최대화할 수 있는 환경을 찾아서 선택한다고 하였다.

(2) 가드너(Gardner)의 다중지능이론

가드너(Gardner)는 1983년 '마음의 틀'이라는 저서를 통해 다중지능이론(multiple intelligence)을 제안하였다. 그는 과거의 여러 지능연구들이 모두 일차원적 관점에서 이루어졌기 때문에 인간의 지적능력을 제대로 설명하는 데 한계가 있다고 주장하고 있다. 다중지능이론은 기존의 지능이론이 언어지능과 논리수학적 지능만으로 개인의 지적능력을 평가하는 것은 한계가 있다는 문제의식에서 출발한다. 즉, 인간은 언어와 논리-수리 지능 외에도 음악 · 공간 · 운동감각 · 대인관계 · 개인 내적(자기성찰) 지능 등 7개 부분으로 구성되며 이들 각각의 지능은 상호독립적인 것으로서 어떤 조건에서 측정된 하나의 지능으로 다른 지능을 예측할 수 없다는 것이다. 7가지 지능을 간략히 살펴보면 다음과 같다(이경화 외, 2009).

① 언어(linguistic) 지능: 언어이해, 구문론, 의미론, 문어체와 구어체 표현과 관련이 있으며 소설가나 변호사에게 필요한 지능이다.

② 논리-수학(logical-mathematical) 지능: 수학자나 물리학자에게 필요한 것으로 귀납적, 연역적 추론과 수학이 포함된다.

③ 공간(spatial) 지능: 3차원 도형을 표상하거나 조작할 수 있는 능력을 의미하며 건축가, 공학자, 실내장식가, 조각가 등에게 필요하다.

④ 음악(musical) 지능: 음의 고조 변별, 리듬이나 음색에 대한 민감성, 음악감상력, 작곡 등이 포함된다.

⑤ 신체운동(bodily kinesthetic): 과제 수행이나 산출을 목적으로 신체의 전부 혹은 부분을 사용할 수 있는 능력으로 무용수, 체육선수에게서 나타난다.

⑥ 대인간(interpersonal) 지능: 타인의 행동과 동기를 이해하고 타인에 대한 지식을 바탕으로 합리적이고 생산적으로 행동할 수 있는 능력으로 상담가, 교사, 정치가 등에게 필요한 능력이다.

⑦ 개인 내적(intrapersonal): 자신, 즉 인지의 강점과 약점, 사고유형, 감정, 정서 등에 대한 이해를 의미한다. 또한 이 지능은 계획 수립과 활동 수행에서의 지식을 사용하는 능력과 관계가 있다.

이러한 7가지 지능 외에 가드너는 자연(natural) 지능, 실존(existential) 지능, 그리고 영적(spiritual) 지능을 추가하여 10가지 지능으로 구분하였다. 그러나 이들 3가지 지능은 아직 확실히 검증되거나 명확하게 구분되어 있지는 않은 상태이다. 김현진(1999)이 Amstrong(1994)의 논문에서 발췌해 인용한 것을 수정한 것은 〈표 3-1〉과 같다.

표 3-1 가드너의 8가지 지능 영역별 특성

	언어 지능	논리 수학 지능	공간 지능	신체 운동 지능	음악 지능	대인 지능	개인 내적 지능	자연 지능
핵심 요소	단어와 언어의 음, 구조, 의미, 기능에 대한 민감성	논리적 또는 수리적 패턴에 대한 민감성과 그 패턴들을 구별할 수 있는 능력, 길게 연결된 추론을 다룰 수 있는 능력	시각적, 공간적 세를 정확하게 지각하고 자신의 처음 지각을 변형할 수 있는 능력	자신의 신체 동작을 통제하고, 물건을 능숙하게 다룰 수 있는 능력	리듬, 음정, 음색을 낼 수 있고 감지할 수있는 능력, 음악적 표현형식에 대한 감상	다른 사람의 기분, 기질, 동기, 바람을 구별하고 그것에 적절하게 반응할 수 있는 능력	자신의 감정에 접근하고 자신의 정서를 구별할 수 있는 능력, 자신의 강점과 약점에 대한 인식	다양한 꽃이나 풀, 돌과 같이 식물, 광물, 동물을 분류하고 인식할 수 있는 능력
상징 체계	음성언어(예, 영어)	추리, 컴퓨터 언어	이미지와 그림, 표의 언어(예, 중국어)	몸짓언어	리듬과 멜로디 등 음악표기 체계	사회적 단서(몸짓, 표정)	자아에 대한 상징(예, 꿈과 예술 작품에서)	자연물, 문화적 산물
가능한 직업	작가, 연설가	과학자, 수학자	미술가, 건축가	운동선수, 무용수, 조각가	작곡가, 연주가	카운셀러, 정치 지도자	심리 치료사, 종교 지도자	동물학자 식물학자
발달적 요소들	초기 유아기에 폭발적 발달, 나이가 들어도 강건함	청소년기와 성인기에 최고 발달, 높은 수학적 투시력은 40세 이후에 쇠퇴	지형학적 사고는 어린 유아기에 교육적 패러다임에 방법을 제공해 줌, 예술적 눈은 나이 들어서까지 강건함	요소(강점, 유연성 등)와 영역(운동력, 야구, 모방 등)에 의존하여 다양함	가장 초기에 발달함, 천재는 발달적 위기를 종종 경험함	애착/유대는 생후 3년까지 중요함	생후 3년 동안 자신과 타인 사이의 경계 형성	

다중지능이론에 따르면, 지능의 측정치인 IQ라는 한 점수는 사람의 능력을 진단하는 데는 적절하지 않다는 것을 알 수 있다. 현재의 학교교육은 언어, 논리 수리지능만을 중요시하고 음악지능이나 공간지각과 같은 지능을 경시하는 경향이 있다. 그러므로 지능의 측정을 객관화된 지필검사와 같은 한 가지 방법으로 측정하는 것이 아니라 말하기, 그림 그리기, 춤추기, 타인의 활동 관찰하기 등 실제 활동을 보고 다양한 방법으로 알아내는 것이다.

다중지능이론에 따른 수업은 모든 학생이 최소한 하나의 우수한 지능을 갖고 있다는 가정에서 출발하기 때문에 교사가 가르칠 내용을 학생의 지능에 맞추어 창의적으로 개발해야 한다. 이것은 국어를 잘 가르쳐 언어지능을 개발하고 수학을 잘 가르쳐 논리 수리지능을 개발한다는 의미가 아니라, 각 교과를 모두 가르치되 각 교과의 내용을 다양한 지능을 활용해 익힐 수 있도록 재구성한다. 가령 영어 시간에는 영어를 어떻게 그림, 신체 동작, 음악적 방법을 이용해 가르칠 수 있는가, 또 국어시간일지라도 음악적 방법을 활용하고 음악시간에도 공간지능을 활용해 학습을 하도록 연구해야 한다는 것이다.

위에 언급한 가드너의 지능이론은 몇 가지 점에서 비판을 받고 있다(Scarr, 1985; Eisner, 1994).

첫째, 지능을 여러 가지로 분류하여 명명하는 것은 지능과 다양한 인성특성이나 재능과의 구별을 흐리게 할 뿐이며, 지능의 이해에 별로 도움이 되지 않는다는 비판이다. 또한 학업이나 직업에서 유용한 방향으로 지능을 분류하지만 어떤 종류의 지능도 측정해 보면 서로 독립적이지 못하다는 비판이다. 지능이 서로 독립적이지 못한 이유에 대해서 가드너는 지능을 다양한 방법으로 측정하지 않고 한 가지 검사 형태, 즉 지필검사로만 측정한 결과라고 반박한다. 즉, 한 가지 측정방법으로만 측정하면 측정방법의 영향을 받아서 각 지능이 서로 연관되는 것처럼 나타난다는 것이다(Gardner, 1999).

둘째, 지능측정방법으로 심리측정적 관점이나 인지발달론적 관점에서와 같은 객관화된 검사가 없다는 점이다. Gardner는 다중지능을 그러한 손쉬운 객관화된 검사에 의해 측정하는 것은 불완전하며 자연 상태에서의 관찰, 검사, 포트폴리오 사용 등 다양한 방법으로 측정할 것을 주장한다(Gardner, 1999).

셋째, 학교 교육에서 학생들의 다양한 지능을 발견하고 개발하여 활용하기가 쉽지 않다는 점이다. 이 문제는 지능의 측정, 발견과 관련된 문제일 뿐만 아니라 교사의 창의성과도 연관된 것으로 계속 탐구해야 할 숙제이다. 이러한 비판에도 불구하고 가드너의 다중지능이론 및 그 측정방법은 지능의 실체에 밝히는 데 한발 더 다가선 것으로 평가된다.

(3) 샐로비(P. Salovey)와 메이어(J. Mayer)의 감성지능이론

그간 우리 사회는 감성보다는 지성을 중시해왔다. 오랜 역사 속에서 인간의 감성은 억제되어야 할 골칫거리인 것처럼 여겨졌다. 정보화시대로 불리는 현대사회에서는 지성보다 감성을 강조하는 흐름으로 돌아서고 있다. 개개인의 능력보다는 팀워크가 강조되며, 개인의 IQ보다는 집단지성을 더 중요시하고 있다. 집단지성을 극대화하기 위해서는 개개인의 높은 IQ보다는 높은 감성지능(emotional intelligence: EQ)이 더 중요하다고 본다.

한편, 학술적으로 볼 때, 기존의 지능이론 및 인지중심의 심리학과 교육학 이론이 개인의 사회적 성공과 실패를 예측하고 설명하는 데 한계점에 도달했다는 사실에 많은 학자들이 동감하고 있다. 즉, 지능은 미래의 능력에 대한 예측 정도가 약하다는 것이다. 예를 들어, 헌터와 헌터(Hunter & Hunter)는 지능의 예측력을 25%로 보고 있으며, 실제적 지능을 주장한 스턴버그(Sternberg)는 10% 정도로, 그밖에 다른 학자들은 심지어 4% 정도로 보기도 한다.

감성지능이란 말은 요즘 들어 새롭게 등장한 용어가 아니다. 이미 1924년 손다이크(Thorndike)라는 교육심리학자에 의해 '사회적 지능'이라는 유사한 용어가 사용되었다. 또한 인간의 지능에는 여러 가지 형태의 지적능력이 존재한다고 주장한 가드너(Gardner)의 다중지능이론에서 제안된 '개인 내적 지능'과 '대인관계적 지능' 역시 감성지능의 핵심적인 두 가지 구성 요소를 그대로 지적하고 있다고 할 수 있다.

감성지능을 최초로 개념화 한 샐로비(Salovey)와 메이어(Mayer)는 1990년 감성지능을 '자기 자신과 타인의 감정, 정서를 평가하고, 그것들을 변별하며, 이러한 정보를 활용하여 자신의 사고와 행동을 이끌 수 있는 능력'이라 정의하고 감성지능의 3가지 필수 요소로서 자기 자신과 타인의 정서를 평가하고 표현하는 것, 자기 자신과 타인의 정서를 조절하는 것, 사고, 추론, 문제해결, 창의성 등에 있어서 정서를 적응적으로 사용하는 것을 제안하였다. 그 후 샐로비와 메이어(1997)는 감성지능을 정서인식과 표현, 정서의 이해와 분석, 정서의 사고 촉진, 그리고 정서조절능력 등 4가지 능력으로 구성되어 있는 것으로 개념화하였다.

① **정서인식과 표현능력** : 이는 자신과 타인의 정서를 지각하고 자신의 정서를 타인에게 표현하며 표현된 정서를 구별하는 능력을 말한다.

② **정서 이해능력** : 이는 정서 간의 관계를 구분하고 정서의 명칭과 의미를 알고 복잡한 정서를 이해하는 능력이다.

③ **정서의 사고 촉진 능력** : 이 능력은 사고, 추리, 문제해결, 창의적 과제 등을 해결할 때 적절하게 정서를 이용하는 능력이다.

④ **정서 조절 능력** : 정서를 수용하고 정서를 점검하고 정서를 관리, 조절하는 능력이다.

올바른 감성교육을 위해 가장 기본적인 것은 부모나 교사의 높은 감성 수준이다. 아이들이 관찰을 통해 배우는 정도는 우리가 생각하는 것보다 훨씬 더 많다. 아이들 앞에서 무심코 한 행동을 어느새 그대로 따라하는 것을 종종 볼 수 있다. 따라서 부모나 교사가 높은 감성 수준을 지니고 있다는 사실은 일단 아이의 감성교육의 절반을 이미 하고 있다는 의미로 생각해도 무방하다. 따라서 자녀의 감성교육에 앞서 부모나 교사가 먼저 높은 감성지능을 가져야 할 것이다.

보다 구체적인 감성교육방법을 몇 가지 이야기한다면, 우선 아이들의 감정을 그대로 인정하고 받아주어야 한다는 것이다. 아이들이 느끼는 감정은 성인들의 감정에 비해 꾸밈이 없는 그대로의 것이다. 성인의 방식에 맞추어서 "그까짓 것을 가지고 울긴 왜 울어!"라고 야단치는 것은 옳지 못하다. 아이들이 슬퍼 울고 있다면 일단 아이의 그러한 감정은 인정해 주고 지나치다 생각된다면 그 자리에서 아이가 어떻게 표현을 해야 할지에 대해 가르쳐 주는 것이 옳다.

또한 충동적인 욕구를 참을 수 있는 연습을 시킬 필요가 있다. 자신의 욕구가 채워지지 않아 떼를 쓰거나 과도한 행동을 보이는 경우 행동수정에서 사용하는 '소멸(관심이나 강화를 더 이상 주지 않는 기법)'을 사용하여 관심을 주지 않고 무시함으로써 바꾸어 줄 수 있을 것이다.

화나 분노를 조절할 수 있는 능력을 길러주어야 한다. 화나 분노는 아이들에게 중요한 정서이다. 실제 성인들의 경우에도 한순간의 분노 때문에 일을 완전히 망쳐버리는 경우를 주위에서 어렵지 않게 찾아볼 수 있다. 이러한 능력은 성인이 된 다음에는 이미 고착화되어 바뀌기가 어렵다. 유아들이 화나 분노를 보다 부드러운 방식으로 표현할 수 있도록 가르쳐야 한다.

상대방의 입장을 바꾸어 생각하는 습관도 길러주어야 한다. 이는 말처럼 쉬운 일은 아니나 늘 인간관계에서의 문제는 서로의 입장만을 고집하기 때문에 생겨나는 경우가 대부분이다. 아이들에게도 이와 같은 훈련은 중요하다. 간단한 역할놀이를 통해 상대방의 입장이 되어보는 것도 좋은 방법 중의 하나일 것이다.

감성교육은 가정에서 부모의 역할도 중요하지만 학교나 유치원과 같은 교육기관에서도 체계적으로 가르칠 필요가 있다. 여기서 미국의 캘리포니아주에 위치한 누에바스쿨(Nueva School)에서 시행하고 있는 감성교육프로그램을 간단히 소개해 본다. 감성교육을 하나의 교과로 하여 학교에서 가르치는 곳으로 다니엘 골맨(Daniel Goleman)이 자신의 저서 '감성지능'에서도 이미 소개된 바가 있다. 이 학교는 영재학교로서 교과활동의 일환으로 자기과학(self-science)이라는 이름의 교과목을 통해 1960년대부터 아이들에게 감성교육을 실시해 왔다. 이 학교의 교실에는 감정의 신호등이라 해서 빨강, 노랑, 파랑색 신호등 그림이 그려져 있다. 신호등은 아이들에게 감성의 길잡이 역할을 한다. 예를 들어 아이들이 몹시 화가나 있을 때 우선 빨간 신호등을 보며 자신의 격앙된 감정을 일단 멈추도록 하고, 노란 신호등을 보며 잠시 동안 지금의 감정을 보다 적절하게 표현할 다른 방법을 생각하도록 하고, 마지막으로 파란 신호등을 보며 방금 결정한 방법대로 감정을 표현하도록 한다.

간혹 감성지능이 IQ를 대체할 수 있는 개념으로 오해하는 사람들이 있으나 이는 잘못된 생각이다. 훌륭한 EQ검사가 개발된다고 해서 더 이상 IQ검사가 사용되지 않는다거나 중요하지 않다는 말이 아니다. 또한 감성능력과 지능은 서로 상반되는 것이 아니다. 감성이나 정서란 인지적 활동과 후속 행동을 구성하고 조직해 주는 것으로서 지능의 반대편에 있는 것이 아니라 서로 다른 차원에서 존재한다고 할 수 있다. 이렇듯 정서는 분명 지능과는 독립적으로 존재하면서 인간의 지적능력이나 문제해결능력에 영향을 미치는 중요한 요인인 것이다. 한편, 간혹 감성지능이 높으면 보다 도덕적일 것이라 잘못 생각하기도 한다. 감성과 도덕성은 지능과 도덕성과의 관계처럼 서로 관련이 없다. 감성능력이 뛰어나다 해서 보다 도덕적이라 할 수 없다는 것이다. 지능이 높지만 간혹 그 지능을 잘못 사용하면 비도덕적이거나 비윤리적인 범죄를 교묘히 행할 수 있는 것처럼 높은 감성을 이용해 다른 사람을 교묘히 속이거나 나쁘게 사용될 수도 있기 때문이다.

현재 많은 학자들이 감성지능을 측정하기 위한 도구를 개발 중에 있다. 하지만 설사 훌륭한 EQ검사도구가 개발된다 할지라도 검사도구가 지니는 심리측정학적 오차는 배제될 수 없기 때문에 그 검사결과 하나만을 절대적으로 믿어서는 안 되며 실제 관찰결과와의 일관성을 확인함으로써 최종적으로 판단해야 한다.

현시점에서 정확히 이야기할 수 있는 것은 감성지능은 IQ 못지않게 사회적 성공과 실패를 좌우하는 중요한 개인의 능력 또는 특성이라는 것과 개인의 감성은 훈련과 연습 그리고 교육을 통해 계발이 가능하다는 것, 그리고 현재로서 감성을 신뢰롭고 타당하게 측정할 수 있는 도구는 아직 없다는 사실이다. 참고로 다니엘 골맨이 제작한 가상적인 감성지능검사가 부록에 제시되어 있다.

4) 지적능력의 향상을 위한 교육방법

교사나 부모가 아동들의 지적능력을 향상시키기 위한 교육방법을 정리해 보면 다음과 같다.

① 아동의 지적 발달에 관한 지식을 지녀야 한다. 발달 과정에서는 무시할 수 없는 계열이 있듯이, 발달 수준에 맞는 아동의 요구가 있다. 또 아동들은 흥미, 관심, 능력에서 개인차가 있다. 따라서 아동의 지적 발달에 관한 지식이란 아동의 지력이 발달해 가는 과정을 알고 있는 것, 지적 약점과 강점을 알고 있는 것을 의미한다. 교사나 부모가 아동의 지력의 발달 수준을 알고 있고, 그의 지력의 강약점을 알고 있을 때 그의 수준에 맞고 약점을 보완하는 방향으로 환경을 조성해 주게 될 것이고, 이로써 효과적인 지능개발이 이루어질 수 있다.

② 풍부하고 다양한 자극과 경험을 제공해야 한다. 지능개발에 있어서 지각적인 경험이 중요하다. 따라서 이런 경험을 많이 갖도록 하기 위해서는 경험의 기회나 소재, 즉 풍부하고 다양한 자극을 제공해 주는 것이 좋다.

③ 논리적 사고와 문제해결 행동의 자극해야 한다. 논리적 사고력과 문제해결력은 지능의 하위능력인 추리능력과 밀접한 관련이 있다. 즉, 논리적 사고력과 문제해결력의 육성을 통해 추리능력이 길러질 수 있다. 이를 위해, ① 아동의 호기심을 유발시켜 주어야 한다. 호기심은 자연발생적인 것이며 이런 호기심에 의해 세상 만물에 의문을 갖게 되고 이러한 의문을 해결하려고 노력하는 동안 문제해결력과 사고력이 발달된다. ② 질문을 많이 해야 한다. 아동이 자발

적으로 하는 질문과 마찬가지로 의도적인 질문에 따른 대화도 지능을 발달시킬 수 있는 좋은 기회가 된다. ③ 과학에 관심을 갖도록 지도해야 한다. 과학은 인간이 소유한 지력의 산물이기도 하지만 또한 과학은 인간의 지능을 발달시키는 중요한 수단이다.

④ 성취동기를 높여준다. 성취 경험에 대한 기회를 제공하고, 사소한 일에도 성취감을 맛보게 하며, 성취에 대상 보상을 아끼지 말아야 한다. 또한 결과보다는 과정을 중시하고, 아이에 대한 기대수준을 적절히 해야 한다.

⑤ 정서적으로 안정된 환경을 제공해야 한다. 정서상의 문제로 조성되는 지나친 불안은 곧 자기 존재에 대한 위협이기 때문에 모든 정신 에너지를 이 불안을 극복하거나 회피하기 위한 노력에 동원하게 되어 다른 측면의 발달이 장애를 받게 된다. 아동들은 적절한 요구와 기대를 갖지 못할 때나 성인들로부터 지나친 간섭과 통제를 받게 될 때, 그리고 가정 분위기가 화목하지 못할 때 정서불안 상태를 경험한다.

2. 창의성

1) 창의성의 개념

창의성에 대한 정의는 창의성에 관심을 갖는 심리학자의 수만큼이나 다양하다. 로메이(Romey)는 창의성이란 '아이디어, 사물, 기술, 접근 방법을 새로운 방식으로 결합하는 능력'으로 보았다. 게첼스(Getzels)는 새롭고 유용한 산출물, 확산적이고 풍부한 사고 과정, 고양되고 내재적인 주관적 경험의 세 범주로 정의될 수 있다고 하였다. 스턴버그(Sternberg)는 '창의성이란 무엇인가 새롭고, 문제 상황에 적절한 것을 만들어 낼 수 있는 능력'으로 보았다. 또한 어반(Urban)은 '주어진 문제나 감지된 문제로부터 통찰력을 동원하여 새롭고, 신기하고, 독창적인 산출물을 내는 능력'을 의미한다고 하였다. 매드닉(Mednick)은 '새로운 결합의 요소들이 서로 거리가 멀면 멀수록 해결의 과정이 보다 창의적'이라고 했다(조석희, 1999). 이러한 학자들의 견해를 종합하여 쉽게 이야기한다면, 창의성이란 '새롭고 남이 잘 하지 않는 생각을 통해서 가치 있는 것을 만들어 내는 능력'이라고 할 수 있을 것이다.

창의성은 상상력, 독창성, 확산적 사고, 창조성, 발명, 직관, 모험적 사고, 창출, 탐구, 창안, 신기성(novelty), 그리고 영재성과 큰 구분 없이 쓰인다(임선하, 1994). 창의성은 몇몇 천재의 발명이나 기인의 도술이 아니다. 창의성은 누구나 다 가지고 있고 기를 수 있는 특성이다. 에디슨은 학교생활에 적응하지 못하여 결국 학교를 그만두고 나온다. 그가 보이는 엉뚱한 행동과 착상을 교사와 친구들은 '바보'로 낙인찍었다. 그러나 에디슨이 보이는 엉뚱한 생각이 값어치 있는 놀라운 생각이자 능력이라는 것을 부모는 잘 알고 있었다. 그래서 어머니는 엉뚱한 생각을 오히려 격려했다.

일반적으로 창의성은 5가지 유형으로 나눈다(Taylor, 1975; 박아청, 1985).

① 표현된 창의성(expressive creativity) : 표현된 창의성은 가장 기본적인 유형의 창의성이다. 예능이나 잠재능력을 활용한 독자적인 표현으로 나타낸 창의성이다.

② 기술적 창의성(technical creativity) : 어떤 작품에서 나타나는 숙달(proficiency)로 그 특성을 지울 수 있는 창의성이다. 예컨대, 스트라디바리(Stradivari)가 바이올린을 제작할 때 나타나는 그러한 재능을 말한다.

③ 발명적 창의성(inventive creativity) : 이것은 연구력(ingenuity)이 발휘될 때 작용한다. 이것은 두 요소 간의 요소라고 생각되었던 요소에서 새롭고 특이한 단계가 있음을 인지하는 융통성을 내포하고 있으며, 새로운 아이디어의 생성에 기여하지는 않지만 이미 알고 있던 요인에서 새로이 발견된 아이디어의 활용에

기여한다. 예컨대, 에디슨의 발명이 여기에 해당된다.

④ 창발적(創發的) 창의성(emergentive creativity) : 어떤 예술적 표현 또는 과학적 지식에 깔려 있는 원리 또는 가정을 제시하는 창의성을 의미한다. 예컨대, 아인슈타인이나 프로이트의 저작, 업적이 그것이다.

⑤ 혁신적 창의성(innovative creativity) : 이것은 생동적이며 추상적인 개념을 요건으로 하며, 변화와 혁신을 통하여 개선을 꾀하는 것이다. 타인에 의해 이미 설정된 기본적 원리를 이해, 파악한 능력에 기초한다. 예컨대, 아들러(Adler)가 프로이트의 사상에 기초하여 그들의 이론을 정립했던 것이 이 유형에 속한다.

2) 창의적 사고의 과정

월러스(Wallace)는 창의적 사고는 다음 4단계의 과정을 거친다고 제안하였다. 그 순서는 준비단계, 부화단계, 발현단계, 그리고 검증단계이다(권준모, 2001).

① 준비단계(preparation stage) : 문제해결을 위한 준비 활동을 하는 단계로서 문제에 대해 자유스럽게 사고하고, 자료를 수집하며, 해결 대안을 탐색하는 등 자연스럽게 문제해결을 시작하는 단계이다.

② 부화단계(incubation stage) : 다른 활동을 하면서 문제를 머리 속에 담아두는 단계이다. 계란에서 알이 병아리로 되기 위해서는 어미닭이 3주 동안 품고 있어야 하듯이 창의적 산물이 나오기 위해서는 일종의 잠복기를 거친다는 의미이다. 포스너(Posner, 1973)는 부화단계가 창의적 사고에 기여하는 이유를 골몰히 생각하던 문제에서 벗어나 있음으로써, 문제에 대한 고정된 시간에서 벗어나게 하며, 이것이 문제에 대한 새로운 시각의 가능성을 열어줄 것이라고 하였다. 또한 고민하던 문제에서 벗어나 있어도 우리의 무의식적 사고 과정은 계속 진행되기 때문에 자각하지 못하는 사이에 문제를 처리할 가능성이 있다는 것

이다.

③ 발현단계(illumination stage) : 고민하던 문제에 대한 통찰이 마치 전구가 켜지듯이 떠오르는 단계이다. 위대한 작곡, 역사적 발명 등과 같은 창의적 산물이 순간의 통찰을 통해 떠오는 것은 발현의 좋은 예이다.

④ 검증단계(verification stage) : 발현단계에서 이루어진 희열은 다시 차분한 상태에서 여러 각도로 검증되어야 한다.

한편, 칙센트미하이는 월러스의 4단계를 발전시켜 창의적 사고 과정을 5단계로 제안하였다(Csikszentmihalyi, 1996).

① 준비(preparation)단계 : 흥미와 호기심을 불러일으키는 문제에 몰두하는 단계
② 부화(incubation)단계 : 그 문제를 잠재의식 속에 휘저어 놓는 단계
③ 통찰(insight) 단계 : 문제에 대한 해결방법이 순간적으로 의식 위로 떠오르는 단계(번득이는 아이디어가 갑자기 떠올라 무릎을 치면서 "아하" 하고 외치는 순간이다.)
④ 평가(evaluation) 단계 : 떠오른 해결방법이 가치가 있는지 판단하는 단계
⑤ 정교화(elaboration) 단계 : 통찰의 결과를 마무리하는 단계(이는 에디슨이 말한 1%의 영감과 99%의 노력 중 99%의 노력에 해당되는 단계이다.)

3) 창의적인 사람의 특징

(1) 지적 특징

인간의 지적능력은 지능이 대표적인 것이라고 생각해 왔으며, 지능을 유일한 기준으로 삼아 우수아를 정의하였다. 그러나 다음과 같은 지능 중심능력관의 결점이 드러나게 되었다(김광웅, 1991).

① 지능검사는 주로 기억과 재생의 능력을 측정하고 있으며, 생산적 사고나 독창적 사고 등을 측정하지 않고 있기 때문에 인간의 지적능력을 전부 측정하지 못하고 있다.

② 지능과 학업성취 간에 높은 상관이 있는 것은 인정하나 지능만으로 학업성적이나 학문적인 성공도를 예측할 수 없다.

③ 지능과 학업성취와의 관계만으로 학업부진아, 지진아를 규정하는 것은 타당치 않다.

④ 지능만으로는 사회적인 성공을 정확히 예측할 수 없다.

이와 같은 문제점은 지능검사가 보급되기 시작했을 때부터 일어났으며, 지능검사에 대한 비판을 토대로 새로운 지적 재능의 개념이 요청되고, 이에 따라 지적능력으로서의 창의력의 문제가 부각되게 되었다.

길포드(Guilford, 1959)는 종래의 지능검사는 기억력과 기억된 정보로부터 가장 옳고 좋은 관습적인 단 하나의 답을 찾아내는 수렴적 사고력을 지나치게 강조하는 반면, 인지 또는 기억된 정보로부터 새롭고, 신기하고, 다양하고 비관습적인 답과 해결 등을 생성하는 확산적 사고력은 무시되고 있다고 지적하고 있다. 이에 대해 창의력 검사가 무엇을 측정하고 있는지 논란이 있으나 일반적으로 확산적 사고를 강조하고 있다는 점에는 일치된 견해를 보이고 있다.

창의성을 지적 특성으로 보려는 입장이다. 이 입장은 전술한 길포드의 지적구조의 가설적 모형에서 찾을 수 있다. 그는 지적구조의 가설적 모형을 정립할 때, 조작차원에서 인간의 지적능력을 인지, 기억파지, 기억저장, 수렴적 사고, 확산적 사고, 평가의 여섯 가지 지적행동을 제시하였다. 그는 이 중에서 확산적 사고(divergent thinking)를 창의력과 동일한 개념으로 생각하였다. 확산적 사고란 문제 상황에서 어느 하나의 해결방법이 있다고 생각하지 않고 가능한 모든 해결방법을 찾아내는 사고능력이다. 수렴적 사고가 엄격한 제한 내에서 정해진 답을 집중적으로 찾는 것이라면, 확산적 사고는 제한 없이 자유롭게 개방된 상태에서 응답을 다양하게 찾는 사고 과정이다. 즉, 확산적 사고를 하는 사람은 '옳은' 답을 찾는 대신에 모든 가능성을 발전시켜서 평가될 수 있거나 조합될 수 있는 여러 가지 해결책을 찾는다. 길포드는 창의력이 학업성취능력이나 수렴적 사고능력과는 다른 지적능력으로서, 지능검사에서 측정되지 않는 가치 있는 지적능력, 곧 확산적 사고의 결과로 평가되어야 한다고 주장하였다.

창의적인 사람의 사고방식, 문제해결방식 등 지적특성에 관하여 연구한 길포드는 창의적인 인간의 지적 특성을 네 가지로 보았다(Guilford, 1967; 이성진, 1996; 홍성윤 · 진위교, 1992).

① 창의적인 사람은 문제사태에 대한 감수성(sensitivity to problems)이 높다.
② 창의적인 사람은 사고의 유창성(fluency in thinking)이 높다.
③ 창의적인 사람은 사고의 융통성(flexibility in thinking)이 높다.
④ 창의적인 사람은 사고의 참신성(originality in thinking)이 높다.

(2) 정의적 특징

창의적인 사람의 성격, 감정, 태도 등은 그의 내적 인지 과정(지적특성)과 밀접하게 상호작용한다. 사고의 융통성이나 유창성은 바로 그의 성격이 융통성이 있다는 것을 반영하는 한 보기이다. 창의적인 사람의 정의적 특징이 다른 사람과 어떻게 다른가에 대한 구체적인 차이점은 다음과 같다(이성진, 1996).

첫째, 창의적인 사람은 새롭고, 복잡하고, 어려운 문제를 선호하는 경향이 있다. 통상적이고 흔한 문제, 쉽고, 단순하고, 명백한 사태 등에서는 도전의식을 갖지 못하고 짜증을 내는 경향이 있다. 보다 중요한 것은 해답이 명백하고, 쉽고, 단순한 문제 사태에서 희귀하고, 참신한 해답을 구하려는 경향성이 있다는 점이다. 아인슈타인이 '명백한 것을 이해하지 못했다'고 하는데, 그것은 명백한 것에서 새로운 것을 찾으려 했기 때문이라고 생각된다.

둘째, 창의적인 사람은 모호성을 참는 역량이 있다. 자신이 지각하고 느끼는 것을 금방 이해하지 못해도 잘 참아낼 줄 알며 좌절하지 않는다. 그러면서도 주어진 문제를 해결하기 위하여 계속 노력한다.

셋째, 창의적인 사람은 실패에 대한 불안이 적으며, 약간의 위험부담을 즐기는 경향이 있다. 관습의 틀에서 벗어난다는 것은 불안을 일으키지만, 예사롭게 엉뚱한 생각과 행동을 하면서도 불안스러워 하지 않는 것이 이들의 특징이다. 성공과 실패를 자기 자신에게 귀속시키는 내적 통제의 경향도 있다.

넷째, 창의적인 사람은 관행에 동조하기를 거부하는 경향이 있다. 표준적 패턴에서 과감히 이탈하며, 독립적이기 때문에 때로는 비사교적이고 고립된 사람으로 인식되기도 한다.

다섯째, 창의적인 사람은 자신의 경험에 대해서 개방적이다. 어떤 자극이 자신 안에서 오든지, 밖에서 오든지, 그 경험을 왜곡하거나 방어하지 않고, 있는 그대로 진실하게 받아들이고 그대로 인식한다.

이밖에도 창의적인 사람은 여성적인 취미가 강하고, 성취욕, 지배성, 자율성, 변화선호, 공격성 등이 강하며, 정열적인 성향을 가지고 있다.

한편 칙센트미하이는 창의적 사람들의 정의적 특징이 다양하기는 하나, 이를 10개의 차원으로 나눌 수 있으며, 이들 차원이 각각 대립되는 양극으로 나누어져 있다고 본다(예를 들어, 내향적 성격과 외향적 성격). 이 연구의 주목할 만한 점은 창의적인 사람들은 양쪽 극단의 특성들을 모두 지니고 있다는 점이다. 즉, 상황에 따라 때로는 매우 즉흥적이기도 하고 때로는 매우 계획적이기도 하며, 또한 전수되는 지식에 매우 충실한 전통적인 성격과 전수된 지식을 벗어나기 위한 급진적인 성격을 동시에 지니고 있다는 것이다(권준모, 2001). 그밖에도 남성성과 여성성을 동시에 지니고 있으며, 어떤 때는 혼자 있는 것을 즐기고 또 다른 때는 함께 어울리는 것을 즐기며, 어떤 경우는 어린 아이처럼 행동하기도 하고 또 다른 경우에는 어른스러운 모습을 보이기도 한다.

이처럼 창의성은 지적 요소와 정의적 요소를 동시에 포함하는 인간의 특성이라고 말할 수 있다. 새롭고, 신기하고 희귀한 아이디어와 작품을 생산해 내는 능력을 창의성의 지적 측면이라고 한다면, 자유분방하고 융통성 있고 다소 위험부담을 가지고 실패를 두려워하지 않고 사고하고 행동하는 성향을 창의성의 정의적 측면이라고 말할 수 있다(이성진, 1996).

4) 창의성의 측정

초기의 창의성 검사는 창의성이라는 독자적인 능력을 측정하는 것이 아니라 지능검사의 보완자료로 활용할 목적을 가지고 있었다. 그러나 근래에 들어 창의성 자체가 독자적 영역으로, 지능과는 다르게 취급되면서 과거의 지능검사의 보완자료로서가 아닌 지적 영역의 다른 측면으로서의 창의성을 재는 검사가 필요하게 되었다.

창의성 검사는 크게 두 가지로 구분된다. 하나는 인지적 창의성으로서 창의성을 하나의 지적능력으로 보는 것이고, 다른 하나는 창의성을 호기심과 같은 하나의 성향으로 보는 것이다. 앞서 제시한 창의적인 사람의 지적인 특징과 정서적인 특징도 이와 같은 맥락에서 나누어졌다고 할 수 있다. 인지적 창의성을 구성하는 요인은 일반적으로 토렌스(Torrance, 2000)의 창의성 검사가 측정하는 네 개의 하위 요인들을 그대로 받아들여 유창성, 융통성, 독창성, 정교성 등으로 구분한다. 각 구성 요인들은 다음과 같이 설명될 수 있다.

- 유창성 : 특정한 문제 상황에서 가능한 한 많은 아이디어나 반응을 산출하는 능력
- 융통성 : 상투적인 사고방식에서 벗어나 다양하게 여러 관점에서 해결책을 찾아내는 능력
- 독창성 : 기존의 것과는 다르게 새롭고 독특한 아이디어를 산출하는 능력

• 정교성 : 기존의 아이디어에 흥미롭고 유용한 세부사항을 추가하여 보다 가치로운 것으로 발전시키는 능력

한편 성향으로서의 창의성은 민감성, 개방성, 인내심, 모험심 등으로 구분될 수 있으며 각 구성 요인들의 특징은 다음과 같다.

• 호기심(민감성) : 주위의 자극과 변화에 민감하며 환경을 탐색하고 의문점을 끊임없이 질문하는 태도
• 개방성 : 자신의 경험에 제한되지 않고 모든 가능성을 수용하려는 성향. 이는 인지적 창의성 중 융통성과 관련 있는 것으로 알려져 있다.
• 인내심 : 불확실한 상황을 참아내며 끝까지 포기하기 않으려는 성향
• 모험심 : 불확실성뿐 아니라 위험을 감수하고 문제에 대해 적극적으로 도전하려는 성향

창의성 검사는 지능이나 적성 성격 등을 측정하는 심리검사도구에 비해 아직 연구의 초기단계에 머물러 있으며, 개발된 검사 또한 소수에 불과하다. 국내외에 가장 널리 알려진 검사는 토렌스의 창의적 사고력 검사(Torrance Tests of Creative Thinking: TTCT)이다.

토렌스의 TTCT는 유치원 아동부터 성인에 이르기까지 다양한 연령에 걸쳐 동일한 검사도구를 사용하기 때문에 연령별 창의적 인지발달을 비교할 수 있는 장점이 있는 것으로 알려져 있다. 이 검사는 길포드가 자신의 이론을 통해 밝힌 유창성, 융통성, 독창성, 그리고 정교성의 네 가지 요인을 검사하는 것이다. TTCT를 사용한 몇몇 연구에서 보면, 실제로 연령별로 창의적 인지능력의 발달 경향을 비교한 결과, 창의적 인지능력은 연령에 따라 자연적으로 증가하지 않았으며, 오히려 학령초기, 4학년, 중학교 1학년 등의 시기에서 창의적 사고가 두드러지게 감소하는 등 독특한 발달 현상을 나타낸다.

토렌스의 창의적 사고력 검사에는 언어, 도형, 신체, 음향적 검사가 있다. 이 가운

데 신체검사와 음향검사는 국내에서 거의 사용된 적이 없고, 주로 언어와 도형검사가 사용되어 왔다. 여기서는 언어검사와 도형검사를 소개하고자 한다.

TTCT 언어검사

검사는 모두 5개의 소검사로 구성되어 있으며 첫 번째 검사는 다시 3개의 검사로 나뉘어져 모두 7개의 소검사로 되어 있다. 검사의 대상은 만 5세부터 성인에 걸쳐 폭넓게 실시될 수 있으며 소요시간은 45분이다. 유아나 초등학교 저학년까지는 개별적으로 검사가 실시되나, 그 외에는 집단으로 실시가 가능하다. 이 검사에서 대상들에게 요구하는 활동은 다음과 같다(전경원, 1999). 언어검사의 경우 몇몇 문제들은 대부분 유아들에게 어려우나 이러한 문제를 통해 영재아들을 가려낼 수 있다. 또한 이 검사는 유아들을 대상으로 할 경우 사회계층에 따른 편파성이 없는 것과 청각 및 시각 장애아들에게 실시될 수 있다는 것이 장점이다.

토렌스의 언어검사는 다음 7개의 과제로 구성되어 있다(문정화 · 하종덕, 1999).

1. 생각할 수 있는 모든 것을 질문하기
2. 가능한 모든 원인 상상하기
3. 가능한 모든 결과 상상하기
4. 코끼리나 원숭이 인형을 가지고 좀 더 재미있게 바꿔보기
5. 종이 상자나 빈 깡통의 다른 용도 찾기
6. 일반 사물에 대한 특이한 질문하기
7. 사실과 다른 상황에서 상상해 보기

토렌스의 창의성 언어검사(Lefrancois, 2000)는 부록에 제시되어 있다.

TTCT 도형검사

TTCT 도형검사는 모두 세 가지 검사과제로 이루어져 있는데 이들은 각각 창의적 사고의 측면들 가운데서 각기 다소간 상이한 측면을 요구하고 있다는 가정하에 설계

된 것이다. 세 가지 활동은 모두 제한시간이 10분씩으로 총 30분이다. 검사의 실시는 개별로나 소집단별로 실시 할 수도 있다. 한편 언어검사와는 달리 농아들에게 실시가 가능하다. 도형검사에 포함된 3가지 활동의 내용은 다음과 같다.

- 그림 구성하기 : 큰 점 모양의 형태를 하나 제시하는 첫 번째 활동은 유아들에게 점 모양이 일부가 되는 어떤 그림이나 물건을 생각하게 한 다음 거기에 아이디어를 계속 더해가며 재미있는 이야기의 내용이 되도록 한다. 그림을 완성한 후에는 제목을 붙이게 하여 스스로 글을 적을 수 없는 아이들은 검사자가 받아 적어준다.
- 그림 완성하기 : 10개의 불완전한 도형들을 제시하고 이 그림에 추가로 그려 넣어 가능한 이야기가 완전하고 재미있는 물건이나 그림을 그리게 한 다음에 제목을 적게 한다.
- 동그라미 또는 선으로 그림 그리기 : 더하기라는 활동으로 손으로 그린 듯한 두 개의 평행선 쌍을 30개 제시한다. 이들에 원하는 대로 선들을 더 그려 넣어 어떤 그림이나 물건이 되도록 주문을 한다. 가능한 한 많이 생각할 수 있도록 하고 가급적 각각은 재미있는 이야기 내용이 되게 한다. 이 역시 각 도형에 이름이나 제목을 넣도록 한다.

위에서 소개된 토렌스의 창의성 검사와는 달리 창의성을 인지능력으로 보기보다는 개인의 성향이나 성격으로 보고 이러한 창의적 성향을 측정하는 검사들도 있다. 이러한 검사 중 하나는 고흐(Gough)와 하일브런(Heilbrun)의 창의적 인성검사(Creative Personality Scale: CPS)인데 이는 형용사 체크리스트 검사(Adjective Check List: ACL)이라는 300문항으로 구성된 성격검사 중 창의성과 관련된 30개 문항으로 구성된 것이다. 이 30개 문항들은 기존의 창의성을 측정하는 다른 검사들과 높은 관련이 있어 비교적 안정적인 검사라고 할 수 있으며 체크리스트 형식으로 되어 있어 부모나 교사가 유아의 창의적 성향을 측정하는 데 편리하게 사용될 수 있다. 이 중 18개의 형용사가 창의적 특성의 지표로 12개의 형용사가 비창의적인 형용사로 사용되고 있다.

이 밖에도 부모나 교사 평가를 통해 유아의 창의성을 평가하는 방법, 창의적 산물에 대한 직접평가를 통해 역으로 아동의 창의성의 보유 여부를 판단하는 검사방법 등 다양한 검사들이 개발되고 있다.

5) 지능과 창의성과의 관계

지능과 창의성은 별개인 것인가? 일반적으로 지능이 높으면 공부를 잘한다. 하지만 지능이 높다고 해서 반드시 창의성이 높지는 않다. 창의성은 지능과는 독립적인 능력으로 알려져 있다. 그렇다면 지능의 높고 낮음과 창의성이 높고 낮음 간에는 어떤 관련이 있는지 발라흐와 코간(Wallach & Kogan, 1965)의 연구결과를 통해 잠시 살펴보자.

우선 지능과 창의성이 모두 높은 아이들의 경우는 자신의 감정이나 행동을 통제하는 데 뛰어난 능력을 지니고 있으며 때로는 어른처럼 때로는 아이처럼 할 수 있는 특성을 지니고 있다. 이 말은 진지해야 할 때는 진지한 모습을 보이기도 하고 즐겁게 놀 때는 자신의 연령에 맞게 아이처럼 행동하기도 한다는 말이다. 또한 리더십도 뛰어남과 동시에 필요하다면 남들에게 복종도 잘한다.

둘째, 지능은 높지만 창의력이 낮은 아이들이다. 이러한 아이들은 좋은 성적을 받기 위해 공부도 열심히 하고 학교생활도 잘한다. 따라서 교사들로부터 모범적인 아이로 관심을 받게 된다. 때로는 지나치게 학교성적에 연연하는 부정적인 측면도 지닌다.

셋째, 지능은 낮지만 창의력이 뛰어난 아이들의 경우이다. 이 아이들은 학교생활에 심한 내적 갈등 및 좌절을 경험하곤 한다. 따라서 종종 학교생활에 대해 싫증을

표 3-2 지능과 창의성과의 관계 (Wallach and Kogan, 1965)

구분		지능	
		높음	낮음
창의력 (발산적 사고력)	높음	• 자신의 행동에 대한 높은 통제력 • 어른처럼 그리고 아이처럼 행동할 수 있는 능력	• 학교생활에서 심한 내적 갈등 및 좌절을 경험함 • 학교생활에 대한 부적응 • 압박을 덜 받는 환경에서보다 잘함
	낮음	• 학교생활에 집착 • 좋은 성적을 위해 항상 힘씀 • 교사들에게 관심을 받음	• 환경에 대한 적응의 어려움 • 방어기제로 적극적이고 집중적인 사회적 · 신체적 활동을 포함하며, 상황에 잘 적응하지 못함

출처: Chamberlin & Bergman (1982).

느끼게 되며 교사들로부터 문제아로 낙인찍히는 경우도 생긴다. 이 아이들은 압박을 덜 받는 자유로운 환경에서 자신의 능력을 보다 발휘할 수 있다.

마지막으로, 지능과 창의성 모두 낮은 아이들이다. 이 아이들은 성격적으로 불안정하며 새로운 환경에 적응하는 데 어려움을 겪기도 한다. 한편 이들은 방어기제로서 친구들과 사귀는 일이나 운동 등에 적극성을 띄기도 한다.

이 같은 연구결과는 극단적인 아이들을 대상으로 한 연구이기 때문에 일반적인 아이들의 경우도 반드시 그렇다고 할 수는 없다. 그렇다면 지능과 창의성은 별개인 것인가? 최근 여러 연구들은 지능과 창의성 간에 높은 상관이 있는 것으로 보고하고 있다(Maker, 1993). 즉 창의력 수준이 높은 아이가 지능도 높고 창의력이 낮은 아이가 지능지수도 낮다는 것이다.

하지만 그렇다고 지능과 창의성 간에 항상 높은 상관관계를 지니는 것은 아니다. 최근 퓨크스-비셤(Fuchs-Beauchamp) 등의 연구에서 보면, 일반 아이들에 있어 지능과 창의성 간에 매우 높은 상관이 있는 것으로 나타났으나, 지능지수가 120 이상인 아이들에게서는 예외적인 것으로 나타났다. 즉 지능이 아주 높은 아이들의 경우에는 창의성보다 동기나 인내심, 가정환경, 성격특성 등과 더 높은 관계가 있는 것으로 나타났다. 결국 지능과 창의성은 서로 완전히 독립된 능력이라 할 수는 없지만 분명한 것은 두 능력 사이에는 분명히 구분될 수 있는 점이 존재한다는 것이다.

6) 창의력 증진을 위한 교육방법

(1) 환경의 조성

성장발달은 환경을 풍부하고 다양하게 제공해 줌으로써 촉진될 수 있다. 창의적 표현은 다양한 경험에서 나올 수 있다. 무에서 유를 창조해 낸다는 것은 어려운 일이다. 모방은 창조의 어머니라는 말도 이를 가리키는 말이다. 빈곤하고 무미건조한 환경 속에서 창의력이 발달될 수 없으며 풍부한 경험을 제공해 주어서 창의적 표현을 자극해야 한다.

창의력을 개발하는 데 있어서 가장 중요한 일은 자유롭고 허용적인 분위기를 조성하는 일이다. 지나치게 엄격한 훈육을 하며 규율이나 규칙이 엄격하면 이를 따르기 힘들고 지키기도 어려우며 틀에 박힌 인습적인 사고를 하기 쉽고, 사고의 융통성을 잃게 되며, 자발성과 독창성도 길러질 수 없다. 규칙을 잘 지키고, 어른에게 복종하고, 전통과 권위에 순종하면 교사에게는 만족스러운 존재일 것이다. 그러나 이러한 행동특성들은 창의력의 발달을 저해하는 요인이다. 일정한 규격이나 규칙, 통제하에서는 조금도 그 테두리 밖으로 나올 수 없기 때문에 창의력은 길러질 수 없다.

스스로 안정되고 자유로운 분위기에서 생각하고 만들고 부수고 다시 조직할 수 있도록 허용되는 분위기를 의미하는 환경적 조건, 스스로 답을 찾도록 해주는 수업방법, 그리고 학습자들에게 많은 자료를 제공해야 한다는 풍부한 학습자료가 구비되어야 한다.

창의력은 기존의 방식 그대로, 있는 사실 그대로가 아니라 좀 더 다른 방식, 좀 더 나은 면을 추구하려는 태도와 기존의 관념이나 행동으로부터 자기 자신을 새롭게 하려는 노력에 의해 길러질 수 있다. 왜 그럴까? 어째서일까? 이렇게 한다면? 등의 태도를 허용해 주며, 공상이나 상상도 좋지 않은 것으로 위축시키지 말고 이를 장려해 주면 창의적인 태도를 형성하기 쉽고 나아가 창의력을 발달시킬 수 있게 된다.

(2) 교육활동

창의적 사고능력은 구체적으로 어떠한 교수방법을 통하여 기를 수 있겠는가? 창의적 사고는 개인의 환경조건, 심리적 태세, 지난날의 경험, 현재의 계획된 경험 등 여러 가지 요인들이 복합적으로 작용하여 나타나는 결과이다. 즉, 창의적 사고력은 매우 복잡한 능력의 응결체로서 그것을 결코 부분적으로 떼어 내서 하나하나의 요소별로 그 능력을 키워 나갈 수 있는 성질의 것이 되기 어렵다는 점이다. 뿐만 아니라, 창의적 사고력은 특정 교과목에서 분담하여 가르칠 수 있는 성질의 것이 결코 아니라는 점이다. 특정한 처방적인 교수방법이 창의적 사고력 교수방법으로 분명하게 지적되기 어려운 것도 바로 그 구성 요인이 매우 복합적이기 때문이다. 그러나 분명한 것은 창의적 사고력의 교육은 가능하다는 사실이다(이성호, 1986). 아동의 창의력을 길러줄 수 있는 대표적인 교육활동은 예체능이나 문학 관련 교과를 통한 방법이다.

그림책 보기와 글짓기 : 어린 아동들의 경우, 그림책을 보면서 떠오르는 생각들을 이야기하게 할 수 있다. 반응이나 생각을 유도해 주고 상상의 나래를 펼 수 있도록 하는 것이 좋다. 동화의 경우 동화를 들려주는 것으로도 아동의 상상력과 창의력을 길러줄 수 있지만 보다 적극적인 방법은 스스로 동화를 지어 보도록 하는 것이다. 처음에는 간단한 이야기를 택하여 아동에게 주인공만 바꾸어 이야기하게 한다든지, 문제 상황에서 다른 해결방안을 택했을 때 이야기가 어떻게 전개되겠는가를 상상해서 이야기해 보도록 하는 것도 창의력을 신장시키는 좋은 방법이다.

또 등장인물과 대강의 줄거리만 주고 이에 따라 이야기를 만들게 하는 것도 한 방법이다. 대문호 괴테의 어머니는 어린 괴테에게 매일 이야기를 하나씩 해주었는데 이야기를 얼마쯤 진행시킨 후 자신이 이야기를 완결시키지 않고 나머지 부분을 그대로 남겨둔 채 괴테에게 다음 날까지 마음대로 생각해서 이야기를 완성하도록 하게 함으로써 괴테의 문학적 상상력의 기초를 형성해 주었다. 이때에는 하나의 동화에 한 가지 이야기만이 아니라 여러 다른 종류의 이야기, 슬픈 이야기, 기쁜 이야기 등을 구성해 보도록 하는 것도 도움이 된다. 그러나 이런 것들은 아동의 발달단계와 능력 수준에 맞추어 시도되어야 할 것이다.

미술 : 그림 그리기를 통해서도 창의력 발달을 도모할 수 있다. 그림을 그릴 경우 성인들이 생각하는 표준이나 형식을 강요해서는 안 된다. 예를 들면, 해를 까맣게 칠할 수도 있고 땅을 붉게 칠할 수도 있고 하늘을 까맣게 칠할 수도 있다. 또 그리는 형태도 어른이 보기에 괴상할 정도로 어른의 상식과 표준에 어긋나는 그림을 그릴 수도 있다. 이럴 때에도 어른의 표준이나 상식을 강요하여 해는 빨갛게 그려야 한다든지 하늘은 파랗게 그리는 거라든지 하면서 간섭해서는 안 된다. 그렇게 함으로써 창의적 표현력의 분출구를 막고 아동의 사고의 융통성과 확산적 사고력의 육성을 방해할 수 있다. 또 그림을 화폭의 전면에 가득 차게 그리는가 하면 반면에 반쪽에만 그린다든가 귀퉁이에만 그린다든가 칠을 완전히 다 하지 않는다든가 하는 경우도 있다. 이때에도 간섭을 하지 말고 자연스럽게 자기를 표현할 수 있도록 허용하는 것이 좋다.

그러나 한편 마음대로 그림을 그리게 내버려 두는 것도 좋지만 어떤 사물로부터 상상의 방향을 잡아 주고 발전시켜 주는 것도 창의력을 기르는 데 중요하다. 아동들의 상상력은 어른보다 풍부하고 다양하다. 우선 그림을 그리기 전에 여러 가지 물체를 보고 여러 형태를 연상하도록 도와주는 것도 좋다.

무용 : 무용을 지도할 때에는 어떤 음악에 따른 일정한 형식화된 무용을 가르치는 것보다 음악을 틀어주고 그 느낌을 자기 마음대로 춤으로 표현하도록 하는 창조적인 춤(creative dancing)이 창의력의 개발을 돕는다.

(3) 창의력을 길러줄 수 있는 대화

대화를 할 때 단순한 문답식 대화가 아닌 보다 확산적 대화가 되도록 노력하는 것이 창의력 개발을 위해 좋다. "예, 아니오."식의 일문일답식 대화는 애정의 결핍을 느끼게 할 뿐만 아니라, 창의력 발달에 도움이 되지 않는다. 보다 자율적으로 많은 반응을 할 수 있는 질문을 하는 것이 좋다. 문답식의 대화에서는 간단하고 사고 과정을 필요로 하지 않는 반응을 하기 쉽다. 그러나 확산적 대화의 경우에는 어떤 식으로든 자기의 경험을 생각해 내고 사고 과정을 통해 다시 연결시켜 새롭게 언어로 조직해서 표현해야 하므로 훨씬 더 창의력을 개발시킬 수 있다. 질문을 하거나 이야기를 할 때 간단한 단답식 반응으로 그칠 것이 아니라, 그에 알맞은 풍부한 반응을 해 줘야 한다. 풍부한 반응과 허용적인 분위기 조성을 통해 계속해서 생각을 이끌어 내게 함으로써 창의력 발달을 도울 수 있다.

아동의 생활에서 여러 가지 문제에 부딪쳤을 때 이를 해결하기 위해서 여러 가지 가능한 해결책들을 대화를 통해서 함께 생각해 보거나, 아동으로 하여금 생각해 보도록 하는 것이 좋다. 흔히 아동의 생각은 고려하지도 않고 "이렇게 해, 저렇게 해." 하며 일방적으로 결정해 버리기가 쉽다. 물론 교사의 생각이나 해결책이 최선의 것일 수도 있으나 그보다는 스스로 해결책을 생각하게 하거나 일단 하나의 해결책을 생각해내면 '그와 비슷한 다른 방법은 없을까? 그런 방법이 아닌 또 다른 방법은 없을까?' 하는 식의 대화를 통해 사고의 유창성과 사고의 융통성을 길러줄 수 있고 많은 것을 생각해내는 힘을 길러줄 수 있다. 언제, 누가, 어디서, 무엇을, 어떻게 등의 질문을 함으로써 새로운 현상을 설명할 수 있도록 지식을 확대시켜 주는 것이 바람직하다.

창의성 교육의 동향을 보면, 먼저 창의성을 올바르게 이해하는 것이 중요하다는 인식이 널리 퍼지고 있다. 다음으로 세계 각국은 자국의 문화와 자국민들의 사고 양태에 맞는 창의성 이론을 구축하고 있다. 또한 창의성 교육자료의 개발에 중점을 두고 있다. 그리고 창의성 검사도구의 개발 요구가 강해지고 있다(임선하, 1994).

(4) 교육 과정 운영

창의성을 높이기 위한 교육은 학교의 교육 과정 운영과 긴밀한 관련을 맺고 이루어져야만 실효를 거둘 수 있다. 교육상황에서 다음과 같은 점이 강조되어야 한다(이군현, 1990).

① 논리적 사고와 비판적 사고를 함양해야 한다. 확산적 사고로서의 창의력은 논리적 사고를 바탕으로 한다. 창의력이 문제 사태와 관련하여 새로운 것을 구상하고 예측하며 '논리적 대안(logical alternative)'을 산출하는 능력이라고 할 때, 여기에는 문제 사태에 포함된 요소들 간의 관련성을 따지고 살펴보는 논리성이 살아있지 않으면 안 된다. 창의적 사고는 문제 사태 전반에 관해서는 물론 문제 사태에 포함되는 여러 가지 요소에 대한 지식과 이해를 토대로 하지 않으면 이룩될 수 없게 된다. 따라서 창의력은 기존 지식의 토대 위에서 문제 사태와 관련지어 새로운 아이디어를 산출하는 능력으로 볼 수 있으며, 아무것도 모르는 상태에서 이루어지는 막연한 공상과는 다른 것이다.

② 개방적 분위기를 조성하고 애매함을 수용하는 교육환경을 마련해야 한다. 학급의 분위기는 학생의 생각과 의견을 존중하고, 새로운 생각에 대해 비웃음을 금지하며, 질문을 하도록 고무시키고 모든 학생에게 개방적이어야 하며, 그 질문에 대한 응답이 방해받지 않도록 조성되어야 한다. 특히 애매함(ambiguity)에 대한 수용적 자세는 창의성 개발에 중요하다. 그러나 이를 지나치게 강조하다 보면 논리적 사고의 철저성이 결여될 염려가 있다. 따라서 애매성의 수용과 논리적 사고의 상호보완적 가치를 인정하고 발전시켜야 한다.

③ 융통성을 길러주는 교육을 하여야 한다. 융통성은 자신이 가진 이전의 체제를 깨뜨리고 새로운 자아를 형성함으로써 이루어진다. 융통성은 또한 어떤 특정

한 환경에 적극적으로 순응함을 의미한다. 이런 의미에서 융통성은 창의성의 가장 중요한 측면의 하나라고 할 수 있다.

④ 직관적 사고의 발달을 위하여 과학의 기초지식에 대한 철저한 준비가 이루어져야 한다. 직관적 사고는 창의성에 필수적 요소이다. 과학 분야에서 창의적인 산물을 만들어내기 위해서는 본인 자신이 가장 잘 알고 가장 경험이 많은 분야에서 일어난다. 따라서 창의적인 과학자가 되기 위해서는 해당 분야의 기초적 지식과 가학자로서 필요한 경험들을 철저하게 쌓아올리는 노력이 있어야 한다. 그러므로 교사는 학생들에게 과제 집착력, 인내심과 지구력도 동시에 키워주어야 한다. 내용에 대한 지식(content knowledge)을 강조하는 것은 결국 해당 분야의 기초지식이 확고해야 창의적인 아이디어가 나올 수 있음을 강조한 것이다.

⑤ 창의적인 활동을 대하여 적절한 보상을 제공하여야 한다. 참신하고 창의적인 작품이나 산출에 대해서 체계적인 보상을 해주면 창의력은 더욱 더 증가한다. 적절한 보상체제는 비단 교실 안에서만이 아니라 학교 차원, 전국 단위에서도 이루어져야 한다. 학습자의 지적 · 정서적 발달은 칭찬, 인정 그리고 격려를 통하여 자신의 행위가 긍정적 결과를 수반할 때 더욱 더 강화되는 것이 교육의 기본적 원리이다.

제4장

학습자의 정의적 특성

아담 스미스가 세상을 떠난 친구인 흄에 대해 쓴 편지

결코 잊지 못할 뛰어난 친구가 세상을 떠났습니다. 그 친구의 철학적 견해에 대해 사람들은 분명 다양한 평가를 내릴 것입니다. 그의 철학적 견해에 대해서는 동의할 수도 있고 비난할 수도 있습니다. 하지만 그의 성격과 행동에 관해서만큼은 그런 의견차가 있을 수 없습니다.

그의 성품은 내가 아는 사람들 중에서 가장 행복하고 안정되어 보였습니다. 재산이 바닥나면서 불가피하게 아주 절약하는 삶을 살아야 했지만, 그럼에도 불구하고 그는 언제나 자선을 베풀고 너그럽게 행동했습니다. 탐욕스럽게 돈을 아끼고자 그가 검소했던 것이 아닙니다. 그는 어려운 상황 속에서 어느 누구의 도움도 받지 않는 자립적인 삶을 추구하고자 검소하게 살았던 것입니다.

그는 굉장히 온화했지만 매우 단호했고 결의에 찬 사람이었습니다. 그는 성품뿐 아니라 유머마저 매우 훌륭했습니다. 농담 한 마디를 해도 섬세하고 겸손하게, 그리고 진실하게 했기 때문입니다. 사람들에게 불쾌감을 안겨주는 악의적인 위트는 한 번도 보인 적이 없습니다. 또한 사람들에게 굴욕감을 안겨주려고 농담을 한 적도 전혀 없었습니다. 그의 친구들이 자주 농담의 대상이 되곤 했는데, 농담의 대상이 된 이들조차 기분이 상하기는커녕 오히려 즐겁고 기뻤습니다. 그들에게 있어 흄처럼 훌륭하고도 정감 있는 친구는 없었을 것입니다. 이처럼 그는 장점이 많은 사람입니다. 그와 대화를 나누면, 대화의 가치가 한층 더 높아지는 이유가 여기에 있습니다.

흄은 매우 유쾌한 사람이었습니다. 유쾌함이란 사회에서는 자칫 경박하고 천박하게 보일 수 있는 덕목인데, 그는 그렇지 않았습니다. 동시에 그는 엄격한 자기수양을 게을리하지 않았습니다. 그의 학식은 광범위했고, 언제나 사려 깊게 생각했습니다. 그는 모든 면에서 가장 뛰어난 능력을 갖춘 사람이었습니다. 나는 그가 현명하고 고결한 인간의 이상에 가까운 사람이라고 생각합니다. 흄에 대한 나의 생각은 그의 생전에도 사후에도 변함이 없습니다.

출처: 아담 스미스의 도덕감정론 중에서

개요

우리 교육이 전통적으로 전인교육을 강조하고 있음에도 불구하고 학교현장에서 학업성적 위주의 지식편중교육이 지속되고 있는 반면에, 정의적 특성의 교육은 소홀히 취급되고 있다. 최근에 학생의 인지적 특성에 못지않게 정의적 특성이 학습에 미치는 효과가 크다는 사실이 경험적으로 입증되고 있다. 그래서 교사는 학생의 정의적 특성에 대한 교육과 평가에 더 많은 관심을 가져야 할 것이다. 그러나 정의적 특성은 개념이 모호하고 종류가 다양하여 그 실체를 쉽게 파악하기 어려운 단점을 지니고 있다.

이 장에서는 먼저 정의적 특성의 기초를 알아본 다음, 정의적 특성 가운데 성격과 자아개념의 개념과 특징, 그리고 지도방법에 대해 살펴보고자 한다.

제4장
학습자의 정의적 특성

1. 정의적 특성의 기초

1) 정의적 특성의 개념

정의(情意, affect) 또는 정의적 특성은 인간의 다양한 특성 가운데 전형적인 감정의 방식을 나타내는 특성을 말한다(Anderson, 1981). 정의적 특성은 정의적 영역(affective domain), 정의적 특성(affective characteristics), 정의적 행동(affective behavior) 등과 같이 다양하게 사용되고 있다.

우리나라 교육계에서 정의라는 용어를 공식적으로 사용한 것은 크라트홀(Krathwohl), 블룸(Bloom), 마시아(Masia, 1964)의 『교육목표분류학, 편람 2: 정의적 영역』이 우리말로 번역된 1967년 이후였다(진위교 · 임의도 · 고종렬, 1967). 여기에서 정과 의는 헤르바르트(Herbart)가 주장한 인간의 능력 중에 지(知)를 제외한 정(情)과 의(意)를 단순히 합친 조합이 아니다. 오히려 거기에 스펜서(Spencer)가 분류한 지, 덕, 체 가운데 덕을 포함시켜 정의로 규정하고 있다. 왜냐하면 교육의 목표를 지, 덕, 체 또는 지, 정, 의로 나누는 것과 동시에 이를 조화롭게 발달시키는 전인교육의 목표로 삼아온 것이 교육학의 오랜 전통으로 강조되어 왔기 때문이다. 그래서 덕성의 요소를 포함한 정과 의라는 요소를 정의라고 번역하게 된 것으로 해석된다(김진규, 2007).

2) 주요 특징

인간의 정의적 특성은 인지적 특성과 심동적 특성과 구별될 수 있으나 다분히 인위적인 구분에 지나지 않는다. 즉 정의적 특성은 실체적인 개념이라기보다는 인간에 의해서 인위적으로 구성된 구성개념이라고 보아야 할 것이다. 인간의 어떤 속성이 정의적 특성으로 범주화되기 위해서는 적어도 두 가지 준거에 부합되어야 한다. 하나는 인간의 속성이 사람의 정서나 감정을 포함해야 한다는 것이다. 다른 하나는 그 속성이 사람의 행동이나 사고에 대해서 전형적(typical)이 되어야 한다는 것이다. 사람의 정서는 시시각각으로 변할 수 있다. 그러나 이러한 정서 상태가 변화함에도 불구하고 인간은 전형적인 감정을 가지려는 경향성을 보인다. 여기서 전형적인 감정이란 그 감정이 경향성을 보이는 것을 의미한다(박도순 · 홍후조, 1999). 모든 정의적 특성은 다음과 같은 세 가지 구체적인 기준 강도(intensity), 방향(direction), 그리고 대상(target)이 포함되어야 한다(Anderson, 1981).

(1) 강도

강도란 감정의 세기 또는 정도를 말한다. 어떤 감정은 다른 감정보다 전형적으로 강도가 더 높다. 예컨대 사랑은 좋아하는 것보다 강도가 더 높은 감정이라고 할 수 있다.

(2) 방향

방향이란 감정의 적극적 또는 소극적 방위와 관련되어 있다. 어떤 감정이 좋은지 나쁜지를 의미하지만, 어떤 것은 근원적으로 좋거나 나쁜 것처럼 보인다. 예컨대 고통은 나쁜 것이고 즐거움은 좋은 것이다. 또 어떤 것은 한 문화 속에서 어떻게 정의하는가에 따라서 달라진다. 또한 적극적인 감정과 소극적인 감정은 상대성을 가지고 있다. 즉 학교를 좋아하는 것은 학교를 싫어하는 것의 반대이고, 휴식하는 것은 긴장하는 것과 반대가 된다.

(3) 대상

대상이란 감정이 지향하는 목표물, 활동 또는 아이디어 등을 말한다. 예컨대 불안이 정의적 특성이라면 불안에도 여러 가지 대상이 있을 수 있다. 사람은 학교, 수학 과목, 사회적인 상황 또는 수업 등에 반응을 하게 되며 이들 각각이 불안의 대상이 될 수 있다. 때로는 불안의 대상이 무엇인지도 모르는 채 불안한 정서를 갖는 경우도 있다.

3) 정의적 특성의 유형

실제 학교학습에 영향을 미치는 학습자 특성의 투입변인으로서 뿐만 아니라 학습 성과로 나타나는 대표적인 정의적 특성에 대한 개념적 정의는 다양하게 제시되고 있다(Bloom, 1976; Anderson, 1981; 김진규, 1987; 강승호 외, 1996; 황정규, 1998). 일반적으로 선행연구에서 제시된 학교학습과 밀접한 정의적 특성으로는 태도를 비롯하여, 흥미, 가치, 자아개념, 불안, 학습동기, 성격(인성), 그리고 행동발달특성 등이 제시되고 있다(김진규, 2007; 박도순 외, 2007).

그림 4-1 정의적 영역의 목표분류학과 정의적 특성과의 관계

정의적 영역의 교육목표분류학에서는 정의적 영역의 행동에는 감수, 반응, 가치화, 조직화, 그리고 인격화의 5가지 단계를 제시하고 있다. 이러한 정의적 목표와 보편적으로 사용하는 정의적 특성과의 관계를 나타내면 다음 [그림 4-1]과 같다.

2. 성격

1) 성격의 개념

성격(personality)은 개인의 행동을 규정하는 용어로 자주 사용되고 있다. 영어의

personality를 성격 또는 인성으로 혼용해왔지만, 최근에는 personality를 성격으로 번역하고 character를 인성 또는 인격으로 구분하여 번역하고 있다. 인성은 좋고 나쁨의 가치판단이 들어간 윤리적 개념인 반면, 성격은 가치중립적인 과학적 개념이라고 할 수 있다. 성격은 좋다 나쁘다로 판단하기보다는 개인이 지니고 있는 특성을 기술적으로 표현한 용어라고 할 수 있다.

대부분의 심리학 교과서에서는 성격을 비지적인 정의적 특성으로 분류하고 비교적 좁게 정의하고 있다. 길포드(Guilford, 1959)는 특성이론의 입장에서 인성을 "한 개인이 갖고 있는 특성들의 패턴"이라고 해서 한 개인의 구체적 행동들로부터 개념화, 일반화된 내면적 수준에서 정의하고 있다. 인성을 행동주의적 입장을 취하는 미첼(Mischel, 1986)은 "각 개인이 생활장면에 적응하는 것을 특정짓는 행동(사고와 정서를 포함한)의 뚜렷한 패턴"이라고 정의하여 주로 외형적 행동의 측면을 강조하였다. 그리고 여러 인성이론을 종합하려고 노력했던 올포트(Allport, 1961)는 인성을 "한 개인의 특징적 행동과 사고를 결정하는 개인 내의 심체적 체계(psychophysical systems)의 역동적 조직"으로 정의함으로써 인성을 어떤 행동이나 특성의 수준을 넘어서 역동적 조직의 수준에서 개념화하였다.

성격은 한 개인이 환경에 적응해나가는 과정에서 비교적 일관성 있게 나타나는 개인 특유의 행동 및 사고양식을 의미한다. 일반적으로 성격은 다음과 같은 특징을 지닌다(정원식, 2016).

① 성격은 비지적 개념이다.
② 성격은 직접 관찰할 수 없는 것이다.
③ 성격은 일관성과 안정성을 지닌다.
④ 성격은 개인적 특징을 나타낸다.

성격이라는 개념과 유사하게 사용되는 개념으로는 기질(temperament)과 개성(individuality)이 있다. 기질은 유전적 소인에 의하여 태어날 때부터 지니고 있는 고유한 특징이다. 즉 자극에 대한 감정적 반응이 강한가, 약한가 빠른가, 그리고 느린가 하는 경향을 말한다. 개성은 개인의 고유한 생리적, 심리적 특성으로 다른 사람과 구별되는 성격의 차이성과 독자성에 중점을 두는 것이다. 이 두 개념은 넓은 의미로 성격의 개념에 포함된다.

2) 성격이론

심리학이 하나의 독립된 과학으로 발전함에 따라 성격이론은 50여 가지가 넘는 것으로 여겨진다. 각 성격이론은 성격에 대한 강조의 측면이 다르므로 다양한 접근방법이 동원하여 성격형성 과정을 설명하고 있다. 생물학적 접근, 성향적 접근, 정신분석학적 접근, 인본주의적 접근, 현상학적 접근, 행동주의적 접근 등이 있다. 여기에서는 유형론, 특성론, 정신분석학의 성격이론을 중심으로 간략하게 살펴보기로 한다(이경화 외, 2009).

(1) 유형론

유형론은 인간의 성격을 대표하는 몇몇의 유형을 설정한 후 개인의 특성이나 고유성을 이러한 틀에 맞추어 이해하려는 입장이다. 유형론은 통계적 근거에 의한 것이 아니라 경험과 관찰을 기반으로 한 견해이기 때문에 연구방법의 과학성에 대해서 비판을 받고 있다. 대표적 학자들과 이론으로는 히포크라테스(Hippokrates)의 체액설, 크레츠머(Kretschmer)와 쉘돈(Sheldon)의 체격유형론을 들 수 있다. 체액설은 인체의 4가지 체액의 내분비선에 따라 4가지 기질이 있고 그 특성이 다르며, 적당한 비율로 배합되면 완전한 기질이 되지만 그렇지 않을 경우 불완전한 기질이 나타난다고 주장하였다. 체격유형론은 신체 유형을 비만형, 골격형, 근육형이라는 3가지로 구분하여 체형마다 다른 성격이 있다고 보았다. 비만형의 사람은 사교적이고 편안한 것을 좋아하고 명랑하며, 골격형의 사람은 자의식이 강하고 지적이며 혼자 있기를 즐기고 민감한 편이다. 근육형의 사람은 활동적이며 모험을 즐기고 공격적인 측면이 있다는 것이다.

(2) 특성론

특성이란 사람들로 하여금 각각의 서로 다르게 행동하고 사고하도록 하는 각 개인의 지속적인 성향을 말한다. 특성론은 특성을 성격을 형성하는 기본 단위로 보고 이러한 행동 경향의 집합이 한 개인의 인성을 형성한다고 보는 견해이다. 대표적인 특성이론가인 캐텔(Cattell)은 성격이 복잡하고 분화된 특성들로 구성된다고 보았다. 그는 개인의 생활기록자료 및 성격검사 등에 대한 다양한 자료를 수집하여 요인분석한 결과 16개의 성격차원을 추출하였다. 올포트(Allport)는 특성이 한 개인의 행동을 결정하는 주요 요인이라고 보았으며, 이러한 특성에는 크게 공통특성과 개별특성이 있다고 주장한다. 공통특성은 모든 사람이 가지고 있지만 개인에 따라 그 정도와 비율이 다른 성격 요인이며, 개별특성은 특정 개개인에게만 존재하여 개인의 독특한 행동경향성을 결정하는 성격 요인이다. 따라서 어떤 상황에서 개인이 나타내는 행동이나 생각은 그 사람이 지닌 성격의 공통특성과 개별특성의 조합에 의해 이루어진다. 이러한 특성이론은 개인의 성격적 차이에 대한 이해와 성격검사의 개발에는 큰 기여를 하였으나 성격에서 개인차가 단순한 양적 차이로 충분히 규명될 수 있는지의 문제, 그리고 성격특성들이 실제 어떻게 상호작용을 하는지에 대한 심리적 역동관계에 대해서는 설명이 충분하지 못하다는 점에서 한계를 지닌다.

(3) 정신분석학

2장에서 논의한 바와 같이 프로이트는 성격에 관한 정신분석학 이론을 처음 제시한 사람이다. 여기에서는 프로이트의 추종자인 융(Jung), 아들러(Adler), 그리고 설리반(Sullivan)의 성격이론을 간략하게 살펴보고자 한다.

융(Jung)은 프로이트의 추종자였으나 프로이트와 다른 견해를 주장하였다. 프로이트는 무의식을 인정하고 무의식에 의해서 성격이 지배되고 통제된다고 본 반면, 융은 무의식에 바탕을 둔 목적성과 창조성을 강조하였다. 따라서 건전한 성격은 무의식의 세계에 대한 의식의 감독과 지시를 통해 이루어진다고 보았다. 이는 의식의 세계와 무의식의 세계가 통합되고 양쪽이 모두 자유롭게 발달되도록 허용되어야만 함을 의미한다. 그는 성장과 치료의 목표를 자아의 성취에 두어, 인간이 자기 실존의 목적과 의미를 발견할 책임 있고 독자적인 인간이 될 때 비로소 건전한 성격의 소유자가 된다고 했다.

아들러는 신프로이트 학파로서 프로이트의 영향을 많이 받았으나 후에는 프로이트 학파를 떠났다. 그는 인간의 자기신장, 성장, 능력을 위한 모든 노력의 근원이 열등감이며 이런 열등감에 대한 보상적 노력이 결국 건강한 성격이라고 보았다. 또한 그는 인간을 사회적 존재로 보아 사회적 관계에서 집단에의 동일시, 형제애, 공감 등과 같은 문제를 통한 건전한 인간관계를 중요시하였다. 인간은 사회의 일원으로서 사회공동체감을 가짐으로써 사람을 사랑하고 일할 줄 아는 능력을 발휘할 수 있는데 이것이 바로 열등감의 보상이요 그가 주장하는 창조적 자기이다. 즉 인간생활의 궁극적인 목적은 우월에 대한 추구로 이는 전 생애를 통해 개인의 환경에 대한 적응능력을 좌우한다고 보았다. 이 우월 추구에는 파괴적(부정적) 경험과 건설적(긍정적) 경향을 취하는데, 전자는 신경증 환자에게서 나타나고 후자는 건강한 사람에게서 나타난다.

설리반은 정신의학의 대인이론의 창시자로서 성격을 "인간생활을 특징지어 주는 주기적인 인간관계의 비교적 지속적인 유형"이라고 정의하였다. 그는 성격의 지배적인 주체를 대인관계로 보았으며, 개인생활에 의미를 부여하고 타인에 대한 지각과 태도에 강조점을 두었다. 사람은 출생과 더불어 인간관계 상황의 일부가 되며 일생을 사회적 장의 구성원으로 살아간다. 그러므로 사회적 관계 속에서 인간은 인간다워진다. 정상인은 대인적 상호관계에서 행동이 성립되며 행동장애는 상호관계의 부조화에서 발생한다. 따라서 치료관계는 인간의 상호관계를 중심으로 이루어져야 한다.

3) 성격의 방어기제

인간은 욕구좌절이나 곤란한 문제에 직면하여 현실적이고 합리적 방법으로 해결이 곤란할 때 불안을 경험하고 자아가 위협을 받는다. 이때에는 누구나 적응하려는 노력을 한다. 이 중에는 공격적 행동도 하고, 무의식적으로 현실을 왜곡하여 자아를 보호하려는 노력도 한다. 이러한 무의식적 노력을 방어기제라 한다. 이는 적응이 곤란한 사태에서 무의식중에 위험에 처한 자신을 위한 자기보호책이므로 이를 적응기제라고 한다. 이러한 방어기제는 다양하게 분류될 수 있으나 크게 3가지, 기만형 기제, 대체형 기제, 도피형 기제 등으로 범주화하여 설명하고 있다(임승권, 1994).

(1) 기만형 기제

- 합리화(rationalization) : 자신의 행동이 합리적이고 정당하다고 논리를 세움으로써 좌절이나 불안을 느끼지 않으려고 하는 노력이다. 이솝우화에서 여우와 신포도의 이야기는 이와 비슷한 사례이다.
- 투사(projection) : 스스로 받아들일 수 없는 충동이나 태도, 행동을 다른 사람이나 환경의 탓으로 돌리는 것(예: 친구가 자신을 싫어하는 것을 인정하는 것이 불편해서 자신이 그 친구를 싫어한다고 말하는 것)이다.
- 억압(repression) : 무의식적 충동이 표출될 수 없도록 완전히 차단함으로써 의식할 수 없게 하는 것(예: 마음의 상처를 준 사건을 기억 못하는 것. 추억은 아름답다!)이다.

(2) 대체형 기제

- 보상(compensation) : 약점을 호도하고 좋은 점을 부각시키거나 부족한 어떤 부분을 다른 부분에서 만회함으로써 불안으로부터 벗어나려는 노력이다. 공부에서 생긴 열등감을 운동으로써 만회하거나 외모에서 생긴 콤플렉스를 공부로 만회하는 것 등은 그 예이다.
- 승화(sublimation) : 당초의 목표나 욕구가 사회적으로 용납되지 않아 불안이나 좌절을 겪을 때 사회적으로 용납되는 욕구나 목표를 달성함으로써 불안으로부터 벗어나려는 노력이다. 직업여성이 자기 몸을 파는 것도 직업이라고 생각하거나 구두쇠가 자신이 번 돈을 복지재단에 기부하여 구두쇠라는 오명을 벗어나려고 하는 것 등이 그 예이다.
- 반동형성(reaction formation) : 사회적으로 용인될 수 없는 충동이 표출되는 것을 막기 위해 그 충동이 의식수준에서 정반대로 표현되는 것(예: 친구를 좋아하면서도 표현하기가 힘든 아이가 긴장된 상황에서 "난 네가 싫어!"라고 말하는 것)이다.

(3) 도피형 기제

- 백일몽(day dream) : 좌절된 현실적 욕구나 불안 따위를 상상의 세계에서 성취함으로써 만족하려는 기제이다. 백일몽은 욕구가 직접 충족되지 않는 직업적인 성공, 재산의 소유, 성적 만족, 지적 우월, 미에 대한 욕망 등이 있을 때 일어나는 적응기제이다.
- 동일시(identification) : 자신보다 훌륭한 사람과 정서적 유대를 형성함으로써 상대의 좋은 점이 자신의 것인 양 느낌으로써 불안으로부터 벗어나려는 노력이다. 친구가 출세한 것을 남에게 자랑함으로써 자신도 그런 친구를 가질 만큼 잘 났다는 것을 은근히 자랑하고 싶다면 이 경우에 해당한다.
- 망상(declusion) : 합리화 기제의 극단적 경우이며, 꼭 성공하고 싶었던 어떤 일

에 실패한 경우 전혀 근거도 없는 허구의 신념을 가지게 될 정도로 자기 실패를 합리화하는 것을 말한다.

- 격리(isolation) : 과거와 관련된 기억과 감정을 느끼는 것이 심리적으로 힘들어서, 감정을 의식 또는 생각으로부터 분리시키는 것(예: 자신에게 일어났던 두려웠던 혹은 충격적인 사건을 보고하면서 자신에게 일어났던 일이 아닌 듯싶을 정도로 아무런 감정의 표현도 보이지 않는 행동을 하는 것)이다.
- 고착(fixation) : 성격발달단계에서 다음 단계로 넘어갔는데도 불구하고 심리적으로 이전 단계의 문제점이나 쾌락에 계속 집착하는 것(예: 부모에게서 독립하는 것이 고통스러워 불안한 아이가 의존적 행동을 계속하는 것)이다.
- 퇴행(regression) : 어떤 발달단계에 도달하여 공포 또는 욕구좌절 등에 직면하면 현재 단계보다 이전의 단계로 후퇴하는 것(예: 새로 동생을 본 아이가 어린 아기처럼 행동하는 것)이다.

이러한 방어기제는 잘 사용하면 개인의 정신 건강에 긍정적인 효과를 가져다준다. 그러나 잘못 사용한다면 문제행동과 같은 부정적인 결과를 가져다줄 수 있다. 예를 들어, 부모에 대해 강한 적개심을 가지고 있는 아이가 부모에게 적개심을 그대로 나타낸다면 부모가 어떻게 나올지 알 수 없다. 너무 위험하다. 따라서 자아는 여러 가지 자아방어기제를 동원하여 적개심에 대한 적절한 방어를 시도한다. 하지만 그것도 실패하여 적개심을 여전히 그대로 드러내려 한다면 자아는 최후의 수단으로 심리적 증상을 형성한다. 왜냐하면 심리적 증상이 그 자체로 커다란 고통을 주기는 하지만 자신의 적개심이 그대로 표출되었을 때 겪게 될 고통보다는 차라리 낫기 때문이다.

4) 건전한 성격의 지도

학생들은 학교생활에서 성적, 교우관계, 이성 문제 등에서 여러 가지 어려움을 겪게 된다. 학생들은 이러한 어려운 상황에서 지식이나 경험 부족으로 성격적 결함을 나타낼 수 있다. 따라서 학생들이 건강한 성격의 발달을 도와주기 위한 성격 지도가 필요하다. 학교를 비롯하여 가정과 사회에서도 학생들을 위하여 사회성, 협동성, 책임감, 안정성, 관용성, 자신감 등이 조화되어 건전한 성격의 소유자로 성장할 수 있도록 도움을 주어야 한다.

셰퍼(Shaffer)는 건전한 성격의 지도에 관하여 다음과 같이 언급하고 있다(이경화 외, 2009).

① 의식주 등 일체의 기본적 습관의 규칙성을 길러야 한다.

② 적절한 지도와 건설적인 훈련을 해야 한다.

③ 지나치게 억압적인 훈련을 삼가야 한다.

④ 우유부단하고 갈등을 자아내는 지도는 바람직한 성격을 형성하지 못하게 한다.

⑤ 바람직한 적응을 위하여 강제적이며 지나치게 급하게 떠미는 식의 지도방법은 통합적인 성격형성에 지장을 가져온다.

⑥ 교사나 부모가 신경질적이면 아동도 역시 부적응행동의 소유자로 만들게 된다.

⑦ 가정과 학교의 분위기가 화목하지 못하고 조화를 이루지 못하면 분위기의 영향을 받아 바람직한 성격이 형성될 수 없다.

⑧ 가정이 파괴되고 불우하면 바람직한 성격이 형성될 수 없다.

⑨ 억제하고 금지하는 일이 중심이 되는 지도방법이나 생활의 장은 문제를 전체적으로 보거나 원만히 해결하지 못하게 된다.

⑩ 모든 행동에 있어 정서적으로 적응을 잘 하지 못하면 무슨 일을 건설적으로 하려는 의욕과 태도를 기를 수 없다.

3. 자아개념

1) 자아개념의 개념

자아개념(self-concept)은 윌리엄 제임스(James, 1980)가 그의 저서『심리학의 원리(The Principle of Psychology)』에서 처음으로 self 또는 ego의 이론에 체계를 시도하면서 개념화되기 시작하였다. 그 이후 자아개념(self-concept)은 개인의 성격을 말하는 데 널리 사용되며 학자들에 의해 다양하게 정의되었다.

어떤 학자들은 자신에 대한 개인의 지각을 자아개념으로 보기도 하고(Rosers, 1951; Shavelson & Bolus, 1982), 개인이 언제 어디서나 자신이라고 믿는 그 자체로 자아개념을 정의하기도 하였다(Combs & Snygg, 1959). 다양한 자아개념에 대한 정의의 공통적인 요소는 자아개념은 생득적인 구조를 가지고 있는 고정적인 것이 아니라 의미 있는 환경 속에서 자기 자신의 경험이 타인들의 기대와 관계 유형에 따라 결정된다는 점이다.

자아개념과 유사하게 사용하는 용어는 자아존중감(self esteem)과 자아정체성(self identity)이다. 자아개념이 인지적인 자기이해인 반면에, 자아존중감은 자신에 대한 정서적인 반응이나 평가를 말한다. 그리고 자아정체성은 현재의 삶 속에서 자신의 위치, 능력, 역할, 책임, 그리고 사람의 중심이 되는 가치와 목표에 대한 분명한 자기인식을 말한다. 자아개념은 자기 자신에 대한 총체적인 지각으로서 자신에 관련된 모든 자기지각을 의미하는 점에서 가장 포괄적인 개념이다.

2) 자아개념의 특성

자아개념은 자신을 좋게 평가하느냐 나쁘게 평가하느냐에 따라 각각 긍정적 자아개념과 부정적 자아개념으로 대별된다. 자아개념도 내용에 따라 신체적 자아개념, 사회적 자아개념, 학업적 자아개념 등 여러 측면으로 구분해 볼 수 있다. 자아개념은 자신이 한 행위에 대한 타인의 피드백 정보를 토대로 형성되며, 업무수행, 학업수행 등에 영향을 미친다(한국교육심리학회, 2000).

로저스(Rogers, 1951)는 초기 인생 경험이 자아발달의 기반이 되며 자아개념과 자아에 대한 평가는 특히 주변의 의미 있는 타인과의 상호작용을 통하여 형성된다고 하였고, 미드(Mead, 1934)는 사회적 통제의 상호작용 속에서 타인들과의 특별한 혹은 일반적 관계에서 역할 수행의 과정을 통하여 자아개념이 형성된다고 하였다. 백맨(Backman, 1974)은 자아개념의 발달은 타인들이 그를 어떻게 보는가에 대한 지각과 사회적 규범이나 타인들의 기대에 대하여 자기의 평가를 타인과 비교하는 과정에서 발달한다고 하였다. 우리나라의 심하진(1999)의 연구 결과에 따르면 자아개념은 발달 초기에는 부모와의 상호작용에서 형성되고 발달되며, 형성된 자아개념은 타인에 의한 평가의 경험이나 성공과 실패의 경험에 의해서 긍정적 혹은 부정적으로 변화하는데 연령이 증가할수록 자아개념은 더욱 견고해지고 강화되며 성년기를 통하여 안정된다고 한다.

송인섭(1989)은 자아개념의 본질에 대한 다양한 견해들을 종합하는 입장에서 다음과 같이 그 특성을 제시하고 있다.

첫째, 자아개념은 하나의 개념적 조직 내에서 내적 일관성이 있고, 위계적이며 조직적 개념의 하위개념이다.

둘째, 자아개념은 상이한 경험적 자아들, 즉 육체적, 정신적, 사회적 자아 등을 포함한다.

셋째, 자아개념은 경험과 함께 변하는 역동적 조직이다.

넷째, 자아개념은 중요 타인과의 상호작용으로부터의 경험으로 발생한다.

다섯째, 자아개념은 최소한 두 가지 기본 기능이 있다. 우선, 그것은 경험의 자료, 즉 행동반응의 예언적 연속으로 사회적 상호작용을 포함하는 경험을 조직한다. 다음으로, 자아개념은 불안정과 불안을 피하는 반면 욕구를 충족시키는 시도를 촉진한다.

여섯째, 자아개념은 조직의 유지기능을 가지고 있다. 자아개념 조직이 위협을 받을 때 개인은 불안을 경험한다. 그리고 그 위협에 대해 자신을 방어한다. 만약 그 방어가 실패하면 스트레스가 쌓이고 전체적 조직이 붕괴한다.

이상의 내용을 종합해 볼 때, 자아개념은 의미 있는 타인과의 상호작용 속에서 형성되는 것으로 교사는 학습자의 긍정적 자아개념을 기르기 위해 교사 스스로가 긍정적 자아개념을 갖는다는 것이 중요하다.

3) 자아개념의 구조

자아개념은 단일 차원으로 구성된 개념이라기보다는 다면적이고 위계적인 구조를 지니고 있다는 견해가 지배적이다. 이러한 자아개념의 위계적 구조모형의 대표적인 학자로는 샤벨슨(Shavelson), 마시(Marsh), 송인섭 등을 들 수 있다. 샤벨슨(1982)은 자아개념을 단일 차원으로 보는 입장을 비판하고 다면적이고 위계적인 관점에서 접근할 것을 주장하였다. 그는 일반적 자아개념을 제1차원에 두고 그 아래 제2차원에는 학문적 자아개념과 비학문적 자아개념으로 대별하고 있다. 그 다음 학문적 자아개념에는 다시 각 교과와 관련된 자아개념을 두고 있으며, 비학문적 개념에는 사회적, 정의적, 신체적 자아개념을 두고 있다. 마시(1987)는 일반적 자아개념 아래 비학문적 자아개념, 언어 학문적 자아개념, 그리고 수학 학문적 자아개념으로 구분하고 그 아래에 신체능력, 외모, 동료관계, 부모관계, 읽기, 학교, 그리고 수학 등 7개 요인들로 구성되어 있다고 주장하였다. 송인섭(1998)은 자아개념의 내적 구조를 3차원 위계모형으로 제시하였다. [그림 4-2]와 같이 일반적 자아개념 아래 학문적 자아개념, 중요타인 자아개념, 그리고 정의적 자아개념으로 구분하였다. 학문적 자아개념은 학급, 능력, 그리고 성취 자아개념으로, 중요타인 자아개념은 사회자아개념과 가

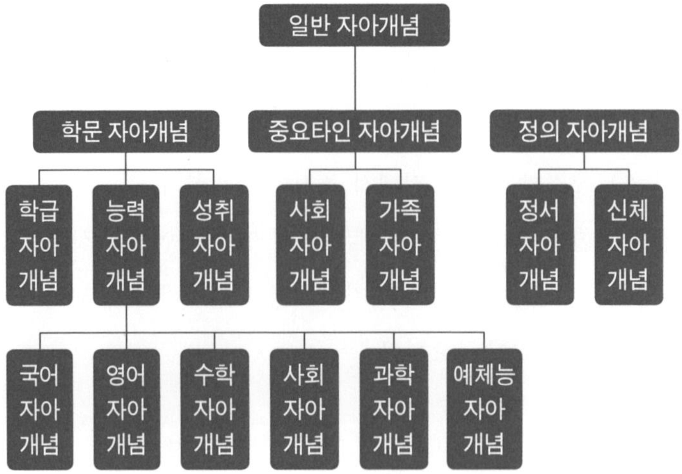

그림 4-2 자아개념의 내적 구조

족자아개념으로, 그리고 정의적 자아개념은 정서자아개념과 신체자아개념으로 각각 세분되어 7개 하위 요인으로 구성되어 있다.

4) 긍정적 자아개념의 지도

일반적 자아개념은 학업성취와의 관계는 낮은 상관이 있는 것으로 나타나고 있으며, 사회적 자아개념과 신체적 자아개념은 학업성취와 관련이 없는 것으로 간주되고 있다. 학문적 자아개념은 학생들의 학업성취와 높은 상관을 보이고 있기 때문에 학교에서 학생들의 학문적 자아개념에 대한 긍정적 자아개념을 형성하기 위한 교육적 지도는 중요한 과제이다. 특히 교사들은 그들의 자아개념이 학생들의 자아개념 형성에 영향을 주고, 또 그들의 교직의식 및 태도, 교수방법 등과 유의미한 상관을 보이고 있다는 사실은 여러 연구들을 통해 확인되고 있다. 콤스(Combs, 1965)는 유능한 교사들은 무능한 교사들보다 자아개념이 더 긍정적인 것으로 보고하고 있으며, 에드번과 랜드리(Edebeurn & Landry, 1974)는 자아수용적인 교사가 그렇지 않은 교사보다

그림 4-3 교사의 자아개념이 학생의 자아개념에 영향을 주는 과정

학생들의 긍정적인 자아개념을 더 유발시킨다는 연구결과를 제시하였다. 또한 번스(Burns, 1976)는 아동중심의 교수법을 선호하는 교사들은 교사중심의 지시적 교수법을 선호하는 사람들보다 훨씬 더 높은 긍정적 자아개념을 소유하고 있음을 지적하였다.

교사가 학생들의 개성을 존중하고 또 그들을 성공적으로 가르치기 위해서는 우선 자신과 자신에 대한 능력에 대한 긍정적인 자아개념을 갖는 일이 중요하다. 지금까지의 선행연구들을 개관해 보면 개인이 자신을 보는 방식과 타인을 보는 방식 사이에는 분명한 상관이 있으며, 그리고 자신을 수용할 줄 아는 사람은 타인에 대해서도 수용적이고(Trent, 1957), 또 개인에 대한 지각에 있어서도 보다 수용적인 것으로 보고되고 있다(Omwake, 1954).

즉, 교사의 긍정적 자아개념은 학생을 긍정적으로 지각하고 대우함으로써 학생은 긍정적 자아개념을 가지게 되며, 교사의 부정적 자아개념은 학생을 부정적으로 지각하고 대우함으로써 학생은 부정적 자아개념을 가지게 된다. 그리고 이러한 학생의 자아개념은 학업성취에 영향을 준다(Campbell & Bledsoe, 1967). 즉, 학생이 긍정적 자아개념을 지니면 지닐수록 높은 학업성취를 보인다. 이는 또 다른 연구(Shaw, Edson & Bell, 1960)에 의해서도 입증되었다. 이들은 성적이 우수한 집단과 부진한 집단이 자기 자신에 대해 어떤 지각을 하고 있는가를 비교해 본 결과 남녀 차이를 보이고 있으나(즉, 남학생의 경우 성적이 우수한 집단이 부진한 집단보다 긍정적인 자아개념을 지니고 있는 것으로 나타났으나 여학생의 경우는 의미 있는 차이가 나타나지 않음), 전체적으로 성적이 우수한 집단이 부진한 집단보다 긍정적 자아개념을 지니고 있는 것으로 나타났다.

결국 교사의 자아개념이 학생의 자아개념 형성에 영향을 주고, 학생의 자아개념은 그들의 학업성취에 영향을 주고 있음을 알 수 있다. 따라서 교사는 무엇보다도 자신의 자아개념을 긍정적으로 형성하기 위해 노력해야 할 것이다. 헨슨과 엘러(Henson & Eller, 1999)는 교실에서 교사들이 학생들의 자아개념을 긍정적으로 향상시키는 방법을 제시하고 있다(이경화 외, 2009).

① 학생들의 자아개념에 대한 경솔한 판단은 피하라.

② 학문적인 상황 내에서 학생들이 개인적인 의미를 찾을 수 있도록 도와야 한다.

③ 자아개념 활동은 특별한 시간일 때뿐 아니라 교실 내에서의 모든 시간 속에서 이루어져야 한다.

④ 학생들이 자신에 대해 합리적인 목표를 세우도록 도와야 한다.

⑤ 학생들이 스스로 칭찬하도록 가르쳐야 한다. 때때로 학생들에게 교사 자신이 스스로를 칭찬하는 모델이 될 수 있다.

⑥ 학생들에게 다른 사람들을 칭찬하도록 가르쳐야 한다.

⑦ 교사는 학생들에게 교사 자신이 중요한 사람이라는 것을 명심해야 한다.

⑧ 학생들의 성취에 대해 구체적이고 정확하게 칭찬하도록 한다.

⑨ 학생들 능력 안에서 다룰 수 있는 과제와 도전감을 제공함으로써 그 과제를 완수하는 데서 스스로 성취감을 갖도록 한다.

⑩ 학생들이 자기평가할 수 있는 기술을 발달시키고 그들 자신에 대해 현실적인 평가를 하도록 가르쳐야 한다.

무엇보다도 학교에서는 학생들의 만족도, 수업에 대한 흥미, 교사의 따듯한 보살핌, 그리고 교사의 적절한 피드백과 평가 등이 학생의 긍정적 자아개념 형성에 영향을 주고 있다는 실증적인 증거가 제시되고 있다. 따라서 교사들은 초등학교 저학년부터 학생들에게 적절한 피드백과 평가를 통해서 성공적인 학습경험을 많이 제공함으로써 긍정적 자아개념을 형성시킬 수 있도록 도와주어야 한다. 이러한 긍정적인 자아개념을 형성시키기 위한 다양한 전략을 통해 학생들이 학교생활과 학습에 보다 자신감을 가질 수 있도록 노력해야 한다.

제5장

특수 학습자의 특성

어느 초임 교사의 고민은?

초임 교사인 윤 교사는 대도시 지역의 초등학교에 첫 발령을 받고 한 달을 무사히 보냈다. 그는 교사로서 자신이 하는 일에 점차 익숙해져 가는 느낌을 받았다. 그러나 학급 내에 여러 아이들 문제가 마음에 걸리기도 하였다.

윤 교사가 열심히 수업 준비를 해서 가르치지만 몇몇 아이들은 내용을 전혀 이해하지 못하고 있어 답답한 심정을 토로하였다. 용식이는 정말 귀엽지만 천방지축 뛰어다니는 럭비공 같은 아이였다. 그 애를 자리에 앉게 하는 데 얼마나 힘이 들어가야 하는지 설명하기 어려울 지경이었다. 자리에 앉혀 놓으면 온 몸을 비틀고 조금만 주위를 끄는 것이 있으면 제일 먼저 와 있는 그런 아이였다. 그래서 용식이 어머니와 말씀을 나누어 보았는데 집에서도 비슷한 행동을 보이고 있다는 걸 확인하였다. 혹시 학습장애가 있는 것 아닌가 하는 의심을 하였다.

늘 혼자 조용히 앉아 있는 희정이는 수업내용을 전혀 이해하지 못하였다. 여러 가지 방법을 모두 시도해 보았지만 소용이 없었다. 희정이는 뒤돌아서면 모두 다 잊어버렸다. 진도를 따라오지 못하니까 아마 스스로 좌절하고 있는 상태로 보였다. 희정이는 주의를 집중하거나 스스로 과제를 해결하려는 기본적인 학습전략을 활용하지 못하는 수준이었다. 희정이에게 별도의 특별지도를 해야 할 여유가 없어서 윤 교사의 고민은 점차로 깊어지고 있다.

개요

교실에는 다양한 능력을 가진 학생들이 함께 생활하고 학습한다. 학습능력이라는 기준에서 살펴보면 대부분의 학생들은 정상적인 교육 과정과 수업방법을 통해 학습할 수 있다. 전체 학생들 가운데 5% 정도의 학생들은 능력이 높거나 낮은 경향을 보이고 있다. 이들 학생들을 특수한 학습자(special learner)라는 용어를 사용하기도 한다. 오늘날 거의 대부분의 교실에는 한두 명의 특수한 학습자들이 있다. 특수한 학습자들을 지도하는 것은 특히 초임교사들에게는 가장 힘든 일이며, 경력교사라 할지라도 특수교육에 대한 소양을 갖추고 있지 않다면 어려움을 겪기는 마찬가지일 것이다. 유능한 교사라면 평범한 학습자뿐 아니라 평범하지 않은 학습자들의 특성에 대해서도 충분히 이해하고 지도할 수 있어야 한다.

이전에는 장애아동들의 경우는 특수학교에만 다녔기 때문에 교사들이 지금처럼 장애아동에 대해 신경을 쓸 필요가 없었다. 그러나 최근 통합교육이 실행됨에 따라 거의 모든 교사는 특수한 교육적 요구를 가진 학생들에 대한 이해와 지도방법을 습득할 필요가 있다(전윤식 외 역, 2003).

이 장에서는 이러한 장애를 가진 학생들 중에서 학습장애, 학습부진, 행동(정서)장애, 영재아의 정의, 특징, 그리고 교육적 지도방안에 대해서 알아보기로 한다.

제5장

특수 학습자의 특성

1. 특수한 학습자란

특수한 학습자란 일반적으로 신체적 · 지적 · 사회적 · 정서적인 발달 중 하나 혹은 그 이상의 면에서 정상에서 현저하게 벗어난 아동을 말한다. 여기서 정상이라고 하는 것은 양적인 의미와 질적인 의미 모두를 포함하고 있다. 양적인 의미의 정상이란 평균치(IQ 100) 내지 그 부근에 있는 아동들을 가리킨다. 질적인 의미에서 정상이란 성질이나 기능면에서 장애나 결함이 없는 것을 말하며, 지체부자유아, 시력장애아 등은 이상의 범위에 들어간다고 할 수 있다. 일반적으로 평균보다 현저하게 높은 상위의 2~3%에 속하는 특수한 학습자들을 영재아(gifted children)라고 하며, 반대로 하위 2~3%에 속하는 학습자들을 특수아(special children)라고 한다.

천재아를 제외한 특수교육대상자의 출현율은 2001년 현재 학령기(6~17세) 인구 약 1,100만 명 중 5% 이하(2.44~10%)로 추정되며, 2000년 현재 특수학교(급) 및 일반학교의 특수교육대상자는 50,269명으로 약 10%만이 특수교육을 받고 있다. 이중 특수학교 재학생은 절반은 특수학교에 나머지 절반은 일반학교에서 교육을 받고 있는 것으로 알려져 있다. 물론, 일반학교에도 특수교육을 전공한 교사들이 장애아동들의

표 5-1 장애범주별 특수교육 요구아동 출현율 (6~11세) (단위: %)

장애범주	출현율	구성비율
시각장애	0.03	1.11
청각장애	0.06	2.21
정신지체	0.83	30.63
지체부자유	0.19	7.01
정서 · 행동장애	0.15	5.54
자폐성 발달장애	0.15	5.54
언어장애	0.05	2.94
중복장애	0.01	0.37
건강장애	0.07	2.58
소계	1.54	56.83
학습장애*	1.17	43.17
전체	2.71	100.00

* 학습장애는 초등학교 4학년 연령인 9세 아동만을 조사대상으로 한 결과임

출처: 국립특수교육원 (2001). 장애아동출현율조사연구.

지도를 돕고 있지만 통합교육의 흐름 속에서 학교 교사들이 특수아에 대한 기초적 지식을 넘어서 보다 전문적인 지식을 갖추어야 함을 시사한다. 다음은 2001년 국립특수교육원이 보고한 장애유형별 출현율이다.

〈표 5-1〉에서 보면, 전체 아동 중 2.71%가 장애범주에 속하며, 이들 중 30.63%가 정신지체를 보이는 것으로 나타났다. 이밖에 지체부자유자, 정서 · 행동장애, 자폐성 발달장애 등도 많이 출현하는 것으로 보고되고 있다. 이들에 대한 적절한 지도가 요망된다. 그러나 현실적으로 이들을 학교장면에서 지도하는 데는 많은 어려움이 있다.

특수아를 위한 교육은 그동안 많은 변화를 겪어왔다. 최근 들어 두드러진 관점의 변화 중 하나는 특수교육을 일반교육과 이원적으로 병행시켜 하나의 특수한 분야로 취급하던 미시적 차원에서, 교육 대상의 독특한 교육적 욕구에 따라 일반교육의 틀 안에서 교육을 받을 권리가 있는 독특한 개성을 가진 존재로 생각하여 그것을 하나의 '교육'이라는 커다란 틀 속에서 이해하는 거시적인 차원으로의 변화이다. 이러한

변화 속에서 특수교육은 일반교육과의 완전한 통합의 모습으로 새롭게 태어났다.

통합교육(Inclusion Education)이란 일반 학교의 특수아동에 대한 책임이며, 적절하다면 일반아동과 함께 교육하는 것을 의미한다. 여기서 책임이란 아동이 장애를 가지고 있지 않았을 때를 가정하여 취학할 수 있는 학교 및 교실에서 최대한으로 적절하게 교육시키겠다는 것을 의미한다(Rogers, 1993).

우리나라에서는 1960년대부터 일반학교에 특수학급 설치를 시작하여, 1970년대부터 특수학급의 수가 늘어나 통합교육이 활성화되어왔으나, 여전히 완전한 통합교육에는 많은 과제를 안고 있다. 우리나라의 통합교육과 관련된 「특수교육진흥법」 제2조(정의)를 통해서 특수교육과 통합교육을 명확히 이해할 수 있다.

특수교육진흥법 제2조

1항 '특수교육'이란 특수교육대상자의 특성에 적합한 교육 과정, 교육방법 및 교육매체 등을 통하여 교과교육, 치료교육 및 직업교육을 실시하는 것을 말한다.

4항 '특수학급'이라 함은 특수교육대상자에게 통합교육을 실시하기 위하여 고등학교 이하의 각급 학교에 설치된 학급으로서, 그들의 능력에 따라 전일제 · 시간제 · 특별지도 · 순회교육 등으로 운영되는 학급을 말한다.

6항 '통합교육'이라 함은 특수교육대상자의 정상적인 사회적응력의 발달을 위하여 일반학교(특수교육기관이 아닌 학교를 말한다)에서 특수교육대상자를 교육하거나 특수교육기관의 재학생을 일반학교의 교육 과정에 일시적으로 참여시켜 교육하는 것을 말한다.

다음은 통합교육을 위해 요구되는 세 가지 차원으로 물리적, 기능적, 그리고 정서적 차원의 통합이 있다. 이는 진정한 통합교육을 위해서는 이 세 가지 차원의 완벽한 조화가 이루어져야 함을 의미한다는 점을 시사한다. 통합의 세 가지 차원에 대한 설명은 다음과 같다.

① 물리적 통합 : 이는 장애아동을 특수학교에서 일반학교로 교육의 장소를 옮기는 것을 의미한다. 즉 장애아동의 교육의 효율성보다는 장면의 배치가 달라지

는 것만을 의미한다.

② 기능적 통합 : 이는 장애아동과 교사, 그리고 장애아동과 일반아동의 상호 이해와 교류를 의미하며, 사회성 발달이라는 차원에서 매우 바람직한 통합교육 환경으로 이해된다.

③ 정서적 통합 : 장애아동과 교사 또는 일반아동이 장애로 인한 정신적, 신체적 차이를 자연스럽게 받아들이는 환경을 의미한다. 장애아동은 자신의 장애로 인하여 교사나 일반아동으로부터 불안한 심리적, 정서적 상태에서 탈피하게 되고, 일반학교 교사나 일반 또래 아동은 장애아동의 장애 그 자체에 대한 관념을 가지지 않게 되는 것이다.

2. 학습장애아(children with learning disabilities)

1) 학습장애의 정의

학습이 자연스럽게 진행되지 않는 원인 중에는 심리적 장애나 환경박탈(environmental deprivation)에 따른 것은 없고 뇌의 구조적 · 기능적 장애에 따른 것이 있다. 그 대표적인 것이 학습장애(learning disabilities: LD)이다.

학습장애란 읽기나 쓰기, 셈하기 같은 특정 기능을 맡는 뇌의 일부 신경에 문제가 있어 정상적인 학습 성취도를 이루지 못하는 것을 일컫는 의학용어이다. 일반적으로 학습부진 또는 학습지체와 구분 없이 쓰는 경우가 많지만 의학적으로 이것들과 구분해 분명한 '장애'로 규정한다. 학습지체는 지능이 낮아 공부를 못하는 경우를 가리킨다. 지능지수(IQ)가 75~80인 아이들이 여기에 해당한다. 한편, 학습부진이란 지능지수는 정상이지만 가정불화나 빈곤 같은 사회환경적 요인, 강박이나 불안 같은 정서적 요인 때문에 학업성취도가 떨어지는 것을 말한다. 이 둘은 문제가 된 요인을 제거하거나 치료를 하면 곧 정상적인 학업성취도를 보이는 게 특징이다.

이에 반해 학습장애아란 정상 지능을 갖고 있고 사회환경적 · 정서적 문제가 없는데도 학업성취도가 낮은 아이들이다. 학습장애아들에게 가장 어려운 것은 읽기와 쓰기, 말하기, 셈하기다. 귀나 눈을 통해 정보를 받아들이고, 그것을 뇌에서 통합해 출력해내는 과정에 문제가 있다. 예를 들어 '39－732'라고 칠판에 적혀 있는 것을 그대로 받아쓰면서 '93－237'이라고 쓰거나 '3+47'을 '3+74'라고 받아쓰는 식이다. 시각적으로 'ㄱ'과 'ㄴ'을 혼동해 '가고파'를 '나고파' 또는 '나노파'로 읽으며, 청각적으로 '학자'를 '하자'로, '산림'을 '사람'으로 듣는다. 공간감각이 없어 글을 읽을 때 한 단어 또는 한 줄을 통째로 빼버리고 읽거나 뒤에서부터 읽기도 한다. 전체 학습장애아동 중 80~90%가 읽기에 어려움을 겪고, 이어 쓰기장애와 말하기 장애 순으로 많다. 셈하기에 어려움을 겪는 아이는 전체 학습장애아의 10%쯤으로 알려져 있다.

다른 모든 질환처럼 학습장애도 조기발견이 무엇보다 중요하다. 학습장애의 원인과 유형을 정확하게 진단해서 치료가능한 경우에는 빨리 치료하고, 그렇지 않은 경우에는 특수교육을 비롯해 적절한 대책을 세워야 한다.

2) 학습장애의 원인 및 진단

학습장애 원인은 뇌의 미세한 손상인 경우가 가장 많은 것으로 보고되고 있다. 임신 중 흡연이나 음주, 약물 남용 또는 태어나는 순간 탯줄이 목에 감기는 경미한 사고로 뇌 일부가 신경학적 검사로 발견할 수 없을 만큼 미세한 손상을 입었기 때문이라고 설명한다. 다른 아이들보다 뇌가 늦게 성숙하는 경우나 유전적 이유로 학습장애가 나타나는 경우도 있다.

빈곤이나 부모의 이혼 같은 정신적 충격이 원인이 될 수도 있다고 한다. 학습장애의 유형은 학자들마다 조금씩 다르게 분류한다. 병원을 찾은 학습장애아들을 크게 전형적 특수학습장애, 주의력결핍과 행동성 학습장애, 비학습장애 패턴의 3가지 유형으로 구분할 수 있다고 설명한다.

먼저, 특수학습장애란 눈이나 귀를 통해 투입된 정보가 뇌를 거쳐 출력돼 나오는 과정에 문제가 있는 것으로 전형적인, 가장 좁은 의미의 학습장애이다. 주의력결핍과 행동성 장애는 주의가 산만해서 조금도 정신을 집중하지 못하는 정신과 질환 때문에 학습장애를 빚는 경우다. 그러나 특수학습장애가 원인이 되어 2차적으로 주의력결핍 증상이 나타나는 경우도 많기 때문에 특수학습장애와 구분하는 것이 쉽지 않다. 비학습장애 패턴은 우울이나 강박, 불안 같은 정서적 문제나 가정불화 같은 환경 문제가 원인이 되어 학습장애 증상이 나타나는 것으로 전체 학습장애 아동의 1/3~1/4이 이에 해당한다. 이를 학습부진으로 분류하는 경우도 있다.

비학습장애 패턴은 적절한 심리치료로 얼마든지 치료할 수 있으며, 주의력 결핍과 행동성 학습장애도 약물치료와 심리치료로 효과를 보는 수가 있다며 빨리 발견해 적절한 치료 대책을 세워야 영구적 학습장애를 예방할 수 있다. 그러나 특수 학습장애 아동은 별다른 치료법이 없기 때문에 학습장애에 따르는 좌절이나 불안 · 공포, 우울증 예방대책을 서둘러야 한다. 특수 학습장애로 진단된 경우에도 증상 정도에 따라 대책을 달리해야 한다.

증상이 심한 아이를 정상아동들 틈에 섞어 놓아도 안 되지만, 증상이 경미한 아이들을 정상아동들과 격리시켜도 문제가 있다. 모차르트나 아인슈타인, 록펠러 같은 사람들도 학습장애아였던 것으로 알려져 있으며, 증상이 경미한 경우엔 정서적으로 위축되지 않게 잘 감싸 주면서 숨겨진 다른 재능을 발견하고 키워 주는 세심한 배려가 필요하다.

전 세계 공통으로 학령기 아동 중 5~10%가 정도차는 있지만 학습장애를 갖고 있다. 학습장애의 근본 원인을 치료하지 않고, 무리하게 과외를 시켜도 그 효과는 밑 빠진 독에 물 붓기 식일 뿐이다. 학습장애아들은 단순히 공부를 못하는 데 그치지 않는다. 열등감과 소외에 빠져 교우관계와 사회성 발달에 어려움을 겪는 '생활 전반 장애'로 발달할 수 있다. 그래서 더욱 폭넓은 진단과 치료가 필요하다. 그러려면 범국가적, 사회적 차원의 관심이 절실하다.

학교 성적과 학력을 무엇보다 우선시하는 한국사회에서 학습장애나 학습부진아들은 갖가지 고통을 겪는다. 우선 두통과 복통, 소화불량, 설사 같은 신체증상이다. 병원에 가서 진찰을 받아도 특별한 병이 없다는 이야기를 듣게 된다. 우울증과 불안증, 강박증 같은 정서장애를 갖게 될 확률도 높다. 이들은 성적이 나빠 부모에게 야단맞지 않을까 두려워한다. 더 나아가 부모에게 사랑받지 못하고 버림을 당하지 않을까 두려워하다 불안장애로 이어진다. 실제로 부모들도 공부 못하는 자녀를 무시하고 내 자식이 아니라는 태도까지 보인다. 이 같은 태도가 거듭될수록 아이들은 우울증에 빠지기 쉽다. 우울증에 빠지면 의욕이 없고 표정이 밝지 못하다. 학습동기가 더욱 떨어져 공부를 더 못하게 되는 악순환이 이어진다. 일부 어린이들은 틱장애를 일으킨다. 틱장애란 의미 없는 발작적 근육 움직임을 말한다. 눈을 깜빡거리거나 안면근육을 씰룩이고, 코나 입모양을 괴상하게 움직인다. 마지막으로는 행동적인 문제다. 공부를 못하는 아이들은 또래로부터 따돌림을 받거나 스스로 또래와 어울리는 것을 피한다. 따라서 사회성이 떨어지고 외톨이로 지낸다. 기껏 불량청소년이나 비행청소년과 어울려 비행아동으로 발전할 수 있다. 부모에 대한 불만과 분노도 쌓여 매우 반항적이 되며, 부모와의 관계가 악화된다.

이처럼 학습부진이나 장애를 보이는 아동은 다양한 신체적 · 정서적 · 행동적 문제와 증상을 드러내지만 전혀 문제를 일으키지 않는 학습장애아도 있다. 어떤 아이는 문제를 일으키고 어떤 아이는 문제를 일으키지 않을까? 이를 결정하는 인자는 아동과 부모 관계다. 부모는 자식이 공부를 좀 못하더라도 학교 성적에만 얽매이지 않고, 성적 외 다른 면을 강조하면서 칭찬과 정서적 지지를 아끼지 않아야 한다. 그러면 아이는 학교 성적 부진이나 장애에도 불구하고 정서적 · 행동적 문제를 일으키지 않을 가능성이 높다. 그러나 학업성적만으로 학생을 평가하거나 인간적 가치를 매기는 우리 사회 풍토가 사라지지 않는 한 학습장애아가 신체적 · 정서적 · 행동적 문제와 증상에서 벗어나기란 쉽지 않다.

3) 학습장애아의 지도방법

교실에서 교사들이 학습장애아들을 가르칠 때 다음 몇 가지를 염두에 두어야 한다 (Hallanhan & Kauffman, 1988, 신명희 외 1998에서 재인용).

첫째, 합리적인 목표를 세운다. 어떤 학생들의 경우 IQ가 비교적 높기 때문에 그들이 실제로 할 수 있는 것보다 교사들이 더 많은 기대를 가질 수 있다. 학습장애아들은 실패를 참기 어려워하는 경우가 자주 있기 때문에 그들에게 성공의 경험을 가질 수 있도록 기회를 자주 만들어 주는 것이 좋다.

둘째, 학습장애아들은 분명하게 가르쳐야 하며 지시가 이해되지 않았을 수도 있음을 생각해야 한다. 학습장애아들의 경우 이해한 것처럼 보일지라도 실은 혼동하거나 모르는 경우가 자주 있다.

셋째, 매우 산만하고 과활동적인 아동의 경우 자리배치에 신경을 써야 하며 과제에 집중할 수 있도록 하는 것이 좋다.

넷째, 학습장애 학생들의 감정의 분출에 대비하고 적절한 교실행동에 대해 지침을 세워 그것을 따르도록 한다.

3. 학습지진아(slow learner)

1) 학습지진아의 정의와 식별

학습지진아(slow learner)란 낮은 지적능력으로 인하여 일반 아동과 같은 학습의 보조나 성취를 기대할 수 없는 어린이로서 특수교육이 요구되는 이른바 정신지체아 혹은 정신박약아 집단에서 적용될 수 있는 용어이다. 그러나 학습부진아는 지능수준으로 보아 평균수준 혹은 그 이상의 우수한 능력을 갖고 있으면서도 기대되는 성취가 이루어지지 않는 학습자에게 해당되는 것이다.

학습지진아란 성적이 나쁘고 지능발달이 늦은 아동이나 학습의 지체가 눈에 띌 정도의 아동을 말한다. 개념규정은 확실치 않으나 '학습이 잘 안 되는 어린이', '학습을 따라가지 못하는 아이', '학습하고자 하는 마음이 없는 어린이' 등으로 표현하고 있다.

모든 아동이 형식적인 학교교육을 받게 됨에 따라 발생된 하나의 중요한 문제는 일부 아동들이 학교의 교육목표가 요구하는 학업을 제대로 성취하지 못한다는 것이다. 학교교육에서 목표로 하는 성취수준을 모두 완벽하게 달성할 수는 없는 것이지만, 각급의 교육에서 요구하는 최소한의 학습은 성취해야만 교육의 의의를 찾을 수 있다.

이와 같이 제대로 학업을 성취하지 못하는 원인이나 배경은 여러 가지가 있을 수 있으나, 그 중 대표적인 것은 기본적인 지적능력의 결함에 의한 것이다. 이들 기본적인 지적능력이 결핍된 아동이나 청소년들은 학습속도가 느리거나, 일정한 수준 이상의 지적능력을 요구하는 학습에서는 좌절하고 만다. 학습지진아(slow learner)란 바로 이러한 아동에 해당되는 용어로서, 학교교육에서 특별한 지도와 배려를 하지 않으면 안 되는 경우를 지칭한다.

학습지진현상은 학교 교육을 이수해 가는 과정에서 자연스럽게 노출되고 나타나지만, 학업성취의 정도만을 가지고 본다면 다른 요인에 의해서도 학업성취가 아주 낮을 수 있기 때문에, 지적능력의 결핍에 의한 경우만을 별도로 판별할 필요가 있다. 지적능력이 결핍된 아동들은 지능에 관련된 과제의 해결에서만이 아니라, 일부 다른 성격특징이나 행동에서도 차이를 보인다. 그러나 주된 요인이 지적 결함이기 때문에 지능을 측정하여 학습지진아를 판별하는 것이 통상적인 방법이다(김광웅, 1988).

그러나 지능검사에 의해 학습지진아를 판별한다는 것은 조심스러운 일이기 때문에 검사 자체의 결과뿐만 아니라, 학습상황에서 관찰된 학습행동이나 일상생활에서의 적응행동 등이 함께 고려되어야 한다(김광웅, 1988). 지능검사도 한 가지 검사의 결과만이 아니라, 권위 있는 지능검사를 두 가지 이상 적용하여 그 결과를 종합적으로 해석해야 할 것이다. 지능검사 결과의 해석에서 학습지진이나 정신지체라고 판정하려면 전문가의 해석과 판단에 의거해야 한다. 또한 한 번의 검사로 판단하기 어려운 경우가 많기 때문에 장기간에 걸친 관찰이 뒤따라야 한다.

대체로 지능검사로 측정된 IQ 70 미만인 경우를 학습지진이나 경도 정신지체로 분류하는 관례가 있으나, IQ 70 미만이라는 것은 하나의 규준적 자료에 근거한 것이지 모든 경우를 이 수치 하나만으로 판정해서는 안 된다. IQ라는 것은 절대값이 아니라 그 집단 안에서의 상대적 위치를 나타내는 것이기 때문에, 지능검사와 지능지수에 때한 이론적 이해와 임상적 경험에 의해서 그리고 관련된 다른 자료와 종합하여 IQ라는 수치가 나타내는 의미를 해석해야 한다. 신중하고 근거가 명확한 진단을 하지 않을 경우, 발달 과정에 있는 아동에게 학습지진아나 정신지체아라는 오명(stigma)이 붙게 되면, 그의 일생에 심각한 영향을 미칠 수 있기 때문이다. 특히 이러한 명명하기(labeling)의 문제는 유아나 나이가 어린 학동기 아동에게 더욱 심각할 수도 있다. 아동은 전혀 의식하지도, 알지도 못하는 사이에 '딱지'가 붙게 되고 주위의 사람들도 그러한 아이로 대하게 되어, 단순한 임시적인 발달적 지체를 영구적인 결함으로 만들어 버리는 결과가 될 수도 있다.

2) 학습지진의 요인

학습지진의 요인으로는 지능의 정도 등의 소질적 요인, 흥미 · 의욕 · 습관 · 성격이라는 인격적 요인, 학교 · 가정 · 지역사회 등의 환경적 요인, 시력 · 청력 · 질병 등의 신체적 요인이 있다(정종식, 1992: 33-37). 이들의 여러 가지 요인은 별개로 존재하는 것이 아니고 상호 관계하면서 학습지진의 요인을 형성하고 있다.

(1) 소질적 요인

지능은 학습할 수 있는 능력이라고 정의한다. 수나 언어 등으로 대표되는 상징의 이해와 그것을 사용하는 사고는 본래 보다 새로운 환경이나 과제 상황에 적응하는 조건으로 학습할 수 있는 능력이라는 지능에 의존한다고 해도 좋을 것이다.

어느 정도 학습이 가능한가, 새로운 학습을 잘 해내는 조건은 정비되어 있는가, 어린이들에게 알맞은 학습내용은 어떤 것인가, 교육활동을 하는 데 있어서는 항상 어린이의 지능수준과 지능의 구조를 올바로 파악하는 일이 필요하다. 지능이 부족하거나 현저하게 불균형한 경우가 여기에 속한다.

(2) 인격적 요인

학습은 지적능력만이 관계되는 것이 아니고 과제에 대해 정면으로 대하려는 의욕과 정서적 안정성, 새로운 욕구불만을 견디어 내는 힘이나 타인과 협력하는 사회적 능력 등 비지적요인의 기능도 관계되고 있다. 인격적 요인이 원인이 되어 학습지진이 더욱 심화되는 경우가 있으며 학습의 지진의 결과 여러 가지의 인격적 문제가 발생할 수도 있다.

인격적 요인은 지능 이상으로 학습지진과 관계가 깊다. 학습부진아는 매사에 의욕이 없고 흥미도 없으며 곤란에 부딪치면 곧 팽개치고 어떤 일에 대인적 긴장감이 높으며 갑작스레 감정적이 되기 쉬우며 언제나 안정성을 찾아보기 어렵다. 또한 열등감이 강하고 주위의 평가를 두려워하며, 흥미가 다양하여 어느 한 가지 일에 집중하지 못한다. 이러한 여러 가지 특징들은 모두 특정의 과제 해결에서 자신에 대한 통제력의 부족으로 인해 나타나는 것이며 이것이 학습의 방해 요인으로 작용하게 된다.

(3) 환경적 요인

소음, 원거리의 통학 등 물리적인 환경 요인의 영향도 무시할 수 없으나 학습지진과 직결되는 환경 요인은 가정환경과 학교환경이다.

① 가정환경

부모의 교육에 대한 관심이 부족하면 학습을 촉진시키는 데 큰 영향을 미친다. 무관심과 방임 상태의 가정환경에서 자란 어린이는 적절한 학습 습관이 형성되지 않으며 기존 학력의 지체라든가 학습흥미의 결여라고 할 수 있는 학습지진의 조건이 만들어지기 쉽다. 이와는 반대로 기대 과잉의 환경에서는 어린이에게 높은 긴장이나 불안 등의 생활을 야기시킴으로써 마음의 안정과 집중력을 방해함으로써 학습의 방해가 되기도 한다. 또한 TV나 Radio의 자극에 대해 어느 정도 잘 요령 있게 시청하느냐는 그 가정의 문화적 · 교육적 분위기에 따라 결정되는 것이다. 경제적 빈곤이나 가정의 불화 등도 상상 이상으로 학습지진과 깊은 관계가 있다.

② 학교환경

교육목표나 방침이 어린이의 심신의 발달에 따라 설정되지 않았다든지, 합리성이 부족한 지도방법이 행해지고 있다든지 하여 학습지진이 현저해지는 경우가 있다. 특히, 동료들과 잘 어울리지 않고 고립되어 있는 어린이는 대인관계의 불안에 따라 학습활동에 대한 집중력이 방해를 받아 협력이나 공동체험을 얻지 못하고 학교에 대해 적응도 못하여 더욱 학습지진아가 되기 쉽다.

(4) 신체적 요인

감각기관의 결함, 지체부자유, 허약, 언어 장애 등이 여기에 속한다. 근시, 약시, 난청 등의 감각장애는 지능 자체에는 관계가 없어도 학습에 관련된 정보를 입수하는 데 지장을 주는 일이 적지 않다. 병약이나 영양불량, 코나 편도선의 이상 등도 주의력의 산만이나 지속력의 저하로 연결되기 쉽다.

3) 학습지진아의 행동특징

뇌손상(brain damage) 등과 같은 신체적 이상(organic defect)에 의한 경우를 제외하면, 대부분의 학습지진아들은 정상의 평균 아동이나 높은 지적능력을 가진 아동들과 동일한 발달 유형을 갖고 있다. 다만 가족적 또는 환경적 결핍(familial-environmental defect)으로 인하여 발달의 속도가 늦고 발달 수준이 낮을 뿐이다. 따라서 학습지진아들은 정상아들이 어릴 적에 보이던 것과 유사한 특징을 보이는 경향이 있다. 이제까지 밝혀진 학습지진아들의 특징을 정리해 보면 다음과 같다(김광웅, 1988).

첫째, 학습지진아들은 대체로 일상생활의 여러 장면에서 좌절감을 많이 느낀다. 즉 좌절에 대한 내성(tolerance)이 낮다. 마찬가지로 성공에 대한 기대감이 낮고, 반면 실패에 대한 기대감이 높은 경향을 보인다.

둘째, 학습지진아들은 자신감이 결여되어 있고 낮은 자아존중감(self-esteem)을 갖고 있다. 즉, 학습지진아들은 다른 또래들이 쉽게 해내는 과제를 자기는 잘 해내지 못하고 곤란을 경험하기 때문에, 그들은 자신의 능력에 대해 의심을 갖게 되고, 결국 자신감이 결여되어 낮은 자아존중감이 형성된다.

셋째, 학습지진아들은 개념(concept)에 대한 이해가 지나치게 단순하고 한 가지 사실이나 원리를 다른 사태에 적용하는 일반화의 능력이 낮다.

넷째, 학습지진아들은 주의집중 시간과 기억하는 기간이 짧다. 또한 학습상황에서는 한 가지 측면에만 몰두하고 다른 측면의 것들은 제대로 지각하지 못하거나, 지각하더라도 고려하지 않는다.

다섯째, 학습지진아들은 언어발달에서 지체를 나타낸다. 언어의 발달은 대개 2세경부터 놀라울 정도로 급속하게 이루어지는데 학습지진아들은 4~5세가 되어도 언어의 습득이나 활용에서 두드러진 발달을 보이지 않는다. 유아기 때에는 주로 언어발달의 양상이나 지각운동능력으로 학습지진의 가능성을 가늠해 볼 수 있고, 6세 이후가 되면, 언어능력이나 분류능력 등 여러 측면의 인지발달수준을 평가하여 학습지진의 가능성을 추측해 볼 수 있다.

4) 학습지진아의 지도방법

학습지진아의 발달이나 학습을 도와주는 방법에는 여러 가지가 있으나 대개 다음과 같은 원칙과 입장에서 도와주는 것이 큰 효과가 있다(김광웅, 1988).

① 우선적으로 중요한 원칙은 학습지진의 가능성을 될수록 조기에 발견해내는 일이다. 학습지진이나 발달적 지체는 연령의 증가에 따라 누적되기 때문에 조기발견이라는 원칙과 조기교육이라는 원칙은 학습지진아를 도와주는 일차적인 문제가 된다. 초민학교 입학 전 유아기에 그 가능성을 발견하면 그만큼 그 아동을 도와줄 수 있는 방법도 많고 효과도 크게 기대할 수 있다.

② 학습지진아들에게는 가능한 한 좌절을 경험할 것 같은 상황으로부터 피하게 해주어야 한다. 부모나 교사의 이러한 노력에도 불구하고 학습지진아들이 스스로 이겨낼 수 있는 한계를 벗어나는 좌절을 경험할 수밖에 없는 경우에는 그

들을 격려해 주고, 쉬운 과제나 다른 신체적 활동에 참여하도록 학습상황을 변화시켜 주어야 한다. 학습지진아들은 능력 있는 다른 아동들과 달리 쉽게 좌절을 느끼기 때문에 학급에서는 이러한 좌절의 경험을 최소화시키도록 도와주어야 하기 때문이다. 가장 좋은 방법의 하나는 학습지진아들에게 별도의 학습과제를 주어서 그들이 다른 아동들과 비교되지 않으면서 자기에게 주어진 과제를 수행하도록 도와주는 것이다.

③ 학습지진아들의 자아존중감을 고양시키는 데 부모나 교사는 최선을 다할 필요가 있다. 어른이든 아동이든 자기의 생활과 행위 속에서 보람과 자기만족을 통한 자기존중감을 얻어야만 행복을 느끼고 열심히 살아갈 수 있다. 학습지진아일수록 이러한 요구는 더 강하다.

학습지진아들은 여러 가지 과제를 수행하는 데 다른 또래들 보다 능력이 부족하다는 인식 때문에 자기 자신의 인간적 가치를 낮게 평가하는 경향이 있기 때문이다. 그래서 이런 아동들에게는 더욱 교사가 긍정적 감정을 갖고 있다는 점을 자주 그리고 명확히 표현해 줄 필요가 있다. 부모나 교사가 그렇게 지각해 주고 대우해 주면 아동도 자기 자신에 대해 긍정적 감정과 태도를 갖게 되는 것이다. 또한 그보다 더욱 중요한 것은 학습지진아들 스스로 주어진 학습과제를 해결하도록 도와주어 스스로 자기 자신을 존중하는 마음을 조성하게끔 하는 일일 것이다.

④ 학습지진아들에게는 그들의 능력에 적당하고 친숙한 단순학습과제를 많이 제공해 줄 필요가 있다. 학습지진아들은 개념을 지나치게 단순화시켜 이해하는 특성을 갖고 있어서 복잡한 문제는 제대로 소화를 하지 못하고 좌절해 버리기 때문이다. 따라서 그들이 이미 습득하여 친숙하고 성취가능성이 높은 단순한 과제로부터 단계적으로 차츰차츰 어려운 과제에 접하도록 하는 것이 효과적이다.

⑤ 학습지진아들에게는 될수록 짧은 시간 내에 완수할 수 있는 과제를 줄 필요

가 있다. 그들은 주의집중 시간이 짧기 때문에 오랫동안 집중해야 하는 종합적 사고(integrative thinking)를 요구하는 과제는 감당하지 못하고 좌절한다. 또한 학습지진아들은 만족의 지연(delay of gratification)에 잘 적응하지 못하기 때문에 시간을 오래 끌거나 즉각 보상이 주어지지 않는 경우 곧 싫증을 내게 된다. 그래서 학습지진아들에게는 가능한 한 즉시 피드백(feed-back)과 강화자극(reinforcement)이 주어지는 과제를 주는 것이 좋다. 먼 미래의 목표를 제시하면서 학습동기를 유발시키려는 노력은 성과를 거두지 못할 가능성이 크다.

⑥ 학습지진아에게는 일단 학습한 과제라도 계속 반복시켜줄 필요가 있다. 그러나 학습방법이나 내용을 조정하여 계속해서 흥미를 갖고 즐길 수 있도록 도와주지 않으면 안 된다. 학습지진아들은 기억기간이 짧고 오래전에 학습한 것을 재생해 내는 데 장애를 받기 때문이다. 이러한 학습지진아의 특징은 앞서 말한 대로 개념을 지나치게 단순화시켜 이해한다든지 일반화 능력에 한계가 있다는 것과 관련된 것이다. 지적으로 우수한 아동들은 자기가 학습한 내용들의 관계를 스스로 잘 이해하고 구조화시킬 수 있기 때문에 기억의 기간도 길고 재생도 잘 되며 쉽게 일반화시킬 수 있다. 그러나 학습지진아들은 기억이 단편적으로 이루어질 뿐 구조화되지 않는다. 따라서 계속 반복해서 학습하지 않으면 기억되지 않는다. 예를 들면, 어떤 학습지진아에게 10개의 낱말을 5일간에 가르친다고 할 때, 그 낱말을 하루에 두 개씩 나누어 학습시킬 것이 아니라, 하루에 3~4개씩 학습시켜 같은 낱말의 학습이 반복되도록 계획하는 것이다. 다만, 동일한 낱말을 반복 학습함으로써 생기는 지루함을 없애기 위해, 게임의 방법 등 학습방법을 바꾼다든지, 학습자료를 새로이 마련하는 등의 보완적 조치가 필요하다.

⑦ 학습지진아에게는 프로그램 학습이 효과적일 수 있다. 프로그램 학습자료는 학습 과정이 아주 작은 단계로 세분되어 있고, 각 단계마다 즉각적인 피드백이 제공되기 때문에 학습지진아의 특성에 잘 맞는다고 할 수 있다. 우수아들에게

는 프로그램 학습이 오히려 매력적이지 못하지만 학습지진아들에게는 큰 매력을 가질 수 있다. 자신감이 없고, 한 번에 한 가지만을 생각하고, 일반화시키지 못하고, 주의집중과 기억기간이 짧은 학습지진아의 특성에 프로그램 학습은 적절한 방법과 자료가 될 수 있다.

⑧ 학습지진아의 교육에서는 과제 수행의 진척 상황을 면밀히 분석하고 기록해 두는 것이 중요하다. 학습지진아들은 실패기대가 높고, 쉽게 좌절하기 때문에 그들에게 그들 자신의 성취를 가시적으로 명확하게 보여주는 것이 대단히 중요하다. 프로그램 학습자료처럼 문제 하나를 풀 때마다 책자의 빈칸이 메꾸어지고, 답을 잘 맞추었다고 격려가 오고, 다음으로 넘어가라는 지시가 있는 경우에는 이상의 문제가 자연스럽게 해결되기도 한다. 이러한 방식의 접근과 처리는 모든 학습지진아의 학습에 중요한 의미를 갖는다. 예를 들면, 학습지진아의 학습 과정을 면밀히 관찰하고, 이 자료를 개인별 차트로 작성하여, 성공적으로 수행하면 스티커를 붙여 주거나 색칠을 해주어 가시적인 강화자극(tangible reinforcement)을 받도록 하는 것이다.

또한 완전학습(mastery learning)방법을 적용하는 것도 필요하다. 세분된 목표를 설정하고 그에 맞는 작은 과제를 주고 성취도를 평가하고 보충학습을 시키고, 다시 성취의 정도를 평가하는 방식이 학습지진아의 학습에 큰 도움이 될 것이다. 각 단계의 평가시마다 성공적으로 과제를 수행하면 점수를 부여하고 단원별로 총점을 계산하여 명확한 강화체계(reinforcement system)를 만들고, 이러한 일련의 과정을 일목요연하게 학습지진아들에게 보여줄 수 있는 기록 차트를 만든다면 보다 높은 학업성취를 이룩하는 데 도움이 될 것이다.

4. 학습부진아(underachiever)

학습부진아(underachiever)는 지능이 낮은 지진아와는 근본적으로 다르다. 지적능력에 비하여 학업성적이 떨어지는 학생을 말한다. 정상적인 지능을 갖고 있으면서도 학교수업을 제대로 소화하지 못하는 학생들이다. 학습부진의 발생원인은 여러 가지 요인이 있겠지만 현재까지 밝혀진 주요 요인은 가정의 불화, 교사나 급우와의 불화, 기초지식의 부족, 학습방법의 비효율성 및 학습의욕 결핍 등으로 밝혀지고 있다.

학습현장에서 흔히 발생하는 장애아의 한 유형으로 관심을 갖게 하는 집단이 학습부진아(learning disable) 또는 학업부진아로 불리는 집단이다. 학습부진아에 대신하여 사용되고 있는 용어만도 30개 이상인 것으로 밝혀지고 있어 학습부진아에 대한 정의가 어렵다. 학습부진아, 학업부진아, 학습지체아 등 다양하게 사용되고 있다.

학습부진은 기본적인 학습요건이 충족되지 않았을 때 일어나며 이것이 지속될 경우 성격 왜곡, 자신감 상실 등 생활장애로 발전한다. 기본적인 학습요건은 IQ 80 이상의 보통능력, 신체적 · 정신적 건강, 좋은 교육환경과 훌륭한 교사, 충분한 학업성취동기, 어렸을 때부터 길러진 학습습관과 배움의 즐거움 등이다. 특히 어려서 부모가 공부를 강요하거나 일일이 대신해 주는 경우 아이들은 성취동기를 상실하고 인내심이 약해져 점점 학년이 올라갈수록 학습에 곤란을 겪는 경우가 많다(홍강의, 1992).

학업부진아 200여 명의 원인을 분석한 결과(김승태, 1997) 이들의 33%가 정서장애인 우울증인 것으로 드러났으며 행동장애인 주의력결핍 과잉운동장애도 31%나 되는 것으로 밝혀졌다. 따라서 정상 이상의 지능지수를 가졌음에도 불구하고 성적이 부진하면 우선 우울증을 가지고 있지 않은지 살펴봐야 한다. 어린이의 우울증은 어른과 달리 숨어 있는 경우가 많아 쉽게 발견하기 어렵다. 의욕상실, 식욕부진, 체중감소, 수면장애 등 전형적 우울증 증상 대신 어린이에게는 공격적 행동이나 비행, 친구관계 악화 등의 형태로 나타난다. 또 우울증이 만성화하면 풀죽고 매사에 자신감을 잃으며 학업성적이 현저히 떨어진다.

학습부진아의 지도 문제는 학교라는 형식적 교육형태가 생기면서 안고 온 하나의 교육적 과제이다. 학습자들의 능력 수준면에서 볼 때 개인차는 있기 마련이며 이에 따라서 학습부진아의 발생도 불가피하다.

학습부진아의 지도 문제가 필요한 것은 첫째, 학습부진아의 수가 비교적 많기 때문이다. 이들을 특별지도하지 않고 방치하여 둘 경우 이들의 높은 학업능력이 무용지물이 됨은 물론이고, 개인의 성장발달이라는 교육의 기본 목적에도 위배된다.

둘째, 학습부진아를 그대로 방치할 경우 이들의 일부는 사회적 반항아(anti-achiever)가 되기 쉽다.

공부 못하는 아이의 성적을 올리는 방법은 없을까. 공부를 못한다는 것은 주어진 학습과제를 해내는 학습능력이 떨어지는 것을 말한다. 학습능력이 떨어지는 원인을 정신지체(지능지수 75~80 이하)로 인한 학습지체, 지능지수는 정상이나 우울 · 불안 · 강박 등의 정서문제나 사회환경적인 스트레스로 인한 학습부진, 지능지수도 정상이고 정서문제도 없지만 뇌의 특정영역에 문제가 있는 특수학습장애와 주의력결핍 과잉운동장애 등 크게 세 가지로 분류한다. 따라서 '공부 못하는 원인을 찾아 원인에 따른 적절한 대책을 세워야 한다'고 강조한다(김승태, 1996).

5. 행동(정서)장애아

행동장애는 정서적 혼란과 같은 의미로 사용하고 있는데, 행동장애란 사회적, 갈등, 개인적 불만, 학교성적 부진 등을 지속적으로 나타내는 것을 말한다. 정서장애나 행동장애가 있는 학생들을 정규수업에서 가르치기란 여간 어려운 것이 아니다. 어떤 행동이 아동의 성숙과 발달 혹은 타인의 생활에 심각하게 방해가 될 정도로 그 아동 또래의 적절한 행동으로부터 많이 이탈할 때, 그 행동은 문제가 된다(김아영 외 역, 1997).

행동장애 학생 역시 정상적인 학생들과 함께 통합교육이 가능하며, 특히 교사들은 이들에 대한 이해, 솔직한 의사소통, 일관성 있고 즉각적인 칭찬과 보상 그리고 학생에 대한 현실적 기대와 유지해야 할 행동 범주의 설정 등을 통하여 지도할 필요가 있다. 또한 학생과 교사 사이의 신뢰로운 관계를 형성하여 바람직하지 않은 행동이 표출되는 것을 최소화해야 한다(임규혁, 1996).

1) 행동장애의 유형 및 진단

행동장애의 유형은 학자에 따라 다양하다. 하나는 품행장애로써 공격적이고 파괴적이며, 불복종적이고, 비협동적이며, 산만하고, 분열적이며, 완고한 행동을 보인다. 또한 불안 · 위축장애는 극도로 불안해하고, 소심하며, 수줍어하고, 침체되어 있고, 잘 울며, 자신 없어 하는 행동이 특징이다. 다음으로 주의집중관련장애는 집중 가능한 시간이 매우 짧고, 잦은 공상을 하며, 독창력이 거의 없고, 산만하며, 협동심이 매우 부족한 특징을 갖는다. 네 번째로 운동과잉장애이다. 이런 장애를 지닌 아동은 안정되지 못하고 긴장되어 있으며, 조용히 앉아 있거나 말을 멈추는 것이 불가능해 보인다. 다섯 번째는 사회화된 공격성으로, 폭력적인 아동들로써 도둑질을 하기도 하고 고의적으로 공공시설들을 파괴하는데 주로 폭력집단에 속해 있는 경우가 많다. 마지막으로 정신질환적 행동장애이다. 그리 흔치 않은 장애로써 행동이 기괴하고, 매우 당치 않은 억지의 생각들을 표현하기도 한다. 이 가운데 과잉행동 및 주의집중장애(ADHD)에 대해 좀 더 구체적으로 알아보기로 한다.

오늘날 대부분의 심리학자들은 과다행동아의 주요한 문제가 단지 그들의 불안함과 신체활동을 통제하는 문제가 아니라 주의를 기울이고 유지시키는 문제라는 데 동의한다. 미국정신과협회는 이 문제를 지닌 아동을 분류하기 위해 '주의력결핍 과잉행동장애(attention deficit-hyperactive disorder: ADHD)'라는 진단적 범주를 만들었다.

ADHD란 '같은 성별, 정신연령, 사회경제적 지위의 아동들의 행동과는 양적으로나 질적으로 다른 과도한 불안정이나 짧은 집중력 등과 같은 일련의 행동들'을 말한다(O'Leary, 1980).

주의력결핍 과잉행동장애의 두 가지 핵심적 특성은 부주의와 과잉행동-충동성이다(APA, 1994).

첫째로 부주의란 한 가지 자극에 지속적으로 주의집중할 수 있는 능력이 부족함을 의미하는데, 이로써 주의력결핍 과잉행동장애 아동들은 지시를 잘 따를 수 없고, 집중하기 어려우며, 분산적이고, 쉽게 잊어버릴 뿐만 아니라 과제를 마치기가 어렵고 쉽게 지루해 한다. 주의력결핍 과잉행동장애 아동들은 특히 선택적 주의집중 및 주의집중 유지에 있어서 결함을 나타내는 것으로 밝혀졌다.

둘째로 과잉행동 충동성이다. 과잉행동과 충동성은 항상 연계되어 나타나기 때문에 DSM-IV상에도 행동억제불능을 의미하는 하나의 행동특성으로 서술되어 있다. 부주의와 과잉행동 충동성의 핵심적 특성이 표출되는 근본적인 이유는 이 아동들이 운동활동을 조절하고 상황에 적절하게 행동을 억제할 수 있는 자기통제력이 부족하기 때문이다.

학교에서 나타나는 ADHD 아동의 특징은 다음과 같다.

① 자리에 차분하게 앉아 있기가 힘들고 계속 움직이고, 늘 안절부절못한다.
② 수업 도중 사소한 외부의 자극에도 쉽게 주의가 산만해진다.
③ 숙제나 일에 대한 지시를 잘 따르지 못하고, 숙제를 해오지 않거나 해왔어도 제출하지 못한다.
④ 학용품, 우산 등 과제에 필요한 물품들을 쉽게 잘 잊어버린다.
⑤ 말이 너무 많고 타인의 대화에 자주 끼어들고, 수업시간에 광대노릇을 하는 경

향이 있다.

⑥ 충동적으로 일을 저질러 버리는 경향이 심하다.

⑦ 쉽게 하던 일에 싫증을 내고, 도중에 포기하거나 자주 딴 일로 관심이 바뀌고, 과제의 수행 속도가 다른 아이에 비해 현저히 떨어진다.

⑧ 대체로 똑똑한 데 비해 성적이 현저히 저조하거나 불규칙적이다.

2) 학급에서의 지도전략

다음은 교실현장에서 ADHD 아동을 지도하는 데 교사들이 사용할 수 있는 전략들이다(전윤식 외, 2003).

교실환경을 세심하게 꾸며 준다. ADHD 아동을 문, 창문, 연필깎이와 같이 주의를 산만하게 하는 것들로부터 떨어져 앉히거나 모범적인 학습자 옆에 앉히는 것이 효과적이다. ADHD 아동들은 대체로 조직적이고 체계적이지 못하다. 따라서 교사들은 색깔이나 코드, 라벨을 이용해서 교실이나 학습자료들을 구조화할 수 있다. 또한 아동들이 자신만의 조직체계를 구성할 수 있도록 도와주어야 한다.

활동을 구조화해 주어야 한다. ADHD 아동들은 자신이 무엇을 해야 할지 모를 때 성급해질 수 있다. 일정하게 반복되는 일상을 만들어 주는 것은 아동이 다음에 일어날 일을 예측할 수 있도록 도울 수 있다. 교사들은 규칙을 명확히 진술해 주고, 시각적으로 확연하게 볼 수 있는 표시로 기대되는 행동을 알려줄 필요가 있다. 또 반복적인 일상에 쉽게 싫증을 내는 아동을 위해 구조화된 탈출구를 제공해 주어야 한다. 예를 들어 어떤 교사는 아동이 자신의 자리에 앉아 있는 것보다 교실 뒤쪽에 서 있을 때 더 집중을 잘하면 그렇게 하도록 허락하기도 한다. 이런 방법은 다른 학습자들을 방해하지 않는다는 전제하에서만 사용해야 한다.

아동들이 주의집중할 수 있도록 도와주어야 한다. 교사들은 ADHD 아동의 주의를 환기시키기 위해서 개인적인 신호를 사용할 수 있다. 예를 들어 교사들은 학생에게 자신의 말에 집중하라는 의미로 지나가면서 가볍게 어깨를 치거나 설명하기 전에 손뼉을 치는 등의 비언어적 신호는 학생들의 주의를 끄는 데 효과적이다. 그러나 너무 자주 사용하면 효과가 떨어질 수도 있다.

아동이 자신의 행동에 대해 인식할 수 있도록 도와주어야 한다. 목표행동을 단계별로 나누어 놓은 체크리스트나 긍정적 또는 부정적 목표행동을 적어 놓은 목록표, 학생들의 행동에 대한 명확한 피드백을 제공하여, 학생들로 하여금 자신의 행동이 상황에 적절한지 그리고 어떤 행동을 해야 하는지 인식하도록 도와줄 수 있다.

학생들에게 넘치는 에너지를 사용할 수 있는 기회를 제공해 주어야 한다. 초등교사들은 가만히 앉아서 하는 수업보다는 학생들이 직접 활동할 수 있는 수업을 하는 것이 효과적이다. 초등학교뿐만 아니라 중 · 고등학교의 교사들도 과학수업을 실험중심으로 한다든지, 문학수업에서는 배운 작품을 극화할 수 있는 기회를 주는 것이 바람직하다. 부주의한 행동이나 과잉행동이 ADHD만이 아니라 다른 장애, 예를 들면 정서장애의 징후가 될 수도 있다. 어떤 학생들은 과잉행동을 수반하지 않는 주의력결핍을 보이기도 한다.

6. 영재아동(gifted child)

1) 영재아의 정의와 식별

여러 학습상황에서 주어진 학습과제를 제대로 소화하지 못하고 학습속도가 떨어지는 지진아가 있는 반면에 학습속도가 보통 아동들보다 빠른 영재아(gifted child)도 있다. 영재아들은 사고능력이나 기억능력이 우수하기 때문에 다른 아동들보다 주어진 학습과제를 빨리 해결하고 보다 높은 수준의 능력을 요구하는 과제를 원한다. 따라서 적절한 지도가 이루어지지 않으면, 오히려 학습에 싫증을 내게 되기 때문에 발달을 도와주지 못하는 결과를 초래하게 된다.

영재아는 일상의 학습상황에서 교사들의 세심한 관찰에 의해 자연스럽게 발견되기도 하지만, 지능검사 등의 표준화된 측정도구에 의해서 변별될 수도 있다. 대체로 IQ 130 이상 또는 140 이상의 득점을 하는 아동들이 이에 속한다. 그 기준을 어디에 두느냐 하는 것에 대한 절대적인 준거는 없지만 IQ 130 이상이라면 100명 중 2~3명이 이에 해당된다.

영재아의 보다 확실한 식별을 위해서는 지능검사 한 가지에만 의존하는 것은 바람직하지 못하다. 일상의 직접적인 관찰에 의한 자료와 종합적으로 해석한 것에 근거하여 식별하는 것이 보다 타당하다. 왜냐하면 아무리 좋은 지능검사라고 하더라도 지적능력의 일부를 측정하는 것이고, 이 지능검사에 의해서 측정되지 않는 능력에서 아주 우수한 경우는 제대로 식별되지 않기 때문이다. 그 한 가지 예가 높은 창의력이나 확산적 사고력을 가진 아동이다. 보통의 지능검사에서는 이러한 능력이 적절하게 측정되지 않기 때문에 지능검사만으로 영재아를 판별한다는 것은 타당치 못하다. 렌줄리(Renzulli, 1986)에 의하면 영재아동들은 평균 이상의 능력 외에도 특정한 목적을

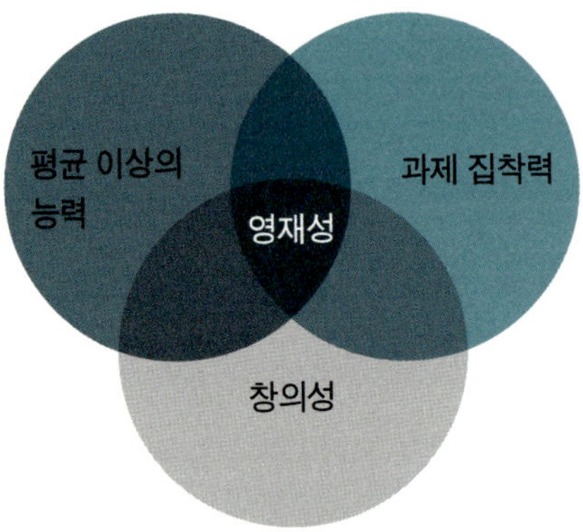

그림 5-1 Renzulli의 영재성을 구성하는 세 요인

출처: 전윤식 외 역 (2003).

성취하기 위한 과제 집착력이나 어떤 수행을 하고자 하는 동기뿐만 아니라 높은 수준의 창의성을 보여야 한다(전윤식 외, 2003 재인용).

2) 영재아의 행동특성

영재아의 정의, 판별 및 행동특성을 연구한 자료에 의하면 인지적 조작능력을 가장 중요한 요인으로 들고 있다. 즉, 추상적 개념(abstract concept)을 이해하고 습득하는 능력, 그러한 개념을 효과적으로 조직하는 능력, 그리고 그러한 개념들을 여러 사태에 적절하게 적용하는 능력이 보통의 아동들보다 우수하다는 것이다. 이러한 인지적 특성으로 인하여 많은 우수한 아동들은 교사들의 눈에 띄게 되며 이상적인 학생으로서의 대우를 받게 된다.

그러나 일부의 우수아들은 교사들의 눈에 띄지 않는 경우가 있다. 어느 경우에는 평균 이하의 지능을 가진 것으로까지 평가되는 수도 있다.

대개 높은 IQ를 가진 아동들은 교사의 지시에 쉽게 반응하고, 교사의 질문에 정확하게 응답하며, 일상적인 행동도 모범적이다. 길포드(Guilford, 1967)에 의하면 그러한 아동들은 수렴적 사고능력이 높은 경우라고 한다. 교사들에게 가장 우수한 학생들을 지명해 보도록 요구하면, 대부분 수렴적 사고능력이 높은 아동을 지적하는 경향이 높다고 한다. 그러나 터먼과 오덴(Terman & Oden, 1959)에 의하면 그러한 아동들은 학업성취능력이 뛰어나고 이후의 생활에서도 성공적이지만 전혀 혁신적이지 못하다고 한다. 고지능집단은 이후에 성공적인 의사, 변호사, 교수 또는 사업가가 되지만, 그러한 인재들이 그 분야에 독창적 공헌을 하지는 못한다는 것이다.

반면, 일부의 영재아들은 기대한대로의 반응을 보이지 않고 지루해하고 자주 엉뚱한 응답을 한다. 그래서 이러한 종류의 영재아들은 비협조적이고 파괴적인 것처럼 보이기까지 한다는 것이다. 확산적 사고능력이 아주 높은 아동들이 보여 주는 행동

특성인 것이다. 아인슈타인이나 에디슨이 학창시절에는 공부를 아주 못하는 아동으로 취급된 예는 바로 이 경우에 해당된다. 아인슈타인이나 에디슨의 예를 보더라도 이렇게 확산적 사고력이 극히 우수한 아동들은 이후에 지적으로 대단히 생산적이고 창의적이지만, 아동기에는 교사들로부터 그러한 점을 좋게 평가받을 만한 기회를 갖지 못하기 때문에 인정을 받지 못한다고 볼 수 있다(Biehler, 1993).

3) 영재아의 지도방법

영재아가 갖는 개인적 특성이 모두 다르고 처해 있는 환경이 다르기 때문에 일률적인 지도방법을 제시하기는 쉽지 않지만 다음과 같은 점들은 일반적으로 추천되는 내용들이다(김광웅, 2001).

① 일단 우수한 아동이라고 판정이 되면 이 아동의 교육을 위해 부모와 관련 전문가와의 상담을 통한 지도방안을 마련하는 것이 좋다. 우리나라에는 공식적인 월반 제도가 없기 때문에 이를 학교교육의 행정적 입장에서 처리하기는 힘들다. 다만 교사의 개별적 지도나 과외의 학습 등을 통한 보완적 방법을 선택해야 할 것이다. 그러려면 당연히 부모, 그리고 관련 전문가와 의논되어야 한다. 또한 지적 측면의 발달촉진이 자연적으로 전인적 발달을 촉진시키는 것이 아니며, 오히려 다른 면에서는 장애를 경험할 수 있는 가능성도 크기 때문에 세심한 주의가 필요할 뿐만 아니라, 부모의 철학적 신념도 충분히 고려되어야 한다.

② 학교교육의 평범한 상황에서 이들을 도와줄 수 있는 방법은 수평적 보완학습(horizontal enrichment)과 수직적 보완학습(vertical enrichment)이다. 수평적 보완학습은 다른 아동들과 동일한 수준의 학습을 하되 보다 풍부한 자료로써 학습을 하도록 과제를 주는 방법이다. 수직적 보완학습은 보다 높은 수준의 과제를

해결하도록 곤란도의 수준을 높여주는 것이다. 학습과제의 성격이 곤란도에 따른 위계를 갖지 않은 경우에는 학습진도를 빨리하여 다음의 학습과제를 할당해 주는 것이다. 따라서 일반 학급에서의 영재아 지도는 개별지도의 방법을 택할 수밖에 없다. 만일 이러한 아동이 몇 명 있어서 소집단을 구성할 수 있다면 소집단학습의 형태를 취할 수 있다.

③ 영재아가 소집단을 이룰 수 있다면 그들이 독창적으로 보완학습(enrichment learning)을 하는 방법을 고안하여 자율적으로 학습할 수 있도록 도와주는 것이 좋다. 즉, 교사의 개입은 최소한으로 줄이고 그들 스스로 문제를 발견하고, 관련된 자료를 찾고, 토의하는 자율적 보완학습의 기회를 제공하는 것이다. 교사는 이들을 옆에서 지지하고 격려해 주는 역할만으로도 충분할 것이다. 또한 이러한 학습결과를 다른 모든 학생들에게 공개하여 학급 전체가 이들의 보충, 심화학습의 혜택을 받으면서 영재아들의 존재를 긍정적으로 받아들이도록 하는 것이 중요하다.

④ 영재아들은 가능한 대로 그들의 흥미에 맞는 영역에 대해 창의적 활동과 학습을 하도록 지도되어야 한다. 우수한 아동들은 될수록 확산적 사고능력을 배양하도록 길러져야 한다. 그러기 위해서는 개별적이든 소집단이든 여러 가지 창의적 활동에 참여할 수 있는 기회를 제공해야 할 것이다. 유아들은 유치원 교육상황의 적절한 창의적 활동에 보다 깊이 참여하여 지력이 개발되어야 할 것이며, 초등학교에서는 각 개인의 흥미에 적절한 과외활동 또는 특별활동의 기회를 제공하여 창의적 사고능력이 배양되도록 도와주어야 할 것이다.

다음은 교사가 영재아들의 잠재력을 최대화시키기 위해 심리적으로 지원해 줄 수 있는 몇 가지 지침들이다(전윤식 외 역, 2003).

① 영재아동의 자아존중감을 강화시켜 주어야 한다. 영재아들은 자아존중감을 지속적으로 지지해줄 필요가 있다. 유능한 교사는 영재아동의 자아존중감을 강

화시키기 위해 이전의 수행과 비교하면서 현재의 수행을 격려하는 것이 좋다. 만약 다른 아동의 수행 수준과 비교한다면 영재아들은 자신이 아주 머리가 좋다고 생각하여 지나치게 자만할 수 있다.

② 영재아에게 계속해서 도전할 수 있도록 격려해야 한다. 자신과 같은 능력을 가지고 있거나 그 이상의 능력을 가진 또래집단은 영재아동이 과제수행을 더 잘 할 수 있게 하는 자극제가 될 수 있다. 또한 다른 기관이나 학교에서 운영하는 영재교육프로그램을 활용할 수 있다면 영재아의 학습욕구를 충족시켜 주어야 하는 부담을 덜어줄 수 있을 것이다.

③ 가족의 역할을 강조해야 한다. 유능한 교사는 영재아의 잠재능력을 최대한 개발시켜 주기 위해서는 적절한 환경적 지원이 필요하다는 것을 부모에게 잘 설명하고 이해를 구해야 한다.

제6장

학습이론

우는 아이에게 사탕 주는 엄마는?

우리는 일상생활에서 사람들의 바람직하지 못한 행동을 정적으로 강화하기 쉽다. 엄마가 우는 아이를 달래기 위해 사탕을 준다. 그 아이는 사탕이 먹고 싶으면 울게 된다. 결국 우는 행동을 줄이고자 사용한 사탕이 오히려 우는 행동을 유발하게 되는 것이다. 이러한 상황을 행동수정에서는 아이의 우는 행동이 정적으로 강화되었다고 한다. 한편 아이가 울 때마다 사탕을 주는 엄마의 행동은 부적으로 강화된 행동이라 볼 수 있다. 이는 아이가 울 때 사탕을 주어 시끄러운 상황이 종료됨으로써 아이 엄마는 앞으로 아이가 울 때마다 사탕을 주는 행동이 증가할 것이기 때문이다.

위와는 반대로 아이의 바람직하지 못한 행동을 부적으로 강화하는 경우도 있다. 아이에게 학습지에 있는 셈하기 20문제를 풀게 하자 아이가 너무 많다고 칭얼거렸다. 그러자 엄마는 20문제 중 10문제만 풀도록 허락하였다. 이 경우 아이는 앞으로 공부가 하기 싫을 때마다 칭얼거리는 행동이 정적으로 강화됨으로써 미래 발생 가능성이 증가하게 될 것이다.

개요

상식적으로 보면 학습은 배우는 과정이다. 심리학적으로 정의하면 학습은 행동과 인지의 변화 과정이라 할 수 있다. 이러한 정의는 심리학의 변천에 따라 구체화되었다. 행동주의 심리학의 입장에서는 학습을 행동의 변화 과정으로 보았고, 인지심리학에서는 인지의 변화 과정으로 보았다.

학습과 인지는 교육현장에서 학생이 수행하는 주요 활동을 이룬다. 학생이 공부를 한다고 할 때 그것은 교사의 도움을 받으면서 교재를 학습하고 인지하는 과정이다. 교육의 3요소는 학생, 교사 및 매체(교재)이다. 이 과정에서 학습과 인지는 교재라는 매체를 통해 학생이 교사와 갖는 상호작용이다. 교재가 음식물이라면 학습과 인지는 소화라 할 수 있다. 학습과 인지는 학생이 교재를 소화하는 심리적 활동이다. 결국 학습과 인지는 학생이 공부할 때 일어나는 심리적 과정이라 할 수 있다. 공부할 때는 학습과 인지의 활동이 구분되지 않지만 이들은 심리학의 접근에 따라 구분될 수 있다. 행동주의심리학은 행동의 학습에 중점을 두고 인지심리학은 인지의 과정에 중점을 두었다. 두 분야를 구분하자면 학습은 어떤 행동이나 지식을 습득하는 과정이고, 인지는 정보를 기억하고 이를 바탕으로 사고하는 과정이라 할 수 있다. 일상에서 행동이나 지식을 학습했다고 말할 때 그 내용을 다음에 재현시킬 수 있어야 한다. 과거를 재현시키려면 기억의 능력을 갖추고 있어야 하고 기억은 사고의 작용을 불러일으킨다. 이처럼 실제에서는 학습과 인지를 서로 떼어놓을 수 없다.

이 장에서는 행동주의 학습이론, 인지주의 학습이론, 그리고 구성주의 학습이론의 주요 개념, 기본 원리, 교육에의 시사점을 살펴보고자 한다.

제6장

학습이론

1. 학습의 기초

1) 학습의 개념

학습(learning)이란 경험이나 연습의 결과로 생기는 비교적 영속적인 행동의 변화로 정의된다(Morgan & King, 1971). 이러한 학습의 정의는 학계에서 가장 보편적으로 수용되고 널리 통용되고 있다. 또한 학습을 새로운 행동이 일어나거나 어떤 행동이 변용되는 과정으로 정의하고 있으며(Hilgard & Bower, 1981), 질병, 피로, 또는 약물에 의한 일시적인 신체적 상태에 원인을 돌릴 수 없는 경험으로부터 오는 행동 또는 행동잠재력의 영속적인 변화라고 정의한다(Hergenhahn, 1976).

학습은 다음 3가지 기준에 따라서 정의된다.

첫째, 학습은 행동의 변화를 강조하되 교육에서 말하는 변화는 바람직한 방향으로의 변화를 의미한다.

둘째, 행동의 변화는 경험이나 연습을 통해 일어나는 것이며, 성장이나 성숙 등으로 일어나는 변화는 학습으로 간주하지 않는다.

셋째, 행동변화는 어느 정도 영속성을 지녀야 하며, 일시적 변화는 학습의 개념에 포함되지 않는다.

이러한 학습의 3가지 기준에 의하면 학습으로 간주할 수 없는 것을 요약하면 다음과 같다.

① 선천적 성질이나 선천적인 힘에 의한 변화는 학습으로 간주하지 않는다.

② 피로, 순응, 외상, 질병 등의 결과로 일어나는 것은 학습이 아니다.

③ 일반심리학에서는 진보적인 변화(바람직한 것)와 퇴보적인 변화(바람직하지 않은 것) 모두를 학습으로 간주하지만 교육은 가치를 전제로 하기 때문에 진보적인 변화를 학습으로 간주한다.

2) 학습의 원리

학습이 일어나거나 바람직한 학습을 하도록 하는 데 적용할 수 있는 몇 가지 원리가 있다. 이것은 모든 수업에 적용할 수 있기 때문에 수업의 원리이기도 하다(강갑원, 2014).

자발성의 원리 : 어떤 학습이든 학습의 주체가 학습동기를 가지고 능동적으로 학습해야 한다. 교육이 의도적이고 계획적인 행동변화를 위한 과정이라 하더라도 학습자가 주체적으로 참여하지 않으면 학습은 잘 이루어지지 않는다. 따라서 교사는 학생이 스스로 학습하고 싶도록 안내해 주는 것이 성공적 학습지도의 관건이다. 이 원리를 강조하는 이유는 학습의 궁극적 주체는 학습자이고, 학습의 효과는 전적으로 학습자의 학습동기에 달려 있다고 믿기 때문이다.

개별화의 원리 : 학습 안내가 학습자의 개인적 요구, 능력 수준, 방법에 부합할수록 학습은 효율적이다. 개별화의 원리는 일대일의 수업 형태에서 가장 확실하게 나타나지만 집단적 학습지도를 하더라도 이러한 조건을 충족시키려고 노력하는 것이

어느 정도 가능하다.

사회화의 원리 : 사회화란 개인이 사회의 가치나 규범 등의 생활양식을 습득하여 훌륭한 성원이 되어가는 과정이다. 학습은 개인을 완성하는 데 목표를 두면서도 소속된 사회의 일원으로서 원만한 사회활동을 할 수 있도록 안내되어야 한다. 사회적 틀 속에서 수업함으로써 학습자의 사회적 인격을 형성할 수 있다.

직관의 원리 : 이는 직접 경험의 원리라고도 한다. 학습은 언어를 통한 학습보다는 가능한 최대한 구체물이나 직접 경험을 통해서 안내될 때 가장 효율적이다. 이 원리는 학습자의 시각이나 청각 혹은 촉각 등을 이용하여 직접, 간접의 경험을 중시하는 원리이다. 추상적 정보를 다루는 것이 구체적인 정보를 다루는 것보다 더 어렵기 때문이다.

통합의 원리 : 학습은 분리된 지식이나 기능에 초점을 두지 않고 지식과 기능이 통합되고, 인간의 지, 덕, 체의 각 측면이 통합적으로 발달할 수 있도록 학습을 안내하여야 한다. 즉, 이는 학습자를 전인적으로 발달하도록 학습해야 한다는 원리이다.

3) 학습의 요인

학습에 영향을 미치는 요인은 크게 학습자 요인, 학습장면 요인, 그리고 학습방법 요인 등으로 구분할 수 있다. 학습이 효과적으로 이루어지기 위해서는 이러한 학습 요인을 체계적으로 규명해야 한다.

학습자 요인 : 이는 학습자의 개인차 문제이며 학습자가 학습할 수 있는 준비도를 말한다. 학습자 요인은 학습의 기초가 되는 항상적 요인과 어떤 특정의 학습에 영향을 주는 일시적 요인으로 구분할 수 있다. 학습자의 항상적 요인은 넓은 의미로 준비도라고 한다. 여기에는 과거 학습경험과 같은 경험적인 것, 지능, 신체적 성숙과 결함 등과 같은 신체적인 것, 성격적인 것 등이 있다. 학습자의 일시적 요인은 학습태

도, 학습의욕, 감정, 피로 등을 말한다.

학습장면 요인 : 이 요인에는 학습활동 대상이 되는 학습재료와 학습장면의 배경인 학습환경이 포함된다. 학습재료는 종류, 구조, 곤란도 등에 관련된 조건이다. 학습환경은 물리적 환경과 사회적 환경이 있다. 물리적 학습환경에는 교재와 교구와 같이 학습에 직접적 영향을 주는 요인과 교실의 크기, 채광, 온도, 습도, 책상 등과 같이 교실환경, 그리고 학교환경 등이 포함된다. 사회적 학습환경에는 교사와 학생 등과 같은 직접적인 환경과 가정과 지역사회 구성원 등과 같은 간접적인 환경이 포함된다.

학습방법 요인 : 이 요인에는 학습재료, 학습시간, 학습태도, 그리고 학습수단의 배분 등의 요인이 포함된다. 학습재료의 배분방법은 전습법과 분습법으로 구분되고, 학습시간의 배분방법은 분산과 집중으로, 학습태도의 배분방법은 소극적 참여와 적극적 참여로, 학습수단의 배분방법은 시각, 청각, 운동, 발성, 쓰기 등으로 구분된다.

4) 학습의 과정

인간의 학습 과정은 외부 환경에서 주어지는 자극과 정보는 감각기관을 통해서 대뇌로 전달되어 처리 과정을 거쳐 정보에 대한 의미로 저장된다. 대뇌에 저장된 정보는 필요한 경우에 인출되어 특정한 행동으로 나타나는 일련의 과정을 거치게 된다. 가네(Gagne)는 행동의 외적 변화보다는 정보의 내적 처리 과정에 관심을 가지고, 학습이 단계적, 계열적으로 이루어지는 과정을 다음과 같이 설명하고 있다(강정구, 2000).

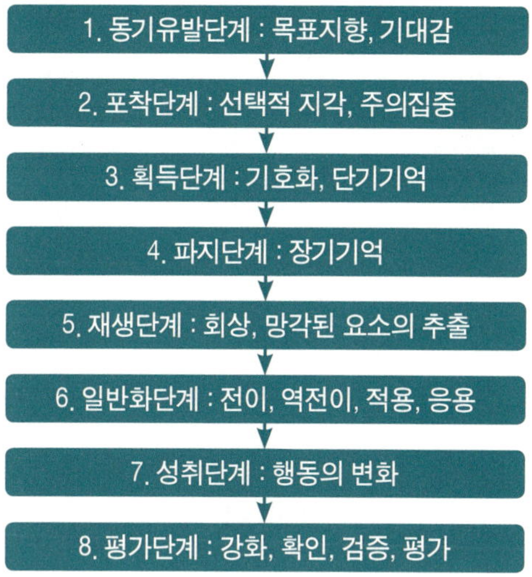

2. 행동주의 학습이론

행동주의(behaviorism)의 기원은 영국의 경험주의에서 찾아볼 수 있다. 경험주의의 대표자인 로크(Locke)는 1690년 『인간 이해에 관한 수필(An essay concerning human understanding)』을 통해 관념의 생득설을 정면으로 부인하고, "갓 태어난 아기의 정신세계는 아무것도 쓰여 있지 않은 백지와 같다(tabula rasa, blank slate view)."고 주장하였다. 그는 '백지설'을 바탕으로 경험의 중요성을 주장한 최초의 환경론자였다. 인간의 본성에 대한 행동주의 관점은 인간은 단지 환경이라는 자극(stimulus)에 대해 반응(response)하는 존재로서 자신의 행동을 이끄는 자기주도성이 없다는 것이다. 따라서 스스로 자신을 변화시키고 통제하지 못한다고 본다.

행동주의자들은 교육이란 어린이로 하여금 주어진 자극에 계획된 반응을 하도록 조건화하는 것으로서 교육은 동물훈련과 본질적으로 다를 것이 없다고 본다. 행동주의는 행동을 일으키는 원인을 조건에서 찾으려고 하고, 이때의 행동은 겉으로 드러난 반응뿐만 아니라 드러나지 않은 반응도 포함한다. 행동주의는 인간 학습의 원리와 과정을 설명함에 있어서 객관적이고 실험적인 관찰을 통하여 인간의 외현적 행동(overt behavior)을 연구대상으로 한다. 행동주의 학습이론에는 파블로프(Pavlov)의 고전적 조건화, 왓슨(Watson)의 환경주의(Environmentalism), 손다이크(Thorndike)의 시행착오설, 스키너(Skinner)의 조작적 조건화, 반두라(Bandura)의 관찰학습(observational learning)을 살펴보고자 한다.

1) 파블로프(Pavlov)의 고전적 조건화

고전적 조건화는 러시아의 생리학자인 파블로프(Pavlov)의 개 실험을 근거로 하고 있다. 개에게 음식을 제공했을 때 침을 흘린다는 것은 자연적 생리적 현상인데, 종을 치면서 음식을 주는 일을 반복하게 되면 종소리라는 자극과 침을 흘리는 반응 간에 연합이 형성되어 종만 쳐도 개가 침을 흘린다는 것이다. 이러한 연합을 고전적 조건화(classical conditioning)라고 부른다. 파블로프가 실시했던 실험 절차를 요약하면 다음과 같다.

조건화 전	음식(무조건 자극: US) ➡ 침 흘림(무조건 반응:UR) 소리울림(중립자극: NS) ➡ 침 흘리지 않음(반응 없음)
조건화 중	소리+음식 ➡ 침 흘림(조건반응 형성 과정 중)
조건화 후	소리울림(조건자극: CS) ➡ 침흘림(조건반응: CR)

I. Pavlov

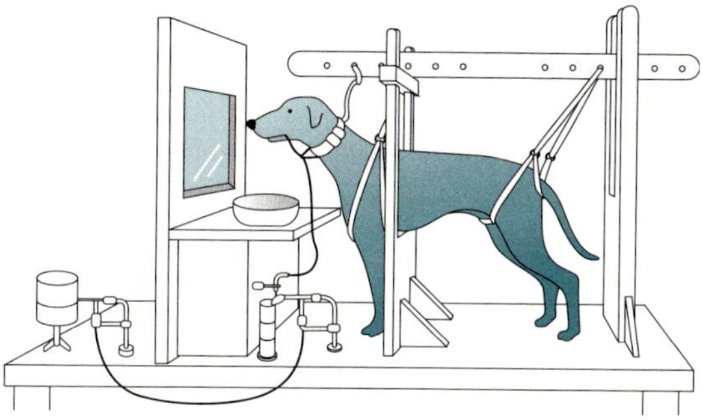

그림 6-1 Pavlov의 개의 타액실험장치

일상생활에서 우리는 고전적 조건화의 예는 쉽게 찾을 수 있다. 우리는 '사랑'이라는 말을 듣고 포근한 느낌을 갖는다. 태어날 때부터 그 말의 뜻을 안 것은 아니다. 어릴 때 아마도 엄마가 '사랑한다'는 말을 하면서 안아주었을 때 포근한 느낌을 받았을 것이다. 이제는 어머니가 안아주지 않지만 그 말만 들어도 포근한 느낌을 가질 것이다. 이 과정은 '사랑'이라는 말의 뜻이나 느낌을 조건화시킨다. '사랑'이라는 말은 조건자극, '안아줌'은 무조건자극, '포근한 느낌'은 조건반응이다. '사랑한다'는 말과 함께 '안아줌'으로써 '포근한 느낌'이 조건화된다. 이 절차에서 반응이 강화되고 있다. 더 이상 안아주지 않고 사랑한다고 말만 한다면 포근한 느낌은 식어갈 것이다. 이것은 반응이 소거되는 것이다. 만약 반응이 소거되었다가 한참 후에 누가 '사랑한다'라고 말만하면 자신도 모르게 포근한 느낌에 빠져든다. 이것은 반응이 자발적으로 회복된 것이다. 이와 같이 우리가 사용하는 어휘들의 뜻이나 우리가 갖는 정서적 느낌은 강화, 소거 및 자발적 회복의 과정을 거치는 고전적 조건화의 결과이다.

위 실험처럼 사람의 반응에 영향을 주는 환경자극을 알아내고 이런 환경자극을 조작함으로써 인간에게 새로운 행동 반응을 습득케 할 수 있다. 사실 사람이 자라면서 특정한 성격의 인간이 되어 가는 것도 이런 환경자극의 조작에 의하여 된 것이라고 행동주의자들은 주장한다. 다시 말하면 새로운 행동을 습득하는 학습의 원리에 의하여 모든 인간행동이 습득된다고 보는 것이다.

2) 왓슨(Watson)의 환경주의(Environmentalism)

Watson

왓슨(Watson)에 따르면 인간은 제한된 반사적 행동만을 가지고 태어나며, 학습이란 단지 이러한 반사적 행동을 포함한 고전적 조건화에 따라 일어난다고 설명한다. 따라서 개인 간의 차이란 전적으로 경험에 의해 것이라고 주장한다. 그는 "나에게 건강한 아이들을 달라. 원하는 사람으로 만들어 주겠다."고 하는 선언을 교육에서 되풀이하고 싶어 한다. "정상적으로 발육된 12명의 아이와 이들을 양육할 적절한 환경 여건을 내가 설계한대로 나에게 마련해 달라. 그러면 그들 중 아무나 골라 훈련시켜서 어떤 유형의 전문가든지 되게 할 것이다. 아동의 재능, 취미, 경향성, 활동, 직업, 조상의 인종과 상관없이 어떤 전문가 예컨대, 의사, 법관, 예술가, 대사업가, 심지어 거지나 도둑까지도 되게 할 수 있다."(Watson, 1930).

위의 인용문은 인간의 행동은 조건 형성의 원리에 의하여 습득시킬 수 있다는 것을 강조한 왓슨의 선언적인 주장이다. 왓슨은 파블로프나 스키너의 조건형성실험을 통한 행동습득에 고무되어 인간의 어떤 행동도 환경 자극의 조작으로 습득할 수 있다는 행동주의이론을 제창하였다. 왓슨은 복잡한 인간 활동을 포함하여 모든 인간의 행동은 조건화(conditioning)의 용어로서 설명될 수 있고 인간의 행동은 내부로부터의 동기에 의해서 일어나는 것이 아니라 자신이 통제할 수 없는 외적인 힘에 의해서 결정된다고 본다.

왓슨의 유명한 실험을 통해 행동주의방식의 학습에 대해 좀 더 상세히 알아보자.

왓슨의 일반화 실험

왓슨은 한살 정도 된 알버트(Albert)란 어린 아이에게 흰쥐를 보여주는 실험을 하였다. 아이가 흰쥐에 관심을 보이자 그 순간 실험자는 아이의 뒤에 마련된 철판을 해머로 내리쳐 큰 소리를 내게 했다. 아이는 큰 소리에 놀라 자지러지게 울기 시작하였다. 이러한 과정을 몇 차례 반복하자 알버트는 흰쥐를 볼 때마다 우는 행동을 보였다. 이 실험에서 알버트는 쥐와 큰소리를 결합시키는 것을 학습한 것이다. 그 후 알버트는 흰쥐뿐 아니라 솜, 흰 토끼를 보아도 놀라서 울음을 터트렸으며, 심지어 산타할아버지의 흰 수염에 대해서도 우는 행동을 보였다. 이렇게 유사한 특성을 지닌 다른 대상에 대해서도 동일한 반응이 나타나는 현상을 일반화(generalization)라 한다.

왓슨의 실험이 시사하는 바는 인간의 정서적 행동도 학습된다는 점이다. 인간이 지니고 있는 특정대상에 대한 불안이나 공포반응은 생득적이기보다는 학습된 것이라는 점이다. 일반적으로 인간들의 뱀에 대한 두려움 역시 이러한 과정을 통해 경험 속에서 습득된 것이라 볼 수 있다. 또한, 알버트 실험에서 알버트가 처음에는 흰쥐에 대해서만 공포반응을 보였지만 그 후 흰쥐와 비슷한 솜이나 흰 토끼에까지 공포반응을 보인 것은 인간의 공포반응이 유사한 다른 대상에게로 전이된다는 점을 보여주는 것이다. 우리 속담에 '자라 보고 놀란 가슴 솥뚜껑 보고 놀란다'는 속담이 바로 여기에 해당되는 것이라 할 수 있다.

3) 손다이크(Thorndike)의 시행착오설

손다이크(E. L. Thorndike)는 학습의 기본형식을 특정자극에 대한 시행착오적인 반응의 결합으로 보았다. 손다이크는 이 이론의 정립을 위해서 쥐의 미로실험과 고양이 퍼즐상자(puzzle box; 그림 6-2) 실험을 하였다. 실험을 통해 시행착오적 반응을 반복하는 가운데 실패의 반응은 줄어들고 성공적 반응은 강화되어 학습이 성립된다는 것을 발견하였다.

그가 수행한 실험의 내용은 다음과 같다.

Thorndike

굶주린 고양이를 [그림 6-2]와 같은 상자 안에 집어넣고 상자밖에 음식을 놓아두면 고양이는 갑갑한 우리에서 벗어나 상자밖에 놓인 음식을 먹기 위해 상자 안을 왔다 갔다 하다가 우연히 발판(지렛대)을 누르게 되고, 곧 이어 문이 열리게 되면 상자 밖으로 나와 음식을 먹게 된다. 다시 고양이를 상자 안에 가두기를 수차례 반복하면 고양이는 더 이상 지체하지 않고 바로 발판을 누르고 상자 밖으로 빠져나오게 된다. 고양이는 상자를 나오는 방법을 학습한 것이다.

그림 6-2 Thorndike의 퍼즐 상자

또 다른 실험은 쥐의 미로학습을 들 수 있다. 쥐를 복잡한 미로의 출입구에 넣어두고 출구까지 빠져나오는 데 걸리는 시간을 측정하였다. [그림 6-2]에서 보는 것처럼 처음에는 150초가량 걸렸던 것이 시행횟수가 증가하면서 급속도로 시간이 단축되었다. 5번째 시행부터는 20여 초가량으로 단축되었고, 10번째 이후부터는 시행착오가 거의 없이 10초가량이면 미로를 빠져나왔다. 이러한 학습의 원리를 시행착오설(trials & errors theory)이라 부른다. 원래 손다이크는 시행착오라는 말 대신에 시행과 우연적 성공(trials & accidental success)라는 용어를 사용하였는데, 이는 위 실험에서 고양이나 쥐가 이런 저런 행동을 취하다 우연히 문을 여는 방법 또는 출구를 빠르게 가는 방법을 찾게 되었다는 의미가 포함되어 있음을 알 수 있다. 손다이크의 동물실험에서처럼 인간들도 새로운 행동을 학습하는 방법은 시행착오에 의한 것이라 볼 수 있다.

그는 이러한 실험을 통해 효과의 법칙을 제안하였다. 이 법칙은 유기체가 어떤 반응을 한 후 보상을 받게 되면 그 반응의 빈도는 높아지고, 반응 후 보상이 없거나 벌이 뒤따르면 그 반응의 빈도는 낮아진다는 것이다. 손다이크에 의하면 조작적 조건화의 주요 변인은 보상과 벌이고 보상과 벌은 일반적으로 반대의 효과를 가진다. 그러나 보상이나 벌이 다양한 상황에서 의도하지 않은 결과를 야기할 수도 있기 때문에 단순히 반대의 효과를 가진다고는 할 수 없다(Sternberg & Williams, 2002; 전윤식 외, 2003에서 재인용). 손다이크가 제안한 학습의 법칙 일부를 제시하면 다음과 같다.

연습의 법칙 : 연습을 되풀이하면 결합이 강해지고, 연습을 하지 않으면 결합이 약해진다.

효과의 법칙 : 결합이 형성되는 과정에서 쾌감(만족감)이 따를 때에는 그 결합의 강도가 증가되며, 불쾌가 따를 때에는 그 결합의 강도가 약해진다. 이후 자신의 이론을 수정하여 후자의 경우는 철회하였다.

준비성의 법칙 : 효과의 법칙에 대해 생리적인 기초를 제공하기 위한 부수적인 원리이다. 이는 현재의 자극에 반응하는 태도 및 동기가 얼마나 갖추어져 있느냐 하는 것인데, 준비성의 여부는 곧 학습자의 만족 및 불만족과 관계된다.

4) 스키너(Skinner)의 조작적 조건화

(1) 조작적(도구적) 조건화

조작적 조건화(operational conditioning)는 어떤 행동 다음에 뒤따르는 결과를 조절하여 그 행동을 습득하게 하는 과정을 말한다. 스키너는 지렛대 장치가 되어 있는 조그만 상자(box) 안에 굶주린 쥐를 잡아넣고, 쥐가 지렛대를 누르면 먹이가 한 알씩 떨어져 먹을 수 있도록 했다. 쥐는 배가 고프기 때문에 상자 안을 이리저리 돌아다니다가 우연히 지렛대를 밟아 떨어지는 먹이를 먹는다. 이러한 과정이 몇 번이고 되풀이되는 동안 이 쥐는 지렛대를 누르면 먹이가 나온다는 것을 알게 되고, 배가 고플

그림 6-3 스키너 박스와 스키너

때마다 지렛대를 눌러 먹이를 먹는 방법을 습득하게 된다. 여기서 지렛대를 누르는 쥐의 행동은 처음에는 우연한 것이었으나 이것을 반복하면서 그 행동에 뒤따르는 결과(먹이를 얻음)로 지렛대를 누르는 행동을 습득하게 된다는 것이다.

이렇게 조건화시킨 다음 두 번째 실험으로 스키너는 쥐가 아무리 지렛대를 눌러도 먹이가 나오지 않도록 했다. 그 결과 그 쥐가 지렛대를 누르는 행동은 차츰 감소되더니 결국 중단되었다. 일단 학습된 행동이 자극의 소멸과 함께 소멸된 것이다. 이 실험을 통해 스키너는 지렛대를 누르는 행동(조작적 행동)은 결과(먹이가 나오는 것)를 통제함으로써 조절될 수 있다는 결론을 얻었다.

표 6-1 고전적 조건화와 조작적 조건화의 비교

고전적 조건화	조작적 조건화
관찰가능한 자극에 의해서 유발(elicit)되는 반응에 초점을 둔다.	유기체가 자율적으로 방출(emit)한 반응을 강조한다.
조건자극(CS)와 무조건자극(US)이 항상 제시된다.	반응이 나타났을 때만 강화가 주어진다.
CS와 US의 관계는 실험자에 의해 결정된다. (파블로프의 실험에서 개는 고기를 얻기 위한 어떤 행동이 인정되지 않는다.)	실험대상의 선택 여하에 따라 결정된다. (스키너 상자 안에 있는 쥐는 지렛대를 누르기 전까지는 어떠한 음식도 얻을 수 없다.)
강화는 US이다.	강화는 보상(reward)이다.
버스 정류장에서 개에게 물려 기절할 뻔 한 적이 있다. 그 후 버스정류장 근처만 가도 가슴이 두근거린다. 수학시간에 졸다가 선생님께 걸려 많은 친구들 앞에 크게 창피를 당했다. 그 후 수학선생님만 봐도 얼굴이 화끈거린다.	버스정류장에서 우연히 돈을 주웠다. 그 후 버스정류장에만 가면 바닥을 살피곤 한다. 수학시험 시간에 모르는 문제를 고민하다가 3번을 찍었는데 정답이었다. 그 후 모르는 문제가 나오면 3번을 선택한다.

(2) 강화

강화(reinforcement)는 특정 행동의 빈도나 강도를 증가시키는 과정을 의미한다. 강화물(reinforcer)은 행동의 발생 빈도나 강도를 증가시키는 개체를 말한다. 강화는 우리 일상생활에서 무척 빈번히 사용되고 있으며 흔히들 '보상'이라는 말로 표현하곤 한다. 어린 아이들이 바른 행동을 했을 때 주는 과자나 사탕, 어른들이 한 달 동안 열심히 일하고 받는 월급, 심지어 커피가 먹고 싶을 때 자판기에 동전을 넣자 자동으로 컵에 담아 나오는 커피 등 이 모든 것들이 강화의 실제 예들이다. 강화란 '어떤 행동에 뒤이어 자극을 제시하거나 제거함으로써 그 행동의 발생가능성을 증가시키는 절차'이다. 강화는 강화물을 제시하는 방법에 따라 정적 강화(positive reinforcement)와 부적 강화(negative reinforcement)로 구분할 수 있다.

정적 강화 : 정적 강화는 어떤 행동에 뒤이어 만족시킬 수 있는 강화물이나 자극을 제시하여 해당 행동의 빈도와 강도를 증가시키는 것이다. 예컨대 칭찬이나 사탕은 아동의 다음의 행동의 유발 빈도와 지속시간에 영향을 미치는 정적 강화이다.

부적 강화 : 부적 강화는 행동 뒤에 부정적 결과나 자극을 제거하여 행동의 빈도와 강도를 증가시키는 것이다. 여기에서 정적(positive)과 부적(negative)을 '좋은' 그리고 '나쁜'이란 의미로 해석하기보다는 수학적 기호 +와 −로 해석하는 것이 혼돈을 피할 수 있다. '+'는 더한다는 의미이고, '−'는 뺀다는 의미이므로 강화의 정의에서 '자극의 제시'는 +(정적)강화로 '자극의 제거'는 −(부적)강화로 해석하면 혼돈을 피할 수 있을 것이다. 부적 강화의 예로 주방에서 생선을 굽는 경우 팬을 켜면 냄새와 연기가 제거된다. 때문에 생선요리를 할 때 팬을 켜는 행동이 증가된다. 즉 어떤 행동(팬을 켜는 행동)에 뒤이어 불쾌한 자극(냄새나 연기)이 제거됨으로써 앞으로 팬을 켜는 행동이 증가하게 된다.

우선 어떤 절차가 강화 절차인지 아닌지를 판단하기 위해 다음 두 가지 조건 모두를 충족시켜야 한다.

조건 1) 어떤 행동이 발생한 후 특정한 자극이 제시되거나 제거되었는가?

조건 2) 그로 인해 표적 행동이 증가되었는가?

위 두 조건이 충족 되었다면 조건 1)에서 특정한 자극이 제시되었다면 정적 강화, 제거되었다면 부적 강화라 할 수 있다. 주의해야 할 점은 제시되거나 제거된 자극이 유쾌한 자극인지 혐오스런 자극인지 주관적으로 판단할 필요가 없다는 것이다.

(3) 강화계획

강화계획이란 강화자극을 얼마나 많이, 자주, 그리고 언제 사용하는가의 문제를 계획하는 것으로 연속적 강화와 간헐적 강화로 크게 나누어진다. 연속적 강화는 가장 단순한 형태의 강화계획인데 개체가 특정한 반응을 할 때마다 계속적으로 강화를 주는 것이다. 연속강화는 학습된 반응을 오랜 기간 지속시키는 데는 가장 비효과적인 강화이다. 간헐적 강화는 가끔 강화를 해주는 방법을 일컫는다. 강화계획은 강화를 제공하는 시간 간격에 따라 고정간격 강화계획과 변동간격 강화계획으로 구분되며, 반응이 출현하는 횟수에 따라 고정비율 강화계획과 변동비율 강화계획으로 구분된다.

고정간격강화는 일정한 시간이 지나면 언제나 주어지는 것(예, 월급, 주급 등)을 말하며, 변동간격강화는 언제 강화가 주어질지 모르게 강화가 주어지는 것(예, 불시에 보는 쪽지 시험)을 말한다.

고정비율강화는 표적행동을 일정 수만큼 했을 때마다 강화가 주어지는 것(예, 영어단어를 10개 외울 때마다 스티커를 한 장씩 주는 것)이며, 변동비율강화는 강화를 받기 위해 요구되는 일정한 횟수가 정해지지 않고 아무 때나 강화가 주어지는 것(예, 어떤 때는 영어단어 두 개를 외웠을 때 스티커 1장이 주어지지만, 어떤 때는 다섯 개에 1장, 어떤 때는 한 개에 1장씩 다양하게 주어지는 경우)을 말한다.

변동간격강화나 변동비율계획에서는 강화를 받는 개체가 언제 강화가 주어질지 모르기 때문에 강화를 받게 되는 행동을 지속적으로 유지하게 된다. 예를 들어, 도박과 같이 언제 딸지 모르는 경우가 여기에 해당한다. 대개의 경우 새로운 행동을 학습시키기 위해 처음에 연속적 강화계획을 적용하고, 일단 새로운 행동이 학습된 후에는 간헐적 강화계획을 적용하면 새로이 학습된 행동은 오랫동안 소거되지 않고 유지될 수 있다. 일반적으로 변동비율 강화계획을 실시할 때 행동발생비율이 가장 높은 것으로 알려져 있다.

표 6-2 강화계획의 종류

계획		방법	예	행동 패턴	강화가 종료된 후 반응(소멸의 속도)
연속적 강화		매 반응마다 강화 제공	TV를 켜는 행동, 자판기에 동전을 넣고 커피를 꺼내는 행동	행동의 빠른 학습	행동이 빠르게 사라짐(소멸에 대한 저항이 매우 약함)
간헐적 강화	고정 간격	일정한 시간 간격 후에 강화 제공	아이가 공부할 때 한 시간마다 엄마가 간식과 함께 칭찬을 해준다.	강화시간이 다가옴에 따라 행동비율이 증가했다가 강화 직후 떨어짐	약한 지속성. 강화시간이 지나도 강화가 없으면 행동비율이 급격히 감소함(소멸에 대한 저항이 약함)
	변동 간격	다양한 시간 간격 후 강화제공	아이가 공부할 때 엄마가 불규칙적으로 간식과 함께 칭찬을 해준다.	느리지만 꾸준한 행동비율, 강화 후에도 행동비율이 떨어지지 않음	강한 지속성. 행동비율이 서서히 감소함(소멸에 대한 저항이 비교적 큼)
	고정 비율	일정한 횟수의 행동 발생 후 강화 제공	10문제 풀 때마다 아이가 좋아하는 초콜릿을 준다.	빠른 행동비율, 강화 후 휴식	약한 지속성. 일정 수의 행동을 보여도 강화가 더 이상 나타나지 않으면 행동이 빠르게 사라짐(소멸에 대한 저항이 약함)
	변동 비율	다양한 수의 행동 발생 후 강화 제공	낚시나 도박 행동, 외판원의 판매 행동	매우 높은 행동비율, 강화 후에도 거의 쉬지 않음	강한 지속성. 행동비율이 높게 유지되고 점차 감소함(소멸에 대한 저항이 매우 큼)

(4) 소거(extinction)

소거(또는 소멸)은 앞서 강화를 받아 왔던 행동이 더 이상 강화를 받지 못하게 됨으로써 그 행동이 더 이상 나타나지 않는 사태를 말한다. 예를 들어, 아이가 잠자리에서 칭얼거리는 행동을 수정하기 위해 아이가 잠투정을 하더라도 부모가 더 이상 관심을 주지 않으면 더 이상 투정을 부리지 않을 것이다. 소거의 원리는 다음과 같다.

소거를 사용할 때는 다음과 같은 점들을 알고 있어야 한다.

① 소거를 사용할 경우 유아들은 초기에는 강화가 더 이상 주어지지 않는 것에 대해 저항을 하는 수가 있다.

② 소거를 사용할 때 초기에는 간혹 예기치 못한 새로운 행동이나 공격적 행동 같은 정서적 반응이 나타날 수도 있다(소멸 발작).

③ 문제행동이 소거되고 난 후 일정 기간이 지나면 다시 동일한 행동이 나타날 수도 있다(자발적 회복).

④ 소거에 대한 저항의 강도는 그 행동에 대한 강화 및 강화계획의 유형에 따라 다르다.

⑤ 단순히 무시하는 것으로 소거를 시행하는 경우에는 오직 관심이 강화제 역할을 하는 경우만 효과가 있다.

⑥ 만일 자발적 회복기간에 다시 강화가 주어지면 소거가 실패한다.

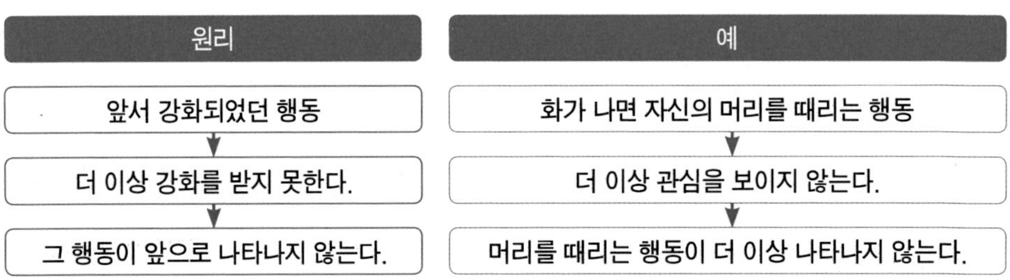

그림 6-4 소거의 원리와 그 예

(5) 벌(punishment)

벌은 강화와는 달리 부정적인 의미를 지니고 있기 때문에 교육장면에서는 바람직하지 못한 훈육방법으로 간주된다. 실제 교육장면에서 벌은 강화에 못지않게 자주 사용되고 있다. 대부분 교육자나 부모들은 벌의 부정적 효과를 인정하고 있음에도 불구하고 필요악이라고 생각한다. 벌을 교육적으로 바람직하게 사용하기 위해서는 벌에 대한 충분한 이해와 함께 현실 속에서 다양하게 적용될 수 있어야 한다.

행동주의 학습이론에서 벌이란 '특정한 행동에 대하여 어떤 자극을 제시하거나 제거함으로써 그 행동의 발생을 감소시키는 절차'를 말한다. 이 정의는 그 구조가 강화와 매우 유사하다. 강화를 정적 강화와 부적 강화로 나누듯이 벌도 정적 벌과 부적 벌로 나뉘며 그 의미를 이해하는 방식도 동일하다.

우선 정적 벌(positive punishment)란 '어떤 행동에 뒤이어 자극을 제시함으로써 그 행동의 발생가능성을 감소시키는 절차'이다. 아이가 잘못했을 때 꾸중을 한다거나 체벌을 가하는 것이 정적 벌의 쉬운 예이다. 부적 벌(negative punishment)란 '어떤 행동에 뒤이어 자극을 제거함으로써 그 행동의 발생가능성을 감소시키는 절차'이다. 예를 들어, 아이가 약속을 지키지 않았을 때 용돈을 감한다거나 TV 시청시간을 줄이는 것 등이 해당된다.

두 종류의 벌은 '미래의 행동 발생가능성을 증가시킨다'는 점에서 동일하다. 차이는 자극의 제시 또는 제거에 있다. 특정 행동에 뒤이어 다른 자극을 제공하는 것은 정적 벌이며, 기존이 이미 대상이 확보하고 있는 자극의 전부 또는 일부를 제거하는 경우는 부적 벌이다. 앞서 강화에서 이야기했듯이 정적과 부적이란 개념을 더한다거나(+), 뺀다거나(−) 하는 의미로 이해하면 혼돈을 피할 수 있다. 〈표 6−3〉은 정적 강화와 부적 강화, 그리고 정적 벌과 부적 벌의 관계를 요약한 내용이다.

표 6-3 강화와 벌의 유형

구분	유쾌자극	불쾌자극
자극의 제시(+)	정적 강화	정적 벌
자극의 제거(−)	부적 벌(또는 소멸)	부적 강화

벌은 확실하고 신속하게 행동의 빈도를 감소시키는 방법이다. 그러나 여러 가지 이유로 벌의 사용을 반대하고 있다. 먼저, 벌이 어떤 행동의 변화를 초래한다고 하더라도 그 결과는 강화만큼 예측이 가능하거나 성공적이지 못하다. 또한 벌은 어떤 상황에서는 바람직하지 않은 행동을 감소시키는 것이 아니라 오히려 그것을 고착시킬 수 있다. 특히 벌의 부산물이 불행한 결과를 초래할 수 있다. 그럼에도 불구하고 벌을 사용해야 할 경우에 몇 가지 원칙과 기준을 지켜야 한다.

① 벌을 주기에 앞서 무엇이 문제인지를 언어적으로 설명하고 나서, 유아가 그것을 인정했을 때만 벌을 주어야 한다.
② 벌은 문제행동이 발생한 즉시, 즉각적으로 주어야 한다.
③ 약한 벌을 주다가 강한 벌을 주는 쪽으로의 이행은 피해야 한다.
④ 문제행동에는 벌을 주며, 동시에 바람직한 행동으로 전환되면 강화를 주어야 한다.
⑤ 강화를 받을 수 있는 바람직한(적응적) 행동의 대안이 있어야 한다.
⑥ 벌을 주기 전에 몇 번의 경고를 해주어, 유아가 그 벌을 피할 수 있는 암시나 신호로 받아들일 때 효과적이다.
⑦ 벌은 감정적으로 하지 말고 잘못한 행동의 크기에 상응하는 만큼만 주어야 한다.

(6) 교육적 활용과 시사점

① 교육적 활용

학습자의 행동을 변화시키기 위해서는 표적 행동에 대한 면밀한 분석이 필요하다. 여기에서 ABC 모델을 통하여 행동주의 학습이론의 교육적 활용하는 문제를 알아보고자 한다. 이 모델의 핵심은 행동이 어떤 상황에서 나타났으며 행동이 나타난 후 어떤 결과가 초래되었는지를 이해하는 것이다. 이 모델에서 행동(behavior: B)이 일어나기 직전의 상황을 선행사태(antecedent: A)라고 하며, 행동이 일어난 후의 상황을 후속결과(consequence: C)라고 한다. 따라서 이러한 상황을 순서대로 나열하면 선행사태(A) → 행동(B) → 후속결과(C)이다. 예를 통해 보다 자세히 살펴보기로 하자.

아래 예에서 바닥에 휴지가 떨어져 있는 상태는 아이가 휴지를 줍는 행동을 보이기 앞선 상황이고 휴지를 줍고 난 다음 어른이 아이를 칭찬하는 행동은 휴지를 주운 결과 나타난 사태이다.

선행사태(A)	행동(B)	후속결과(C)
바닥에 휴지가 떨어져 있다 →	아이가 휴지를 줍는다 →	곁에 있던 어른이 아이에게 칭찬을 한다.

→ 그 후 아이는 바닥에 떨어져 있는 휴지를 줍는 행동을 자주한다.

이 모델은 전형적인 정적 강화의 예인데 이와 같이 행동의 전후를 분석해 보면 행동의 원인을 찾는데 유용한 정보를 제공해 준다. 위 예에서 휴지를 잘 줍는 아이는 아마도 이전에 위와 같은 경험이 있었기 때문일 수도 있다. 즉, 아이가 한 번 휴지를 줍는 행동을 보였을 때 주변에서 칭찬을 받았기 때문에 그 아이는 휴지 줍기를 잘 한다고 이해할 수 있다.

한편 이 모델에서 선행사태에 초점을 맞춰 보자.

선행사태(A)	행동(B)	후속결과(C)
친구들과 모래놀이를 하고 있다. →	친구와 사이좋게 지낸다. →	교사에게 칭찬을 받는다.
친구들과 블록놀이를 하고 있다. →	친구를 때린다.	→ 교사가 달려가 때리지 못하도록 말린다.

위 예에서 보면 유아는 모래놀이를 할 때는 아이들과 사이좋게 놀지만 블록놀이를 할 때마다 친구와 싸우거나 때리는 행동을 나타낸다. 그렇다면 아이의 때리는 행동은 블록놀이 활동과 관련이 있을지도 모른다. 이때 교사는 그 원인을 찾아볼 수 있다. 아마도 블록의 수가 부족해서 원하는 것을 차지하려고 공격적 행동을 보이는지도 모른다.

이상과 같이 행동수정에서는 문제행동 발생의 이전의 상황과 이후의 결과를 분석하는 데 초점을 둔다. 현장에서 교사들이 A–B–C모델에 따라 아이들의 행동을 분석해 보는 훈련을 하게 되면 문제행동의 원인을 찾는 데 적지 않은 도움이 될 것이다.

② 시사점

현대 심리학에서 과학적으로 인간의 학습행동을 연구하고 체계화시킨 것은 행동주의이다. 특히 학습행동을 기술하고 설명하는 데 있어서는 독보적인 공헌을 하였다. 행동주의 학습이론이 교육에 주는 시사점은 다음과 같다.

첫째, 아동들이 나타내는 상당한 정도의 행동은 특정의 조건화에 의해서 습득된 것이다. 인간행동의 상당한 정도가 환경으로부터 학습된 것이다. 특히 아동들의 행동은 성인들보다 환경적 조건의 영향을 더 많이 받는다. 즉, 어떤 행동의 결과가 어떤 아동에게 만족을 가져다주면 그 행동은 강화되고 그렇지 못하면 소거된다. 따라서 아동들의 행동을 보다 잘 이해하기 위해서는 그 행동을 존속 또는 강화시켜 주는 원인(즉, 그 행동이 낳은 결과)이 무엇인가를 규명하여야 한다. 그래야만 그러한 행동을 교육목표에 적합하도록 교정해 줄 수 있기 때문이다.

둘째, 항구적이고 지속적인 학습효과를 거두기 위해서는 여러 가지 강화계획(reinforcement schedule)을 변별하여 적절하게 사용하여야 한다. 새로운 지식이나 행동을 학습하였을 때 초기에는 자주 강화자극을 주고 차츰 그 빈도를 줄여간다.

셋째, 아동들은 개인차가 심하기 때문에 각 아동의 발달 수준과 학습단계에 맞는 학습을 시키려면 개별학습이 필요하다.

넷째, 자발적인 흥미를 유발시키지 못하는 과제를 학습시켜야 할 경우에는 인내심을 길러줄 수 있는 특별한 강화계획을 활용해야 한다.

(7) 행동주의에 대한 비판

행동주의 학습이론은 20세기 교육현장에 광범위한 영향을 미쳤다. 그러나 행동주의 학습이론은 다음과 같은 문제점들이 지적되고 있다.

첫째, 인간성 속에는 분명히 조작되고 변형될 수 있는 측면들이 있는 것이 사실이다. 따라서 어느 정도까지의 인간성은 만들어질 수도 있고 인위적으로 조작 변화될 수 있다. 그러나 조작될 수 없고 계획적으로 실험할 수 없는 측면이 있다. 기억력, 이해력 기술 같은 것은 상당한 정도로 조작될 수 있는 능력이지만 인간의 직관력, 영감, 상상력 같은 능력은 현재의 과학으로는 조작이 불가능하다.

둘째, 스키너의 행동주의 심리학이 저지르고 있는 오류는 그가 개발해 낸 인간행동의 객관화 원칙과 조종방법들이다. 이것은 스키너가 동물실험을 통해서 찾아낸 것이다. 동물의 경우는 우리가 얼마든지 조건을 통제하여 실험할 수 있지만, 인간은 완전한 통제가 불가능하다. 우선 유전적 변인들을 통제할 수 없고 경험을 통제할 수 없다. 인간성이 유전과 경험에 의해서 형성된다고 할 때 이 두 가지를 통제할 수 없는 한 인간성을 객관화시켜 실험 연구한다는 것은 불가능하다.

셋째, 행동주의 실험이 불가능한 인간적 요인이 있다. 즉, 인간성 속에는 반복이나 실험이 불가능한 측면이 있다. 모든 동물은 일정한 본능적 반응법칙에 따라 동일한 적응양식을 갖지만 모든 사람은 각자가 자기 나름의 선택적 행위로서 적응하고 따라서 같은 조건이나 환경에 대한 적응양식이 사람마다 다르고, 같은 사람이라도 적응할 때마다 양식이 변할 수 있다. 겉으로 나타나는 행동의 양식도 그렇지만 객관화할 수 없는 내면적 반응에서 더욱 그렇다. 따라서 인간에 관한 한 보편적 법칙이 무의미한 경우가 자주 생긴다.

넷째, 교육현상이란 일차적으로는 사람과 사람의 접촉현상이다. 어떤 이유 때문에 접촉하든지 사람과 사람이 만날 때에 그것은 전인적인 접촉일 수밖에 없다. 따라서 교육은 어떤 방법적인 기술이나 계획된 절차나 과정이기에 앞서서 사람과 사람 사이의 관계현상 전체이다. 실제로 우리는 그가 교사이건 누구이건 간에 어떤 사람에게서 그의 인격 중의 다른 것은 전혀 고려하지 않고 그의 기능만을 따로 분리해서 생각하는 일은 불가능하다. 현실적으로는 아무리 기능인이라 할지라도 그가 다른 사람과 접촉할 때에는 기능 이외의 부분도 함께 작용한다. 행동주의 교육이론에서 주장하듯이 교사가 기능인이라고 가정하더라도 교사의 교육행위에서 기능만이 작용하지는 않는다. 교사는 아동과 접촉할 때에 기능인일 수만은 없다.

다섯째, 무엇을 위한 교육인가, 어떤 사람을 만드는 교육인가 하는 문제가 제기될 수 있다. 즉, 교육의 목적과 방향에 대해서 무관심한 채로 목적에 도달하는 방법에만 치중하면 교육은 도구적인 의미만을 갖게 된다.

여섯째, 행동주의 교육은 강제적인 성격을 지니고 있다. 교육받는 사람의 요구가 아니라 교육하는 사람의 요구에 따라 인간을 만드는 것이다.

5) 반두라(Bandura)의 관찰학습

(1) 관찰학습의 개념

인간은 직접적인 경험에 의해서 학습할 수 있지만 다른 사람이 하는 것을 보거나 이야기를 듣고서도 학습할 수 있다. 실제로 수행해 보거나 보상을 받는 일이 없어도 새로운 행동을 학습할 수 있다. 관찰학습은 어떻게 가능한 것일까? 초기의 학자들은 사람이 일종의 모방본능을 갖고 있다고 믿었다. 사실 어떤 동물은 아주 어릴 때 그의 주위에 어미같이 항상 좋은 모델이 존재하면 자동적으로 모방한다.

Bandura

반두라는 환경이 인간에 미치는 영향뿐만 아니라 인간이 환경에 미치는 영향도 중요하다고 보았다. 그는 대부분의 인간 학습은 다른 사람들이나 책 또는 TV 속의 인물과 같은 상징적 모델을 관찰하고 모방함으로써 일어난다고 생각하였다. 인간은 이러한 모방하는 행위에 대해 스스로에게 또는 대리적으로 강화를 받음으로써 모방하는 학습을 한다. 따라서 어떤 측면에서 모방이란 조작적 조건화 원리에 따라 설명될 수 있다. 따라서 관찰학습은 성공적인 모델의 행동을 관찰하고 모방함으로써 학습하는 것을 의미한다.

반두라는 관찰학습증명하기 위한 '보보인형' 실험을 실시하였다. 실험집단 유아들에게는 인형을 발로 걷어차거나 집어던지거나 짓밟는 성인의 행동을 관찰하도록 하고, 통제집단 아이들에게는 인형을 잘 가지고 노는 행동을 관찰하도록 하였다. 그 후 동일한 모양의 인형을 두 집단 아이들에게 주었더니 실험집단 아이들은 인형에 대해 관찰했던 것과 유사한 공격적 행동을 보였다.

또 다른 실험에서 실험집단 아이들에게는 인형에 대해 공격적 행동을 보이는 아이들을 어른이 칭찬해 주는 모습을 관찰토록하고 비교집단 아이들에게는 벌을 주는 모습을 관찰토록 하였더니 실험집단의 아이들이 비교집단 아이들에 비해 동일한 인형이 주어졌을 때보다 공격적인 행동을 보였다고 한다.

이 실험에서 아이들은 다른 사람들의 행동을 모방함으로써 새로운 행동을 습득한다. 또한 다른 사람의 행동뿐 아니라 그 사람의 행동에 뒤따르는 후속 결과에 의해서 그 행동을 모방하는 빈도나 강도에 영향을 받는다. 반두라의 이론은 학습이 모방을 통해 이루어지는 과정을 다루고 있어서 모방이론이라고도 하며, 사회적 장면 속에서 학습이 이루어진다는 점에서 사회학습이론이라고 한다. 사회학습이론에서는 직접 강화뿐만 아니라 대리적 강화 및 자기강화까지도 강화의 개념 속에 포함시킴으로써 강화를 폭 넓게 정의하고 있다.

(2) 관찰학습의 과정

반두라는 관찰학습은 언제나 일어나며, "관찰학습을 할 수 있는 능력이 완전하게 발달하고 난 다음이면 본 것을 막을 길이 없다."고 하였다. 또한 관찰학습은 외현적 반응이나 강화를 반드시 요구하지 않는다는 것이 반두라의 생각이다.

반두라(1977)에 의하면 관찰학습은 4가지 과정으로 이루어진다.

① 주의집중 과정(attentional processes) : 모델로부터 무엇을 학습하기 전에 우선 모델에 주의집중해야 한다. 모델의 여러 가지 특징들도 주의집중을 받는 정도에 또한 영향을 미친다. 모델의 행동을 관찰하지 않으면 학습은 일어날 수 없다. 모델에 의한 주의집중은 모델의 특징과 관찰자의 감각능력 같은 여러 가지 요인에 의존한다.

② 파지 과정(retentional processes) : 학습자는 관찰내용을 조직하고 파지하며, 경험을 시연한다. 상상과 언어를 통해서 학습자는 관찰내용의 표상, 즉 인지도를 구성한다.

③ 운동재생 과정(motor reproduction processes) : 신체능력에 따라 학습자는 인지적 표상을 행동으로 변화시킨다.

④ 동기화 과정(motivational processes) : 모범행동의 실제적, 상상적 보상이 그 행동의 발현가능성을 결정한다.

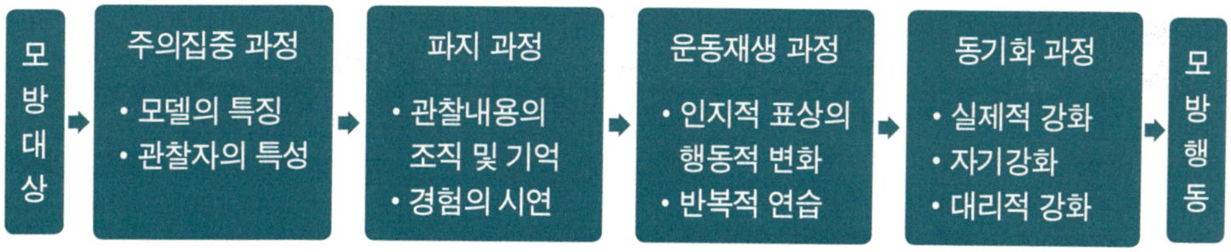

그림 6-5 관찰학습의 과정

(3) 관찰학습의 교육적 시사점

반두라의 관찰학습이론은 도구적 행동주의 방식의 학습과는 다르다. 우리는 낯선 장소에 갔을 때 다른 사람들의 행동을 유심히 관찰한 후 그대로 따라해 본 경험을 누구나 가지고 있을 것이다. 물론 이렇게도 해보고 저렇게도 해보는 시행착오 과정을 겪기도 하지만, 가장 빠른 방법은 다른 사람의 행동을 보고 그대로 따라하는 것이다. 자동차 운전을 시행착오를 통해 배운다는 것은 극히 위험한 일이다. 위험한 기계를 다루는 일을 배우는 경우에도 숙련자가 조작하는 것을 지켜봄으로써 빠른 시간 내에 안전하게 기계를 다루는 법을 습득할 수 있을 것이다. 물론 이 과정에서는 기계장치에 관한 지식도 습득하고, 구두로 설명을 듣는 일도 필요할 것이다. 위에서 설명한 관찰학습의 과정을 보면, 제일 처음 단계는 모델의 행동에 주목하는 것이다. 교실에서도 교사의 수업에 집중하는 일은 가장 기본적인 학습자의 태도이다. 이는 부분적으로 교사에 의해서 지시되고 통제될 수 있는 행동이다. 또한 주목행동과 함께 그 다음으로 요구되는 것이 파지와 재생과정이다. 교사가 시범을 보이고 학습자들은 교사의 시범행동을 인지적으로 기억해야 하며, 기억한 것을 행동으로 표출하는 것이 필요하다. 학습장면에서 학습자들에 의해 이러한 파지와 표출이 이루어질 수 있도록 교사는 학습자들에게 반복적으로 시범을 보여주고 연습을 할 수 있는 기회를 제공해야 한다. 또한 표출된 모방행동이 오랫동안 유지되기 위해 필요한 동기화 과정은 학습자들에게 올바른 모방행동 후에 적절한 보상이나 강화가 주어져야 할 것이다.

3. 인지주의 학습이론

1) 초기 인지주의 학습이론

학습의 과정에 관한 또 하나의 시각은 인지주의적인 입장이다. 행동주의가 주로 경험에 의한 행동의 변화를 다룬 데 반해 인지주의적인 입장은 인간의 정신 과정, 즉 사물을 인식하고 해석하고 기억하는 방법 등에 그 초점을 둔다. 이러한 인지주의적인 관점은 1950년대 이후부터 많은 관심을 받기 시작했지만, 이들의 입장은 이미 19세기 후반 분트(W. Wundt)에 의해 시작되었다고 볼 수 있다. 분트와 그의 동료들은 내성(內省)주의자라고 불렸는데 이들은 인간의 인지(엄밀히 말하면 의식)를 연구하면서 내성법(스스로 자신의 내면에서 일어나는 것을 보고하게 하는 방법)을 사용하였다. 그러나 이러한 입장은 객관성이 부족하였고, 정신 과정을 입증할 만한 정밀한 연구도구가 부족하였기 때문에 그다지 큰 영향을 미치지 못하였다.

그러나 제2차 세계대전을 거치면서 인지심리학이 재조명되기 시작하였다. 경험 많은 조종사가 특별한 이유 없이 비행 중에 서로 충돌하는 이유와 같은 문제에 관심을 가지면서 이러한 문제들을 그때까지 주류를 이루고 있던 행동주의 심리학으로는 설명되지 않았다. 또한, 여러 학자들이 인간의 학습행동에 대한 행동주의 심리학의 설명이 부적절함을 지적하였다. 예를 들어, 보우스필드(Bousfield, 1953)는 동물이름, 사람이름, 채소이름, 직업이름 등 네 가지 범주에 속하는 60개의 단어를 대학생들에게 암기하여 기억하게 했다. 그 결과 대부분의 학생들은 범주에 따라 단어들을 모아서 기억한다는 사실을 밝혔다. 이러한 현상은 단어가 범주별로 제시되지 않고 무작위로 순서 없이 제시되었기 때문에 먼저 제시된 단어가 자극이 되어 다음 단어를 기억한다는 행동주의적인 관점으로는 이를 설명할 수 없었다. 그리하여 자극과 반응의 결합으로는 인간의 학습을 완전히 설명할 수 없다는 생각에서 새로운 관점이 필요하게 되었다. 이러한 배경에서 인지주의 이론이 대두되게 되었다.

그렇다면 인지주의 학습이론이 교육에서 왜 중요한가? 교육과 어떤 관련이 있을 것인가? 교사가 반드시 알아야 하는 이유는 무엇인가? 앞서 배운 행동주의 학습이론만으로는 부족한가? 행동주의 학습이론은 우리가 단순하고 기계적인 행동을 어떻게 습득하는지를 이해하는 데 분명 도움이 되지만, 학습이란 그리 단순하지 않다. 행동주의는 관찰 불가능한 행동이나 현상은 과학이 될 수 없다고 주장하였지만, 외현적 행동의 이해만으로는 인간의 복잡한 사고 과정을 예측하거나 설명할 수 없다. 20세기 초반과는 달리 이미 과학은 인간의 사고 과정을 체계적으로 연구하고 증명할 수 있을 만큼 충분히 발달하였다. 인간이 어떠한 과정을 통해 정보를 기억하며 기억한 정보를 어떻게 사용하는지에 대한 그간의 많은 연구결과는 교육장면에서 효과적인 교수-학습 과정에 응용하는 데 많은 도움이 될 수 있다. 교사들은 학생들이 배운 내용을 단순히 암기하는 것만이 아니라 후에 유용하게 사용할 수 있기를 기대한다. 학습은 단순히 보고 듣고 경험한 것을 기억하는 것보다 더 복잡하다. 따라서 학습자들의 복잡한 사고 과정을 이해하기 위해서 인지주의 학습이론은 교사들에게 효과적인 교수활동과 관련하여 훌륭한 정보를 제공한다.

행동주의 학습이론과 인지주의 학습이론의 차이를 비교하면 다음 〈표 6-4〉와 같다(신종호 외, 2015).

표 6-4 행동주의 학습이론과 인지주의 학습이론의 비교

	행동주의 학습이론	인지주의 학습이론
학습자	수동적인 존재(환경에 의해 지배받음)	적극적인 존재 (환경을 지배)
지식	자극과 반응의 연합이 모인 집합체	정신적인 구조와 도식을 변화시키는 자극이자 그 결과물
의식과 동기	관심을 두지 않음	탐구되어야 할 영역
연구방법론	실험연구를 통한 행동의 유의미한 변화 탐색	사고발성법과 같이 내적 사고의 변화를 확인할 수 있는 다양한 연구방법론
교육관	바람직한 방향으로의 행동변화를 위한 체계적 접근	개인의 내적 사고 체계를 능동적으로 구성해가도록 돕는 활동

(1) 톨만(Tolman)의 잠재학습이론

톨만(Tolman)은 행동주의가 심리학의 주류였을 때 그는 전통적인 행동주의자들과는 달리 내적인 정신 과정에 근거하여 자신의 실험결과를 해석하였다. 그는 학습이 단순히 행동주의자들이 주장하는 자극과 반응의 결합이 아닌 보다 포괄적인 현상이라는 것을 주장하였다. 즉, 스키너(Skinner)가 학습을 강화(reinforcement)의 효과로 간주하였지만 톨만(1932)은 학습을 인지적 변화로 간주하였다. 이러한 서로 다른 견해는 쥐의 미로학습을 설명하는 문제에서 드러난다.

톨만의 실험은 다음과 같은 절차로 수행되었다. 그는 쥐를 서로 다른 강화조건을 가진 세 무리(집단)로 나누어 미로학습을 시켰다. 미로는 상자 속에 칸막이를 치고 어떤 곳은 막히도록 하여 입구에서 출구까지 빠져나가기 어렵게 한 장치이다. 첫 번째 무리의 쥐들에게는 첫날부터 미로 찾기 학습에 성공(미로를 빠져나옴)하면 그때마다 강화물로 음식물이 제공되었으며, 두 번째 무리의 쥐들에게는 성공하여도 아무런 강화물도 주어지지 않았다. 그리고 세 번째 무리의 쥐들에게는 처음 10일까지는 아무런 강화물도 주지 않다가 11일째부터 성공하면 강화물을 주기 시작하였다.

그 결과 시간이 경과함에 따라서 감소하는 실패의 빈도는 행동주의에서 강조하는 강화의 결과로 해석하기에는 무리가 있었다. 첫 번째 무리는 시간이 지남에 따라 계속적으로 실패를 적게 했다. 두 번째 무리는 실패가 그다지 줄어들지 않았다. 그리고 세 번째 무리는 처음 10일까지는 실패가 줄어들지 않았으나 11일 후에는 급격하게 줄어들어 첫 번째 무리와 차이가 없었다.

여기에서 첫 번째 무리와 두 번째 무리의 차이는 행동주의자들의 주장대로 강화물에 따른 차이로 설명할 수 있었다. 그러나 세 번째 무리는 강화물의 영향으로는 설명할 수 없었다. 행동주의 이론에 따르면 세 번째 무리의 쥐들은 강화물이 제공되는 11일째부터 실패의 빈도가 첫 번째 무리의 초기 형태와 같아야 한다. 하지만 실패의 빈도가 첫 번째 무리와 같은 수준으로 급격히 낮아졌다. 이는 강화물이 없이도 첫 10일 동안 무언가 학습이 되고 있었음을 의미하며 강화물은 단지 습득된 학습이

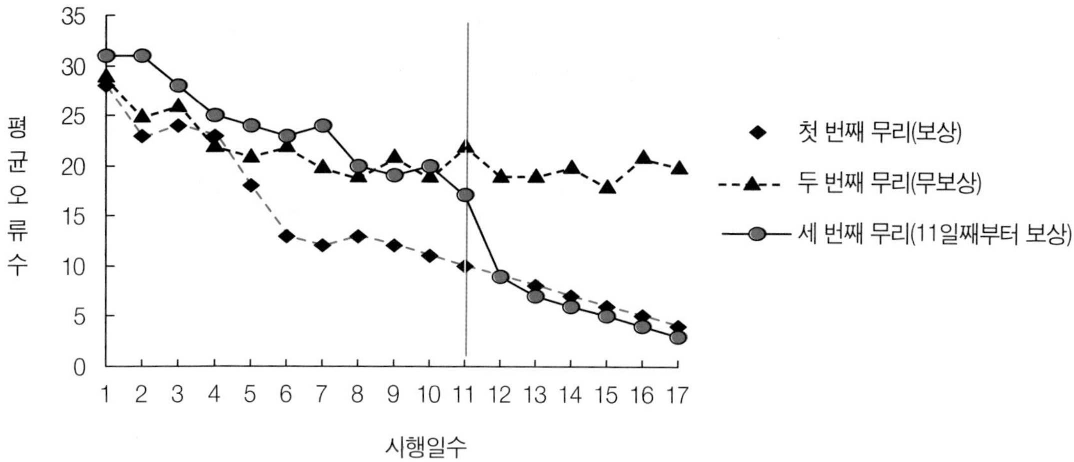

그림 6-6 톨만의 미로학습 실험의 결과

행동으로 나타나도록 만드는 역할만 할 뿐이라는 사실을 보여준다. 강화를 받지 않을 때라도 쥐가 미로 속에 머물면서 기억 속에 지도를 작성하고 있다고 생각할 수 있다. 기억과 같은 인지를 사용했다고 하여 이를 인지학습이라 한다. 이 학습은 이미 일어났지만 강화가 있을 때까지 잠재되어 있었다가 나타났다고 하여 잠재학습(latent learning)이라 한다.

쥐가 미로를 빠져나가지 못하다가 빠져나가게 된 것은 미로를 빠져나간 후에 먹이라는 강화를 받을 수 있기 때문이라는 설명이 스키너의 이론이고, 강화에 관계없이 인지적 변화가 일어나기 때문이라는 설명이 톨만의 이론이다. 이 실험은 학습의 과정을 자극과 반응 간의 관계로만 설명할 때 어떤 문제가 생길 수 있는지를 잘 보여준다. 이러한 톨만의 시각은 형태주의 심리학(gestalt psychology)과 깊은 관련이 있다.

(2) 형태주의 심리학 이론

형태주의 심리학은 인간이 정보를 받아들이는 과정과 이러한 정보가 학습되고 기억되는 과정에 관심을 갖는다. 즉, 감각기관을 통해 들어온 정보의 형태를 인지하고

그림 6-7 부분과 전체의 관계

해석하는 인간의 지각에 대한 문제에 가장 큰 관심을 가지고 있다. 인간이 문제를 지각하는 방식에 대한 형태주의 심리학의 기본적인 관점은 다음과 같다(임규혁 · 임웅, 2007 참고).

우리가 무언가를 경험할 때, 종종 실제 존재하는 사실과는 다르게 받아들이게 된다. 이는 베르트하이머(M. Wertheimer, 1959)의 파이현상(phi phenonenon) 혹은 가현운동(假現運動, apparent movement)으로 잘 알려져 있다. 파이현상이란 두개의 전구 불빛이 번갈아 켜졌다 꺼졌다를 반복하게 되면 마치 불빛이 움직이고 있다고 착각하게 되는 현상이다. 영화(초당 24 frames)와 네온사인 등의 원리이다. 이처럼 파이현상은 우리가 경험하고 있는 것이 때로는 경험의 본질과는 상당히 다를 수 있음을 보여준다.

전체는 단순히 부분의 합이 아닌 그 이상을 의미한다는 주장은 인간행동을 가장 단순한 요소로 작게 나누어 설명하려는 행동주의의 환원주의(reductionism : 존재하는 모든 다양한 현상을 최하위 계층의 법칙과 개념으로 설명하려는 입장)에 반대하는 것으로, 복잡한 현상을 단순한 요소로 분해하는 것이 현상에 대한 전체적인 모습을 왜곡하게 된다고 주장한다.

인간은 자신의 경험을 나름의 방식으로 구조화하고 조직화한다는 것이다. 앞서 언급한 파이현상 역시 두 개의 반짝이는 빛을 하나의 움직이는 빛으로 구조화하는 인간의 인지속성을 설명한다.

이처럼 형태주의 학자들은 인간의 감각기관을 통해 들어오는 정보의 형태를 인지하고 해석하는 인간의 지각에 대한 문제에 관심을 가지고 있으며, 지각된 정보가 구조화되고 조직화되는 원리를 밝히고자 한다.

쾰러(W. Köhler, 1925)가 제안한 통찰설(insight theory)이나 레빈(K. Levin, 1942)의 장이론(field theory)은 이러한 형태주의 심리학의 입장을 잘 반영해 주고 있다.

① 쾰러(Köhler)의 통찰설

통찰(insight)이란 문제 상황에서 갑자기 문제해결이 이루어지는 현상이다. 쾰러(1917)는 침팬지의 문제해결능력을 알아보는 실험을 하였다.

침팬지가 우리에 들어 있고, 침팬지의 손이 닿지 않는 우리 천장에 바나나가 달려 있다. 바나나를 따려 해도 손이 미치지 않자 침팬지는 우리 주변에 있는 막대기 두 개를 끈으로 이어 바나나를 따려 하지만 역시 손이 미치지 못한다. 그러자 갑자기 우리 안에 있는 통을 딛고 올라서서 막대기로 바나나를 땄다.

쾰러에 의하면 이러한 문제해결은 침팬지가 인지적 요소들을 새롭고 유목적인 전체로 재구성하는 능력에 의존하는 것이며, 침팬지도 사람처럼 분명히 사고를 하는 것 같다는 것이다. 이러한 통찰에 도달함으로써 쉽게 문제를 해결하고 '아! 이젠 알았다'와 같은 절정경험을 맛보게 된다. 그리고 동물이나 인간이 기계적인 반복훈련이 아니라 통찰에 의한 학습내용은 거의 망각하지 않게 된다고 쾰러는 주장한다. 통찰학습 장면에서 동물은 임의적으로 자극과 반응을 연합한 것이 아니라, 부분의 요소들을 유의미한 전체로 관련짓고, 의미 있는 인지구조를 형성한 것이다.

쾰러의 실험에서 침팬지는 먹이를 바로 딸 수 없었다. 먹이를 따기 위해 물건들을 조합하여 새로운 도구를 만들었다. 이 먹이를 딸 수 있는 새로운 도구를 만들기 위해 먹이까지의 거리나 의자 등 각 물건의 특성을 파악해야 할 것이다. 이러한 점에서 그 과정이 어떤 문제를 해결하는 인지 과정이라 할 수 있다. 이 인지 과정에서 주변의

그림 6-8 침팬지 학습실험

물건이 다른 용도를 각각 가졌지만 모두 한 용도로 체제화되었다. 이 체제화는 한 순간에 일어나서 문제를 해결하게 한다고 하여 '아하'라는 통찰이라고 하고 이를 통한 학습을 통찰학습(insight learning)이라 한다.

② 레빈(Lewin)의 장이론(field theory)

레빈에 의하면 학습 과정의 첫 단계로서의 인지는 분석적으로 이루어지는 것이 아니고 전체적 장(field)의 관계로 이루어진다는 것이다. 장이란 인지가 일어날 때 그 사람에게 심리적으로 영향을 준 전체적 상황이라는 뜻이다. 장에 대해서 중요한 것은 장에 있는 어떤 것도 분리해서 존재하지 않는다는 것이다.

형태주의 심리학자들은 장의 개념을 여러 가지 수준에서 사용한다. 형태 그 자체를 장이라고 생각할 수도 있고, 인지된 환경을 장이라고 생각할 수도 있고, 사람 자신을 역동적인 상호관련체제라고 생각할 수 있다. 형태주의 심리학자들은 사람에게 일어난 모든 것은 그에 관한 다른 어떤 것에도 영향을 준다고 생각한다.

레빈은 학습을 생활공간(life space)이 보다 고도로 분화하면서 장의 인지구조가 변화하는 것으로 보았다. 그는 행동에 대한 공식으로 B=f(P×E)를 제시했는데 여기서 B는 행동(behavior)이며, P는 개인(person), 그리고 E는 환경(environment)을 의미한다. 이 공식을 놓고 보면 인간의 행동은 개인과 환경의 상호작용에 의해서 나타난다는 것이다. 그렇기 때문에 장이론에서 학습이란 개인이 지각하는 외부의 장(환경)과 내적 · 개인적 영역의 심리적 장(개인)의 관계에서 인지구조의 성립 또는 변화라고 할 수 있다(임규혁 · 임웅, 2007).

2) 정보처리이론

인지주의 학습이론은 지식이 학습자 내부에서 어떻게 구조화되고 체계화되는가에 관심을 갖는다. 따라서 기존의 지식구조를 이해하고, 새로운 지식이 기존의 지식과

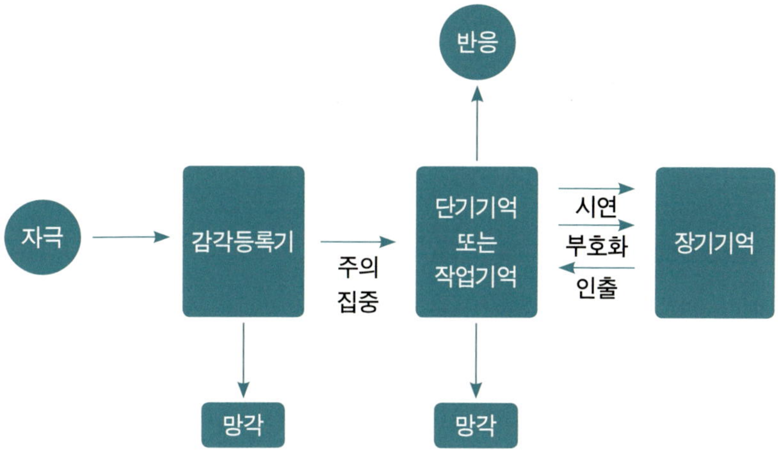

그림 6-9 기억저장고 모델에 따른 기억 과정

출처: Atkinson, R. C. & Shiffrin, R. M. (1968).

관계를 맺어 나가는 과정에 대한 탐구는 인지주의 학습이론에서 매우 중요한 주제라 할 수 있다. 새로운 정보가 들어오고, 이를 기억하고, 다시 인출하는 일련의 과정에 대해 밝힌 이론, 즉 학습자의 내부에서 학습이 되는 과정을 설명하고자 한 이론이 정보처리이론(information processing theory)이다.

정보처리이론은 인간이 정보를 처리하는 과정을 컴퓨터의 정보처리과정에 비유하고 있다. 따라서 정보처리이론에서는 컴퓨터에 정보가 투입되고, 저장되고, 처리되는 일련의 과정에 관심을 갖는다. 이러한 일련의 정보처리과정의 일반적 모델을 제시하면 [그림 6-9]와 같다.

(1) 정보처리이론의 구성요소

입력된 정보가 머무는 장소를 의미하는 정보저장고(store)는 컴퓨터의 하드디스크와 같이 다양한 정보를 저장하는 장소로 비유할 수 있다. 이러한 정보저장고에는 감각등록기, 단기기억(또는 작업기억), 장기기억의 세 가지가 있다.

이러한 기억의 지속 시간 차이를 설명하기 위하여 심리학자들은 기억의 세 가지 유형 혹은 저장고 모델을 제시하였다. 각각의 특징은 살펴보면 다음과 같다.

감각등록기(sensory register)

감각등록기는 외부에서 들어온 정보를 최초로 저장하는 곳이다. [그림 6-9]에서 보는 바와 같이 외부의 자극은 눈이나 귀와 같은 감각기관에 입력되고, 이러한 정보는 어떠한 관심이나 노력이 주어지지 않으면 아주 짧은 기간(1~3초 이내) 동안 등록되었다가 사라진다. 감각등록기에 한 번에 담을 수 있는 정도의 양은 매우 큰 것으로 알려져 있다. 감각기억의 내용은 원자극의 형태로 일시적으로 저장된다. 시각적인 감각은 사진처럼 부호화되고, 청각적 감각은 소리의 모습으로 부호화된다. 대략 1초 동안 엄청난 양의 감각정보들이 들어온 상태 그대로 남아 있게 되는데 이런 순간이 바로 우리가 그런 정보들을 더 자세하게 처리할 것인지 선택하고 조직할 수 있는 기회가 된다(Woolfolk, 1995).

단기기억 또는 작업기억(sort-term memory or working memory)

감각등록기에 들어온 정보가 특정한 형태로 부호화되고 나면 단기기억으로 들어오게 된다. 단기기억 또는 작업기억은 가지고 있는 정보를 능동적으로 마음속에 저장하는 것이다. 이러한 정보는 감각적인 자료가 아니라 분석되고 의미가 있는 정보이다. 단기기억장치의 기억용량은 5~9개(7±2)이며, 저장 기간은 보통은 시연(rehearsal) 없이 20초 이내지만 최대 1분까지로 알려져 있다.

단기기억은 다음과 같은 여러 가지 기능을 수행한다.

① 단기기억은 현재 지각하고 있는 것이 무엇인지를 알려준다.

② 단기기억은 감각기관으로 들어오는 많은 정보들을 조합하여 세상에 대한 통합을 할 수 있게 해준다.

③ 단기기억은 순간적인 메모리의 역할을 해서 우리가 생각하고 있는 것이나 문

제를 풀고 있는 중에 정보를 계속 가지고 있도록 해준다.

④ 단기기억은 계획이나 현재의 의도를 계속 유지하게 해준다.

장기기억(long-term memory)

정보를 오랫동안 저장할 수 있는 기억이 없다면 인간의 기억능력은 매우 제한될 것이다. 감각기억과 단기기억은 정보를 보유할 수 있는 시간이 길지 않으므로 다른 유형의 기억이 필요하다. 이렇게 정보를 장시간 보유할 수 있는 기억을 장기기억이라고 한다. 장기기억은 과거의 경험을 보존하고 그것을 이용하여 현재의 삶을 영위할 수 있게 해준다. 장기기억이 없다면 바로 전에 지각하였던 것에서 다른 것으로 주의를 돌리자마자 그 정보가 사라져 버릴 것이고 인생은 새로운 경험들로만 가득 차게 될 것이다. 따라서 장기기억이 없다면 학습할 수 있는 능력도 존재할 수 없다.

표 6-5 정보처리 구성요소별 기억의 단계

구분	감각등록기	단기기억	장기기억
정보 저장 기간	1~3초 이내	시연 없이 최대 1분 이내	무한대
저장된 정보의 안정성	빠르게 스쳐 지나간다.	쉽게 방해를 받는다.	쉽게 방해받지 않는다.
저장 용량	무한대	5~9개(7±2개)	무한대
특징	순간적이고, 무의식적	작업기억, 즉각적 의식, 능동적, 시연에 의해 정보가 계속 유지된다.	지식의 기초, 수동적, 부호화(encoding)의 결과

참고 : Lefrancois (2000).

(2) 정보처리과정

정보처리이론의 정보처리과정은 인지처리과정(cognitive process)이라 한다. 인지처리과정이란 외부로부터 들어온 정보를 하나의 저장소에서 다른 저장소로 옮기는 내부적인 지적 활동을 의미한다. 이러한 정보처리과정에는 주의집중, 지각, 시연, 부호화, 인출, 망각 등의 과정이 포함되어 있다.

주의집중

주의집중이란 자극에 반응하는 것이다. 주의집중은 선택적인 특성을 지니고 있어서 선택적 주의라고 한다. 이는 정보가 단기기억으로 들어가는 필터의 역할을 해준다. 어떤 시기에 노출된 모든 자극들에 대해 모두 주의를 기울이는 것은 불가능하다. 따라서 이 자극들 중에서 많은 것을 무시하고 몇 개의 주요 자극에만 주의의 초점을 맞춘다. 주의를 받지 못한 자극들은 단기기억에 아주 약하게 기록되거나 전혀 기록되지 않는다.

지각

지각이란 경험에 의미와 해석을 부여하는 과정이다. 감각등록기에 들어온 자극에 일단 주의집중을 하면 자극에 대해 지각을 하게 된다. 일단 지각이 일어난 자극은 '객관적 실재'로서의 자극이 아니라 개인마다 다르게 받아들이는 '주관적 실재'로서의 자극이 된다. 같은 사물을 보고도 다르게 해석하는 경우를 우리는 자주 볼 수 있다. 결국 지각은 과거 경험의 정도에 좌우된다.

시연

시연은 작업기억 안에서 이루어지는 처리과정으로서 정보를 소리 내어 읽든지 속으로 되풀이하든지 그것의 형태와 관계없이 계속해서 반복하는 것을 의미한다. 작업기억 안으로 들어온 정보는 시연을 통해 파지되기도 하고 장기기억으로 전이가 이루어지기도 한다.

시연을 통한 파지는 전화의 번호를 누를 때를 연상하면 쉽게 이해할 수 있다. 예컨대, 579-3622라는 전화번호를 전화번호부에서 보았고 이를 머릿속에 입력하려 한다면 전화번호에 대한 심상을 형성할 뿐만 아니라 마음속으로 이 번호를 반복해야 될 것이다. 이러한 소리 없는 반복이 시연(rehearsal)이다. 시연은 어떤 자극이 사라지기 전에 그 자극을 활성화하여 '새롭게' 한다. 처음 만난 사람의 이름을 기억하려고 할 때, 혹은 무관한 수나 무의미한 철자들을 기억하려면 열심히 노력하는 시연을 거쳐야 한다.

부호화

일단 정보에 주의집중이 이루어지면 그 정보가 단기기억에 저장되기 위하여 부호화되어야 한다. 부호화란 기억 체계가 사용할 수 있는 형태로 자료를 전환시키는 것을 말한다. 이 형태는 우리가 지각하는 대상이거나 가지고 있는 생각일 수 있다.

시력 검사판의 맨 윗줄에 있는 '가'라는 글자를 보았다고 가정해 보자. 먼저 시각적 심상을 이용하여 이 글자를 단기기억으로 부호화하게 된다. 마치 이 글자가 그려진 그림을 보듯이 이제 눈을 감아도 마음속에 '가'라는 글자를 볼 수 있다. 대상들이 어떻게 보이는가에 대한 기억 흔적(memory traces)이 남아 있다. 보이는 것뿐만 아니라 들리는 것, 냄새, 맛 그리고 느낌에 대하여도 흔적이 남아 있다. 시간이 경과함에 따라 이 흔적은 사라진다.

인출

인출이란 장기기억에서 정보를 찾는 탐색의 과정을 의미한다. 우리가 원할 때 저장된 정보를 인출할 수 없다면 장기기억에 저장된 정보는 무용지물이다. 책을 읽고 있는 경우 인출은 매우 빠르고 거의 자동적이다. 지면상에서 각 단어를 보자마자 그 단어에 대한 기억은 즉각적으로 파악된다. 그러나 인출이 항상 용이하지는 않다. 때로 우리의 기억 속에 있는 내용을 탐색하고 정보를 찾기 위하여 많은 노력을 할 필요가 있다. 그리고 아무리 노력을 하여도 이전에 분명히 기억하였던 사실들이 기억 속에서 발견되지 않는 경우도 많이 있다.

대부분의 인출 과제는 재인(recognition) 혹은 회상(recall)을 포함한다. 재인이란 어떤 자극이 이전에 제시되었는가의 여부를 확인하는 과정이다. 목격자 확인 절차는 재인의 한 예라고 할 수 있다. 여러 혐의자들 중에서 어제 강도짓을 한 사람이 누구인가를 확인하는 것은 재인을 필요로 한다. 이는 마치 우리가 선택형 문제와 단답형 문제를 풀 때를 생각해 보면 보다 쉽게 이해할 수 있을 것이다. 선택형 문제를 풀 때 우리는 재인을 사용한다. 내가 알고 있는 답이 '주의집중'이라면 장기기억 속에 들어있는 정보를 끄집어내어 4가지 답지와 일치하는 것을 찾아 답하는 것이다. 한편, 단답형 문제에 답하는 과정은 회상이라 할 수 있다. 단서가 주어지지 않고 문제가 의미하는 것을 장기기억 속에서 직접 찾아 답해야 하기 때문이다.

망각

망각은 단기기억과 장기기억에서 각각 일어난다. 단기기억에 있는 정보는 빈번히 폐기된다. 단기기억에서 망각이 일어나는 이유는 대치(displacement)와 쇠퇴(decay)이다. 대치는 현재에 초점을 맞추고 있는 정보에서 새로운 정보로 주의를 기울여 시연하는 것을 말한다. 단기기억의 용량은 제한되어 있기 때문에, 어느 시점에 가면 새로운 정보는 이전의 정보를 밀어내고 대신 자리를 차지할 것이다. 다음으로 쇠퇴는 시간이 지남에 따라서 단기기억의 흔적이 약해지는 것을 말한다. 단기기억에서의 정보는 시연하지 않으면 시간이 지남에 따라 기억 흔적이 소멸된다. 이전의 정보를 무시하고 새로운 정보에 주의를 돌릴 때, 이전의 기억 흔적은 즉각적으로 쇠퇴하기 시작한다. 결국 단기기억에서의 망각은 대치와 쇠퇴 때문에 발생한다.

장기기억에서의 망각은 인출 실패, 간섭, 쇠퇴, 동기적 망각, 뇌손상에 의한 기억상실 등이 있다. 인출 실패는 기억할 적절한 단서가 없기 때문에 일어난다. 단서의 형태가 무엇이든지 일단 이용할 수 있다면 신기할 정도로 생생한 회상이 가능하다.

즉, 하나의 기억이 다른 기억에 대한 단서가 되는 것이다. 쇠퇴는 시간이 경과함에 따라 기억 흔적은 점점 약해져 사라지므로 적절한 단서가 주어진다 하더라도 이를 인출하려는 노력은 실패로 돌아갈 수 있다. 간섭이란 다른 기억 때문에 어떤 기억이 희미해지는 것을 말한다. 동기적 망각은 때로 기억하기를 원치 않기 때문에 잊어버리는 현상을 의미한다. 또한 뇌손상으로 인한 기억상실증은 비정상적인 망각으로 분류된다.

3) 작업기억 모델

앞서 설명한 정보처리이론은 인간의 기억 과정을 설명하는 초기 모델으로써 기억의 저장고 모델 또는 표준 모델로 간주된다. 최근에 기억에 대한 표준 모델인 저장고 모델에 동의하지 않는 몇몇 연구자들은 정보를 뇌로 보내어 저장하는 다른 방법들을 제안하고 있다. 이러한 대안을 제안하고 있는 모델들은 작업기억 모델(the working-memory model), 연결모델(connectionist model), 그리고 처리수준 모델(level of processing model) 등이 있는데 여기서는 작업기억 모델에 대해서만 간략히 알아보기로 한다(전윤식 외 역, 2003).

기억에 대한 표준 모델에서 강조하는 것은 세 가지 기억에 관한 것으로, 그 중에서도 감각등록기에서 단기기억으로 그 다음에 장기기억으로 정보의 유입이 계속적으로 일어난다는 점이다. 이에 대해 작업기억 모델은 기존 기억이론을 확장한 모델로써 작업기억을 강조하고 있다. 기존 기억이론에서는 작업기억을 단기기억의 다른 용어로 사용하고 있으며, 장기기억에 저장된 정보를 임시로 보관하는 장소이자, 새로운 지적 활동의 중요한 수단으로 설명하고 있다. 이에 반해 작업기억 모델에서 작업기억이란 단기기억을 포함하는 장기기억의 활성화된 부분으로 본다. 작업기억은 가장 최근에 활성화된 장기기억 부분을 보유하며, 일시적 기억 저장 속으로 보낸다.

작업기억은 기억이 활성화된 형태이다. 작업기억 모델은 정보의 부호화, 통합과 같은 다른 기억 과정을 통제하는 기능을 지니고 있다. 작업기억의 몇 가지 기능은 시각적 및 청각적 정보를 통합하고, 정보를 유의미한 덩어리(청크, chunk)로 조직하며, 새로운 정보를 장기기억 속에 있는 기존의 지식 표상의 형식과 연결하는 것이다.

작업기억 모델은 교사들이 학생들에게 새로운 지식을 장기기억으로 통합되도록 도와주기 위하여, 기존의 지식을 회상하거나 활성화할 것을 강조한다. 더욱이 작업기억은 새롭게 유입된 정보를 이미 장기기억으로 저장했던 지식과 통합하는 것을 강조한다. 예를 들면, 외국 사람에 대한 학생들의 잘못된 개념을 교정하고자 하는 유능한 교사는 학생들에게 외국 사람에 대해 아는 것을 말하도록 요구하면서 수업을 시작할 수 있다. 그 다음에 교사는 외국지역에 대한 영화를 보여주거나 이야기를 들려주고, 학생들에게 외국 사람에 대해 가졌던 첫 번째 생각과 영화나 이야기에서 제시되는 것과 비교하도록 한다. 학생들은 외국에 대한 장기기억 속의 선행 개념을 바꾸어야만 하고, 새로운 정보인 외국 사람들에 관련된 정보를 수업시간에 작업기억 속으로 저장해야 한다.

표 6-6 저장고 모델과 작업기억 모델의 차이

구분	저장고 모델(표준 모델)	작업기억 모델(확장 모델)
용어	단기기억은 때로는 작업기억이라고 불리지만 장기기억과는 분명히 구별됨	작업기억은 단기기억과 장기기억 두 가지를 모두 포함함
기억저장들의 관계	정보는 두 저장소 사이를 이동할 수 있지만 단기기억은 장기기억과 구별됨	단기기억은 장기기억과 완전히 구별되지 않으며, 오히려 장기기억 속의 정보가 현재 활성화된 작업기억의 일부임
모델의 핵심내용	기억저장소들 간의 차이점	정보가 작업기억으로 이동하는 데 활성화의 역할과 기억 과정 속에서 작업기억의 오류에 관한 것

출처: 전윤식 외 역 (2003).

4) 초(메타)인지이론

메타(meta)란 이후(after) 혹은 넘어서(beyond)라는 접두사이다. 교육 분야에서 메타는 '사건의 범위를 초월하여 생각하는 또는 한 발 떨어져서 생각하는' 의미로 사용된다. 인지가 단순히 지식이나 행동을 의미한다면 초인지(또는 메타인지: metacognition)는 지식이나 행동에 대한 검토, 계획, 활용, 선택을 의미한다(신종호 외, 2015). 초인지는 인지에 대한 인지(cognition about cognition) 또는 사고에 대한 사고(thinking about thinking)를 말한다. 초인지라는 용어는 플라벨(Fravell)이 학생들의 기억 과정을 연구하면서 '기억에 대한 지식'을 의미하는 용어로 '초기억(metamemory)'이라는 용어를 사용하기 시작한 데에서 비롯된다. 그 후 플라벨은 암기활동을 포함한 '인지 현상 전반에 관한 지식'을 일컫는 보다 포괄적인 의미로 초인지라는 용어를 사용하였다.

그 후 많은 학자들에 의해서 초인지에 대한 연구가 진행되어 왔으며, 초인지에 대한 정의가 다양하게 제시되었다. 교육적 관점에서 초인지는 '자신의 인지체계에 관한 지식이자 학습하는 방법을 배우기 위한 기본적 기술(skills)'로 정의된다. 초인지에 대한 이해는 효율적인 교수학습 과정에서 매우 중요한 요소로 강조되고 있다. 그동안의 학교교육은 인지(knowing)만을 강조해 왔으며 아는 것에 대해 아는 것(knowing about knowing)이나 학습에 대한 학습(learning about learning)은 소홀히 해왔다는 것이다.

그렇다면 기존의 인지와 초인지 사이에는 어떤 차이점이 있을까? 마이켄바움(Meichenbaum)에 따르면, 인지는 개인이 활용하는 학습전략들과 실제로 진행 중인 정보처리과정인데 비해 초인지는 '개인이 자신의 인지에 관해서 아는 것과 이를 통제하는 능력'이라고 구분하고 있다. 초인지의 기본적인 두 가지 요소는 자신의 사고기술에 대해 아는 것(knowledge of thinking)과 습득한 학습전략을 언제 어디에 사용할지를 아는 것(knowledge of when and where to use acquired strategies)이다. 자신의 사고기술에 대해 안다는 것은 자신의 능력과 한계에 관한 정보를 말한다. 또한 학습하는 동안 발생하는 문제점에 대해 아는 것을 말한다. 예를 들어, 초인지능력 수준이 높은 학습자는 자신이 공부할 때의 장점과 단점을 잘 알고 있으며, 공부를 하다가 어느 부분을 이해하는 데 문제가 있는지 없는지에 대해 인지하고 있다는 것이다. 한편, 학습전략을 언제 어디에 사용해야 할지에 대한 지식은 지금 사용하고 있는 학습전략이 과제 내용과 시점에 비추어 적절한지에 대해 잘 알고 있는지를 말한다. 예를 들면, 학습자들은 때때로 사전지식이 충분치 않은 어려운 학습내용은 쉬운 내용과는 다르게 읽어야 한다는 점을 잘 모르는 경우가 있다. 그러한 학생들은 읽기에 관한 초인지적 지식이 부족하기 때문이다(Gredler, 2001).

플라벨(Fravell)은 초인지를 두 가지 영역, 초인지적 지식(knowledge)과 초인지적 조정(regulation) 또는 경험(experience)으로 나누어 분석하였다(Flavell, 1985). 초인지적 지식은 인지 문제에 관한 개인의 지식과 신념이며, 경험으로부터 습득되는 것이고, 장기기억으로 저장된다. 그리고 초인지적 지식에는 개인에 대한 것(개인변인), 과제에 대한 것(과제변인), 그리고 전략에 대한 것(전략변인)으로 세분된다.

개인(person)에 대한 초인지적 지식(개인변인)

이는 학교수업에 중요한 개념이다. 교사가 어떤 학생이 자신을 싫어한다고 믿게 된다거나, 어떤 학생이 선생님이 자신의 능력에 대해 의심을 하고 있다고 판단하는 경우, 이러한 생각들은 교사의 수업전략과 학생의 학습전략에 적지 않은 영향을 미칠 수 있다.

과제에 대한 초인지적 지식(과제변인)

이는 과제를 수행하는 데 영향을 미치는 과제의 속성을 학습자가 인식하는 것을 의미하다. 과제의 속성에 따라 학습자가 자신이 과제를 얼마나 잘 해낼 수 있을지에 대한 생각을 달리할 것이다. 만일 과제가 어렵다고 판단한다면 아마도 학습자들은 보다 많은 시간을 할애하기로 결정할 것이다.

전략에 대한 초인지적 지식(전략변인)

자신이 설정한 목표를 달성하는 데에 어떤 수단이나 전략이 보다 성공적인가에 대해 학습하는 것을 말한다. 이는 인지전략과 메타인지전략과의 차이를 통해서 이해될 수 있다. 인지전략은 목표를 성취하기 위해 사용되는 전략 그 자체를 말하며, 초인지적 전략은 ① 목표를 향해 나아가는 과정, ② 사용되고 있는 인지전략의 효과성, 그리고 ③ 이해하고 있는 수준을 모니터링하는 과정이다. 시간이 경과됨에 따라 학습자는 어떤 전략이 특정한 과제를 성공적으로 달성하는 데 알맞은 전략인지에 대해 학습하게 된다.

초인지적 지식과 다른 영역인 초인지적 조정이란 인지활동과 관련된 인지적 또는 정서적 경험을 말한다. 즉, 초인지적 조정이란 개인이 자신의 인지활동을 통제하기 위해 사용하면서 동시에 인지적 목표(예를 들면, 주어진 글의 내용을 이해하기)의 달성 여부를 확인하는 순차적 과정이다. 이러한 과정은 학습을 조정하는 것을 돕게 되며 이러한 활동의 결과물을 확인함과 동시에 인지적 활동을 계획하고 모니터링하는 활동을 포함한다. 예를 들면, 여러분들이 지금 이 장을 읽고 있는 동안 어떤 내용에 대해서 잘 이해가 안 되고 의심스러울 수도 있을 것이며, 이해하지 못하는 것에 대해 걱정스러울 수도 있다. 플라벨에 따르면 초인지적 경험은 대개 자신의 인지적 노력에 대해 조심스럽고 의식적인 모니터링이 요구될 때 일어나기 쉽다. 어떤 내용에 대해 느끼는 불확실성이나 확신은 관련된 인지적 지식과 결합된다. 그렇다면 이러한 초인지적 경험이 얼마나 가치가 있는 것인가? 만일 여러분이 이 장의 내용 중 한 부분을 잘 이해하지 못한다면 모호함을 느끼게 될 것이며 이러한 모호함으로 인해 그 부분에 대해 다시 읽게 될 것이며 다른 친구들과 이야기를 나누어 보거나 교사에게 질문을 던지게 될 것이다(Elliot et al., 1996). 〈표 6-7〉은 학습자들의 인지능력 향상을 위해 요구되는 학습자의 초인지활동과 교사의 지침이다.

표 6-7 학습자의 초인지활동과 교사의 지침

학습자	교사
1. 이 교과에 대해 내가 무엇을 알고 있는가? 2. 내가 무엇을 알아야 하는지를 알고 있는가? 3. 어디서 정보를 얻을 수 있는지 알고 있는가? 4. 이 내용을 배우는 데 얼마만큼의 시간이 필요한가? 5. 이 내용을 배우는 데 필요한 전략이 무엇인가? 6. 방금 들은(읽은, 본) 내용을 이해하고 있는가? 7. 만일 적당한 속도로 학습하고 있는지 어떻게 알 수 있는가? 8. 내가 범한 실수를 어떻게 알아낼 수 있는가? 9. 만일 계획한 대로 일이 진행되지 않는다면 어떻게 계획을 수정해야 하는가?	1. 학생들로 하여금 자신들의 학습 및 사고 과정을 모니터링하도록 격려하라(친구들의 학습과 사고 그리고 행동을 지켜보도록 하는 것도 좋은 방법이다.) 2. 학습전략을 학습하도록 하라. 다양한 학습방법에 대해 경험할 기회를 제공한다. 3. 앞서 읽은 내용에 기초해서 그 다음에 제시될 정보에 관해 예측해 보도록 하라. 4. 자신의 아이디어를 이미 알고 있는 지식의 구조와 연결시키도록 하라(관련된 지식구조가 잘 학습되도록 하는 것이 중요하다). 5. 학생들로 하여금 질문을 만들어 보도록 하라. 또는 스스로 질문을 하고 답하게 하라. 6. 학생들로 하여금 학습 과정에서 언제 도움을 요청해야 하는지 알 수 있도록 도와줘라. 7. 학생들에게 어떻게 배운 지식과 태도, 가치, 기술을 다른 장면이나 과제에 전이시킬 수 있는지 보여줘라.

제 7 장

학습동기

학습동기에 대한 일반적 통념

학습에 적극적인 참가자가 아닌 경우 동기화되지 않았다고 본다. 수업시간에 질문을 하지도 않고, 교사의 질문에 답을 잘 못한다고 해서 그 학습자가 학습에 동기화되어 있지 않다고 단정할 수는 없다. 수업에의 적극적 참여 정도는 학습자의 성격이나 기질과 관련이 있을 수 있기 때문이다.

실패는 훌륭한 동기 유발자이다. '실패는 성공의 어머니'라는 말이 있다. 하지만 반복적 실패는 좌절과 낙담으로 이어지며, 결국에 가서는 무력감에 빠져 학습을 기피하게 될 수도 있다. 따라서 사소하긴 해도 반복적 성공을 경험하는 것이 자신감을 높여 학습행동을 보다 촉진시킬 수 있다.

학습이 동기보다 중요하다. 이는 흥미가 먼저인가 노력이 먼저인가의 문제와 유사하다. 흥미가 있어야 노력도 하게 되는가? 아니면 노력을 해야 흥미도 생기는 것인가? 동기가 있건 없건 간에 일단 공부를 하는 것이 중요한가? 아니면 학습동기가 있어야 공부를 하게 되는가? 학생들은 장래를 위해 무조건 열심히 공부를 해야 한다고 생각할지 모른다. 이러한 무조건적으로 공부를 강요하는 것이 즉각적인 효과는 가져올 수 있을지 모르지만 장기적으로 볼 때는 잘못된 생각이다. 너무 이른 나이부터 지나친 공부를 강요받은 아이들은 어느 날 공부에 지치고 회의감을 갖게 되면 공부를 아예 포기하는 경우를 주변에서 종종 볼 수 있다. 따라서 학습동기를 갖도록 하는 것이 우선이라고 할 수 있다.

교사는 학생을 동기화한다. 교사가 학생들로 하여금 공부에 관심을 갖게 하기 위해 할 수 있는 최선의 방법은 수업을 흥미 있게 진행하는 것이다. 하지만 궁극적으로는 학생이 지니고 있는 인식이나 가치, 성격, 그리고 판단능력이 동기를 결정한다. 교사의 격려와 함께 학습자의 능력에 적합한 학습과제를 부여함으로써 교사는 학습자가 자발적으로 동기화하도록 안내할 수 있을 것이다.

벌은 동기수준을 증가시킨다. 낮은 성적을 받은 학생에게 벌을 주는 것이 학습동기를 높일 수 있다고 믿는 교사들이 있다. 때론 낮은 성적을 받은 아이에게 따끔하게 혼을 내는 것이 필요할지 모르지만, 위협적인 분위를 조성하는 것은 결국 부작용을 초래할 수 있다. 즉, 마음의 상처가 커져 오히려 공부를 포기하게 할 수도 있다.

학습은 학생들의 동기수준이 증가함에 따라 자동적으로 향상된다. 동기가 항상 학습을 증가시키는가에 대해서는 실증적 증거가 충분하지 않다. 동기는 학습을 위한 하나의 조건일 뿐이다. 아무리 학습자의 학습동기가 높을지라도, 교사의 수업계획이 적절치 않거나, 수업 내용의 전달이 모호하거나, 교실 분위기를 제대로 통제하지 못한다면 학습효과는 그리 성공적이지 않을 것이다(Elliot, et al, 1996).

개요

사람은 여러 가지 행동을 한다. 도서관에 가서 열심히 공부하기도 하고, 혼자 무전여행을 하기도 한다. 사람들이 그러한 행동을 하게 만드는 것은 무엇인가? 인간이 어떤 행동을 행하는 데에는 그 행동을 하려는 의도(intent)와 그 행동을 할 수 있는 능력(ability) 및 행동이 가져올 수 있는 결과에 대한 인지(cognition)가 필요하다. 이 중 행동의 의도를 설명하기 위해서 심리학자들은 동기(motivation)의 개념을 많이 사용한다. 학습동기는 학생들이 학습활동에 참여하는 자세, 학습방법, 학업성취 등에 중요한 영향을 미친다. 교육에 관여하는 대부분의 사람들은 학습동기의 중요성을 인식함에도 불구하고 학생들의 학업성취에만 주로 관심을 갖는다. 이러한 결과로 학생들의 학습동기는 점차 부정적으로 변하게 된다. 학생들은 학업성취에 대한 중압감을 겪게 되면 학습에 대한 열망이 점차 식어간다. 유치원과 초등학교 시절에 경험한 학습에 대한 즐거움은 더 이상 경험하기 어려운 현실이 되고 만다. 그래서 학생들의 학습동기는 학년이 올라감에 따라 점차 낮아지는 경향을 보이고 있다.

모든 학습에서 학습동기는 가장 우선적으로 고려해야 하는 과제이다. 교사들은 학생들의 학습동기를 유발하는 데 모든 노력을 집중해야 한다. 이 장에서는 학습동기의 개념과 종류, 학습동기이론, 그리고 학습동기 유발방법 등에 대하여 살펴보고자 한다.

제7장

학습동기

1. 학습동기의 개념

동기란 인간이나 동물로 하여금 어떤 목적을 향하여 특정한 행동을 취하도록 유도하는 상태라고 정의할 수 있다(Morgan, 1976). 다시 말하면, 동기는 행동을 자극하고, 지시하고, 유지시키는 내적 상태를 말한다(Sternberg & Williams, 2003).

이러한 동기는 다음과 같은 특성을 지니고 있다.

첫째, 유기체로 하여금 행동을 촉발하도록 한다.
둘째, 행동이 어떤 목표를 향하도록 방향을 지시해 준다.
셋째, 행동의 강도를 결정해 준다.
넷째, 행동을 계속 유지하도록 해준다.

동기는 이처럼 인간의 행동을 이해하고 예측하고 통제하는 데 중요한 역할을 한다. 그렇다면 동기를 학습행동에 적용해 볼 때, 학습자들의 학습하고자 하는 의지가 곧 학습동기라 할 수 있다. 교사나 부모들이 아이들의 학습행동과 관련해서 지니게 되는 의문점의 대부분은 동기와 관련된 것이다. '머리는 좋은데 공부를 하기 싫어한다'거나 '노는 데는 그리 열심인데 공부하라면 5분을 못 버틴다'거나, '공부와 관련된 건 금방 잊어버려도, 가수 이름이나 노래 제목은 기가 막히게 기억해 낸다'거나, '다른 과목은 그런대로 잘 하는데 영어과목은 왜 그렇게 공부를 안 하는지 모르겠다'거나 이 모든 질문의 해답은 학습자의 동기를 이해함으로써 지도방법을 생각해 낼 수 있는 것들이다. 교사들이 아동의 학습동기를 이해하는 것은 수업목표달성을 위해 가장 중요한 일 중의 하나라고 할 수 있다. 유능한 교사란 수업에 앞서 학습자의 동기 수준을 파악하고 수업 내내 학습자들의 동기를 높은 수준으로 유지하는 방법을 알고 있어야 한다.

동기의 유형은 일반적으로 동기의 원천에 따라 내적동기(intrinsic motivation)와 외적동기(extrinsic motivation)로 나눈다.

외적동기란 학습자가 외부로부터 받을 수 있는 강화자로서의 동기를 의미한다. 행동주의의 관점에 근거한 외적동기는 높은 성적을 받았을 때 상장을 받거나 원하는 물건을 사주기를 바라는 것, 집안일을 도왔을 때 용돈을 주기를 바라는 것 등이다. 이때 학습자는 행동 그 자체보다는 활동의 결과에만 관심이 있을 수 있다. 때문에 외적동기는 학습자의 내적인 면에 긍정적인 영향을 줄 수도 있지만 대체로 학습자 내부의 동기를 감소시키거나 학습자에게 낮은 자기인식과 편협한 초점을 형성시킬 수 있다는 비판을 받기도 한다.

내적동기는 학습자가 본질적으로 가지고 있는 동기로서, 학습자의 흥미나 호기심과 같은 요인에서 유래하는 스스로의 욕구에 대한 반응을 의미한다. 내적동기는 학습자가 학습과제에 대한 외부의 보상과는 상관없이 능동적으로 활동에 참여할 때 형성된다. 학생들의 성취동기, 자아실현의 욕구 등은 내재적 동기의 대표적인 예이다(임규혁, 1996).

다음의 예를 통해 내적동기와 외적동기에 대해 좀 더 쉽게 설명해 보자.

어느 노인이 외로이 살고 있는 동네에 매일 오후만 되면 동네 꼬마들이 나와 시끄럽게 떠들면서 놀았다. 어느 날 너무나 시끄러워서 견딜 수가 없게 되자 노인은 꼬마들을 집안으로 불러들였다. 그리고 그 노인은 "너희들이 즐겁게 노는 소리를 듣고 싶지만 귀가 잘 안 들려 들을 수 없으니 매일 우리 집 안에 와서 더 큰 소리로 떠들면서 놀아줄 수 없겠니?"라고 말하였다. 만약 그렇게 해준다면 한 사람에게 25센트씩 주겠다고 약속하였다. 꼬마들은 다음 날 쏜살같이 와서 야단법석을 떨면서 집 앞에서 놀았다. 노인은 꼬마들에게 약속한 대로 25센트를 주면서 다음 날에도 와서 놀아 달라고 부탁하였다. 그 이튿날 아동들은 또 시끄럽게 굴었고 노인은 그 대가를 지불하였다. 그러나 이번에는 꼬마들에게 20센트를 주면서 돈이 다 떨어졌다고 말했다. 그 다음 날에는 꼬마들이 받은 돈은 15센트였다. 게다가 그 다음 날은 다시 5센트로 값을 깎을 수밖에 없다고 말하였다. 꼬마들은 화를 내면서 이제는 다시 오지 않겠다고 주장했다. "우리는 하루에 5센트만 받고서는 떠들 수 없어요."라고 소리쳤다. – Margie Casady (권준모, 1998)

위 이야기는 내적동기와 외적동기를 이해하는 데 훌륭한 소재이다. 아이들이 처음에 자발적으로 노인의 집 앞에서 놀게 된 것은 내적으로 생겨난 동기에 의해서이다. 그저 노는 것 자체가 재미있었을 뿐 다른 보상을 원하지도 않았다. 그런데 이렇게 내적동기에 의해 유발된 행동에 대해 보상이 주어지기 시작했다. 아이들이 집 앞에 와서 놀 때마다 노인이 준 돈으로 인해 아이들이 집 앞에 와서 노는 행동은 더 이상 자발적인 행동이 아니라, 노인으로부터 보상을 받기 위한 행동으로 변화된 것이다. 즉, 노는 행동은 외부에서 주어지는 보상을 얻기 위한, 즉 '외적동기에 의해 유발된 행동'이라고 할 수 있다.

학습장면에서도 이와 유사한 상황을 쉽게 찾아볼 수 있다. 스스로 재미가 있어서 하는 공부는 부모의 강요에 의해서, 벌을 피하기 위해서, 원하는 것을 얻기 위해서, 다른 친구보다 높은 점수를 얻기 위해서 하는 공부와 구분된다. 전자가 내적동기라면, 후자는 외적동기에 의한 공부의 예이다. 외적동기에 의해 유발된 학습행동은 목표를 달성하거나 몇 차례 연속 실패하게 되면 쉽게 사라질 수 있는 행동이다. 하지만 스스로 원하고, 재미있어서 하는 공부는 학습행동을 훨씬 더 오래 유지하게 하는 장점을 지닌다.

하지만 그렇다고 아이들이 학습에 흥미가 저절로 생길 때까지 마냥 기다릴 수도 없는 노릇이다. 때문에 학습장면에서는 칭찬과 보상, 그리고 꾸중과 벌이 다양하게 사용된다. 외적동기에 의해 행동을 유발시키는 것은 즉각적인 효과를 볼 수 있기에 교사나 부모들에게는 매력적이라 볼 수 있다. 반면에 그 효과는 오래 지속되지 않는 경우가 많다.

스스로 공부하지 않는 아이들에게 우선 외적동기를 부여함으로써 행동을 시작하도록 하고 점진적으로 내적동기로 바뀔 수 있도록 한다면 가장 이상적일 것이다. 위 노인과 아이들의 이야기 내용과는 반대로 말이다. 위의 예에서 처음에는 내적동기에 의해 생겨난 행동이 외적동기로 바뀜에 따라 외적동기가 더 이상 주어지지 않게 되어 행동이 더 이상 나타나지 않았다. 교육적 측면에서 볼 때 내적동기가 보다 인간적이고 장기간의 효과를 지닌다고 하나 외적 보상을 무시할 수는 없다. 외적동기를 적절히 이용하여 내적동기로 전환될 수 있는 기술이 필요한 것이다.

2. 학습동기이론

동기는 심리학적으로 다양하게 이해될 수 있다. 행동주의, 인지주의, 인본주의 심리학은 각각 동기에 대해 서로 다른 방식으로 접근하고 있다. 어느 한 가지 이론이 절대적으로 옳다고 할 수는 없다. 동일한 현상을 다양한 각도로 이해할 수 있는 교사가 다양한 해결책을 시도할 수 있다. 여기서는 동기와 관련된 대표적인 이론들을 소개하고자 한다.

1) 행동주의적 접근 : 강화와 칭찬

행동주의자들은 모든 행동이 강화에 의해 동기가 유발된다고 가정하며, 칭찬이나 보상과 같은 외적동기를 강조한다. 행동주의에서의 동기에 대한 견해는 심리적 쾌락주의(hedonism)라는 한마디로 간단히 요약할 수 있다. 인간은 즐거움을 얻기 위해 그리고 고통을 피하기 위해 행동한다는 것이다. 이러한 행동주의 이론은 앞선 장에서 이미 강화이론을 통해 소개한 바 있다.

강화이론은 행동에 뒤따르는 결과가 행동에 미치는 효과를 강조한다. 간단히 말해, 강화는 행동의 발생가능성을 증가시키는 것이며, 벌은 발생가능성을 감소시키는 기능을 한다.

학교 장면에서 학생들의 동기는 과거에 누적적으로 경험한 행동 결과에 의해 결정된다. 만일 열심히 수학 공부를 했지만 낮은 점수를 얻었던 학생은 수학공부에 대한 동기가 감소될 것이며, 미술시간에 교사로부터 칭찬을 들은 학생은 미술에 대한 동기가 증가할 것이다. 이는 동기의 행동주의적 접근이 인간을 자율적 존재로 보기보다는 수동적 존재로 가정하고 있음을 의미한다. 이와 같은 입장은 행동과 그 동기는 유기체의 내적인 요소보다는 주어진 환경에 의해 좌우된다는 환경적 결정론이라고 알려져 있다(권준모, 2001).

동기 측면에서 강화 이론의 교육적 시사점은 매우 분명하다. 동기를 높이려면 강화를 제공하고 동기를 낮추려면 강화를 보류하거나 벌을 제공하라는 것이다. 그러나 강화이론을 교육장면에 적용할 때는 다음과 같은 한계점을 숙지하고 있어야 한다. 첫째, 일반적으로 사용되는 보상은 누구에게나 동기유발에 효과적이지 않다는 점이다. 예컨대, 성적에 별 관심이 없는 학생에게 점수 자체가 보상이 될 수 없다. 둘째로, 교사들은 주로 높은 성적에 대해 보상을 한다. 하지만 성적이 낮은 학생들은 열심히 노력하더라도 좋은 성적을 얻을 수 없으므로 애당초 노력을 하려 하지 않는다. 셋째, 보상의 효과는 일시적이어서 보상이 더 이상 주어지지 않으면 동기도 따라서 감소한다. 넷째, 외적보상이 내적동기를 손상시킬 가능성이 있다. 이는 앞서 예로 든 노인과 아이들의 이야기를 통해 쉽게 이해할 수 있다(권대훈, 2003).

2) 매슬로(Maslow) 의 욕구위계이론

인본주의 심리학의 대표적 학자들 중 한 사람인 매슬로(Abraham Maslow)는 인간은 다양한 욕구(needs)를 지니고 태어나며 다양한 욕구는 서로 다른 위계를 지닌다고 주장하였다. 즉, 인간의 다양한 욕구는 아래 단계의 욕구가 어느 정도 충족되어야만 위 단계의 동기가 발현되며, 궁극적으로 자아실현에 도달한다는 것이다. 이를 욕구위계이론(a hierarchy of needs)이라 한다.

Maslow

인간의 욕구위계이론을 좀 더 구체적으로 살펴보면, 인간의 욕구는 크게 둘로 나누어지는데 하나는 결핍욕구이며 다른 하나는 성장욕구이다. 결핍욕구는 가장 기본적인 생존에 대한 욕구부터 안전에 대한 욕구, 소속감에 대한 욕구, 그리고 자존 또는 인정의 욕구 순으로 위치한다. 앞서 언급한 바와 같이 이러한 위계는 하위 욕구가 충족되었을 때 상위욕구에 대한 동기가 생기게 된다. 예를 들어, 지금 당장 목숨이 위태롭다면(생존의 욕구), 상위 욕구인 안전이나 소속감에 대한 동기가 유발될 수 없다. 또한 현재 의식주가 해결되지 못해(안전의 욕구) 어려움을 겪고 있다면 상위 욕구인 소속감과 자존의 욕구는 차후 문제가 될 것이다. 이와 같이 결핍욕구란 인간이 부족함을 느끼게 되면 본능적이고 자연스럽게 찾게 되는 욕구를 의미한다. 부족함이 해결되고 나면 다시 결핍될 때까지 그 욕구는 나타나지 않는다.

한편, 성장욕구는 지적인 욕구, 심미적 욕구 그리고 자아실현의 욕구로 구성되는데, 이러한 욕구들은 위에서 설명한 결핍욕구와는 차원이 다르다. 성장욕구는 많은

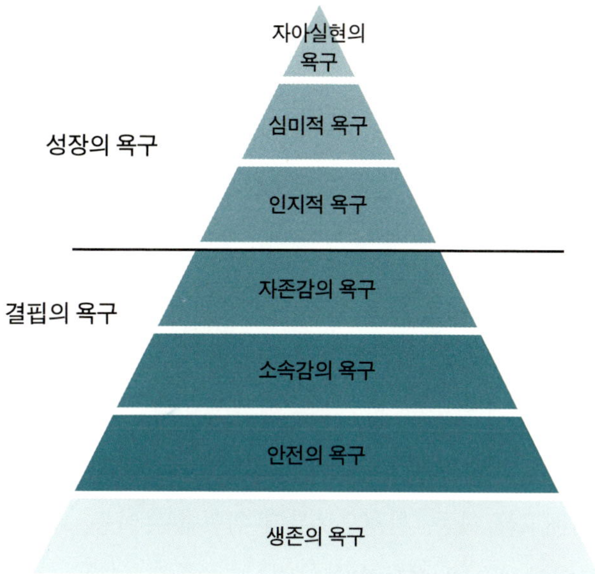

그림 7-1 매슬로의 욕구위계

사람들이 부족함을 느껴 추구하기보다는 현재의 상태보다 더 나아지고자 하는 욕구로써 완전히 충족되더라도 더 많은 것을 성취하고 싶은 욕구가 생기게 된다. 예를 들어, 지적 욕구는 앎에 대한 목마름과 같은 것으로 볼 수 있다. '알면 알수록 더 궁금해진다.'거나, '공부에는 끝이 없다'는 말이 그 예이다. 매슬로의 욕구위계이론에서 최상위 욕구는 자아실현의 욕구인데 이는 현재의 상태에서 만족하지 않고 자신이 이루고자 하는 것을 추구하려는 인간의 숭고한 욕구라고 할 수 있다.

한 개인이 어떤 욕구단계에 있는가는 개인마다 다양하며, 어떤 사람은 일생을 통해 결핍욕구단계에 머물다 떠나지만, 소수의 사람들은 성장욕구를 추구한다. 우리가 알고 있는 역사적으로 존경받는 위인들(예를 들면, 간디나 슈바이처 등)은 성장욕구를 추구했던 대표적인 인물이라 할 수 있다. 성장욕구가 강한 사람은 자율적이고 자기 지시적이라서 스스로를 도울 수 있지만, 결핍욕구는 주로 다른 사람에 의해서 충족되는 경향이 있기 때문에 결핍욕구가 강한 사람은 타인 지향적이고 곤경에 처했을 때 다른 사람에게 의존하는 경향이 있다(신명희 외, 1998).

매슬로의 이론을 학교장면에 적용해 보면 우리에게 여러 가지 시사점을 던져준다. 최근 학교현장에서 발생하는 따돌림을 당하는 아이, 학교폭력에 신체적 아픔과 심지어는 생명까지 빼앗기는 아이, 가정환경의 어려움 때문에 점심을 거르는 아이들 모두 결핍욕구가 충족되지 못하는 심각한 문제를 가지고 있다고 할 수 있다. 아이들이 열심히 공부하기 위해서는 결핍욕구가 원만하게 충족되어야 한다. 예를 들어, 따돌림을 당하는 아이는 소속감의 욕구가 결핍되게 되며, 소속감의 욕구가 결핍되었을 때는 자동으로 상위욕구인 자존감의 욕구도 충족될 수 없다. 그러므로 이러한 상황에 있는 아이들이 공부에 열중한다는 것은 힘든 일이다. 학교폭력의 피해아동들은 안전의 욕구가 결핍되는 것은 물론이거니와 소속감, 자존감의 욕구도 충족될 수 없을 것이다. 이렇듯 배고픈 아동, 환경으로부터 위협받는 아동, 소외되는 아동에 대한 학교 및 사회 차원의 배려가 절실하다.

교사들 역시 학생들의 교우관계를 면밀히 관찰하여 친구들 사이에 따돌림을 받는 아이들에 대해서는 특별히 관심과 애정을 갖고 지도해야 하며, 학습자들의 자존감을 상하게 하는 언행을 해서는 안 된다.

한편, 라틀리프(Ratliff, 1988)의 연구에 따르면 교사들과 공무원, 세일즈맨, 회사원들에게 매슬로의 욕구 수준을 측정하는 검사도구를 이용하여 욕구 수준을 조사한 결과 교사들의 욕구 수준이 다른 직종의 사람들에 비해 상대적으로 의미 있게 낮게 나타났다고 한다. 많은 교사들이 다른 직종 사람들에 비해 생리적 욕구와 안전의 욕구 그리고 소속감의 욕구를 보다 많이 지니고 있었으며, 반면 자존의 욕구나 자아실현의 욕구는 보다 낮았다고 보고하였다. 유사한 국내 연구를 발견하진 못했지만, 추측컨대 우리나라도 미국과 비슷한 결과가 나타나지 않을까 염려스럽다.

3) 성취동기(Achievement Motivation)

성취동기란 머리(Murray)가 소개하고 매클랜드(McClelland)와 앳킨슨(Atkinson)이 발전시킨 개념으로써 인간의 동기 중 하나이며, 도전적이고 어려운 과제를 성취함으로써 만족을 얻으려는 욕구를 말한다. 머리에 따르면 인간의 행동은 요구(need)와 환경의 압력과 상호작용에 의해 결정되며, 이는 주로 문화에 의해서 형성된다. 학습장면에서는 학업성취에 대한 의욕이라고 할 수 있다. 쉽게 말해서 자발적으로 생긴 보다 잘하고자 하는 욕구라고 할 수 있다.

성취동기의 중요성은 일찍이 매클랜드에 의해 입증되었다. 그는 성취동기가 개인의 학습행동은 물론 국가의 경제발전에까지 크게 영향을 미치는 것임을 실증적 연구를 통해 밝혀냈다. 성취동기가 개인으로 하여금 자신의 능력에 비추어 도전할만한 가치가 있는 일을 탐색하게 하며, 그러한 일을 성취해 낼 수 있을 것이라는 자신감을 갖게 한다고 하였다. 성취동기는 다른 여러 심리적 특성이 그러하듯이 후천적으로 학습된 특성이라고 할 수 있다. 따라서 성취동기는 의도적인 훈련 과정을 통해 성취지향적 행동특성을 학습시킬 수 있다.

성취동기에 관한 연구는 앳킨슨에 의해 더욱 구체화되었다. 그는 성취동기이론을 통해 성취목표를 향해 행동하게 만드는 요인으로 다음 세 가지를 들었다. 첫째, 개인이 성취목표를 달성하려는 동기로 성취동기(motive for success: M), 둘째, 성공의 확률(probability of success: P), 그리고 성공의 보상가치(incentive of success: I)이다. 이 세 변인들을 사용하여, 성취욕구란 성공의 확률과 성공의 보상가치 사이의 함수관계로 표현하였다. 이를 수식으로 간단히 표현하면 다음과 같다.

M (성취동기) = P (성공확률) ×I (보상가치)

이 함수관계를 풀어서 설명해 보면, 어떤 일을 성공적으로 수행하고자 하는 욕구는 성공확률과 보상가치가 최고 수준일 때 가장 높게 일어난다. 반면, 성공확률과 보상가치 둘 중의 하나가 제로(0) 상태라면 성취동기는 일어날 수 없다는 것을 의미하기도 한다. 예를 들어, 주어진 과제가 너무 쉬워 성공확률은 매우 높지만 수행 이후에 아무런 이득이 없다면 성취동기가 생기지 않으며, 주어진 과제를 성공적으로 수행했을 때 따르는 이득이 매우 높을지라도 성공가능성이 제로 수준이라면 성취동기가 일어나지 않을 것이다. 앳킨슨은 성공하려는 동기, 즉 성취동기뿐만 아니라 실패를 회피하려는 동기(motive to avoid failure)도 성취동기에 영향을 미친다고 하였다. 그는 개인이 특정한 목표를 달성하려는 동기는 결국 성공하려는 동기와 실패를 회피하려는 동기의 상대적인 강도에 의해 결정된다고 주장하였다(권준모, 2001). 만약, 어떤 상황에서 성취욕구가 실패회피욕구보다 크다면 위험부담을 안고서도 성취를 위해 노력하는 방향이 될 것이다. 반면 실패회피욕구가 상대적으로 더 크다면 과제수행을 포기할 가능성이 높을 것이다.

앳킨슨은 개인이 성공하려는 동기와 실패를 회피하려는 동기 중 더 강한 경향성을 결과적 성취동기(resultant achievement motivation)라고 명명하였다. 그는 개인이 성공하려는 동기가 실패를 회피하려는 동기보다 더 높다면 결과적 성취동기가 높은 셈이라고 하였다. 결과적 성취동기가 낮은 사람의 경우는 매우 쉽거나 매우 어려운 과제를 선택할 가능성이 높고, 결과적 성취동기가 높은 사람의 경우는 중간 정도의 어려운 과제를 선택할 가능성이 높다. 왜냐하면 결과적 성취동기가 낮은 사람은 실패를 회피하려는 동기가 성공하려는 동기보다 높은 사람이므로, 쉬운 과제는 실패할 염려가 없고, 어려운 과제는 실패하더라도 자신의 책임이 아니기 때문에 이러한 선택을

표 7-1 동기유형별 과제의 성공 또는 실패 후의 동기수준 변화

과제 수행 결과	결과적 성취동기	
	높음	낮음
	성공동기 〉 실패회피동기	성공동기 〈 실패회피동기
성공	동기의 감소	동기의 증가
실패	동기의 증가	동기의 감소

하게 된다고 한다. 그러나 성공하고자 하는 동기가 더 높은 사람들은 쉬운 과제는 성공이라고 할 수가 없고, 어려운 과제는 성공하기가 어려우므로 중간 정도의 과제를 선택하는 경향성을 보인다.

또한 결과적 성취동기에 따라 성공이나 실패를 경험한 후 과제를 선택하는 경향성도 달라지는 것으로 밝혀졌다. 결과적 성취동기가 높은 사람의 경우에는 과제에서 실패를 경험한 후 동기가 더 증진되었고(다음번에는 더 잘하기를 원하므로), 반대로 성공을 경험한 후에는 동기가 감소되었다(이미 자신의 능력을 증명하였으므로, 다시 시도할 이유가 없기 때문에). 이와는 정반대로, 결과적 성취동기가 낮은 사람의 경우에는 실패를 경험한 후에는 동기가 더 감소되었고(계속 실패하는 것이 두려우므로), 성공을 경험한 후에는 동기가 더 증가되는(성공할 수 있다는 가능성으로 인해, 이와 같이 안전하고 보상적인 과제를 계속하고 싶어하기 때문에) 경향이 발견되었다(권준모, 2000).

이러한 연구결과가 시사하는 바는 각기 다른 동기를 지닌 학습자들에게 적절한 도움을 주기 위해 교사는 학습자들의 동기와 관련된 특성과 수준을 이해해야 한다는 것이다. 학습자들에게 적절한 나이도의 과제를 배분하여 학습자들의 성공 경험과 실패 경험을 조절해 줌으로써 성취동기를 향상시키고 유지시켜야 한다(임규혁 등, 2007).

4) 귀인이론(attribution theory)

귀인이론은 바이너(Weiner)가 제안한 동기화 이론으로써 과제와 관련하여 성공과 실패에 대한 해석이 동기와 행동 및 정서에 어떤 영향을 미치는가에 대한 이론이다. 바이너는 개인이 성공이나 실패의 원인을 찾으려고 하는데 그 원인을 무엇으로 귀인하느냐에 따라 후속행동과 정서적 경험이 영향을 받는다고 본다. 성패에 대한 원인을 어디에 두느냐는 상당 부분 개인의 인성적 특성과 관련이 있는데 이를 통제부위신념(locus of control)이라고 한다. 다시 말해 통제부위신념이란 개인의 행동에 대한 원인 소재(place)를 말한다. 예를 들면, 어떤 학습자들은 낮은 시험성적에 대한 원인을 자신의 노력 탓으로 두며, 또 다른 학습자들은 시험이 너무 어려웠기 때문이라고 생각할 수도 있다. 바이너에 따르면 행동의 원인 소재는 크게 개인의 내부에 두는 경우와 외부에 두는 경우로 나눌 수 있다고 한다. 앞의 예에서 자신의 노력 탓으로 하는 것은 통제부위에 대한 신념이 내적 귀인이라 할 수 있고, 과제의 난이도에 두는 경우는 외적 귀인이라 할 수 있다.

귀인이론의 기본 가정은 우선 인간은 자신 또는 타인의 행동의 원인을 알고자 하며, 자신의 행동의 원인을 멋대로 생각하지 않는다는 것이다. 어떤 일이 성공하거나 실패했을 때 개인은 나름대로 그 원인에 대한 논리적 설명이 가능하다는 것이다. 또 다른 가정은 행동의 원인에 대한 개인의 판단은 후속행동에 영향을 준다. 한 예로, 어떤 학생이 자신의 낮은 시험성적에 대한 원인을 시험문제의 부적절성으로 돌리는 경우 교사에 대한 인식에 영향을 준다.

다음은 바이너(Weiner, 1990)가 제시한 학생들의 귀인에 영향을 주는 네 가지 요인들이다. 네 가지 요인은 크게 내적 요인과 외적 요인으로 나뉘는데 내적 요인이란 결과에 대한 원인을 개인 내부에 두는 것을 말하며, 외적 요인이란 자신의 외부에 두는 것을 말한다.

내적 요인에는 능력과 노력이 있다. 성공이나 실패에 대한 책임소재를 자신의 능력 또는 노력에 둘 수 있는데, 능력에 두는 경우는 성공적 결과에 대한 원인일 때는 상관이 없지만 실패했을 때는 학생에게 바람직하지 못한 후속결과를 가져올 수 있다. 학습자의 실패에 대한 경험과 무능력감은 후에 학습동기 및 학습 행동에 부정적 영향을 미칠 수 있기 때문이다. 따라서 교사들은 학습자의 실패를 학생들의 능력 탓으로 돌리지 말아야 한다. 한편, 노력에 두는 경우는 성공한 경우와 실패한 경우 모두 학습자의 후속행동에 긍정적 영향을 가져다준다. 성공한 학생은 공부를 열심히 했기 때문에 성적이 좋았다고 생각하며, 실패한 학생은 공부를 게을리했기 때문에 성적이 좋지 못했다고 생각하는 경우이다. 따라서 성공한 학생은 다음 시험에도 열심히 노력할 것이며, 실패한 학생은 지난 시험을 거울삼아 다음 시험에는 열심히 노력할 것이다. 만일 열심히 노력을 했는데도 성적이 좋지 않다면, 교사는 결과에 대해 질책하기보다는 노력에 대한 격려를 아끼지 말아야 한다. 학습자들이 자신의 학업성취 결과에 대해 노력에 귀인을 두고 성공을 하게 되면 성공은 노력을 증가시킬 것이며, 노력은 또 다른 성공을 가져올 것이다.

외적 요인은 과제의 난이도와 운으로 나뉜다. 내적 요인과는 달리 외적 요인은 학습결과에 대한 책임을 자신이 아닌 외부에 두는 것을 말한다. 학습결과가 성공적일 경우 그 책임소재를 과제의 난이도에 둘 수가 있는데 이 경우 주로 다른 사람의 결과와 비교함으로써 이루어진다. 다른 사람들이 실패했는데 자신만 성공했다면 그 원인을 자신의 능력에 두게 될 것이다. 반면, 자신이 성공한 것에 다른 사람들도 마찬가지로 성공하게 되면 성공의 원인을 과제가 너무 쉬웠기 때문이라고 해석할 것이다. 실패를 한 경우는 다르다. 자신만 실패한 것이 아니라 다른 사람들도 실패했다면 과제가 너무 어려웠다고 생각할 것이고, 자신만 실패하고 다른 사람들 대부분이 성공했다면 자신의 능력 탓으로 돌릴 것이다.

학습결과에 대한 원인을 운에 돌리는 경우는 주로 행동과 목표달성 사이의 관계를 찾지 못한 경우이다. 예를 들어 성적이 예상 밖으로 아주 잘 나온 경우, 학생은 그 원인을 운에 둘 것이다. 이러한 경우에는 성공이 노력을 증가시키지 못한다. 왜냐하면 다음번 시험에서도 운을 기대하고 공부를 게을리할 가능성이 있기 때문이다. 반대로 공부를 무척 열심히 했는데 시험 결과가 좋지 않을 경우 시험문제가 자신이 공부한 곳에서 나오지 않아 낮은 점수를 받게 되었다면 이 또한 운으로 돌릴 가능성이 있다. 또 다른 가능성은 학습자가 그 원인을 자신의 능력 부족으로 돌릴 수도 있다.

이상에서 설명한 귀인이론을 구성하는 네 가지 요인은 책임소재가 외부에 있느냐 내부에 있느냐에 따라(통제부위신념), 수시로 변할 수 있는 것이냐 아니면 항상성을 지닌 것이냐(안정성), 그리고 개인이 통제할 수 있는 성질의 것이냐(통제가능성)에 따라 [그림 7-2]와 같이 구분된다. 노력에 성패의 원인을 돌리는 경우를 생각해 보면

	통제 부위 신념	
	내적	외적
불안정적	노력 (통제가능)	운 (통제불가능)
안정적	능력 (통제불가능)	과제의 난이도 (통제가능)

그림 7-2 통제부위신념의 안정성

이는 자신의 내부로 탓을 돌리는 것이며, 노력이라는 것은 항상 일정하게 유지되지 않는 것이기 때문에 안정적이기 못하고, 시험공부를 열심히 하느냐 마느냐 하는 것은 학습자의 의지에 따라 통제 또는 조절이 가능한 것이다. 한편 성패의 원인을 능력에 두는 것은 결과에 대한 원인을 자신의 내부에 두는 것이며, 능력이란 일정기간 지속적으로 지니게 되는 개인의 일관된 특성이며, 자신 마음대로 능력을 높일 수도 낮출 수도 없는 것이다. 성패에 대한 원인을 운에 두는 경우를 보면, 이는 결과에 대한 책임소재를 외부에 두는 것이라 할 수 있으며, 운이라는 것은 항상 좋을 수도 나쁠 수도 없으며, 개인이 마음대로 운을 좋게 하거나 나쁘게 할 수 없다. 마지막으로 시험이 너무 어려워서 실패했다고 귀인하는 경우를 보면, 이는 자신의 실패를 외부의 탓으로 돌리는 것이다. 시험문제의 난이도는 이미 결정되어 있는 것이며, 시험문제가 어렵고 쉬운 정도는 학생이 마음대로 결정할 수 없다.

성패에 대한 귀인을 어디에 두느냐는 개인의 정서에도 영향을 미치게 된다. [그림 7-3]을 보면 귀인을 내부에 두는 경우 수행결과가 성공적일 경우는 자신감을 북돋우게 되겠지만, 반대로 실패하는 경우에는 죄책감을 느낄 수 있다. 특히 노력을 하지 않아 시험을 못 본 경우라면 자기 자신을 원망하고 부끄러움을 느낄 것이다. 한편, 성패에 대한 귀인을 자신에게 보다는 외부로 돌리는 경우, 성공을 하게 되면 감사함과 만족감을 느끼게 될 것이다. 공부를 그리 열심히 하지 않았는데도 시험결과가 좋은 이유를 운이나 과제의 난이도로 귀인하는 경우 공부한 데에서만 문제가 나

	통제 부위 신념	
	내적	외적
성공	자신감 확신 유능감	감사, 만족
실패	죄책감	분노, 놀람

그림 7-3 성패에 대한 통제 부위 신념과 정서적 반응과의 관계

왔다거나 생각했던 것보다 문제가 쉬워 좋은 결과를 얻은 것에 대해 이러한 긍정적 감정을 느낄 것이다. 반면, 실패할 경우에는 화가 나거나 마음이 무척 상할 것이다. 정확한 답을 몰라서 찍은 답들이 모두 틀렸다거나 문제가 공부한 데서 하나도 출제되지 않았다거나, 문제가 지나치게 어려웠던 경우가 이에 해당된다고 할 수 있다.

학자들에 따르면 아이들은 9세 이전까지는 능력과 노력에 대한 구별이 불가능하여, '똑똑한 아이'와 '열심히 하는 아이'를 정확히 구분하지 못한다. 하지만 11살이 넘어가면서 이러한 구분이 가능해진다고 한다(Lefrancois, 2000).

성취동기와 귀인과의 관계를 보면, 성취동기가 높은 아동들은 매우 어려운 과제가 주어졌을 때 실패할 경우 귀인을 운이나 과제의 난이도와 같은 통제 불가능한 것에 둠으로써 책임을 회피하게 된다. 또한 정서적으로 자신에 대해 부정적 느낌을 갖지 않게 된다.

루빈(Rubin, 1993)은 한 장소에 모여 있는 동안 다른 사람들과 직접적인 접촉을 얼마나 하는가와 TV 시청 시간과의 상관을 연구하였다. 그 결과 내적 통제감을 지닌 사람들은 외적 통제감을 지닌 사람들 보다 개인적인 의사소통에 참여하는 것을 더 선호하는 것으로 나타났다.

로터(Rotter, 1975)는 통제에 대한 신념은 고정된 것이 아니며, 주변에서 일어나는 실망스럽거나 부정적인 결과, 삶의 격변 등을 겪은 후 이전보다 외적 통제감을 더 갖는 경향이 있다고 하였다.

학교장면에서 교사가 학생의 성적에 대한 반응이 학습자의 동기에 미치는 영향에 관한 그레이엄과 바커(Graham & Barker, 1990)의 연구가 있다. 이 연구에서 그는 교사가 학습자의 낮은 성취에 대해 화를 내게 되면, 학생은 자신의 노력 부족에 대한 표현으로 여기고 공부를 게을리한 것에 대해 죄책감을 느끼게 되며, 다음 시험에 대해 동기를 유발하는 힘으로 작용한다고 하였다. 반면, 교사가 낮은 성적을 받은 학생에게 동정심을 표현한다면, 학생은 이러한 교사의 표현은 자신의 능력 부족을 걱정하는 것이라 생각하고 수치감을 느끼게 된다. 이 경우 학생은 공부에 대해 자신감이 없어지고, 열등감과 무력감을 느낄 수 있다고 하였다.

5) 목표와 동기

학교장면에서 학생들은 무수한 문제 상황에 직면하게 된다. 모든 학생들이 쉽게 해결할 수 있는 문제에서는 두드러진 개인차가 나타나지 않지만 어려운 문제에 직면하게 되면 개인에 따라 다른 행동이 나타난다. 그렇다면 어려운 문제를 해결하기 위해 나타나는 행동에 있어서 개인적 차이는 무엇인가? 그리고 그 차이의 원인은 어디에 있는가?

드웩(Dweck)은 초등학교 5, 6학년 학생들에게 10개의 도형 문제를 제시하고 풀도록 했다. 10개의 문제 중 처음 6문제는 쉽고, 나머지 4문제는 매우 어려운 문제였다. 실험자는 아이들에게 문제를 풀어가면서 자신의 생각이나 감정을 큰 소리로 말하도록 지시하였다. 쉬운 6문제를 풀 때 아이들의 반응은 즐거운 모습들이었고 주로 긍정적인 언어만을 사용하였으나, 어려운 문제에 부딪히자 크게 두 가지 유형으로 나뉘었다. 한 집단의 아동들은 흥미롭다는 듯이 손바닥을 비비며 의자를 바짝 당기며 도전적 태도를 나타내었다. 이 아동들은 답을 찾지 못하더라도 감정적으로 안정된 모습을 보였으며, 미래수행에 대해 긍정적인 예측을 하였다. 동시에 문제해결전략도 점차 나아져갔다. 반면에, 다른 한 집단의 아동들은 어려운 문제를 마주하자 갑자기 흥미를 잃고 문제와 관련이 없는 다른 이야기만 하였다. 쉬운 문제를 풀 때 즐겁고 자신 만만했던 태도는 사라지고 위축된 모습을 보였다. 또한 재능이 없다는 부정적 귀인이 증가했으며, 문제가 재미없다고 불평을 늘어놓기 시작했으며, 문제해결 전략도 급속히 저하되어, 이미 실패한 풀이방법을 계속 반복하는 행동을 보였다.

드웩은 앞선 아동 집단이 보인 일련의 행동 양식을 정복지향적 양식(mastery pattern)이라고 하였으며, 후자의 아동 집단의 행동 양식을 무기력적 양식(helpless pattern)이라고 이름을 붙였다(권준모, 2001).

드웩은 위 실험에서 두 집단의 아동이 서로 다른 차이를 보이는 원인은 서로 다른 목표를 지니고 있기 때문이라고 가정하였다. 무기력적 양식을 보이는 학생들은 자신의 능력에 대해 긍정적 평가를 받고 부정적 평가를 피하려는 평가목표(performance goal)를 지니고 있었기 때문에 어려운 문제에 부딪혀 실패를 경험할 때 무기력적인 행동을 보이는 것이라 하였다. 반면, 정복지향적인 아동들은 평가가 긍정적이든 부정적이든 상관없이 자신의 능력을 증진시키려는 과제목표(task goal or mastery goal)를 가지고 있다고 생각했다(Dweck & Bmpechat, 1983; Dweck & Leggett, 1988).

이상의 내용을 정리해 보면 개인이 추구하는 목표는 그 사람이 직면하는 문제 사태를 어떻게 해석하고 어떻게 반응할지를 결정한다는 것이다. 즉, 평가목표를 지닌 사람들은 자신의 능력에 대한 부정적 평가를 피하고 긍정적 평가를 받는 데 관심이 있다. 이런 유형의 사람들이 일을 하고 공부를 하는 이유는 남들로부터 칭찬을 받고 인정받고 싶기 때문임과 동시에 어리석다거나 능력이 부족한 사람으로 비추어지는 것을 피하기 위해서이다.

반면, 과제목표를 지닌 사람들은 어려운 문제 사태를 통해 자신의 능력을 향상시키는 데 관심이 있다. 그들이 일을 하고 공부를 하는 이유는 과제 자체를 즐기며, 보다 많은 것을 배우고자 하는 데 있다.

사람들이 서로 다른 목표를 추구하는 이유는 개인이 지능의 본질에 대해 지니고 있는 암묵이론(implicit theories) 때문이라고 드웩은 주장하였다. 암묵이론은 일종의 자아개념으로써 우리가 의식적으로 체계화시킬 수 없는 믿음과 같은 것이다. 드웩은 암묵이론을 두 가지 유형으로 구분하였다. 하나는 지능을 변하지 않는 고정된 것으로 보는 정체이론(entity theory)이다. 이는 지능이란 생물학적 또는 유전적으로 결정된다는 신념이다. 이런 신념을 가진 학생이라면 새로운 과제에 대한 도전보다는 자신의 능력 범위 내에서 평가받으려 할 것이다. 또 다른 이론은 증가이론(incremental theory)으로, 이는 개인의 지적능력이란 변할 수 있으며, 자신의 노력 여하에 따라 달라진다는 신념을 말한다. 즉, 우리가 열심히 노력하면 할수록 지적능력도 증가한다고 믿는 것이다. 따라서 위에서 설명한 평가목표와 과제목표는 이러한 개인의 암묵적 이론에 따라 달라진다고 할 수 있다. 정체이론을 가진 학습자는 자신의 능력은 이미 결정되어 있기 때문에 그 범위 내에서 좋은 평가를 받는 것에 만족하기 때문에 평가목표를 추구하게 되며, 증가이론을 지닌 학습자는 자신의 능력은 노력 여하에 따라 증가될 수도 있다고 보기 때문에 과제목표를 추구하게 된다.

드웩은 이러한 개인의 지능에 대한 믿음과 목표지향이 개인의 학습행동패턴에 영향을 미친다는 연구결과와 함께 자기효능감과의 관계를 설명하였다. 지능은 고정된 것이라 믿는(정체이론) 학습자들은 평가지향적인 목표를 갖게 되는데 이때 자기효능감이 높은 학습자는 정복지향적인 행동패턴을 보이는 성향이 있으며 반면 자기효능감이 낮은 학습자는 무기력적인 성향을 나타낸다고 하였다. 한편, 지능은 노력 여하에 따라 변할 수도 있다고 믿는(증가이론) 학습자들은 과제지향적인 목표를 갖게 되며, 이 경우 자기효능감이 높거나 낮거나와 관계없이 학습행동 패턴은 학습능력을 향상시키기 위해 인내심을 갖고 도전하는 정복지향적 행동을 나타낸다고 하였다. 이 같은 내용을 표로 정리하면 〈표 7-2〉와 같다.

표 7-2 지능에 대한 믿음, 목표지향성, 자기효능감, 그리고 학습행동패턴과의 관계

지능에 대한 믿음	목표지향	자기효능감	행동패턴
정체이론	평가목표 (목표는 자신의 능력에 대한 부정적인 평가를 피하고 긍정적 평가를 받는 데 있다)	높음	정복지향적 (학습능력을 향상하기 위해 인내심을 갖고 도전한다)
		낮음	무기력적 (도전을 회피하며, 인내심이 낮다)
증가이론	과제목표 (목표는 자신의 능력을 증가시키는 데 있다)	높거나 낮음	정복지향적 (학습능력을 향상하기 위해 인내심을 갖고 도전한다)

6) 자기조절(self-regulation)과 자기효능감(self-efficacy)

이전 장에서 배웠던 반두라의 관찰학습을 잠시 상기시켜 보자. 반두라는 인간의 학습은 시행착오나 조건형성을 통해서만 일어나는 것이 아니라, 다른 사람의 행동을 관찰함으로써 일어난다고 주장하였다. 그리고 관찰학습의 과정은 주의집중–파지–재생–동기화의 순으로 진행된다고 하였다. 여기서 동기화란 관찰을 통해서 재생된 행동이 앞으로도 계속 일어나기 위한 필수적 과정으로써, 관찰을 통해 학습한 행동에 대해 직접적 강화나 자기강화 또는 대리적 강화가 일어나는 것을 말한다. 여기서 주목해야 할 점은 관찰을 통해 행동을 학습할 수는 있으나, 학습한 행동이 수행될지 수행되지 않을지는 또 다른 문제이다. 따라서 반두라는 학습과 수행을 구분하였다. 즉, 우리는 관찰을 통해 새로운 행동을 배울 수 있지만 배운 행동을 실제 행동으로 표출할 수도 그렇지 않을 수도 있다는 것이다. 이때 수행 여부는 강화에 의해 좌우된다. 예를 들어, 어린 아이가 나이가 더 많은 아이들로부터 욕하는 것을 듣고서 욕을 배울 수 있다. 그러나 어떤 아이는 자신도 욕을 따라서 하지만, 또 다른 아이는 욕을 배웠더라도 따라하지는 않는다. 결국 수행 여부는 모방행동 후에 강화가 일어나느냐에 달려 있다고 할 수 있다. 여기서 강화는 반드시 다른 사람에 의해서 주어지는 것이 아니라, 자기 스스로 자신의 행동을 강화한다거나 다른 아이가 그 행동을 했을 때 다른 사람들이 강화하는 것을 관찰함으로써 자신이 그 행동을 했을 때도 똑같이 강화가 주어진다는 점을 예측함으로써 일어날 수도 있다는 사실이다.

이상에서 살펴본 바와 같이 인간은 나름대로의 내적 기준을 가지고 기준 이상으로 행동했을 때는 스스로 보상하지만 그것에 미치지 못할 때는 스스로 벌을 주면서 행동을 규제하고 조절한다. 반두라는 이를 자기조절(self-regulation)이라고 하였다. 아이들은 도덕적 행동뿐 아니라 '이번 시험에서는 적어도 90점 이상 받아야지'처럼 성취행동에 대한 기준을 나름대로 형성한다. 보다 구체적으로 설명하면 자기조절이란 개인의 인지구조 속에 포함되어 있는 자기체계로써, 외부의 자극을 상징화하고, 학습하고, 다양한 행동전략들을 계획하고, 자신의 행위를 조절하고, 자기반성적으로 사고하는 능력을 말한다(김아영, 1998). 즉, 외부의 자극과 개인의 행동 사이에 존재하는 인지적 요소가 행동의 방향을 정하고, 행동의 수준을 결정하는 동기에 영향을 미친다(권준모, 2001).

반두라는 자기조절의 개념을 발전시켜 '자기효능감'이라는 새로운 개념을 이론화하였다. 자기효능감이란 '어떤 일을 해내는 데 있어 자신의 능력에 대한 신념'이다. 과연 내가 이 일을 해낼 수 있을까? 남들의 웃음거리가 되는 건 아닐까? 우리는 미래의 결과에 대해 과거의 경험에 기초해 상상하곤 한다. 이러한 상상은 자기효능감에 의해 영향을 받게 된다. 자기효능감은 반두라의 사회적 인지이론(social cognitive theory)의 핵심적인 개념 중 하나이다.

자기효능감은 학습자가 과제수행에 대한 자신의 효능성에 대한 기대를 어떻게 하느냐에 대한 인식의 결과이기 때문에 이를 자기효능성에 대한 기대, 줄여서 효능성 기대(efficacy expectation)라고도 하였다. 다시 말해, 효능성 기대란 개인이 목표를 달성하기 위해 필요한 행동을 수행할 수 있다는 신념으로, 어떤 행동이 표출되기 이전

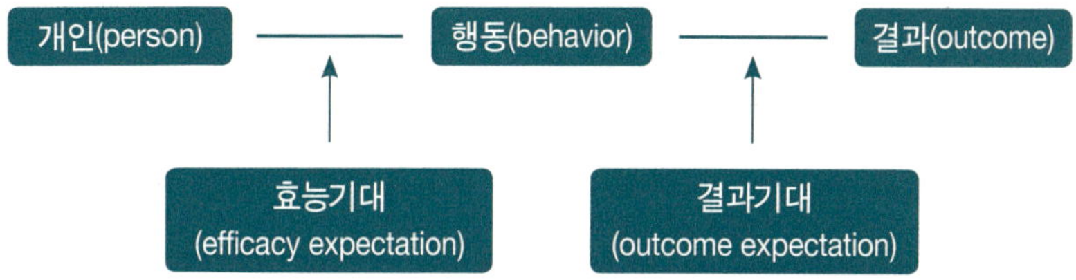

그림 7-4 효능기대와 결과기대

출처: Bandura (1977).

의 심리적 상태를 말하며, 이는 곧 동기라고 볼 수 있다. 우리가 어떤 과제를 수행하기에 앞서 잘 해낼 수 있다는 신념이 있다면 바로 행동으로 옮길 수 있지만, 반대로 잘 해내지 못할 것이라는 생각이 앞선다면 선뜻 행동으로 옮겨지지 않을 것이다.

반두라는 이러한 효능성 기대는 결과기대(outcome expectancy)와 구별되어야 한다고 주장하였는데, 결과기대 또는 결과에 대한 기대감이란 행동이 기대한 결과를 가져올 수 있을 것이라는 신념을 말한다. 효능성 기대는 앞으로 수행할 행동이 성공적일 것이라는 데 대한 신념이므로 선견(先見)의 개념인 반면, 결과기대란 특정한 행동 후의 결과에 대한 믿음이기 때문에 후견(後見)의 개념이라고 한다(Bandura, 1988). 사람들은 과거 경험에 비추어 효능성 기대를 설정하여 동기를 유발시키고 행위를 예상한다(효능성 기대). 그리고 행위를 하고 난 후에 결과에 대해 예상하기 때문에(결과기대) 두 가지 기대는 구분된다고 볼 수 있다. 효능성 기대는 성취 상황에서 개인으로 하여금 활동을 선택하고, 노력을 투여하고, 어려운 상황에서도 끈기를 보이는 정도에 영향을 미친다. 반두라는 효능기대가 자기효능감을 의미한다고 보고 있는데, 이는 동기와 밀접하게 관련되어 있다. 개인이 자기행동의 결과가 어떻게 될지 안다고 하더라도 행동 수행을 위한 신념을 갖지 못한다면 행동이 아무런 영향을 줄 수 없기 때문이다(한혜진, 2002). 기존의 연구결과들을(Bandura, Adams & Beyer, 1977 등) 보면, 효능기대와 결과기대 간에는 정적 상관이 존재하나, 행동을 변화시키는 데 있어 효능기대가 결과기대보다 더 큰 영향을 미친다고 보고하고 있다. 또한 효율성에 대한 기대가 긍정적이고 클수록 그 개인은 과제 수행을 할 때 희망과 확신을 가지고 적극적으로 임하고 어려움이 있을 때도 많은 노력을 투여하고 더욱 끈기 있게 매달릴 것으로 예측된다(박아청, 2002).

교육장면에서 자기효능감은 학업적 자기효능감이란 용어로 불린다. 학업적 자기효능감이란 학습자가 학업적 과제 수행을 위해 필요한 행위를 조직하고 실행해 나가는 자신의 능력에 대한 신념이다(Bandura, 1977). 반두라(1986)에 따르면 학업적 자기효능감은 학습자의 지식과 수행을 매개하는 중요한 변수로, 학습자가 새로운 상황에서 새로운 지식과 기술을 학습하고 수행할 수 있도록 유도하는 원동력이 된다고 하였다. 또한 학업적 자기효능감은 과제, 시험, 보고서 등과 같은 학문적 활동들과 읽기과제, 쓰기과제, 시험문제 등에 대한 자기효능감이 학업성취에 유의한 영향을 준다고 주장하고 있다(장새롬, 2007). 학업적 자기효능감이 높은 학습자는 도전적인 과제를 선택하고, 주어진 과제를 성공적으로 수행하기 위해 더 많은 노력을 기울이며, 어려운 일이 닥쳐도 끈기 있게 과제를 지속한다. 또한 학업적 자기효능감이 높을수록 불안을 느끼는 정도가 낮고, 보다 효과적인 학습전략을 사용하며, 뛰어난 자기조절능력을 보인다(김미화, 2006).

3. 학습동기유발방법

이상에서 살펴본 바와 같이 동기는 인간행동을 변화시키는 데 매우 중요한 요인이다. 특히 인간 행동을 계획적으로 변화시키는 교육활동에서 학습자의 동기는 학업성취능력을 향상시키는 데 학습자의 동기에 대한 이해는 필수적이라 할 수 있다. 로드코스키(Wlodkowsky, 1982)는 학습자의 동기유발방법을 수업 전과 수업 중 그리고 수업 후의 활동으로 구분하여 제시하고 있다(안범희, 1993 재인용).

1) 수업 전의 동기유발방법

- 학습의 목표를 명확히 제시하고, 목표를 분명히 이해하도록 돕는다. 또한 달성 가능한 목표를 제시한다. 학습목표가 명확하게 학습자들에게 전달되었다는 말은 학습자가 배워야 할 내용이 무엇인지 분명해졌다는 의미이다. 학습목표는 학습자의 행동 방향을 제시해 주는 길잡이이다. 이와 함께 학습 목표가 학습자의 수준에 비추어 적합해야 한다.
- 학습목표를 개인적 욕구와 결부시킴으로써 관심과 흥미를 갖게 한다. 호기심에 대한 자극, 남에게 인정받고자 하는 자존의 욕구 자극, 이 문제는 머리를 써야 풀 수 있는 문제라는 식의 도전의욕 고취가 필요하다.
- 교사가 학습에 대해 갖고 있는 기대감의 수준이 적정해야 하며, 이것이 학생들에게 전달되어야 한다. 교사는 학생의 학습능력을 정확히 파악하고 이에 맞추어 적절한 수준의 과제를 학생이 성취해 줄 것을 기대한다는 느낌을 학습자들이 느낄 수 있도록 해주는 것이 바람직하다.
- 교과목이나 학습과제에 긍정적인 태도를 가질 수 있도록 지도해야 한다. 어떤 교과목에 대한 학습자의 태도는 학습자가 앞으로 얼마나 열심히 학습할지와 밀접하게 연관되어 있다. 학습내용에 대해 긍정적 태도를 갖도록 하기 위해서 교사는 열심히 가르치는 모습을 보여주어야 하며, 유쾌한 학습분위기를 조성하는 한편 학습내용에 대한 학생들의 부정적 태도의 원인이 어디에 있는지를 파악해서 수정해 주어야 한다.
- 학습하기에 적절한 환경을 마련해 주어야 한다. 실내온도, 채광 정도, 책걸상의 상태, 소음 등 물리적 환경을 포함하여 학습자의 신체적 피로감도 면밀히 관찰하여 학습하는 데 불편함이 없도록 조치해야 한다.

2) 수업 활동 중의 동기유발방법

- 교사가 수업 전체를 주도하지 말고, 학습자의 적극적 참여를 유도한다. 흥미로운 질문을 던짐으로써 호기심을 자극하는 한편, 적절한 힌트를 주어 학습자들이 스스로 문제를 해결했다는 성취감을 자주 느끼게 하는 것이 좋다.
- 학생들에게 성취의 기회를 자주 부여하고, 바람직한 반응에 대해서는 즉각적으로 강화를 제공한다. 작은 과제일지라도 학습자의 수준에 알맞은 과제를 제시하고 이를 성취토록 하는 것이 좋다. 학습자의 성취감은 학습에 대한 자신감을 갖게 하며, 아울러 긍정적 자아개념을 갖게 하는 데에도 효과적이다. 이러한 성취감을 통해 학습행동이 지속적으로 유지될 수 있도록, 성취할 때마다 즉각적으로 강화를 제공하는 것이 좋다.
- 학습의 진전 정도를 수시로 알려주는 것이 효과적이다. 이는 학습자들의 학습 진행 과정을 모니터링하고 학습자들이 수업 내용을 제대로 이해하고 있는지에 대해 빈번히 피드백을 제공하는 것을 말한다. 이를 통해 학습자들은 잘못한 것에 대한 자극을 받기도 하고, 잘한 것에 대해 고무되어 학습을 촉진시키게 된다.
- 동료들 간에 협동적인 분위기를 조성하되, 경우에 따라서는 적절한 경쟁심을 유발시키는 것도 효과적이다. 대부분의 학습은 전 학급 구성원의 상호작용을 통해서 이루어진다. 협동학습을 통해 과제를 해결하게 하되, 소집단 간에 경쟁심을 유발하는 것도 학습동기를 극대화시킬 수 있다.
- 과제나 문제해결에 다양한 방법을 동원하고 이를 파지토록 하기 위한 다양한 통로를 마련해 줌으로써 학습자가 다소간의 감동과 더불어 학습에 흥미를 느끼게 한다. 교사는 교과내용에 정통해 있으므로 조금만 신경을 쓰면 그 과제를 쉽게 해결하는 방법, 다른 방식의 해결방법, 쉽게 기억하는 방법 등을 제시할 수 있다. 이러한 교사의 수업에 대해 학생들은 그 과정에 흥미를 느낄 뿐 아니라 교사에 대한 신뢰감과 존경심도 아울러 갖게 되는 효과가 있다.

3) 수업 후의 동기유발방법

- 학습결과에 대해 긍정적인 평가를 해주고, 미흡한 점에 대해 언급해 주는 것이 바람직하다. 학습이 일단락되면, 처음의 목표에 비추어 이러이러한 진전이 있었음을 알리고 이런 점은 참 좋았다고 일단 긍정적인 평가를 해주는 것이 차후의 동기유발에 효과적이다.
- 학습결과에 대해서는 반드시 그 정보를 알려준다. 시험의 결과는 물론이거니와 간단한 퀴즈, 과제들에 대해 이러 이러한 점이 썩 좋았다든가, 이점은 이렇게 하는 것이 좋겠다든가 등의 촌평을 해주는 것이 바람직하다.
- 평가를 하는 경우 우선 학생이 잘했다는 점을 밝혀 학생의 능력과 노력을 인정해 주고, 미흡한 점은 학생의 능력이 부족해서가 아니라 노력이 부족했다거나 보는 관점이 달랐다는 등 노력이 중요하다는 점을 부각시키는 것이 바람직하다.

학습동기를 향상시키기 위한 지침(Harris, 1991)

다음은 교사들이 학습자들의 동기를 향상시키기 위해 유용한 전략들이다.

1. 설명하기 : 적지 않은 학생들은 종종 과제를 해오지 않곤 하는데 그 이유를 살펴보면 과제를 어떻게 해야 하는지 이해하지 못하기 때문이라는 것이다. 교사는 이러한 학습자들을 위해 과제의 내용과 의미, 그리고 수행방법에 대해서 가능한 상세히 설명해줄 필요가 있다. 가능하다면 이전에 다른 학습자들의 과제물을 보여주는 것도 좋은 방법이다.
2. 보상 주기 : 공부에 대해 아직 내적동기가 형성되지 않은 학습자들을 위해서는 보상과 같은 외적동기를 제공하는 방법이 도움을 줄 수 있다. 성인들이나 아이들이나 보상받은 행동을 반복하는 건 마찬가지다. 보상은 아주 작아야 하며 작은 과제부터 조금씩 보상을 제공해 나아가야 한다. 학습자의 능력 수준에 적합한 과제를 제공해야 하며, 과제의 내용은 단시간에 마칠 수 있는 것이 좋으며, 보상의 양은 너무 커서는 안 된다. 누구나 성취감을 즐기며 남들로부터 인정받는 것에 대해 기뻐한다. 외적동기유발이 성공적으로 진행되면 결국 내적동기를 불러올 수 있을 것이다.
3. 관심 주기 : 학습자는 인간적인 교사와 그 교사의 애정 어린 관심에 의해 학습에 흥미도 갖게 되며 동기화되기도 한다. 따라서 교사는 자신의 지난 시절 경험담 속에서 자신의 실패경험, 그리고 자신이 지니고 있는 단점들에 대해 학생들에게 이야기해 줌으로써 학생들이 교사의 인간적인 면에 감화를 받을 수 있을 것이다.

4. 참여 격려하기 : 학습자들이 자기 주도적으로 학습을 할 수 있는 분위기를 조성해 줌으로써 학생들이 수업 속으로 들어오도록 만들어야 한다. 학생들 앞에 서서 강의만을 진행하는 것은 좋은 수업방식이 아니다. 학생들이 참여할 수 있는 수업활동을 마련하고, 집단과제를 부여하거나, 무엇을 해야 하는지, 그리고 최선의 방법은 무엇인지를 도와주는 것과 같이 교사와 학생이 함께 학습할 수 있는 환경을 조성하는 것도 좋은 방법이다. 가능하다면 교실 안에서의 수업보다 현장체험학습을 계획하는 것도 좋다.
5. 연역적인 방법으로 가르치기 : 결론을 먼저 제시해 준 다음 학습자들로 하여금 결론에 이르는 과정을 탐색해 보도록 하는 수업을 계획할 수 있다. 우선 교사가 몇 가지 예를 제시한 다음 학생들로 하여금 생각해 보도록 하고, 예를 일반화하고 스스로 결론을 이끌어내 보도록 한다.
6. 학생들의 요구를 충족시키기 : 학생들의 흥미와 만족감을 유지시킬 수 있는 1차적 방법은 학생들의 요구에 주목하는 것이다. 학생들의 기본적 요구는 생존, 사랑, 권리, 즐거움, 그리고 자유 등이다. 권리에 대한 요구를 다루는 방법은 아이들로 하여금 선택의 기회를 제공하는 것이다. 예를 들면, 2~3가지의 주제를 주고 학습자가 스스로 선택할 수 있도록 하는 것이다. 퀴즈문제를 푸는 것과 보고서를 작성하는 것 중 택하도록 하는 것도 좋은 방법이다.
7. 시청각 자료 이용하기 : 학습은 시각적 이미지를 통해 보다 효과적으로 이루어진다는 점은 이미 오래 전부터 알려진 사실이다. 수업 시 학생들에게 전달되는 개념을 언어적으로만이 아니라 시각적 자료를 함께 제공한다면 훨씬 더 쉽게 학습될 것이다. 그림이나 도표, 사진, 그래프, 표본, 실물 자료 등이 학습내용에 맞게 잘 마련되어 있다면 학습자의 흥미를 이끌어내는 데 도움이 될 것이다. 수업 시작 시 학습할 내용을 흐름도(flow chart)나 개념도(concept map)로 제시하는 것도 좋은 방법이다.
8. 긍정적 정서를 이용하기 : 강하고 오래 지속되는 기억은 학습자의 정서상태 및 경험과 밀접하게 관련되어 있다. 즉, 인간은 강렬한 감정상태에서 학습되었을 때보다 오래 기억할 수 있다. 만일 교사가 수업시간을 신나고 감동적으로 진행할 수 있다면 학습자는 보다 쉽게 학습하고 보다 오래 기억할 것이다. 학생들이 기대하지 못했던 어떤 이벤트를 마련하는 것도 도움이 된다.
9. 열정적으로 수업하기 : 왜 청소년들은 클래식 음악보다 록 음악을 더 좋아하는가? 왜 악이 종종 선보다 더 흥미롭게 느껴지는가? 답은 에너지에 있다. 클래식 음악이나 선은 왠지 수동적이고 지루하게 느껴지나, 록 음악과 악은 상대적으로 액티브하고 정렬적으로 느껴진다. 수업을 열정적으로 진행하는 것 하나만으로도 학습자들에게 이미 최소한의 동기를 부여하고 있는 것이다. 또한, 열정적이고 액티브한 수업은 특히 청소년들의 취향에 보다 가깝다는 것을 기억해야 한다.

제8장

수업이론과 방법

수업에 대한 홍 교사의 고민은?

교직 경력 3년차인 홍 교사는 얼마 전부터 자신의 수업에 대해 고민하기 시작했다. 초임 발령 때는 자신이 열심히 가르치면 학생들이 잘 따라올 것이라고 믿었다. 자신의 수업이 잘 풀리지 않을 때는 아직 경험이 부족하기 때문에 조금 더 익숙해지면 더 나아질 것이라고 위로하였다. 교사생활 2년차일 때 홍 교사는 자기의 수업에 대해 어느 정도 자신감을 갖게 되었고, 수업 준비가 제대로 되지 않았을 때에도 임기응변으로 수업을 잘 마무리하면 나름대로 뿌듯함을 느끼기도 하였다. 그러나 올해 홍 교사는 자신의 강의 기술은 좋아졌으나 학생들은 수동적이었고 집중하지 못하며 만족도도 여전히 낮다는 느낌을 받고 있었다. 그래서 홍 교사는 자신의 수업에 대한 고민이 점차 깊어지고 있다. 그는 어떤 조치를 취해야 할 것인가?

개요

교육의 4요소는 교사, 학생, 교육 내용, 환경이다. 가르치는 주체인 교사와 배우는 주체인 학생이 환경이라는 교육의 장(場)에서 어떠한 교육 내용을 가르치고 배우는 것이다. 즉 가르친다고 하면 배우는 것이 내포되어 있고 배운다고 하면 가르친다는 것이 내포되어 있다. 이것은 동전의 앞뒤처럼 동일한 것이지 분리되어 있는 것이 아니다. 배우는 사람이 없는데 가르친다는 것은 있을 수 없고, 가르치는 사람이 없는데 배운다는 것도 말이 되지 않는다.

학교교육에서 가장 핵심적인 활동은 무엇보다도 교실에서 가르치고 배우는 과정에서 일어나는 수업일 것이다. 교실 수업과 관련하여 교수, 수업, 교수-학습, 교수-학습의 과정 등과 같이 다양한 용어들이 사용되고 있다. 이들 용어 가운데 가장 널리 사용되고 있는 것은 수업이다. 수업이란 정해진 목표에 도달하기 위해 학습자의 내적, 외적 환경을 조정해가는 몇 가지 변인들의 상호작용 과정을 의미한다. 또한 수업은 유목적적이고 의도적 활동이라면 수업은 치밀한 계획과 구체적인 전략을 동원해야 한다. 좋은 수업을 하기 위해서는 수업에 최적한 조건을 마련해야 한다.

이 장에서는 수업의 개념을 정의하고 학습과제, 학습자, 교사, 수업활동 등과 같은 수업의 변인들을 살펴보며, 이러한 수업 과정을 설명하기 위해 널리 통용되고 있는 대표적인 수업이론과 방법을 소개하고자 한다.

제8장

수업이론과 방법

1. 수업의 기초

1) 수업의 개념

가르치는 행위와 관련하여 우리는 교수(teaching)라는 용어와 수업(instruction)이라는 용어를 혼용하고 있다. 교수는 교사가 교육적 의도를 가지고 하는 일체의 활동을 의미하며 수업은 학습이 일어날 수 있도록 학습자의 내외적 조건을 체계적으로 조정하는 과정을 뜻한다. 교수와 수업 두 용어가 다소 다르게 정의되고 있지만 교육의 핵심활동으로써 가르치고 배우는 현상과 과정을 지칭한다.

코리(Corey)는 수업이란 개인으로 하여금 특정한 조건하에서 또는 특정한 상황에 대한 반응으로서 특정한 행동을 나타내도록 학습하게 하거나 그 특정한 행동에 참여할 수 있도록 개인을 둘러싼 환경을 계획적으로 조작하는 과정이라고 정의하고 있다(Corey, 1967). 가네(Gagne)는 수업이란 학습자 외부에서 학습의 내적 과정을 지원하기 위해 고안된 일련의 사상이라고 정의하고 있다. 즉, 수업은 학습자의 내적 과정이 촉진될 수 있도록 교사가 수업목표에 대하여 주의를 집중시키고 학습과제를 의미

있게 부호화하여 학습자의 기존 인지구조와 잘 관련지어 저장하도록 도와주고 필요할 때 이를 쉽게 인출하여 효과적으로 수행함으로써 긍정적 효과를 갖도록 도와주는 활동이다(Gagne, 1977). 대표적인 학자들의 정의를 종합하면 수업이란 정해진 목표를 달성하기 위해 학습자의 내적 조건과 외적 환경을 체계적으로 조정하는 일체의 활동을 의미한다.

이러한 수업에 대한 정의는 다음 3가지 특성으로 요약될 수 있다.

첫째, 수업은 일정하게 정해진 목표에 도달하기 위한 하나의 활동 혹은 과정이다.

둘째, 수업은 학습자의 내적 조건과 외적 환경을 조정해 가는 의도적 활동이다.

셋째, 수업은 몇 가지 변인들의 상호작용 과정이다.

2) 수업의 변인

교사가 특정한 교과의 수업을 효과적으로 진행하기 위해서 수업에 관련된 여러 가지 조건들을 잘 갖추어야 한다. 이러한 조건들을 수업의 변인이라고 정의할 수 있다. 수업의 변인은 학습자, 교사, 학습과제, 그리고 수업 과정 등 4가지 변인에 대하여 구체적으로 살펴보고자 한다.

(1) 학습자 변인

학습자 변인은 학습의 주체가 어떤 특성을 지니고 있는가에 대한 변인을 의미한다. 학습자는 다양한 특성을 지니고 있어서 광범위한 개인차를 나타낸다. 대표적인 학습자 변인으로는 학습자의 적성, 일반 지능, 선수학습의 정도, 인지양식 등과 같은 인지적 특성을 비롯하여, 학습흥미, 학습동기, 자아개념, 학습태도 등과 같은 정의적 특성도 있다. 그리고 학습자의 건강과 신체적 조건 등과 같은 신체적 특성도 있다.

(2) 교사 변인

교사 변인은 누가 가르치느냐에 관련된 변인을 의미한다. 교사가 학습자의 수업을 담당하기 때문에 교사가 교육에 대한 관점이 어떠한가에 따라 학습자에게 미치는 영향은 크게 달라진다. 교사 변인에는 교사의 교육관, 학생관, 교육내용관, 수업모형관 등이 포함된다. 이외에도 교사의 사기와 의욕 등과 관련하여 교사효능감(teacher efficacy)이 강조되고 있다. 교사효능감이란 학생들의 학습에 교사가 어느 정도 긍정적인 영향력을 가질 수 있을 것인지에 대한 교사의 신념과 지각을 의미한다.

(3) 학습과제 변인

학습과제 변인은 학습자에게 가르쳐야 할 내용을 의미한다. 이는 교육 내용 변인이라고도 한다. 수업에서 학습과제를 어떻게 조직하느냐는 매우 중요하다. 수업에서 교과 학습의 내용을 어떻게 조직하느냐에 따라 교과분리형, 교과연합형, 교과통합형, 그리고 프로젝트 중심의 교과초월형 등이 있다. 실제로 동일한 주제를 여러 교과에서 접근하는 교과통합형 수업이 권장되고 있다.

(4) 수업 과정 변인

수업 과정 변인은 수업이 전개되는 과정에서 고려되어야 하는 변인을 말한다. 수업과정 변인에는 수업절차 변인, 수업활동 변인, 수업매체 변인, 수업조직 변인 등이 포함된다. 수업절차 변인은 수업의 도입 · 전개 · 정리단계와 같이 수업을 진행해 가는 흐름을 의미한다. 수업활동 변인은 수업절차의 각 단계에서 강의, 토의, 실험, 조사 등 어떤 활동을 전개해 나가는가를 말한다. 수업매체 변인은 수업의 효과를 높이기 위해 교사의 언어, 인쇄매체, 동영상, 파워포인트 등 여러 종류의 전달 매체를 사용하느냐를 말한다. 수업조직 변인은 학습자의 특성에 따라 대집단, 소집단, 능력별 집단 편성 등에 관련되는 문제를 말한다.

3) 좋은 수업

교사들은 언제나 수업을 잘하는 교사가 되기를 갈망하고 있다. 수업을 잘하는 교사는 좋은 수업을 실천하는 것과 직결된다. 교사가 바라는 좋은 수업은 한 문장으로 정의내리기 어렵다. 왜냐하면 수업의 본질이 너무 복잡하여 단순히 정의하기 힘들고, 수업에 영향을 미치고 있는 여러 변인에 따라 좋은 수업의 모습은 달라지기 때문이다. 수업에 영향을 미치는 수업의 모든 변인을 체계적이고 자유자재로 조정할 수 있을 경우에 좋은 수업의 실체적인 모습이 드러날 것이다. 실제로 수업의 모든 변인을 충족시키는 완벽한 좋은 수업은 이 세상에 존재하지 않을지도 모른다. 그럼에도 불구하고 교사의 특성에 최적한 수업을 연구해야 하며, 학습자의 특성을 고려한 수업을 준비해야 하고, 학습과제의 특성에 따른 수업을 전개해야 하며, 수업 과정의 흐름에 따라 다양한 방법을 동원해야 한다. 좋은 수업을 실천하기 위해서 교사들은 현실적인 조건과 상황에 최적한 수단을 동원하는 데 필요한 전문적인 지식, 고도의 기술, 그리고 꾸준한 열정을 갖추어야 한다.

타일러(Tyler), 캐롤(Carroll), 블룸(Bloom), 브루너(Bruner) 등과 같은 수업이론 또는 수업설계이론을 연구하는 학자들은 좋은 수업의 특성을 구체화하고자 노력하였다. 이들은 기술적인 학습이론을 처방적인 수업이론으로 변환시키고자 하였고, 수업설계를 위한 구체적인 지침을 제공하였다. 초기의 수업이론가들과는 달리 최근에 마이어(Meyer)는 이러한 선행연구를 토대로 10가지 좋은 수업의 준거를 제시하였다. 그가 제시한 좋은 수업의 기준은 반드시 따라야 하는 처방전과 다르며, 맥락에 따라 교사가 변용할 수 있는 틀로 활용될 수 있다. 그는 선행연구에서 제안된 좋은 수업의 기준들 가운데 학생들의 학업성취에 영향력을 가장 많이 미치는 것들 10가지를 추

표 8-1 마이어의 좋은 수업의 10가지 기준

좋은 수업의 준거	내용
① 수업의 명료한 구조화	수업의 구조, 목적, 내용의 명료성과 연계성, 규칙에 대한 합의, 교사 역할의 명료성
② 학습몰두시간의 높은 비율	시간관리와 시간엄수, 수업의 조직화에 드는 시간의 절약, 순조로운 단계의 전환
③ 학습 촉진적인 분위기	상호 존경, 규칙의 준수, 책임 부여, 공정성과 배려
④ 내용적인 명료성	납득할 수 있는 과제 설정, 주제적 전개 과정의 합당성, 수업결과의 명료하고 구속력 있는 정리
⑤ 의미 생성적 의사소통	계획 단계에서의 학생 참여, 토론 문화, 의미 회담, 피드백
⑥ 방법의 다양성	풍부한 연출 기법, 행동 방식의 다양성, 수업 진행 형식의 변용, 방법적 기본 형식들 간의 균형
⑦ 개별적인 촉진	개별적 학습상태 분석과 상호 조율된 촉진 계획을 통해 고위험군에 속한 학생들에 대한 특별한 촉진
⑧ 지능적 연습	학습전략을 스스로 의식하게 함, 명확한 연습 과제, 목적지향적인 지원과 연습을 장려하는 틀을 통함
⑨ 분명한 성취 기대	교과 과정이나 교육기준에 맞는 학생의 성취능력에 합당한 학습 내용의 제시, 학업진보에 대한 계속적 · 촉진적 피드백
⑩ 준비된 환경	질서 정연함, 기능적인 실내 배치와 학습도구의 완비

출하였다. 학업성취에 영향력이 큰 순서로 제시한 10가지 기준은 〈표 8-1〉과 같다(신종호 외, 2015).

2. 수업이론

학습자의 특성(개인차)에 맞는 적절한 수업(교수-학습)의 원리를 발견할 것인가 하는 문제는 교육에 종사하는 사람이면 누구든지 생각하게 될 필수적인 명제이다.

교실장면에서 적용이 가능한 수업이론의 필요성과 이론적인 배경이 끊임없이 제기되었다. 지금까지 알려진 대표적인 수업 모형을 살펴보면 다음과 같다.

1) 글레이저(Glaser)의 수업 과정 모형

글레이저는 수업이 진행되는 교수 과정을 하나의 체제(system)로 보고, 체계적이고 조직적인 교수 모형을 처음으로 개발하였다. 그것을 수업목표, 출발점행동, 수업절차, 성취도 평가의 4개의 요소로 구분하여 설명하고 있다. 글레이저의 교수 모형을 도식화하면 다음과 같다.

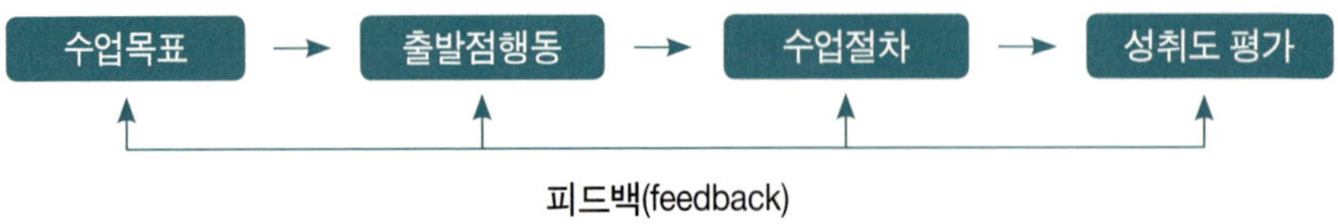

그림 8-1 글레이저의 수업 과정 모형

이 모형의 특징은 수업의 한 단계 한 단계가 바로 뒤따르는 후속단계의 활동을 결정하는 계속적인 결정과 수정의 모형이다. 즉, ① 한 학습단원의 수업의 목표가 결정되면 ② 이 수업목표의 달성에 관련된 학생들의 출발점행동의 양상이 정확히 예진되며 ③ 그에 따라 이 학생들에게 어떤 학습지도가 주어져야 할 것인가 처방되며 ④ 최종적으로 학습지도의 성과가 평가된다.

① **수업목표**(instructional objectives)

수업목표는 교육이 궁극적으로 달성해야 할 가치실현의 인간행동을 포함하는데 수업목표는 관찰, 측정, 기술이 가능한 행동으로 세분화하는 것으로부터 시작한다. 수업목표는 도착점행동(Terminal Behavior)으로 설명될 수 있다. 도착점행동이란 어떤 교수 과정이 끝났을 때 학생들이 보여줄 수 있는 성취(Performance)를 의미한다.

② 출발점행동(entering behavior)

투입행동(Input Behavior)이라는 말로 사용되는 것으로 "학생들이 새로운 특정 도착점행동을 습득하기 전에 이미 습득해 있어야 할 행동"을 가리킨다. 즉, 준비성의 개념과 유사하다.

주요하게 고려되는 출발점행동은 선행학습의 정도, 적성, 지능, 학습자의 정의적(情意的)인 요인이다. 학습자의 정의적인 요인은 흥미, 태도, 자아개념과 같은 특성으로서 학습의 결과에 중요한 영향을 미친다. 수업절차에 앞서서 출발점행동의 진단을 위한 진단평가를 실시하여 학습결손아를 발견하고 처치방안을 강구할 필요가 있다. 그리고 수업절차에서의 학습지도방법이 모색되어야 한다.

③ 수업절차

수업절차는 교사의 수업전개의 활동을 내포한다. 학생의 출발점행동에서 시작하여 학생이 학습상황을 떠나는 사이의 과정으로 학습지도의 장면을 의미한다. 글레이저는 설정된 수업목표에 점진적으로 접근시킬 수 있는 보조행동의 활용을 강조한다. 이 단계에서는 학습지도방법과 형성평가에 의한 교정학습이 중요시된다.

④ 성취도 평가

수업절차가 끝난 다음, 설정된 수업목표에 비추어 학습성과를 평가하는 것을 의미한다. 이때의 평가는 총합평가로서 도착점행동의 성취를 알아보는 것이다. 이러한 과정체제에서 평가에 의한 계속적인 피드백이 행하여진다. 여기서 주목해야 할 것은 일련의 수업활동이 끝났다는 뜻에서 평가가 아니라 수업목표가 학습지도의 처방에 의하여 어느 정도나 실지로 달성되었는지가 평가되며, 그 결과는 수업의 각 단계로 피드백되어 수업의 각 단계를 어떤 모양으로든 수정할 수 있도록 한다는 것이다.

2) 캐롤(Carroll)의 학교학습 모형

학교에서 이루어지고 있는 여러 가지 형태의 학습 가운데 특히 지적 학습에 작용하는 중요 변인들을 추출한 다음 그들 변인 간의 상호관계를 기초로 하여 학교학습의 방안을 조직적으로 체계화시킨 것이 캐롤의 학교학습 모형이다(박아청, 2002).

캐롤은 학습의 전제조건인 능력 또는 적성을 새로운 입장에서 규정하고, 이러한 적성과 학습에서의 타 변인과의 관계를 밝히고 있다. 학교학습에 관한 연구는 부분적인 측면에 관해서 많이 이루어져 왔으나 교육의 전 과정을 포함하는 연구는 캐롤에 의해서 제시되었다.

캐롤은 학습자들의 학습의 정도에 영향을 미치는 변인으로 다섯 가지를 들고 있으며, 이러한 변인들을 수업 변인과 개인차 변인의 두 가지로 분류하고 있다.

수업 변인

① 수업의 질(과제제시의 적절성)

② 학습기회

개인차 변인

③ 과제학습을 위한 학습자의 적성(학습자가 과제를 일정한 기준까지 학습하는 데 필요한 시간량으로 측정한다.)

④ 수업 이해를 위한 학습자의 능력(일반지식과 언어능력이 복합된 것)

⑤ 학습자의 지구력(학습자가 학습을 위해서 스스로 사용하려는 시간량)

캐롤은 이 다섯 가지 변인을 바탕으로 학교학습의 여러 관계를 규정하였다. 이런 관계 중에서 완전학습의 이론 수립에 직접적으로 관련되는 학습의 정도와 이러한 다섯 가지 변인과의 관계는 간단히 다음과 같은 방정식으로 표시된다.

$$학습의\ 정도 = f\left(\frac{학습에\ 사용한\ 시간}{학습에\ 필요한\ 시간}\right)$$

학습의 정도를 백분률로 표시한다면, 그것은 학습자가 주어진 과제를 기준점까지 학습하는 데 필요한 시간에 비해서 실제로 학습에 얼마만큼의 시간을 사용했느냐에 의해서 결정된다. 학습에 필요한 시간은 학습자의 적성과 수업이해력과 수업의 질이라는 세 가지 변인에 의해서 결정된다. 수업의 질이 낮아질수록 요구되는 수업 이해력이 커지며, 그에 따라 학습에 필요한 시간이 늘어난다.

캐롤 모형에서 중요한 역할을 하는 변인은 적성, 지구력, 학습기회, 수업의 질, 수업 이해력이다. 학습에 필요한 시간을 결정하는 변인에는 적성, 수업 이해력, 수업의 질이라는 세 가지 변인이 포함되고 학습에 사용된 시간을 결정하는 변인은 학습기회와 지구력이라는 두 가지 형태의 변인으로 구분되고 있다. 캐롤은 적성, 수업 이해력, 학습지구력을 개인차 변인(individual variables)이라 하였고 수업의 질과 학습기회를 수업 변인(instructional variables)이라 하였다.

이들 다섯 가지 변인을 학습의 정도=f(학습에 사용한 시간)/(학습에 필요한 시간)이라는 방정식에 대입하면 학습의 정도는 다음과 같이 표시된다.

$$학습의\ 정도 = f\left(\frac{학습기회 \cdot 지구력}{적성 \cdot 수업\ 이해력 \cdot 수업의\ 질}\right)$$

① 적성(aptitude) : 학습자의 학습적성이 완전한 학습을 하는 데 필요한 시간량을 결정해 준다는 생각이다. 학습자의 적성이 학습에 필요한 시간량을 결정해 준다는 증거는 여러 학습장면에서 관찰된다.

② 지구력(persistence) : 일정한 수준의 성취를 할 때까지 학생이 학습에 적극적으로 사용하려고 하는 시간을 뜻한다. 학습에 실제로 사용한 시간과는 구별된다. 지구력은 학습동기나 흥미와 밀접한 관계를 가진 개념이다.

③ 학습기회(opportunity) : 특정한 학습을 위해서 학습자에게 실제로 주어지는 시간을 말한다.

④ 수업의 질(quality of instruction) : 학습과제(내용)와 학습의 단계, 교사의 교수방법 등을 포함하여 교수하는 내용과 방법과 학습을 쉽게 해줄 수 있도록 정비되어 있느냐의 문제이다. 캐롤은 수업의 질을 특정한 학습자에 대한 '학습과제의 제시 설명 및 구성이 최적선에 접근된 정도'로 정의한다.

⑤ 수업 이해력(ability to understand instruction) : 학생들이 교수내용이나 교사의 설명을 이해하는 능력이다. 수업 이해력은 학습해야 할 과제의 성질과 학습 절차를 이해하는 학습자의 능력으로 정의된다. 이러한 수업 이해력은 학습자의 일반능력과 언어능력으로 대표된다. 수업 이해력과 적성과의 차이점은 수업 이해력은 일반적인 능력(general ability)인 반면에 적성은 특수한 능력(specific ability)이다.

캐롤의 교수 모형은 수업을 설계하는 데 다음과 같은 시사점을 제시하고 있다.

첫째, 학습자의 개인차를 근본적이고 질적인 차이로 보기보다는 학습에 필요한 시간의 차이라고 볼 수 있다. 이는 학습자들에게 적절한 시간과 수업의 처치를 하게 되면 학습이 가능하다는 관점으로 개인차의 문제를 극복하도록 한다. 둘째, 수업의 요인으로 수업 변인과 학습자 변인으로 구분함으로써 학교와 교사의 역할을 명확하게 밝혀주고 있다(조성일 외, 2003).

3) 블룸(Bloom)의 완전학습 모형

블룸의 완전학습의 전략은 캐롤의 학교학습 모형을 토대로 하고 있다. 완전학습이란 학급 내의 약 95%의 학생들이 주어진 학습과제의 약 90% 이상을 완전히 학습해 내는 학습이라고 정의할 수 있다. 학급집단에서 어떤 교과이건 신체적 또는 능력적인 면에서 큰 결함이 있는 5% 정도의 학생을 제외하고 각 개인에게 최적의 교수조건을 마련해 준다면 거의 대부분이 완전한 학습을 해낼 수 있다는 것이다. 여기서 최적의 교수조건이란 학습자의 적성에 맞는 충분한 양의 학습기회의 제공 및 지구력을 높여주는 것을 말한다. 그러므로 대부분의 학생이 소정의 학습을 완결하도록 돕는 방법을 찾아내는 것이 블룸이 주장하는 교수활동의 임무이다. 이러한 가정에서 고안된 것이 블룸의 완전학습을 위한 교수전략이다. 교수전략은 캐롤 모형의 적성, 지구력, 학습기회, 수업의 질, 수업 이해력의 변인을 그대로 적용하고 있다.

블룸의 완전학습을 위한 수업전략은 주로 수업목표의 명료화, 형성적 평가에 의한 학습장애의 발견과 그 개별지도, 소집단별의 상호협력을 통한 복습 등의 방법들로 구성되어 있다. 완전학습 교수 모형에서 각 단계의 활동 내용을 요약하면 다음과 같다.

수업 전 단계

① 선행학습결손의 발견(학습결손의 진단)

학습단원은 일정한 정도의 선행학습을 전제로 하여 전개된다. 따라서 선행학습이 불충분한 학습자들은 이 단원의 수업의 출발점에서 상당한 학습결손을 가진 채 수업에 임하게 된다. 이들은 바로 이전의 학습결손으로 말미암아 앞으로의 수업 과정에서 곤란을 겪게 될 가능성이 많다. 선행학습결손의 발견이란 앞으로의 학습에 곤란을 줄 것으로 보이는 학습요소에 있어서의 결손의 유무를 진단하려는 것이다.

② 선행학습결손의 처치(학습결손의 보충 과정)

기초학력검사에 의해 발견된 선행학습의 결손을 보충하는 활동을 말한다. 학교의 전체 수업 시간 수에 제한이 있기 때문에 일률적인 집단활동을 통해서 학습결손의 교정이란 불가능하다. 결손교정을 위한 학습은 자율적인 가정학습을 통하는 방법을 채택하는 것이 좋다.

③ 수업목표의 명시

수업목적을 명확히 하고 구체적으로 인식시킨다. 수업의 도입활동에서처럼 주강조점이 성취목표 또는 완전학습의 기준을 학생에게 제시하고 명확한 학습목표점을 인식할 수 있도록 돕는 활동에 집중되어야 할 것이다. 학습 내용이 될 과제의 전체적인 성격과 특징을 학생들에게 밝혀 주고 효과적인 학습절차를 해설해 주는 일도 이 단계에서 시행해야 할 일이다.

④ 수업활동(본 수업활동)

학습내용을 학생들에게 제시하고 최대한의 학습이 가능하도록 충분한 학습기회를 제공하는 일들로 구성된다. 이 일을 효율적으로 하기 위해서는 다음과 같은 점을 유의해야 한다. 학생들의 수업 이해력의 수준에 비추어 학습 내용들을 체계적인 순서에 따라 명확히 제시하고, 학습시간을 효율적으로 사용하여 낭비시간이 없도록 하고, 학생들의 적성수준에 비추어 충분한 학습기회를 제공함으로써 좋은 수업이 이루어지도록 해야 한다.

⑤ 수업보조활동(연습, 실험, 실습, 시범)

교과의 성질에 따라서는 수업의 본 활동인 가르치는 교사의 활동과 실험, 실습, 시범, 시청각적 방법의 사용 등 보조적 활동이 동시에 병행되어야 한다.

⑥ 형성적 평가(formative evaluation)

형성적 평가는 수업 과정에서 소단원이나 단절의 학습이 끝났을 때 실시되는 평가로서, 그 목적은 교사에게 수업 개선을 위한 정보를 제공하고, 학생들에게는 각자의 학습 진전 상황을 자기 스스로 확인하도록 하는 활동을 말한다. 형성적 평가를 위한 고사는 수업 과정에 대한 일종의 질적 관리(quality control)를 목적으로 한 활동이며, 전통적 의미의 교육평가활동과는 성질과 목적이 다르다. 형성적 평가는 학생들의 성적을 산출하기 위한 평가와는 본질적으로 다르며, 평가활동이라기보다는 수업활동의 일부로서 다루어져야 할 것이다. 형성적 평가에 의해서 학생들은 보충 과정과 심화 과정을 받을 집단으로 나누어진다.

⑦ 보충학습

일정한 시점에서 충분한 학습 진전을 보여주지 못한 학습자는 학습에 필요한 양만큼의 학습시간을 가지지 못한 것으로 본다. 따라서 보충학습이란 형성적 평가를 통하여 학습이 부진한 것으로 판정된 학습자에게 적절한 재학습의 기회를 주는 것이다.

⑧ 심화학습 과정

일정한 기준까지의 학습이 이루어진 것으로 판명된 학습자들로 하여금 학습경험을 심화시킬 수 있도록 하는 활동이다. 심화학습 과정은 정상적인 진전을 보인 학생에게 집중된다.

⑨ 제2차 학습기회

보충 과정과 심화 과정을 따로 거친 학생들은 다시 모여서 제2차 학습기회를 갖는다.

수업 후 단계

⑩ 종합적 평가

수업이 종결된 후에 학습 진전도를 평가한다. 학기 중간이나 학기 말에 실시하는 종합고사와 비슷하다.

이상에서 본 바와 같이 완전학습을 목적으로 한 교수-학습 과정에서 중요하게 다루어져야 할 것이 형성평가와 이에 따르는 계속적인 수정 혹은 시정이다. 형성적 평가는 물론 진단적인 성격을 풍부히 지녀야 하며 진단결과에 대한 구체적인 처방법이 제시되어야 한다. 진단적 검사에 나타난 오진을 학생 자신이 수정하도록 기회를 마

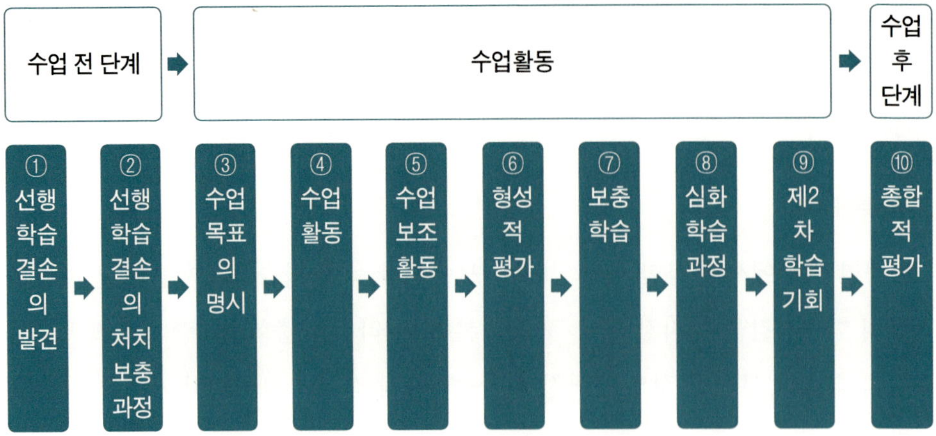

그림 8-2 블룸의 완전학습 모형

련해 주는 것이 좋다.

완전학습이 가져올 수 있는 결과에 대해서 블룸은 두 가지를 지적하고 있는데, 그 하나는 대부분의 학생이 높은 성적을 낼 수 있게 된다는 것이다. 이것은 완전학습 전략의 1차적 목표이다. 두 번째 결과로서 학생의 정의적 성장을 들고 있다. 높은 성취에 대한 학습자 자신의 만족과 외부로부터의 인정은 학생의 흥미증진, 다음 학습을 위한 강한 동기의 유발, 자아개념의 향상을 가져올 가능성이 높다. 이것은 완전학습에 따른 결과이지만 교육의 중요한 목표라는 데 의의가 있다.

4) 적성-처치 상호작용 모형

크론바흐(Cronbach)와 스노우(Snow)의 적성-처치 상호작용 모형(attribute-treatment interaction model)은 학습자가 보여주는 학습결과는 학습자의 적성 또는 특성과 교사가 행하는 처치 또는 수업방법 간의 상호작용의 결과이다(Cronbach & Snow, 1977). 이는 교사가 학습자의 적성에 부합하는 수업방법을 사용하면 학습이 촉진되지만 학습자의 적성에 부합되지 않는 수업형태를 사용하면 학습은 제대로 이루어지지 않는다는 것이다. 따라서 교사는 학습자가 지닌 특성 및 능력의 개인차와 수업방법 사이에 활발한 상호작용을 통해 학습자의 학업성취도가 극대화되도록 학습자의 특성과 수업방법을 적절하게 조절해야 한다. 여기서 적성이란 학습자 개인이 가지고 있는 개인적 특성이며, 적성변인의 종류에는 지능, 학업성적, 인지구조, 학습속도, 선행학습내용, 성취동기, 시험불안, 자아개념, 자신감, 의존성, 사회계층, 성별 등이 있다. 처치는 학습 과정의 구성, 전개, 제시방법 등과 같은 수업형태와 절차이며, 처치변인으로는 암기식(수용) 학습-발견학습, 학생중심-교사중심, 프로그램 학습-전통적인 수업, 귀납적 자료제시-연역적 자료제시, 개별적 수업-협동적 수업, 구조화된 학습과제-비구조적 학습과제, 도형을 이용한 학습과제의 제시-문자를 이용한 학습과제의 제시, 시각적 방법에 의한 학습과제의 제시-청각적 방법에 의한 학습과제의 제시 등이 있다(조성일 외, 2002).

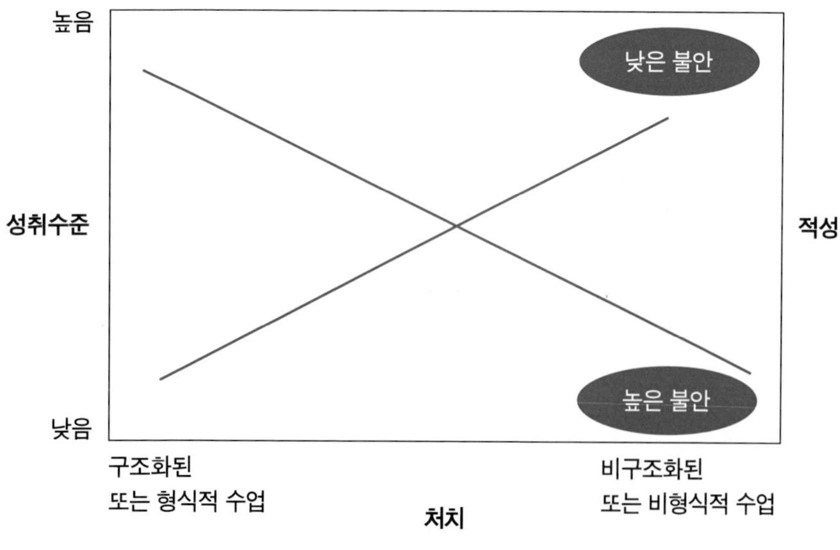

그림 8-3 적성-처치에 따른 성취 수준의 차이

출처: Lefrancois (2000).

적성–처치 상호작용이론에 관한 스노우와 스완슨(Snow & Swanson, 1992)의 연구에 따르면 [그림 8–3]에서 보는 바와 같이 학습자의 불안 수준(적성)에 따라 구조화된 수업과 비구조화된 수업의 학습효과가 다르게 나타났다. 두 학자는 학습자의 불안 수준에 따라 높고 낮은 집단으로 구분한 다음, 각각의 집단에게 구조화된 수업과 비구조화된 수업을 번갈아 실시한 후 학업성취도를 측정한 결과 불안 수준이 낮은 집단은 비구조화된 수업에서 보다 높은 성취 수준을 보였다. 이와는 반대로 불안 수준이 높은 집단은 구조화된 수업에서 보다 높은 성취 수준이 나타났다.

베르나이너(Berliner) 등은 이러한 적성–처치 상호작용의 개념이 보다 발전된 것으로 과제–특성–처치 상호작용이라는 개념을 제시하고 있다. 이는 학습자의 학습결과가 단순히 적성관 수업방법 사이의 상호작용뿐만 아니라 학습과제에 내포된 수업목표가 무엇인가에 의해서도 영향을 받게 된다는 것이다. 다시 말하면, 학업성취도는 학습과제와 학습자의 특성, 학습자에게 제공되는 수업처치 등 세 변인 간의 상호작용의 결과로 보고자 하는 것이다. 이와 같이 과제–특성–처치 상호작용 모형은 학습과제의 목표 또는 성격에 관한 정보 및 학습자의 투입행동의 진단에 의거한 정보를 토대로 해서 수업계열, 수업매체, 학습집단 구성에 대한 교사의 결정이 이루어짐으로써 최대의 수업 효과를 획득할 수 있음을 보여주고 있다(조성일 외, 2002).

표 8–2 적성–처치의 요소들

적성	처치
• 지능, 학업성적, 인지구조, • 학습속도, 선행학습 내용, • 성취동기, 시험불안, • 자아개념, 자신감, 의존성, • 사회계층, 성별 등	• 암기식(수용) 학습–발견학습 • 학생중심–교사중심 • 프로그램 학습–전통적인 수업 • 귀납적 자료 제시–연역적 자료 제시 • 개별적 수업–협동적 수업 • 구조화된 학습과제–비구조적 학습과제 • 도형 이용 학습과제 제시–문자 이용 학습과제 제시 • 학습과제의 시각적 제시–학습과제의 청각적 제시

3. 수업방법

어떤 특정한 수업방법으로 모든 학습목표를 성공적으로 달성할 수 있는 만병통치약과 같은 수업방법은 존재하지 않는다. 학습지도 또는 수업의 방법은 여러 가지가 있을 수 있으며, 그것이 적절하게 조화되어 활용될 때 주어진 상황 속에서 최대의 효과를 얻을 수 있다.

학습지도의 형태는 하나의 방법을 소개하고 이를 권장하려면 그 방법이 가지고 있는 정확한 성질과 장단점 등을 충분히 고려하여야 한다. 흔히 하나의 방법이나 어떤 형태를 지나치게 과신하는 나머지 그것이 결과적으로 가져다 줄 실패와 나쁜 영향을 전혀 예견하지 못하는 일이 있다. 수업에는 왕도(a royal way)가 없으며, 어디까지나 상호 보완적인 관점에서 채택되고 운영되어야 한다. 각 수업방법은 나름대로의 장단점을 가지고 있고 현실적인 여건상 특정한 학습지도 형태에 얽매일 수도 있다. 다양하게 제기된 수업방법의 특징과 장단점을 살펴보기로 한다.

1) 강의법(lecture method)

강의법은 지식이나 기능을 교사중심의 설명을 통해서 학습자에게 전달하고 이해시키는 수업방법을 말한다. 이 방법은 교사중심의 학습법이기 때문에 학습자가 능동적으로 학습활동에 참여할 수 없고 또 학습자로 하여금 주의집중시키기 어렵다는 등의 여러 가지 비판을 받게 되었다. 그러나 강의법은 아직도 많은 사람들이 모일 수 있는 곳이라면 어디에서든지 학습자를 가르칠 수 있는 효과적인 교수법으로 이용되고 있다. 강의법의 장점과 단점은 〈표 8-3〉과 같다.

표 8-3 강의법의 장단점

장점	단점
① 많은 학생을 대상으로 하여 짧은 시간에, 동시에 교수할 수 있으므로 경제적으로 유리하다. ② 다량의 사실을 체계적으로 언어만으로 전달할 수 있다. ③ 강의할 내용을 적절히 조정할 수 있다. ④ 학습보조 자료를 적절히 제시하면 학생들의 동기유발도 되고 난해한 문제를 평이하게 설명할 수 있다. ⑤ 전체적인 전망을 제시하는 데 유리하다.	① 교사중심이므로 학생들의 활동성을 저해하고, 학생들은 수동적이 되므로 활동할 기회가 제약된다. ② 스스로 사고하는 습관의 훈련이 이루어지지 못하므로 문제해결력, 창의력, 사고력, 응용력 등의 고등정신 기능을 연마할 기회가 없다. ③ 획일적인 일제학습이 되기 쉬우므로, 학습자의 개성이나 능력을 무시하고 일방적으로 주입시키는 결과를 가져온다. ④ 교재 위주의 교수이므로 현실생활과 동떨어진 지식 위주에 빠지기 쉽고, 응용화, 사회화의 힘이 길러지지 못한다. ⑤ 자율학습의 태도가 길러지지 못한다.

2) 토론법(discussion method)

강의법과 대비되는 수업방법의 하나가 토론법이다. 토론법은 학습자들 사이에, 또는 학습자와 수업자들 사이에 정보나 아이디어, 의견 등을 나누기 위해 서로 이야기하거나 함께 문제를 해결해 나가는 탐구 과정이다. 이 방법은 소수의 학습자 집단이 수업의 주도적 역할을 담당하도록 설계된 방법으로, 흔히 강의법이 교사중심의 수업

표 8-4 토론법의 장단점

장점	단점
① 사회적 기능 및 태도를 향상시킬 수 있다. ② 집단의식과 공유능력을 향상시킨다. ③ 선입관과 편견은 집단구성원의 비판적 탐색에 의해 수정될 수 있다. ④ 자율성을 향상시킬 수 있다.	① 시간이 많이 소요된다. ② 사전준비와 체계적인 관리에도 불구하고 예측하지 못한 상황이 발생할 수 있다. ③ 학습자 전원이 적극적으로 참여하고 주도적 역할을 수행하기보다는 몇몇에 의해 주도될 가능성이 있다. ④ 알려지지 않거나 어느 정도 완전하게 이해하지 못한 사실과 개념에 대해서 효과적으로 토론하기란 어렵다.

이라고 한다면 토론법은 학습자중심의 수업이라고 말할 수 있다. 학습자의 활동, 참여, 피드백의 기회가 많아서 학습자를 적극적으로 움직이게 만드는 효과가 있다. 토론법의 장점과 단점은 〈표 8-4〉와 같다.

3) 구안법(project method)

Project란 '앞으로 던진다.'는 뜻에서 생각한다, 연구한다, 구상한다, 묘사한다는 의미로 쓰인다. 구안법이란 Kilpatrick이 「구안법」이라는 논문을 발표함으로써 널리 보급되었다. 구안법이란 학생이 마음속에 생각하고 있는 것을 외부에 구체적으로 실현하고 형상화하기 위하여 자기 스스로가 계획을 세워 수행하는 학습활동으로 이루어지는 형태이다. 구안법의 특징으로 다음을 들 수 있다.

① 문제를 실제적이고 구체적으로 해결한다.
② 문제는 학습자 자신이 목적을 가지고 계획에 의하여 선택되고 수행된다.
③ 문제해결을 위하여 물질적 자료가 사용된다.
④ 개인차에 따른 활동을 가능하게 한다.

구안법의 학습단계는 목적의 단계, 계획의 단계, 실행의 단계, 비판의 단계로 분류된다(유재봉 외, 1990).

(1) 목적의 단계(purposing)

학생 스스로 당면한 실천적 문제의 해결에 대한 동기의 유발인 Project를 마음속에 받아들이는 것이 다른 어떤 방법보다 가치 있는 근본적인 요인이다. 따라서 목적은 가능한 학생 자신이 스스로 발견하도록 해야 한다. 그러나 학생이 발견하는 목적은 교육적 가치를 가지지 못하거나 또 실행에 적절하지 않으므로, 교사는 풍부한 식견과 통찰로 학생의 교육적 필요에 일치하는 Project를 선택하는 것이 필요하다.

(2) 계획의 단계(planning)

학생은 계획을 세우는 것과 같은 복잡한 것보다 곧바로 실천으로 이행하려는 경향을 강하게 가졌으므로 극히 곤란한 단계이다. Project의 성패는 계획의 신중, 정밀성 여부에 달려 있으므로, 이 단계에서는 특히 교사의 노력이 필요하다. 교사는 면밀한 배려 아래에서 학생에게 계획수립의 중요성을 인식시키고, 세심한 주의를 하여 지도하며, 실천하기 전에 반드시 그 계획을 비판하는 태도를 기르도록 힘써야 한다.

(3) 실행의 단계(executing)

Project method에서 가장 흥미 있고 활기 있는 단계이다. 교사는 학생의 친절한 조력자가 되어 프로젝트 해결에 필요한 재료를 가능한 많이 이용하도록 배려해야 하며, 작업의 곤란으로 인하여 좌절하지 않도록 개별적인 지도가 필요하다. Project의 가치는 활동의 결과에 있는 것이 아니라, 오히려 그 현실적인 과정에 있는 것이며, 학생이 최선의 노력을 다하고 있는지에 대하여 끊임없이 유의하고 있어야 하고, 학생활동의 지졸(遲拙)함에 대하여 대행하는 것과 같은 일은 금하여야 한다. 그러나 개인의 작업이 학급 전체에 방해가 되는 경우에 있어서는 적당한 지도가 필요하다.

(4) 비판의 단계(judging)

완성된 작업에 대하여 그 가치를 비판하는 것을 목적으로 하는 단계이다. 즉, 교사는 재판관이나 심사원 같은 위치에 서서 그에 결정적 · 독단적 비판을 하는 것과 집단적으로 행하는 경우가 있다. 개인적인 경우에는 학생 자신이 판단하도록 함을 원칙으로 하고, 그 판단이 부적당할 때에는 교사가 이를 보충하여야 한다. 그러나 비

표 8-5 구안법의 장단점

장점	단점
① 학생의 흥미에서 출발하므로 동기유발을 할 수 있고 주도성과 책임감을 훈련시킬 수 있다. ② 창조적 · 구성적 태도를 기를 수 있다. ③ 생활을 통해서 실제적인 문제해결의 기회를 제공하므로 학교생활과 실제생활을 결부시킬 수 있다. ④ 자발적이고 능동적인 학습활동을 촉구할 수 있다. ⑤ 협동성, 지도성, 희생정신 등 덕성 함양에 도움이 된다.	① 능력이 부족한 학생에게는 시간과 정력의 낭비가 될 우려가 있고 우수한 학생이 학습을 독점할 가능성이 있다. ② 문제를 해결하기 위해서는 자료가 많이 사용되어 자료를 얻지 못하여 실패하는 경우가 있다. ③ 학습활동의 자유를 보장하므로 수업이 무질서해질 우려가 있다. ④ 학생의 흥미에 따라 교재를 심리적으로 전개하므로 교재의 논리적 체계가 무시되는 경우가 있다. ⑤ 실제적, 기술적 측면에 편중하므로 감상이나 기계적인 숙련 등을 필요로 하는 학습을 등한시하는 경향이 있다.

판은 집단적으로 행할 경우가 더욱 효과적이다.

개개의 학습자가 다른 프로젝트에 종사한 경우에는 그들은 각기 프로젝트에 관한 결과를 전시, 보고, 요약의 형태로서 학급에 제시하고, 집단에 있어서는 개개의 학습자나 소집단이 그들이 발견 제작한 것을 전체 집단에 제시하는 것이 좋다. 학생은 교사보다 친구 사이의 비판을 중요하게 느끼는 까닭이다. 또 학생에게 비판하는 책임을 부여하는 것은 비판적 태도를 기르기 위한 가장 중요한 착안이다.

구안법을 지도하는 데 유의할 점을 살펴보면, 우선 문제는 모든 학생들이 좋아하는 것이어야 하고 계속되는 여러 문제가 단편적인 것이 아니고 연속적 과정으로 발전성을 띠고 있어야 한다. 또한 계획을 정밀하게 세우는 습관을 길러 학습의 효과를 도모해야 한다. 학습자들의 흥미에 입각한 활동이므로 혼란스럽거나 무질서하게 되지 않도록 한다. 마지막으로 사용하는 재료나 도구는 미리 준비가 잘 되어 있는지 확인해야 한다.

4) 협동학습법

협동학습법이란 “학습능력이 각기 다른 학생들이 동일한 학습목표를 향해 소집단 내에서 함께 활동하는 학습방법이다”(Slavin, 1990). 협동학습을 통해 첫째, 인지적 측면을 향상시켜 학생들의 성취도를 높여주고, 둘째, 학생들의 사회적 관계를 조장하며, 셋째, 학생들의 자아존중감을 높여주고, 넷째, 학생들은 다른 학생들에 대한 감정이입 능력을 높여 친사회적 행동을 키워준다(신명희 등, 2004).

그러나 협동학습이 학교현장에서 제대로 응용되고 있지 못한 이유는 소음과 소란을 동반하며, 경우에 따라서는 협동학습이 학생들 간의 갈등과 긴장을 고조시키기도 하고, 또 책임을 다하지 못하는 학생의 경우 집단 속에 가려져 있을 수 있기 때문이다. 이를 ‘링겔만 효과(Ringelmann effect)’라고 부른다.

협동학습법을 사용할 때 교사는 다음과 같은 사항에 유념해야 한다(조성일 등, 2002 재인용). 첫째, 각자 맡은 과업 외에 무관심하지 않도록 지도해야 한다. 둘째, 협동학

링겔만 효과

독일 심리학자 링겔만은 집단 속 개인의 공헌도를 측정하기 위해 줄다리기 실험을 했다. 1 대 1 게임에서 1명이 내는 힘을 1백으로 할 때 참가자 수가 늘면 개인이 어느 정도의 힘을 쏟는지를 측정했다. 2명이 참가하면 93으로, 3명이 할 때는 85로 줄었고, 8명이 함께 할 때 한 사람은 49의 힘, 즉 혼자 경기할 때에 비해 절반밖에 내지 않았다. 참가하는 사람이 늘수록 1인당 공헌도가 오히려 떨어지는 이런 집단적 심리현상을 ‘링겔만 효과(Ringelmann effect)’라고 부른다. 자신에게 모든 책임과 권한이 주어져 있는 1 대 1 게임과는 달리 ‘여러 명’ 가운데 한 사람에 불과할 때는 사람은 전력투구하지 않는다. 익명성이라는 환경에서 개인은 숨는 것이다.

미국에선 또 다른 실험이 있었다. 한 청년이 일광욕을 즐기던 휴가객 바로 옆에서 녹음기를 틀어 놓고 음악을 즐기다 바닷물에 뛰어들었다. 다음엔 도둑 역할을 맡은 사람이 녹음기와 옷가지 등 그 청년의 소지품을 챙겨 슬그머니 달아났다. 누가 봐도 도둑인 것이 분명했지만 20회 실험 중 단 4명만이 그 ‘도둑’을 잡으려고 시도했다. 똑같은 상황에서 단 한 가지만 바꿔봤다. 청년이 바닷물에 뛰어들기 전 “제 물건 좀 봐 주세요”라며 직접 부탁을 했다. 그랬더니 놀랍게도 거의 전부라고 할 수 있는 19명이 도둑을 잡으려고 위험을 무릅썼다고 한다.

습은 학습자 전체의 참여를 중요시함으로써 소수 우수한 학생이나 능동적인 학생들이 활동을 독점하지 않도록 과업의 배당을 골고루 하도록 유의한다. 셋째, 협동생활의 질서와 덕행을 배워야 하므로 그 집단 간에 지나친 경쟁심을 초래하지 않도록 하고 집단 간 자연스런 교류가 있도록 조절한다. 넷째, 사회생활에 결함이 있어 항상 고립된 학생과 비협력적으로 방해역할을 하는 학생을 자연스럽게 발견할 수 있으므로 개인지도에 임할 수 있는 좋은 기회임을 유의해야 한다.

협동학습이 교수-학습 과정에서 실제적인 효과를 나타내기 위해서는 이를 활용하는 교사가 장점과 단점에 대해서 구체적으로 알고 있어야 한다(유구종 · 강병재, 2005).

표 8-6 협동학습의 장단점

장점	단점
① 학교에서 협동학습으로 행하는 과제가 사회에서 요청되는 과제와 흡사할 경우 사회에 적응하거나 문제해결에 도움이 된다. ② 혼자서 학습하는 경우보다 더 많은 것을 학습할 수 있다. ③ 혼자서는 시도하기 어려운 일도 여럿이 하다보면 자신감이 생기게 된다. ④ 다른 학습자들이 가지고 있는 학습방법을 관찰하고 배울 기회가 주어진다. ⑤ 학습자들은 동료로부터 도움을 받는 과정에서 다른 사람의 힘을 빌릴 수 있는 기술을 갖추게 된다. ⑥ 무슨 일이든 서로 나누어 함께 해결하고 그 결과에 대해 보람을 갖는 협력적 태도를 형성할 수 있다. ⑦ 자신에 대한 이해를 넓힐 수 있으며 나아가 타인에 대한 이해를 확장하게 된다. ⑧ 학습자들이 각자의 자원(시간, 에너지, 능력, 성질) 등을 스스로 관리하고 통제하는 방법을 배우게 된다.	① 소집단 내에서 특정 학습자나 리더가 어떤 것을 잘못 이해하고 있을 때 다른 사람들이 그것을 그대로 따라할 우려가 있다. ② 학습 과정이나 목표보다는 집단 과정만을 더 소중히 생각하는 경향을 초래할 수 있다. ③ 교사에게 의존하는 경향이 감소하는 대신 또래에게 의존하는 경향이 커질 우려가 있다. ④ 집단 내에서 개개인의 능력과 배경 등 다양한 요소에 의해 서로 다른 대우를 받게 된다. ⑤ 또래들에 비해 능력이 다소 떨어지는 학습자들의 경우에는 참여의 기회를 상실하게 되어 자아존중감의 손상을 입을 수 있다. ⑥ 아주 유능한 학습자의 경우 모든 것을 다 알면서도 일부러 집단 활동에 동참하지 않거나 기여하지 않는 경우도 있다. ⑦ 자기가 속한 집단의 구성원에게 더 호감을 느끼지만 다른 집단의 구성원에게 적대감을 가질 수 있다.

제9장

학급경영과 교사의 특성

고장난 전축 전략

고장난 전축은 똑같은 음악을 반복해서 들려준다. 여기서 '고장 난 전축' 전략은 똑같은 말을 반복하는 것을 의미하며, 래스 캔터(Les Canter)와 마린 캔터(Marline Canter)에 의해 주장되었다(Canter & Canter, 1976).

'고장 난 전축' 전략의 예는 다음과 같다(신명희 외, 1998).

선생님 : 민수야, 이제 주어진 과제를 시작해야 한다.

민수 : 이 게임만 끝나면 곧 할게요. 1분만 있으면 돼요.

선생님 : (단호하게) 민수야, 알겠어. 그러나 지금 과제를 시작해야 한다.

민수 : 선생님은 언제나 게임에 시간을 충분히 주지 않아요.

선생님 : (조용히 단호하게) 그게 지금 초점이 아니지, 지금 과제를 시작해야 한다.

민수 : 나는 그 과제가 재미없어요.

선생님 : (단호하게) 알겠어. 그러나 지금 그 과제를 시작해야 한다.

민수 : 예. 선생님. 알겠어요. 지금 곧 시작하지요.

개요

교육심리학을 통해 여러 가지 지식과 방법을 잘 이해하고 있더라도 바로 효율적인 학급관리와 경영으로 이어지는 것은 아니다. 학급에서 일어나는 여러 가지 문제를 미리 예방하는 것이 중요하다. 문제가 발생한 후에 이를 다루는 것은 어려울 뿐만 아니라 그로 인한 여러 가지 상처를 남길 수 있다. 학급에서 일어날 수 있는 문제를 미리 예방하기 위해서 교사는 학급을 어떻게 관리할 것인가에 대해 미리 계획을 세우고, 학기 초에 학생들에게 주지시켜야 한다. 교사가 아무리 훌륭하게 자신의 역할을 수행한다고 해도 학급에서 문제는 있게 마련이다. 이러한 문제를 처리해야 하는 것이 교사의 역할 중 하나이다.

학급을 효율적으로 관리하기 위해서 교사는 학생과 효과적으로 의사소통할 수 있어야 한다. 그러기 위해서 교사는 학생과의 효과적인 의사소통을 할 수 있는 방법을 알아야 한다. 흔히, '교육의 질은 교사의 질을 뛰어 넘을 수 없다'는 말이 있다. 교사의 질이 곧 교육의 질을 좌우한다는 말이다. 교사는 교재에 있는 지식을 단지 전달만 하는 사람이 아니다. 교재에 대한 지식과 함께 교사가 학생을 어떻게 생각하는가가 그 학생의 학업성취와 자아개념 등에 영향을 줄 수 있다. 이 장에서는 교사가 학급경영을 잘 할 수 있도록 하기 위해 필요한 것과 교사의 효능감, 기대, 그리고 지도성이 학생들에게 미치는 영향을 살펴보고자 한다.

제9장

학급경영과 교사의 특성

1. 학급경영

1) 학급의 생태학적 이해

학생들이 학습하는 가장 작은 단위의 공식적 집단이 학급이다. 한 학급 또는 교실은 한 명의 교사와 다수의 학생들, 그리고 칠판, 책상, 걸상, TV, OHP, 컴퓨터 등의 학습에 필요한 가구나 교구들로 구성되어 있다. 교실이라는 환경은 다른 환경과는 구분되는 특수한 장(場)이다. 생태학적으로 볼 때 교실이라는 환경은 그 안에서 교사-학생 간, 학생 상호간, 부단한 상호작용이 일어나는 곳이다. 교사와 학생들은 서로 서로에게 영향을 주고받으며, 이러한 상호작용을 통해 그 학급만의 독특한 분위기가 형성된다.

도일(Doyle, 1986, Woolfolk, 1995 재인용)의 학급 또는 교실의 특질을 살펴보면 다음과 같다.

① 교실은 다차원적인 곳이다.

② 교실은 동시성이 존재하는 곳이다.

③ 교실은 즉각성이 있는 곳이다.

④ 교실은 사태의 예측이 어려운 곳이다.

⑤ 교실은 공개적인 곳이다.

⑥ 교실은 역사가 이루어지는 곳이다.

이와 같이 교실은 작은 공간일지라도 그 안에서 일어나는 일들은 매우 복잡한 곳이다. 교실의 분위기를 바람직하게 조성하는 일이 교사의 가장 큰 과제 중 하나이다. 학생들의 학습동기를 유발하고 원만한 교우관계와 협동적 분위기를 이끌어낼 수 있느냐는 전적으로 교사의 자질과 능력에 달려 있다.

2) 학급경영 모델

교사들은 다양한 학급경영 또는 관리방법을 활용하고 있다. 교사들의 교육관이나 교육철학이 서로 다르기 때문에 학습자들의 문제행동을 해결하는 방법이 다를 수 있다. 교사들의 철학적 관점은 인본주의적 관점과 행동주의적 관점을 양극단으로 하고 중간 지점에 민주적 관점으로 구분된다. 인본주의적 관점을 지닌 교사들은 철저하게 학습자 중심의 교육을 선호하는 반면, 행동주의적 관점을 지닌 교사들은 교사중심의 교육을 선호한다. 두 관점의 중간에 위치하는 민주적 관점을 지닌 교사들은 교육에 있어서 학습자 참여에 주안점을 두면서도 동시에 교사의 개입이 필요하다는 입장이다. 이와 같이 학급경영 모델은 인본주의적, 민주적, 그리고 행동주의적 모델 등 3가지로 구분해 볼 수 있다(Lefrancois, 2000).

세 모델은 학습자가 보이는 문제행동에 대해서도 서도 다른 입장을 취한다. 우선 인본주의적 입장에서 문제행동의 원인은 학습자가 부정적인 자아개념을 지니고 있기 때문으로 본다. 따라서 교사들은 벌을 사용하기보다는 학습자들에게 긍정적이고 바람직한 자아개념을 길러주기 위해 따뜻한 관심과 격려를 제공해야 한다고 본다.

표 9-1 학급경영을 위한 세 모델

구분	교육관	배경 이론	문제행동의 원인에 대한 신념	교사역할
가장 허용적이고, 비지시적인	매우 학습자 중심적인	인본주의적	• 부정적 자아개념	• 최소한의 개입 • 교사는 지지적 환경을 제공하고 자기-발달을 격려해야 한다.
↕	비교적 학습자 중심적(학습자 참여를 강조하면서도 교사의 지시적 역할이 공존하는)	민주적	• 부적절한 목표 • 행동의 후속결과에 대한 잘못된 이해 • 비논리적인 사고	• 교사는 관료적이기보다는 민주적이어야 한다. • 합리적인 행동의 한계를 설정하고 목표를 확인하기 위해 논리성과 합리성의 테크닉을 사용해야 하며, 학급에서의 규칙은 학급회의를 통해서 설정되어야 한다.
가장 지시적이고, 덜 허용적인	매우 교사 중심적이고 직접적인 교수 강조	행동주의적	• 문제행동은 학습된 것이며 적합한 대안행동을 배우지 못했기 때문	• 강화나 벌, 그리고 모방 등 행동수정기법을 효율적으로 사용해야 한다.

출처: Lefrancois (2000).

한편 민주적 관점에서 보면, 문제행동의 원인은 행동목표가 학습자에게 적절치 않고, 행동의 후속결과에 대한 잘못된 이해, 그리고 비논리적인 사고 때문으로 본다. 행동주의적 관점은 이 둘과는 사뭇 다르다. 행동주의적 입장을 지니고 있는 교사들은 문제행동은 학습된 것이며 적절한 대안 행동을 아직 학습하지 못했기 때문으로 본다. 때문에 문제행동을 수정하기 위한 행동수정기법을 사용할 것을 주장한다.

세 가지 접근방법은 교사의 역할에서도 분명한 차이를 나타낸다. 인본주의 모델에서는 교사는 학습자들에게 지원적 환경을 제공하고, 학습자들의 자기발달(self-development)를 격려해야 하며, 이때 교사의 개입을 최소화해야 한다고 본다. 민주적 모델에서 교사는 학급경영에 있어 관료적이기보다는 민주적이어야 하며, 합리적인 교실 규칙을 설정해야 하고, 행동의 후속결과를 논리적으로 판단해야 한다. 한편, 행동주의적 모델에서 교사의 역할은 강화, 벌, 모방 등 행동수정기법을 효율적으로 사용하는 것이다.

이상의 세 가지 모델 중 어느 하나가 가장 효과적이고 적합하다고 보기는 어렵다. 교사는 각 모델의 특성을 정확히 이해하는 동시에 그 모델이 교사 자신의 성격적 특성과 학급집단 구성원들의 심리적 특성과 잘 맞아야 할 것이다.

3) 성공적인 학급경영 기술

학급, 즉 교실에서는 교사의 수업을 방해하는 여러 가지 행동이 목격된다. 예컨대, 책상에 엎드려 자는 학생, 옆 사람과 잡담하는 학생, 책상 밑에서 핸드폰으로 문자 메시지를 보내는 학생 등은 교사의 신경을 거슬리게 한다. 교사는 이러한 학생들에게 주의를 주거나 수업에 집중하도록 하는 데 수업시간을 낭비하는 경우가 많다. 수업시간 50분 중 학급에 따른 차이는 있겠으나 약 25%, 즉 12~13분 정도가 무의미하게 허비된다는 연구결과(Karweit, 1989)가 있다. 충실한 수업이 이루어지기 위해서는 무엇보다도 교사가 의도한 대로 학습에 좀 더 많은 시간이 집중되어야 한다. 학생이 적극적으로 수업에 참여하도록 수업에 집중하는 시간을 늘려야 한다. 그러기 위해서 교사는 수업시간의 질을 효율적으로 관리할 필요가 있다.

(1) 학급 규칙과 절차의 관리 기술

학생들에게는 규칙이나 절차 등에 따르도록 기대되는 행동이 있다. 규칙(rule)

은 학급에서 기대되는 행동과 금지되는 행동을 구체화시켜 놓은 것이고, 절차(procedure)는 학급에서 활동이 진행되는 정해진 단계를 말한다(신명희 등, 1998). 교사는 새 학년 새 학기가 시작되기 전에 이러한 규칙과 절차를 정한 후 학년 혹은 학기가 시작된 직후에 학생들에게 어떻게 해야 하는지를 확실하게 알려주어야 한다(Everston 등, 1994). 교사는 학생들에게 수업에서 지켜야 할 규칙을 공지해야 한다. 이때 이러한 규칙을 어겼을 때는 어떤 불이익이 있을 거라는 것도 함께 알려야 한다. 규칙과 절차는 학생들이 이해하기 쉽도록 구체적으로 제시해야 한다.

규칙과 절차는 다음과 같이 정하는 것이 좋다.

첫째, 학교 토론을 통해 정한다.

둘째, 규칙과 절차를 어길 경우에 어떤 불이익을 줄 것인지도 정하는 것이 좋다.

셋째, 규칙과 절차는 가능하면 부정적인 표현보다는 긍정적으로 표현되는 것이 좋다.

이렇게 하여 규칙과 절차가 정해지면 교사는 이를 공지하고, 이러한 규칙과 절차가 학급에 정착될 수 있도록 해야 한다. 그러기 위해서는 무엇보다 해당 학년 혹은 학기의 첫 한 주가 중요하다. 학년이 낮은 경우에는 몇 주에 걸쳐 세심한 신경을 써서 규칙과 절차가 학급에 정착될 수 있도록 해야 한다.

학급을 잘 관리하는 효율적인 교사와 그렇지 못한 교사의 차이는 분명하다. 효율적인 교사와 비효율적인 교사를 비교한 연구(Emmer, Everston, & Anderson, 1980)에 따르면 이 둘의 차이는 다음과 같이 정리된다.

첫째, 효율적인 교사는 학년 초에 당연하다고 생각되는 규칙이나 절차까지도 그 이유를 명확하게 설명하고 공지하였다. 그 결과 학생들은 각 과제 다음에 무엇을 해야 할지 등에 대해 미리 익혀 스스로 해 나갈 수 있었다. 그러나 비효율적 교사는 잘 준비하지도 조직하지도 않은 채 수업에 임했으며, 학급 내 규칙이나 절차에 대해서도 명확하게 전달하지 않아서 학생들이 교사의 지시를 받기 위해 기다리는 데 많은 시간을 보내게 했다.

둘째, 효율적인 교사는 학생이 규칙이나 절차를 어겼을 때 반드시 책임을 묻지만 비효율적인 교사는 잘 감독하지 못하고 정해진 규칙이나 절차를 학생들이 어겼을 때도 잘 알아차리지 못하거나 즉시 제재를 가하지 못한다.

셋째, 효율적인 교사는 학생들의 학습 진도 정도를 계속적으로 점검해 나가는 데 더 유능하였다(Everston & Emmer, 1982). 수업의 난이도가 학생에게 적절한지를 조사하고 그 난이도를 조정하고, 수업방법을 변화시키기도 하고, 보다 더 쉽고, 자세하게 설명해 주기도 한다. 그러나 비효율적인 교사는 그러하지 못했다.

넷째, 효율적인 교사는 학생들과의 상호작용에서 더 많이 웃고 재미있는 농담도 더 많이 하였다(Moskowitz & Hayman, 1976). 수업을 방해하는 바람직하지 못한 행동이 없어짐으로써 수업은 매끄럽게 진행되고, 교사는 학생들이 협조적인 분위기에서 학습에 적극적으로 임하게 한다. 그러나 비효율적인 교사는 수업을 재미없게 진행하며 책을 읽는 방식으로 진행한다.

(2) 다양한 학급경영 기술

성공적으로 학급을 관리하기 위해서는 사전에 학급의 규칙과 절차를 정해서 실행에 옮기는 것 이외에 제안된 학급경영 기술은 다음과 같다(신명희 등, 1998).

① 학급 내에서 일어나는 모든 것을 알고 있고, 함께 하고 있음을 학생들에게 보여주어야 한다.

② 여러 상황을 동시에 처리할 수 있어야 한다.

③ 수업은 처지지 않게 원활하게 진행되어야 한다.

④ 학급 전체가 수업에 참여하도록 노력해야 한다.

교사가 학생들에게 어느 정도 지시하고 통제하는 역할에 따라 학급관리 유형은 달라진다. 또한 교사가 어떤 수업기술을 더 자주 사용하느냐에 따라 교사의 학급관리 유형은 달라질 수 있다. 교사의 역할과 수업기술에 따라 교사의 학급관리 유형은 크게 교사중심 학급관리와 학습자중심 학급관리로 구분된다.

표 9-2 교사중심과 학습자중심의 학급경영

교사중심	
교사의 역할	수업 기술
높은 지시 수준 교사는 학습자의 행동을 지시하고 외적인 보상이나 벌을 통해 통제한다. **중간 정도의 지시 수준** 교사와 학생이 학습관리 및 중요한 활동을 계획하는 데 있어 상호 협력한다. **낮은 지시 수준** 교사는 학생들의 자율성과 자기훈련을 격려한다.	• 강의하기 • 질문하기 • 반복연습(drill & practice)하기 • 시범 보이기 • 토론하기 • 협동학습 • 교사의 안내를 통한 탐구학습 • 상호계약 • 역할 놀이 • 프로젝트 • 발견학습(inquiry) • 자기-평가
학습자중심	

출처: Lefrancois (2000).

4) 훈육방법

(1) 훈육의 개념

훈육(discipline)이란 한마디로 '품성이나 도덕 따위를 가르쳐 기르는 것'을 말한다. 학급 내의 질서를 확립하기 위해 훈육을 하게 된다. 훈육과 관련해서 행동주의에서는 바람직한 행동은 강화하고 바람직하지 못한 행동은 벌의 사용 및 행동수정을 제안한다. 교사는 학생에게 불쾌감과 화난 표정을 보이기도 하고, 학생들을 타임아웃 시키기도 한다. 학생들에게 주어지는 정적 강화를 박탈하기도 하고 체벌을 하기도 한다. 또한 언어적으로 공격하기도 한다. 좋은 의도로 하는 이와 같은 훈육은 때로는 효과적일 수 있으나 체벌이나 언어적 공격은 궁극적으로 학생들의 자기통제감을 발달시키는 데 별로 도움이 되지 않으며, 어떤 경우에는 도리어 학생에게 저항심과 분노를 일으킬 수 있다. 따라서 체벌이나 언어적 공격은 사용하지 않는 것이 좋다.

물론 훈육 자체에 너무 많은 시간을 보내는 것은 바람직하지 않다. 교사가 학생들을 훈육하는 데 많은 시간을 보낸다면 학생들의 학업성취가 낮다는 연구들(Stallings & Kaskowitz, 1974; Crocker & Brooker, 1986)이 있다. 수업시간에 학생이 떠들 때마다 불러 세워 야단을 치고 벌을 준다면 그만큼 수업에 방해를 받게 된다. 학생들에 대한 훈육시간이 많으면 그만큼 학생들은 학습할 기회를 갖지 못해 학업성취도는 낮게 된다는 것이다. 따라서 교사가 훈육을 할 때는 대다수의 학생들에게 방해가 되지 않으면서 최소한으로 해야 한다. 그러기 위해서는 다음과 같이 하는 것이 좋다(Eggen & Kauchak, 1992).

① 비언어적 신호를 활용한다.

② 바람직한 행동을 칭찬한다.

③ 따라야 할 규칙이나 절차를 상기시킨다.

④ 부적절한 행동에 상응하는 벌칙을 부과한다.

(2) 체벌의 원칙

많은 심리학자들은 체벌의 효과가 없다고 주장한다. 그럼에도 불구하고 체벌에 대한 찬반 논쟁이 식지 않고 있다. 교육 장면에서 벌을 올바르게 사용하게 하기 위하여 다음의 10가지 원칙을 제시하고 있다(권준모, 2001).

① 행동의 수정이 목적 : 벌은 행동 수정이 목적이어야 한다. 교사의 기분이나 감정의 표출이어서는 안 된다.

② 벌의 수반성 : 벌은 사필귀정(事必歸正, 모든 일은 반드시 바른길로 돌아감), 인과응보설(因果應報說, 지은 죄가 있으면 반드시 벌을 받고 착한 일을 하면 좋은 보답을 받게 된다는 주장)에 따라 주어져야 한다.

③ 교사의 태도 : 벌을 줄 때 교사의 태도나 역할은 아동을 위하고 아끼는 입장이어야 하며, 객관적이고 이성적이어야 한다. '사랑의 매'라는 말이 있듯이 교사

의 애정 어린 벌이 효과적이다.

④ 벌의 일관성 : 벌은 일관성 있게 주어져야 한다. 교사의 기분에 따라 동일한 잘못을 어느 때는 웃어넘기고 어느 때는 엄히 문책해서는 안 된다. 학생의 바람직하지 못한 행동이 있을 때마다 벌을 주는 것이 이상적이다.

⑤ 벌의 강도와 기간 : 벌의 강도는 벌의 효과를 결정하는 중요한 함수이다. 일반적으로 벌은 엄할수록 효과적이다. 벌은 너무 오래 지속되어서는 안 된다. 높은 강도의 벌을 단기간에 주는 것이 약한 벌을 장기간에 주는 것보다 더 인간적이고 효과적이다.

⑥ 상과 벌의 혼용(대안적 행동의 제공) : 학생이 바람직하지 않은 행동을 하는 이유는 그러한 행동으로부터 강화를 받기 때문이기도 하지만 다른 대안적 행동을 몰라서일 수도 있다. 그러므로 벌을 주는 교사는 학생들에게 다른 긍정적인 행동대안을 제시할 필요가 있다. 그리고 차후에 학생들이 대안적 행동을 보인다면 그에 따른 보상이 주어져야 한다.

⑦ 벌의 시기 : 벌은 바람직한 행동이 시작되는 초기에 주어지는 것이 효과적이다. 행동이 이미 끝난 상황에서의 벌은 유사한 유혹에 대해 저항하는 강도가 낮다.

⑧ 부정적 행동의 보상체계 : 모든 부정적인 행동은 그 행동이 지니고 있는 보상체계에 의해 강화되고 있다. 벌의 효과를 높이기 위해서는 그 부정적인 행동에 포함되어 있는 보상(위의 예에서 지루함을 없애는 것과 피곤을 해소하는 것)의 양과 빈도를 줄이고 제거하려고 노력해야 한다.

⑨ 자기통제력의 배양 : 벌은 궁극적으로 스스로 통제할 수 있는 능력을 기를 수 있게 사용되어야 한다. 외부에서 제공되는 압력에 의해서가 아니라 스스로 부과한 목표에 따라 행동하도록 해야 한다.

⑩ 벌의 종류 : 벌의 사용이 교사의 시간과 에너지를 지나치게 빼앗아서는 안 된다. 교사가 처벌하는 일로 쉽게 피곤해져서 학생의 부정적인 행동이 개선되지

않았음에도 벌을 중단하게 된다면 처음부터 벌을 주지 않은 것만 못한 결과를 초래하기 쉽다.

5) 효율적인 교사-학생 상호작용의 단계

학급을 관리에서 또 하나 중요한 것 중의 하나는 교사–학생 상호작용의 질이다. 교사–학생의 관계에서 중요한 것은 교사가 학생의 마음을 먼저 수용하고, 그 다음에 행동을 통제하는 것이다. 교사–학생 상호작용에서 교사는 '민감하고 반응적인', '따뜻하고 애정적인'이라는 부분에 대해 주의할 필요가 있다(이영훈 등, 2007). 학생이 부적절한 행동을 유발할 때 어떻게 하면 교사가 사용하는 언어 및 비언어적 상호작용이 수용적이고 반응적이 될 수 있을까? 그것은 '마음은 수용하고, 행동은 통제'하는 것이다. 행동에 대한 통제보다 마음의 수용이 더 먼저 일어나야 한다. '마음은 수용하고, 행동은 통제해야 한다.'는 전제하에 바람직한 교사–학생 상호작용의 단계를

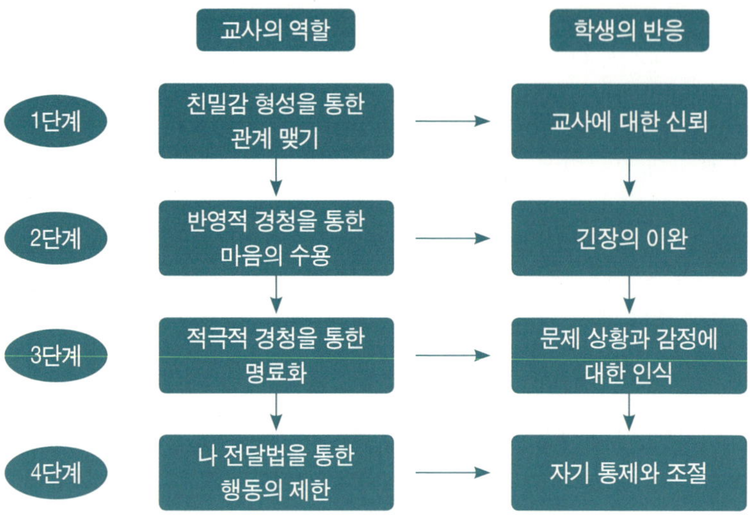

그림 9–1 교사–학생 상호작용의 단계

제시하면 다음과 같다.

1단계에서 먼저 교사는 따뜻하고 친절한 태도로 학생과 관계 맺기에 성공해야 한다. 2단계에서는 문제나 갈등상황이 생겼을 때 교사의 반영적 경청을 통해 학생의 마음을 수용하는 단계이다. 3단계는 교사의 적극적인 경청을 통해 문제를 명료화시켜 주고 학생의 숨어 있는 의도나 감정을 읽어줌으로써 심층적인 이해와 공감이 이루어지는 단계이다. 3단계까지가 학생의 마음을 수용하는 단계이다.

4단계는 학생의 행동을 제한하는 단계라고 할 수 있다. "네 마음은 알지만 그렇게 행동하는 건 곤란해. 친구를 때리는 건 친구에게 상처가 날 수 있고 너도 다칠 수 있기 때문에 선생님은 걱정이 된단다. 선생님은 친구를 때리는 건 허락할 수가 없어."와 같이 단호하지만 부드럽고, 강하지만 낮은 목소리로 교사의 권위로 학생을 훈육할 수 있어야 한다.

이상의 4단계에서 가장 핵심이 되는 내용은 경청과 나-전달법으로, 이는 교사의 전문적 역할 수행에 있어 유용하게 사용되는 기법이므로 반드시 익혀 두어야 한다.

6) 효율적인 의사소통기법

가르치는 일(교수)과 배우는 일(학습)은 인류의 역사와 함께 계속되었다. 그러나 가르치고-배우는, 즉 교수-학습이 항상 성공적이지만은 않다. 그래서 이로 인해 현장의 교사와 학생들은 힘들어한다. 교사는 교사대로 열심히 가르치지만 실제 학생들과의 만남에서 좌절과 회의를 겪는 경우가 많고, 학생들 또한 나름대로 열심히 배우려고 하지만 교사와의 관계에서 상처를 입거나 실망하는 경우가 많다. 학급을 관리하는 데 성공하는 교사와 실패하는 교사의 차이는 무엇인가? 인본주의 심리학자인 칼로저스(Carl Rogers)의 인간관에 기초해서 토마스 고든(Thomas Gordon)이 고안한 '교사효율성 훈련'(Teacher Effective Training: T.E.T)에 의하면, 문제가 발생했을 때 교사와 학생 간의 대화를 통한 의사소통(커뮤니케이션)이 가장 중요하다. 관계의 질을 높여줄 수 있는 대화를 통한 효율적인 의사소통이야말로 성공적인 교사가 되는데 중요하다는 것이다. 여기서는 효과적인 의사소통에 필수적이라 생각되는 경청기법과 나-전달법에 대해 소개하고자 한다.

(1) 경청

반영적 경청 : 학생이 어떤 말을 할 때 가만히 귀를 기울여 듣는 것은 대화의 기본적 태도이며 기술이다. 경청하지 않고는 학생에 대해서 정확하게 이해하기 어렵기 때문이다. 학생이 말하는 동안 교사가 관심 있게 들어주는 것은 학생의 말을 중요하게 여긴다는 뜻으로 학생에게 전달하게 되며, 긍정적인 자아개념 형성에 영향을 미치게 된다.

학생들은 자신의 말을 듣고 함께 기뻐해 주고, 함께 슬퍼해 주며, 함께 아파하는 선생님의 얼굴표정과 몸짓과 눈빛 속에서 자신의 모습을 발견한다. 자신의 생각과 느낌을 그대로 받아주는 선생님을 통해서 학생들은 자신이 꽤나 괜찮은 사람으로 인식된다. 교사는 학생이 무슨 말을 하든지 관심을 가지고 주의 깊게 들어주어야 한다. 학생들은 교사가 자신의 말을 주의 깊게 듣고 있는지를 항상 살핀다. 그러므로 교사는 경청을 하면서 때때로 학생의 말에 관심을 갖고 '듣고 있다'는 것을 표시 해줄 필요가 있다. 예를 들어, "으응.", "그랬었구나.", "그런데?" 등의 언어적인 표현과 '고개를 끄덕이거나', '미소를 짓거나', '학생을 주시하거나' 등의 행동을 해줄 필요가 있다. 이렇게 함으로써 학생의 말에 교사가 주목하고 있고, 관심이 있다는 뜻이 전달될 수 있다.

적극적 경청 : 때로는 단순한 경청이나 듣고 있다는 표시만으로는 학생은 아직 자기가 이해되었다는 것을 확인받지 못할 때가 있다. 이럴 경우 교사가 이해한 바를 되받아주거나 명료화시켜 주는 적극적 경청으로 학생의 자기 이해와 표현을 촉진시킬

수 있다. 적극적 경청은 학생이 표현한 감정과 태도를 다른 말로 표현해 주는 것을 말한다. 학생은 자신이 말했던 것 혹은 말하고 싶은 것을 교사를 통해 정확히 듣게 되고 자신의 문제가 무엇인지 그리고 무엇 때문에 화가 나고 속상한지 스스로 이해할 수 있게 된다. 적극적 경청은 몇 가지 방법으로 조금씩 다르게 이루어질 수 있다.

첫째, 학생의 말을 거의 그대로 반복하는 것이 있다. 예컨대 "성호가 때렸어요."라는 학생의 말에 대해 "성호가 널 때려서 화가 났구나."라고 반응하는 것이다. 이러한 반복은 경청의 가장 기본적인 방법이다.

둘째, 학생의 말에서 직접 표현되지는 않았지만 행동, 표정, 또는 말의 밑바닥에 깔려 있는 감정을 되받아 표현해 주는 것이 있다. 앞의 예에 대해서 "성호가 때려서 화가 났겠구나." 혹은 "속상했어?"라고 반응했다면 이것은 그 학생의 감정을 되받아 준 것이다.

셋째, 학생의 '동기', '희망', '욕구'를 받아주는 것이 있다. 앞의 예에 대해서 "선생님이 너를 도와주길 원하는구나."라고 반응했다면 여기에 속한다. 그런데 둘째와 셋째의 경우에서는 학생이 직접 표현하지 않은 부분에 대해 교사가 이해한 것을 명료화시키는 과정이므로 부정확할 수 있다. 따라서 교사는 학생에 대해 충분히 이해한 후에 이 방법을 사용하는 것이 좋다.

(2) 나-전달법

학생들에게 교사 자신의 생각, 감정, 의도 등을 전달하는 방법은 크게 두 가지가 있다. 하나는 너-전달법(You-Message)이고, 다른 하나는 나-전달법(I-Message)이다. 너-전달법은 학생의 행동에 초점을 맞추어 그 행동에 대한 비난, 비평, 혹은 평가의 의미를 전하는 의사소통방법으로 학생에게 잘못이 있다고 말하는 것이며, 일종의 말로 공격하는 것이다. 반면에 나-전달법은 교사 자신이 어떤 생각이나 느낌을 갖고 있는지 학생에게 진실되게 전달하는 의사소통방법이다. 이는 단순히 학생의 행동에 대한 교사 자신의 느낌을 솔직하게 설명하는 것으로 말하는 교사 자신이 중심이 된다. 이러한 나-전달법은 학생을 비난하지 않으면서도 학생의 바람직하지 못한 행동에 대한 결과와 그로 인한 교사의 감정을 전달함으로써 좌절이나 분노, 수치심 없이 교사의 입장을 생각해 보게 한다.

교사가 학생에게 무엇이 문제이고 그 문제 때문에 어떤 결과가 생기는지에 대해 학생을 비난하지 않으면서도 정확하게 전달해야 할 때 가장 효과적인 방법이 나-전달법이다. 이러한 나-전달법은 다음과 같은 3가지 구성요소를 지니고 있다.

첫째, 문제행동에 대해 비판이나 비난 없는 있는 그대로의 서술	학생의 **문제행동**
둘째, 학생의 문제행동이나 이로 인한 구체적인 영향에 대한 교사의 감정이나 느낌	교사의 **감정(느낌)**
셋째, 그 행동이 교사에게 미치는 구체적인 영향	학생의 **문제행동의 결과**

여기에는 다음과 같은 표현이 내포되어 있다.

- 학생의 행동 : ~하면
- 교사의 느낌 : ~라고 느낀다.
- 학생의 행동 결과 : 왜냐하면 ~하기 때문이다.

예를 들어, 속상한 일이 있을 때마다 막무가내로 큰 소리를 지르는 우석(가명)이에게 교사가 나-전달법을 사용하면 "우석아, 네가 아무 말도 안 하고 큰 소리로 소리치기만(학생의 행동) 하면, 선생님은 너무 속상해(교사의 느낌). 선생님이 무엇을 어떻게 도와주어야 할지 모르겠어(학생의 행동 결과)." 이처럼 나-전달법은 학생의 문제행동에 대해 '~하면', 교사가 감정을 솔직하게 표현해 '~라고 느낀다', 그 감정이 문제행동 때문이라는 것 '왜냐하면 ~하기 때문이다'라는 것을 전달하는 것을 말한다.

7) 윈-윈 갈등해결방법

일찍이 고든(Gordon, 1981)은 갈등상황에서 두 사람이 승(win)과 패(lose)로 나누어지는 것이 아니라 두 사람 모두가 승(win)–승(win)하는, 즉 '패자 없는 방법(no-lose method)'을 제안했다. 여기서는 교사와 학생 모두의 욕구를 해소하기 위해 적용할 수 있다. 어느 한 사람만 전적으로 양보하기를 기대하지 않으며, 서로에게 존중하는 마음을 갖는다. 이 방법은 다음의 여섯 가지 문제해결 전략을 거친다(신영희 등, 1998 재인용).

- **문제 규정** : 개입된 행동들은 정확하게 무엇인가? 각 사람은 무엇을 원하는가?
- **가능한 여러 가지 해결책을 생각해 내기** : 많은 아이디어를 생각해내지만 아직은 평가를 내려서는 안 된다.
- **각 해결책을 평가하기** : 아이디어를 거부할 수 있고, 어떤 해결책도 받아들일 수 없으면 다시 아이디어를 모은다.
- **결정 내리기** : 합의에 의해서 양쪽이 다 만족하는 해결책을 선택한다.
- **해결책의 실행 결정하기** : 누가, 언제, 어떻게 등의 방법을 결정한다.
- **해결책의 성공 평가하기** : 해결책을 한동안 시도한 후 만족하는지, 변화를 원하는지에 대한 의견을 교환한다.

이상의 과정을 통해 교사–학생의 갈등을 해결한다면 교사나 학생 모두 승자가 되는 것이 되며 학급에서 갈등으로 인한 불편함은 사라질 것이다.

2. 교사의 심리적 특성

1) 교사효능감

인간행동에 변화를 가져올 수 있는 가장 중요한 요인은 무엇인가에 대해 많은 연구가 이루어져 왔다. 이 중에서도 최근 가장 중요하게 대두되고 있는 이론 중 하나가 '자아효능감(self-efficacy)'이론이다. 자아효능감은 일반적으로 자기 자신을 얼마나 유능한, 능력 있는, 효능 있는 사람이라고 생각하느냐와 같은 자기 자신에 대하여 느끼는 유용성, 효능성, 자신감이라고 할 수 있다. 이때 교사가 가지는 자아효능감을 우리는 교사효능감(teacher's sense of efficacy)이라고 부른다.

교사효능감은 교사변인이 학생의 성취에 얼마나 영향을 미치는가에 대한 교사의 지각을 의미하는 것으로, 반두라(Albert Bandura)의 자기효능감(self-efficacy)이론에 그 기초를 두고 있다. 교사의 자기효능감은 '가르치는 행위에 대한 효능감(teaching efficacy)'과 '개인적 교사효능감(personal teacher efficacy)'의 두 차원으로 구분될 수 있다(Ashton & Webb, 1986; Gibson & Dembo, 1984; Denham & Michael, 1981). '가르치는 행위에 대한 효능감'이란 가르쳐서 학생의 학업성취를 변화시킬 수 있다는 교사의 지각을 의미하고 '개인적 교사효능감'이란 자기 자신의 가르치는 능력에 대한 지각을 말한다.

교사효능감을 두 차원으로 구분하는 이유는 〈표 9-3〉이 보여주는 것처럼 각각의 차원이 서로 다르게 교사의 정서와 행동에 영향을 주기 때문이다(Ashton & Webb, 1986). 일반적인 가르치는 행위 자체에 대한 교사의 낮은 효능감은 학생의 실패를 당연히 받아들이고, 그 이유를 학생이나 환경의 탓으로 돌리기 때문에, 교사는 자존심의 상처를 받지 않고 스트레스를 경험하지 않는다. 반면, 개인적 효능감이 높은 교사는 학생의 실패에 대한 책임을 그 자신이라는 사실을 인정하며, 자신의 능력 부족

표 9-3 교사효능감이 높은 교사와 낮은 교사의 비교

구분	교사효능감이 높은 교사	교사효능감이 낮은 교사
개인적 성취에 대한 자각	학생과 함께하는 일을 긍정적으로 여기며, 긍정적 영향을 미칠 수 있다고 봄	자신의 가르치는 행위에 대해 실망과 좌절을 자주함
학생의 성취에 대한 기대	학생들이 진보하고, 자신의 기대를 실현해 줄 것으로 기대함	학생의 실패를 기다리며, 자신이 노력해도 소용없을 것이라고 봄
학생에 대한 책임	결과의 책임을 자신에게서 찾으며, 실패학생에게 보다 도움이 될 수 있도록 노력함	책임을 학생에게서 묻고, 실패의 원인을 학생의 능력, 가정환경, 태도 등에서 찾음
목표달성을 위한 전략	교수-학습을 계획하고, 목표를 수립하고 달성하기 위한 전략을 세움	특별한 목표를 가지지 않으며 전략도 없음
정서	가르치는 행위와 학습자에 대하여 존재가치를 인정함	학생에 대하여 부정적 태도를 갖고 실망을 자주함
통제에 대한 지각	학생들의 학습에 영향력을 행사할 수 있다는 자신감을 가짐	학생에 대해 무력감을 경험함
민주적인 의사결정	의사결정 과정에 학생을 참여시키며 목표달성을 위한 전략을 수립할 때도 학생을 참여시킴	의사결정 과정에 학생들을 포함시키지 않고 일방적으로 결정

출처: Ashton (1984); 황선미 (1994). p.14에서 재인용.

을 느끼고 스트레스를 경험하며 자존심의 상처를 받는다.

교사효능감이 교사의 효율성을 결정하는 중요한 변인이라는 관점에서 교사효능감과 교사의 행동, 나아가 학생의 학업성취에 미치는 영향을 밝히려는 시도가 있어 왔다. 특히, 애슈턴(Ashton, 1984)은 주제통각검사(TAT)를 통하여 교사효능감이 높은 교사와 낮은 교사간의 차이를 다음과 같이 제시했다.

학습에 대한 교사효능감은 학생들의 학업성취 수준에 따라 학생에게 각각 다르게 영향을 미친다. 높은 성취의 학생은 교사효능감이 높고 낮음에 상관없이 자신의 수행을 적절하다고 여기고, 자신의 능력과 잠재력을 긍정적으로 평가한다. 따라서 교사의 영향이 학생의 포부 수준이나 자아개념 형성 등에 그렇게 크게 작용하지 않을 수 있다. 그러나 학업성취가 낮은 학생에게 교사효능감은 매우 중요하게 영향을 미친다. 즉, 낮은 성취의 학생은 자신의 학문적 능력을 부정적으로 평가하고 미래에 대해 확신을 가지지 못하기 때문에 외적으로 동기화되는 경향이 있고 이런 점에서 교사의 역할은 매우 중요하다. 그러나 교사효능감이 낮은 교사는 일반적으로 낮은 성취의 학생에게 낮은 기대를 전달하여 외적으로 동기유발시키지 못한다.

우리나라처럼 학교에서 교사와 함께 보내는 시간이 많은 경우에 더욱 더 교사의 역할은 중요하다. 인간은 스스로 자신이 하는 일에 믿음을 갖고, 또 자신의 능력을 긍정적으로 보는 경우에만 다른 사람들에게 '의미 있는 타인'으로 존재할 수 있다. 교사가 학생들에게 의미 있는 영향력을 미치기 위해서는 먼저 자신이 하는 일, 즉 교직에서의 가르치는 행위에 대한 믿음을 가져야 한다. 또한, 교사로서의 자기 자신을 긍정적으로 볼 수 있어야 한다. 자기 자신의 인생의 가치를 느끼고, 자신을 타인에게 필요한 존재로 보며, 자신에게 문제를 해결할 능력이 있다고 믿어야 한다. 교사는 자신을 아끼고 수용하고 존중함으로써 타인, 즉 학생들도 아끼고 존중할 수 있게 된다. 교사가 학생에 대해 애정과 믿음을 갖고 그들을 인정해 줄 때, 학생들은 동기가 유발되고 자신의 잠재력을 발휘할 수 있다(안범희, 1993).

2) 교사의 기대

학급에서 수업을 진행해 나갈 때, 또는 수업 이외의 시간에 학생과 접할 때, 교사는 모든 학생을 똑같이 대하고 있는가? 모든 학생에게 등등한 기회를 주며, 누구에게나 따뜻한 미소를 보내고 있는가? 때때로 교사들은 지난 학년 성적이나 전 학년 담임교사의 의견이 기록된 학생 생활기록부(학생부)와 같은 객관적 자료에 기초해서 또는 학생의 외모나 옷차림, 행동 등에 대한 주관적 판단에 의해서 학기 초에 이미 학생에 대한 기대를 형성하기도 한다. 이러한 교사의 기대는 자기충족예언과 기대유지효과로 구분된다.

(1) 자기충족예언

비록 30년 전에 이루어진 연구이기는 하나, 우리는 교사의 기대가 학생의 학업 성취에 미치는 영향을 이야기할 때 로젠탈과 제이콥슨(Robert Rosenthal & Lenore Jacobson)의 연구(1968) "교실에서의 피그말리온(Pygmalion in the classroom)"을 빼놓을 수 없다. 그들은 한 초등학교(Oak School)의 학생들에게 비언어적 지능검사(Rlanagan's Test of General Ability: TOGA)를 실시하면서, 교사에게는 이 검사를 학생들의 학업성취 정도를 예측하기 위해 고안된 검사라고 거짓으로 소개하였다. 검사 실시 후, 교사에게 뛰어난 학업성취가 예상되는 상위 20%에 해당되는 학생의 명단을 주었다. 그러나 실제로 이 명단은 연구자들에 의해서 무선적으로 선정된 것으로 명단의 학생들이 다른 학생보다 더 공부를 잘 할 아무런 이유도 없었다. 8개월 후 이 학교의 학생들에게 다시 똑같은 비언어적 지능검사가 실시되었고, 그 결과 교사에게 주어진 명단 속의 학생들이 실제로 의미 있는 지적성장을 보였다(처음 점수보다 평균 12점의 상승을 보임).

무엇이 이런 결과를 야기했을까? 이 연구결과에서 보는 바와 같이 학습자에 대해 그들이 공부를 잘할 것이라는 교사의 기대는 학습자의 학업성취도를 높이는 원인이 되는 반면에 학습자에 대한 교사의 낮은 수준의 기대는 학업성취도를 낮게 한다. 이와 같이 교사는 특정 학습자에게 특정한 행동과 성취를 기대하며 학습자들에게 각각 다르게 행동한다.

로젠탈과 제이콥슨의 연구는 바로 교사의 자기충족예언(self-fulfilling prophecy)이 교실 내에서 이루어지고 있음을 보여준다. 자기충족예언이란 어떤 기대가 실현될 것이라는 믿음을 갖고 이를 실현시키기 위해 노력하면 결국 원래의 기대를 실현시킨다는 것이다. 이 연구에서 교사는 학생에 대해서 틀린 믿음을 갖고 있었지만 결국 학생들은 처음의 틀린 믿음과 부합되는 결과를 보여 주었다.

(2) 기대유지효과

또 다른 기대효과는 교실 내에서 더 빈번히 발견된다. 교사는 처음에 학생의 능력을 여러 가지 면에서 측정하여 비교적 정확히 판단하고 그것에 맞추어 학생에게 반응한다. 이러한 교사의 행동에는 아무런 문제도 없다. 그러나 수업이 진행되면서 학생들이 어떤 향상을 보이지만 교사가 학생의 그런 경향에 맞추어 학생에 대한 기대를 변경하지 않았을 때 문제는 발생한다. 교사의 바뀌지 않는 기대가 학생의 성취를 교사의 기대 수준에 계속 머물게 하기 때문에 기대유지효과(sustaining expectation effect)라고 불린다. 교사가 한 학생에 대해서 좀 더 잘 할 것이라고 기대를 바꾸면 더 많은 기회와 격려를 주고 더욱 적절하게 가르치려 노력하겠지만 교사의 기대유지효과가 이런 행동을 저지한다.

굿과 브로피(Good & Brophy, 1991)는 교사가 학생들에 대해서 각기 다른 기대를 형성하며, 교사와 학생이 어떻게 상호작용을 하고, 결국 학생에게 교사의 기대가 어떻게 영향을 미치는가를 다음과 같이 제시하고 있다.

- 교사는 특정 학생에 대해 어떤 행동을 할 것인지, 얼마나 공부를 잘 할지에 대한 기대를 형성한다.
- 이러한 다른 기대가 교사로 하여금 학생들을 기대한 만큼 다르게 대하게 만든다. 예를 들어, 한 학생이 공부를 잘 할 것이라고 기대하면 그 학생에게는 대답을 기다리는 데 더 많은 시간을 주고, 학생의 대답에 교사는 인정하는 미소나 눈빛을 더 많이 보낸다.
- 이런 교사의 다른 태도는 각 학생에게 교사가 자신에게 기대하는 바를 전달하고, 학생의 자아개념, 성취동기, 포부 수준에 영향을 미친다. 질문에 대해 보다 많은 기회와 격려가 주어진 학생은 보다 더 정확한 대답을 하게 된다.
- 만일 교사가 어느 기간 동안 변함없이 일관적으로 자신의 기대대로 학생을 대하고, 학생이 그런 교사의 취급에 적극적으로 반대하지 않는 한 이것은 학생의 성

취와 기대를 형성하게 된다.

- 시간이 지날수록 학생의 성취도 정도와 행동은 처음에 그 학생에게 기대되었던 정도에 부합하게 된다. 교사에 의해서 높은 기대가 주어졌던 학생은 높은 점수를 얻고, 낮은 기대가 주어졌던 학생은 낮은 점수를 얻는다.

교사는 여러 가지 정보에 의해 학생에 대한 기대를 형성한다. 지능검사 점수나 전 학년 성적은 가장 흔한 기대의 근원이 되며, 학생의 사회경제적 계층, 성별, 신체적 매력 등도 정보의 근원이 된다. 이러한 정보에 의해서 다른 기대를 형성하면 차별적으로 학생을 대하게 된다. 물론 학업성적이 높은 학생과 낮은 학생의 모든 차이가 단지 교사의 기대 때문만은 아니다. 때때로 교사는 학생에 대해서 세세한 기대를 형성하지 않으며, 기대를 형성했다 하더라도 학생에게 전달되지 않는 한 학생에게 영향을 미치지 않을 수 있다. 한편, 학생의 개인차도 그 학생이 교사의 기대에 일치하는 결과를 낳는가의 정도에 영향을 미친다. 즉, 다른 사람과의 상호작용에서 타인이 자신에게 주는 조그만 단서에도 민감하게 반응을 하는 학생일수록, 교사에게 아주 의존적인 학생일수록, 그 교사를 많이 좋아하는 학생일수록 교사가 갖는 기대에 영향을 더 많이 받는다(Brophy, 1981).

이와 같이 교사는 특정 학습자에게 특정한 행동과 성취를 기대하며 학습자들에게 각각 다르게 행동한다. 학습자에게 교사의 행동은 교사가 어떠한 행동과 성취를 기대하고 있다는 것이 전달된다. 즉, 눈맞춤, 동작, 표정, 억양, 칭찬과 격려의 정도는 교사의 기대에 따라 전달된다. 성취할 것이라고 기대되는 학습자에게는 보다 많고 어려운 질문을 하고 대답할 시간과 기회, 격려를 더 많이 주며, 낮은 기대를 하고 있는 학습자에게는 보다 쉬운 질문, 대답할 수 있는 기회, 조언을 적게 주는 것으로 나타났다. 그리고 우수한 학습자에게는 보다 긍정적인 태도를 보이나 낮은 잠재력이 있는 학습자에게는 보다 부정적이거나 소극적인 반응을 보인다. 따라서 교사의 각각 다른 태도는 학습자의 행동과 성취에 영향을 주고 시간이 지속됨에 따라 교사가 학습자에게 기대했던 수준에 학습자의 성취와 행동은 접근하게 된다.

(3) 기대효과의 활용

교사가 어떤 학생에 대해 낮은 기대를 가지면 그 기대가 부정적인 영향을 미치기 때문에 학생에 대해 교사는 어떤 기대도 가져서는 안 되는가? 아니면 오직 긍정적인 기대만을 갖는 것이 최선인가? 둘 중의 어떤 것도 적절한 대안은 아니다(Good & Brophy, 1991). 먼저, 기대는 억제될 수도 피할 수도 없다. 우리는 누구나 다른 사람과 상호작용을 하면 기대를 발달시키게 되어 있다. 아무리 교사가 그 학생에 대한 다른 정보를 차단하더라도 역시 기대감은 형성된다. 게다가 효율적인 수업계획을 하도록 도와주는 정보를 차단하는 것은 더 좋지 못하다. 다음으로, 긍정적 기대를 통해 학생들에게 성취할 수 있다는 긍정적인 믿음을 전달하는 것은 좋지만, 학생이 성취할 수 없는 비현실적인 기준은 학생에게 좌절과 실패를 안겨주기 쉽다.

교사는 그들의 행동이 학생에게 해가 되지는 않는지를 확인하기 위하여 학생에 대한 자신들의 행동을 계속 점검해야 하며, 학생이 변화를 보일 때 교사의 반응도 변화되어야 한다. 학생에 대해서 고정적인 낮은 기대를 형성하지 않고 또는 교사의 낮은 기대가 학생에게 전달되지 않도록 하는 것은 효율적으로 학급을 운영하기 위해서 교사가 직면하는 큰 도전이다.

3) 교사의 지도성

학습집단의 분위기나 구조적 유형은 교사의 지도성의 영향을 많이 받는다. 지도성이란 집단이 공동으로 지향하는 목적을 달성하기 위하여 성원들의 활동을 선도하는 지도자의 행동이다. 이와 같은 행동은 새로운 의견과 아이디어, 실천방안을 제시하며 선도하는 행동(initiation), 구성원들과의 사적 인간관계를 강화하는 구성원으

표 9-4 교사의 지도성 유형과 학생의 반응

전제적 지도성	방임적 지도성	민주적 지도성
• 지도자에 대해 매우 복종적이다. • 구성원 상호 간의 우호적 결합이 잘 안 된다. • 자주성이 없고 자발적인 참여가 결여되어 있다. • 공동적인 일에 무관심하며 비협동적이다. • 자기중심적인 경쟁적 행동이 많다. • 교사가 있을 때에는 질서정연하고 작업능률이 오르나 부재 시에는 능률이 저하되고 공격성이 폭발하기 쉽다.	• 집단의 자유도는 높으나 공동 목표를 향하여 협동할 줄 모른다. • 작업능률이 저조하고 꾀를 피우는 비율이 높다. • 집단 내의 의견이 대립하기 쉽다. • 개인주의에 빠지기 쉽다.	• 전체적인 분위기는 우호적이며 건설적이다. • 우리 감정(we-feeling)이 강하다. • 교사에 의존하지 않고 자주적으로 일을 처리한다. • 집단 목표에 대하여 협동적이다. • 지도자가 있을 때에나 없을 때에나 작업능률에 큰 차이가 없다. • 교사 개인에 대해서보다는 여러 구성원들의 칭찬과 인정을 받으려 한다.

*출처: 임창재 (2005). 교육심리학. p408의 내용을 일부 수정함

로서의 행동(membership), 집단이익을 추구하는 대표자로서의 행동(representation), 구성원 간의 긴장이나 갈등을 해소하는 통합행동(integration), 각자의 임무를 규정하고 조직 · 조정하는 행동(organization), 전체를 위하여 구성원 개인의 행동을 제한하는 지배적 행동(dominance), 정보교환 · 정보의 이해를 위한 의사소통 행동(communication), 인정받는 행동(recognition), 성취해야 할 목표를 제시하고 격려하며 실천하는 행동(production) 등 다양하다. 지도자의 유형에 따른 학급집단 구성원의 특성을 정리하면 〈표 9-4〉와 같다. 학급의 지도자를 교사로 본다면 다음과 같이 요약할 수 있다.

하일(Heil, L. M.) 등의 연구에 의하면 교사의 인성을 자발형, 정돈형, 공포형으로 분류하고, 학습자의 인성을 노력형, 순종형, 대항형의 세 유형으로 분류하여 교사와 학습자의 인성이 학업성적에 미치는 영향을 밝혀 본 결과 자발형 교사 밑의 순종형 학습자가 가장 성적이 좋고, 그 다음이 정돈형 밑에 있는 순종형 학습자이며, 대항형 학습자는 정돈형 교사 밑에서는 성적이 좋으나 그 밖의 유형에서는 성적이 낮았

다고 한다. 또 노력형 학습자는 교사 인성에 별로 구애받지 않음이 밝혀졌다.

또한 문제교사형에 따른 학습자의 행동특성을 살펴보면, 거부형 교사의 학습자들은 주의를 끌고 애정을 구하려는 행동, 공격성, 반항적, 비행, 신경증적 행동을 보이며, 과지배형 교사의 학습자들은 자주성 및 창의성의 결핍, 열등감, 정서적 부적응 행동을 보인다. 그리고 과보호형 교사의 학습자들은 독립심 결핍, 의뢰심, 소극적, 고독, 인내력 부족을 보이고, 익애형 교사의 학습자들은 정서발달의 장애, 퇴행적, 자기중심적, 성적 조숙을 나타낸다. 모순불일치형 교사의 학습자들은 정서불안, 신경증적, 반사회적 경향, 도덕적 판단력 부족의 상태에 이른다. 바람직한 학급사회와 그 지도방법은 다음과 같다(임창재, 2005).

① 고립된 학습자가 없어야 한다.
② 특정의 학습자가 인기를 독점해서는 안 된다.
③ 인기가 넓게 분산되어야 한다.
④ 학급 활동의 목표에 따라 역동적으로 집단이 형성되어야 한다.
⑤ 학급에 하위집단이 있을지라도 폐쇄적이지 않아야 한다.
⑥ 학급 활동을 다양 하게 한다.
⑦ 고립적인 학습자에게는 욕구 수준을 높이도록 행동의 자유를 준다.
⑧ 집단적 프로젝트를 설정하여 협동적으로 해결하도록 한다.
⑨ 리더의 체험을 모두가 할 수 있도록 한다.
⑩ 학습자 평가를 다양하게 한다.
⑪ 관용적인 분위기를 조성한다.

4) 교사의 정신건강

인간관계 중에서 교육기능에 중요한 영향을 미치는 것으로 교사의 적응과 부적응성을 들 수 있다. 학습자가 교육을 통해서 자기실현을 이룩하는 것과 같이 교사도 하나의 인간으로서 여러 가지 욕구와 사회환경에 대한 적응을 인식하면서 자기실현을 이룩하도록 노력하게 된다. 따라서 교사가 갖는 가장 큰 문제점은 한 인간으로서의 기본적 욕구 신장과 교육자로서 하여야 할 임무인 환경과의 갈등 속에서 이의 조화를 잘 이루어 자기 자신을 재발견하여야 하는 일이다. 인간으로서 인격을 갖는다는 것이 일반 사회인의 경우에는 사회와의 적응이나 사회와의 조화를 이루어 나가는 것으로 보다 광범위하게 처리될 수 있으나, 인격이란 말이 교사에게 적용될 때는 교육자다운 사람이어야 한다는 조건이 따른다. 그리고 교사로서의 인격을 갖춘다는 것은 교사 자신으로 볼 때 큰 제약이 뒤따르게 되는 것이고, 이 제약들은 교사들에게 고민을 유발하게 한다. 교사들이 가지고 있는 고민은 학교제도나 재정에 대한 문제, 시간에 대한 문제, 가정의 문제, 사회에서의 교사에 대한 몰이해 문제 등 광범위하다. 이러한 문제가 바람직한 방향에서 해결되면 탈이 없으나 문제가 심각해지고 해결이 곤란하게 되면 교사의 불만과 갈등이 극대화될 것이고 여기에서 교사의 교직에 교육시설의 미비, 승진 기회의 부족, 전문적 업무량의 과다, 하급 규모의 과대로 인한 교과지도 활동상의 지장, 자녀가 교직에 불찬성, 일반 업무량의 과다, 복지후생제대로의 미비, 사회의 인식부족 등이다. 이와 같은 사항이 문제가 되어 정신적으로 불안정을 갖는 교사의 특성을 보면 다음과 같다(임창재, 2005).

① 다른 사람들이 굽실거리는 것을 좋아한다.

② 과거의 성취를 항상 크게 내세운다.

③ 자기가 생각하는 것이 가장 좋은 판단인 것처럼 여기고 있다.

④ 남의 일에 가장 큰 신경을 쓰면서 태연한 척한다.

⑤ 허세로써 권위를 대신하려 한다.

⑥ 학습자에게 무리한 요구를 한다.

메닝거(Manninger)는 교사가 자기이해를 돕는 데 필요한 7가지의 자기반성을 위한 질문을 마련하고 있다.

① 왜 내가 합당한 이유도 없이 때때로 화를 내는가?
② 나는 왜 늘 불만족스럽고 불행하다고 여기고 있는가?
③ 나는 어째서 실제로 신체적 결함이 없는데 자꾸 아픈 것 같은 기분이 드는가?
④ 나는 왜 항상 외롭다고 느끼거나 낙담하는 일이 많은가?
⑤ 나는 왜 다른 사람들이 나를 싫어하고 있는 것같이 느끼는가?
⑥ 나는 왜 사소한 일로 다른 사람과 다투고 싶어하는가?
⑦ 나는 왜 내게 주어진 모든 일에 대해서 불평불만이 가득한가?

교사의 심신의 건강 정도는 학습지도 과정이나 학습자와의 상호작용에 영향을 미치며 때로는 심각한 문제를 유발하게 하므로 보다 특별한 관심과 주의를 기울여야 한다.

교육에서 교사의 중요성은 아무리 강조해도 지나침이 없다. 교사의 역할 수행을 위한 필수적인 자질 중에서 지식, 수업기술 이전에 건강한 정신을 갖추는 것이 가장 중요하다 할 수 있다. 그 이유는 교사가 학생의 성격발달과 사회화 과정에서 모델이 되고 동일시의 대상이 되기 때문이다(Bowen & Bowen, 1998). 이 과정에서 교사의 정신건강은 학생에게 직접 영향을 주게 된다. 만약 학생을 건강하게 성장 · 발달시킬 책임이 있는 교사가 스트레스로 인하여 정신이 건강하게 기능하지 못한다면 학생에게 필요한 정서적 욕구를 충족시키기 어려울 것이다. 이러한 문제는 결국 학생들의 정신건강에 직접적 또는 간접적으로 영향을 미치게 된다.

제10장

생활지도와 상담

따돌림 학생 상담 사례

입학 성적이 전교 1등이었던 중학교 1학년 여학생 A는 현재 친구들로부터 따돌림을 당하고 있다. 학기 초에 친하게 지냈던 친구들이 따돌려서 A는 요즘 너무 슬프다. A가 사는 아파트는 주변 아파트에 비해 조금 잘 사는 사람들이 많이 사는 아파트이다. A와는 다르게 친구들은 주변 아파트에 살고 있다.

학기 초에 A는 집에 친구들을 초대해서 엄마가 챙겨준 음식과 과자를 함께 먹었는데 결정적으로 그것이 따돌림을 당하게 된 계기가 되었다. 그 날 이후 A가 원하지 않는 시간에 친구들이 A의 집에 와서 음식을 꺼내 먹었다. 더욱 기가 막힌 것은 A의 집에 와서 음식을 꺼내 먹는 친구들이 정작 A와는 함께 놀지 않고 무시한 것이다. 보다 못한 A의 엄마가 친구들을 불러서 맛있는 음식을 해주면서 잘 지내라는 부탁을 했는데 그것 때문에 A는 오히려 더 심하게 따돌림을 받게 되었다. 심지어 아파트 공터에 불려나가 엄마에게 고자질했다고 협박과 욕설을 들으면서 공포에 떨어야 했다. 결국 담임 선생님이 성적이 떨어지고 우울한 모습을 보이는 A를 상담센터에 의뢰하게 되었다.

* 함께 생각해 봅시다!

청소년 시기에는 부모와 교사와의 관계보다도 또래들과의 돈독한 우정관계를 형성하는 것이 중요한 사회적 과제이다. 친구들과 잘 지내고 싶은 마음이 있지만, 정작 친구들로부터 따돌림을 받아 외로운 상태에 있는 A를 교사와 학급의 다른 학생들은 어떻게 도와줄 수 있을까?

출처: 학교위기사안처리 가이드북 (2013). 대전시 동부교육지원청.

낮은 자아존중감을 가진 아동 상담 사례

초등학교 5학년인 소연이는 굉장히 소극적이고 대화할 때 구체적으로 표현해 달라고 해도 말을 잘 하지 않아 감정이 많이 억압되어 있다고 판단되었다. 그리고 자신감이 부족하고 어떤 문제를 스스로 해결하지 못하며 의존적인 성격이 강했다. 친한 친구들하고만 어울리고 쉽게 다른 아이들과 친해지지 못했다. 신체만족도 및 자아상, 공감능력, 리더십, 성취도 등도 매우 낮았다. 전문가와 상담을 해보니 타고난 기질이 그렇기도 하지만 엄마의 양육태도에서 문제점이 발견되었다. 소연이가 하고 싶은 것을 못하게 제지하고, 판단하고, 지시하고, 비난하는 과정에서 자아존중감이 매우 낮아진 것이다. 이를 해결하기 위해 소연이에게 결정권을 많이 주도록 하고, 하고 싶어할 때 기회를 주고, 엄마가 소연이의 장점을 적어서 인식시켜 주고, 의존하는 습관을 버리도록 하여 엄마와의 안정적인 애착을 늘려나갔다. 그렇게 4개월이 지난 후 밖에 나와 활동하는 시간도 늘어나고, 친구들과 어울려 활발하고 자신감 있게 생활하고 있는 모습을 볼 수 있었다.

출처: EBS 다큐프라임 (2011.5.27). '아이의 사생활' 3부 - 자아존중감편.

개요

오늘날은 어느 때보다도 생활지도의 필요성이 강조되는 시기라고 할 수 있다. 사회구조 · 직업세계 · 가족구조 · 생활양식 · 가치관과 태도의 변화 등은 성장하는 아동에게 적응상의 어려움을 겪게 하고 있다. 우리의 교육은 한 인간의 잠재력 개발이나 심리적 · 정서적 개발과 행복의 추구 등은 등한시되고, 지적인 인간을 길러내는 지식 위주의 교육에 집중되어 왔다고 할 수 있다. 당면하고 있는 사회적인 문제를 치유하고 예방하기 위해서는 지 · 덕 · 체가 조화된 행복한 삶을 영위할 수 있는 창조적인 인간으로 성장시키기 위한 생활지도가 더욱 더 강화되어야 할 것이다(이재창, 1988). 이 장에서는 우선 생활지도의 개념, 생활지도의 목표, 생활지도의 내용과 활동, 그리고 생활지도의 기본 원리를 살펴보고, 다음으로 상담의 개념, 상담의 접근과 기법을 살펴보고자 한다.

제10장

생활지도와 상담

1. 생활지도(guidance)

1) 생활지도의 개념

생활지도란 지도(guidance), 지시(direction), 안내(pilot), 관리(management), 조종(steering) 등의 의미를 지니고 있으며, 어떤 노력을 기울여 학생들을 지도하거나 안내해 주는 사람을 생활지도 담당자라고 한다. 즉, 개념으로서의 생활지도란 개인을 돕는 것을 의미하며, 교육과 관련되었을 경우에는 학생들 스스로가 자신의 문제를 보다 심도 있게 이해할 수 있도록 도와주는 다양한 경험의 제공을 의미한다(Shertzer & Stone, 1981; 임규혁, 1986).

이러한 생활지도의 개념에 대해서는 생활지도의 목표는 무엇이며, 어떤 내용과 활동을 왜 하는지를 살펴보면 더욱 쉽게 이해할 수 있을 것이다.

2) 생활지도의 목표

생활지도의 목표는 학생과 관계가 있으며 학생의 행동에 직결하는 직접적인 목표와 학급 교사를 돕고 학교의 계획에 영향을 줌으로써 그 결과로 나타나는 보다 나은 지도를 통한 학생의 성장을 도모하는 간접적인 목표로 나누어 볼 수 있다(한방교 등, 2001).

(1) 직접적인 목표

학생들 개개인의 성장을 돕는 생활지도는 구체적으로 다음과 같은 것들을 목표로 하고 있다. 첫째, 학생이 자기 자신을 정확하게 이해하도록 돕는다. 둘째, 가능한 한 자신의 노력으로써 자기가 지닌 성장 가능으로서의 능력과 흥미와 기타 여러 가지 자질을 발견하고 최대한으로 발전시키도록 돕는다. 셋째, 수시로 당면하는 자신의 문제를 정확히 파악하고 자기 힘으로 해결할 수 있도록 돕는다. 넷째, 다양하고 복잡한 생활환경 속에서 현명한 선택과 적응을 할 수 있도록 돕는다. 다섯째, 앞으로의 성장과 생활을 위하여 건전하고 성숙된 적응을 할 수 있도록 돕는다. 여섯째, 신체적 · 지적 · 정서적 · 사회적 모든 면을 포함하는 조화되고 통합된 인생을 즐길 수 있도록 돕는다. 일곱째, 자기가 속하는 사회를 위해서 독특하게 공헌할 수 있도록 돕는다.

(2) 간접적 목표

학급 교사를 돕고 학교의 계획에 영향을 줌으로써 그 결과로 나타나는 보다 나은 지도를 통한 학생의 성장을 도모하는 생활지도는 다음과 같은 것들을 목표로 하고 있다. 첫째, 각 교사로 하여금 아동들을 보다 더 정확하게 이해할 수 있도록 돕는다. 둘째, 여러 가지 형태의 현직 교육활동을 통하여 학급교사로서 필요한 생활지도의 태도와 기능을 가지도록 돕는다. 셋째, 생활지도 프로그램은 교육계획의 수립이나 지도에서 교육행정관이나 교사의 상의에 의하며, 필요에 따라서는 학급교사의 능력을 벗어나는 특정한 지도의 문제를 요구받는 전문적 봉사를 한다.

3) 생활지도의 내용 및 활동

(1) 생활지도의 내용

생활지도는 일반적으로 학업지도, 진로지도, 인성지도, 사회성 지도, 건강지도, 가정지도, 여가지도 등을 주된 내용으로 하고 있으나(임창재, 2005 참고), 오늘날 그 범위는 점점 더 확대되고 있다.

① 학업지도 : 만족할 만한 학습효과를 얻도록 학습자의 교과학습을 도와주는 것이 학습지도이다. 학업성취가 낮은 학생은 학교생활에 부정적일 수 있다. 이런 학생들은 지적인 능력뿐만 아니라 생활습관이나 가정환경, 교우관계 등의 문제를 지니고 있을 수 있다. 따라서 교사가 학습지도를 하는 경우에는 이러한 여러 가지 문제가 될 수 있는 것들을 모두 고려해야 한다.

② 진로지도 : 학생 자신의 적성, 능력, 가정환경 등을 고려하여 상급학교에 진학하거나 장래 직업을 현명하게 선택하도록 도와주는 것이 진로지도이다. 진로에 대한 조언과 자료의 제공 등이 이에 속한다고 볼 수 있다.

③ 인성지도 : 학생 개인의 성격이나 정신건강 문제, 개인적 습관과 태도 등 모든 개인의 심리적 적응문제와 관련해서 조언을 주고, 상담해 이를 조화롭고 올바른 방향으로 나갈 수 있도록 하는 것이 인성지도이다. 예를 들어, 성격형성에 장해가 되는 기본적 욕구불만, 지나친 우월감과 열등감, 극단적인 수줍음, 공격적 태도 등이 인성지도에서 다루어야 할 문제들이다. 이러한 것들을 제거해

줌으로써 학생들은 조화롭고 원만한 인성을 지닌 사람으로 발달할 수 있다.

④ 사회성 지도 : 사회성 지도는 학생이 사회생활을 영위하는 데 타인과 원만한 인간관계를 유지하며, 상호 협조적으로 생활할 수 있도록 지도하는 것이다. 타인과 원만한 인간관계를 위해서는 무엇보다 이타주의, 인간중존 의식, 희생정신 등이 무엇보다 중요하다. 또한 올바른 교우관계 및 이성교제를 위한 지도도 여기에 해당된다.

⑤ 건강지도 : "재산을 잃으면 조금 잃는 것이요, 명예를 잃으면 많이 잃는 것이며, 건강을 잃으면 전부를 잃는 것이다"란 말이 있다. 그만큼 건강이 무엇보다 소중하다는 것이다. 이러한 건강을 위해 학생들의 생활습관을 지도해 주는 것이 건강지도이다. 학생이 자신의 건강을 위해 스스로 노력하도록 하는 것은 물론, 운동부족, 영양부족, 위생관념 부족 등에서 오는 문제를 지도하고 조언한다.

⑥ 여가지도 : 여가란 일이 없이 한가로운 시간을 말한다. 이 여가시간을 어떻게 효율적으로 보내느냐는 중요하다. 무의미하게 시간을 보내거나 돈을 쓰는 소비적인 활동이 되면 안 된다. 여가시간은 휴식을 통해 보다 생산적이고 창조적인 것이 되도록 보내야 한다. 학생들의 여가시간을 보다 건전하게 활용하도록 하여 생산적이고 창조적인 것이 될 수 있도록 돕는 것이 여가지도이다. 여가시간을 가치 있게 활용할 수 있도록 활동을 선택하고, 그런 활동을 통해 취미와 심신의 건전한 발달을 도모하도록 돕는 것이 건강지도이다.

(2) 생활지도 활동

교사가 하는 생활지도 활동은 학생 이해를 위한 조사활동, 정보활동, 상담활동, 정치활동, 후속활동으로 나누어 볼 수 있다.

① 학생 이해를 위한 조사활동(appraisal service) : 학생 개인을 이해하기 위하여 학생에 관한 심리적 · 사회적 발달의 객관적 및 주관적 자료를 수집 분석 활용하

는 활동이 여기에 속한다. 조사활동은 객관적이고 믿을 수 있는 방식으로 해야 하며, 조사활동을 통해 얻어진 결과는 기록, 정리하여 학생지도에 활용할 수 있도록 해야 한다. 각 학생에 대해 조사할 필요가 있는 정보는 가정환경, 출신 학교 혹은 이전 학년의 성적, 건강, 교육적 · 직업적 관심(흥미), 적성, 성격, 장래희망 등 다양할 수 있다.

② 정보활동(information service) : 학생들은 다양한 정보를 접하는 데 익숙하지 않다. 왜냐하면 그만큼 경험이 부족하기 때문이다. 따라서 교사가 다양하고 복잡한 사회에서 살고 있는 학생에게 장래설계에 필요한 교육과 직업 사회적 기회에 관한 정보를 제공함으로써 많은 정보에 바탕을 두고 바른 의사결정을 할 수 있도록 도와야 한다. 이러한 교사의 일련의 활동이 바로 정보활동이다. 학생들이 원하고, 학생들에게 제공되어야 하는 정보는 교육정보, 직업정보와 개인적 · 사회적 정보로 나눌 수 있다(김제한 등, 2002).

- 교육정보 : 학생의 현재 및 장래에 있을 수 있는 다양한 교육기회 및 필요한 것이 무엇인지에 관한 정보로써 입학조건, 신입생 오리엔테이션, 교과 선택, 학습방법 등과 관계된 정보이다.
- 직업정보 : 직장과 직업에 대한 정보로써 입사조건, 근로조건, 보수, 승진, 채용방법 및 어떤 준비가 있어야 하는지에 대한 정보까지도 여기에 포함된다.
- 개인적 · 사회적 정보 : 학생 자기 자신과 남을 이해하는 데 필요한 정보를 말한다. 교우관계, 의미 있는 타인과의 관계, 예의 및 도덕, 학교 적응과 관련된 정보 등이 여기에 속한다.

이러한 각종 정보는 시중에 나와 있는 저서나 출판물, 그리고 인터넷, 방송매체 등 다양한 경로를 통해 수집할 수 있다.

③ 상담활동(counseling service) : 상담은 학생 면담 또는 소집단관계를 통하여 학생의 자기이해와 환경에 대한 이해를 높여주어 현명한 의사결정을 내리는 데

도움을 주도록 하는 활동이다. 상담과 관련해서는 다음 절에서 보다 상세하게 제시하였다.

④ 정치활동(placement service) : 학생의 진로 선택에서 자기 자신에게 가장 적절한 선택을 할 수 있도록 돕는 것을 정치활동이라고 한다. 정치활동에서 교사는 학생의 적성, 능력, 취미, 가정환경 등 다양한 사항을 고려하여 충분하고 신중한 판단을 해야 한다.

⑤ 추수활동(follow-up service) : 추수활동은 정치(placement)가 끝나 선택한 진로에 대해 지속적이고 효율적으로 수행하고 적응할 수 있도록 도와주는 것을 말한다.

4) 생활지도의 원리

생활지도가 필요성에 부응하지 못하고 제한된 기능밖에 수행할 수 없는 이유는 생활지도에 대해서 가지고 있는 그릇된 견해 때문이라고 할 수 있다. 우리는 생활지도를 문제아의 지도, 도의교육, 사건처리 등으로 보고 있거나, 훈육적 지도, 학생운동의 지도, 도의교육 등으로 생각하는 그릇된 개념을 가지고 있다. 생활지도에 대해 보다 명확히 알기 위해서는 생활지도의 원리를 이해하면 된다. 생활지도의 기본원리를 정리하면 다음과 같다(한방교 · 윤길근, 2000).

(1) 생활지도는 모든 아동을 대상으로 한다.

교육이 모든 아동을 대상으로 하듯이 생활지도도 그 대상은 모든 아동이다. 생활지도는 문제를 가진 특수 아동만을 다루는 것으로 생각하는 경우가 많다. 생활지도는 개인의 성장 · 발달과 잠재력의 개발, 치유보다는 예방에 중점을 두는 것이기 때문에 적응에 문제를 보이는 특정한 집단의 아동만을 대상으로 하는 것이어서는 안 되고 정상적인 전체 아동을 대상으로 해야 한다.

(2) 생활지도는 자율적인 지도능력의 함양을 기본으로 삼는다.

결과보다는 과정이 중요한 것이며, 자율적으로 생각하고 행동해 보는 경험이 중요하다. 자신의 문제를 누구에게 의존하지 않고 스스로 해결해 나갈 수 있는 자기지도력을 구비하게 하여야 한다.

(3) 생활지도는 처벌이나 제지보다 선도 내지 지도를 앞세운다.

생활지도를 문제아동을 처벌하는 것으로 잘못 인식하는 경우도 있다. 생활지도의 주안점은 개인의 성장 · 발달을 촉진하는 것이다. 처벌, 위협, 억제 등은 행동을 일시적으로 중단시킬 수는 있으나 근본적인 행동의 변화를 가져오기는 어렵다. 생활지도는 아동을 처벌하기보다는 성장을 촉진하는 적극적인 활동이 되어야 한다.

(4) 생활지도는 치료나 교정보다 예방에 역점을 두고 있다.

생활지도는 개인의 전인적 발달에 초점을 두고 정상 아동을 대상으로 하는 것이기 때문에 이미 발생한 문제의 치료보다는 문제발생을 예방하는 데 역점을 두어야 한다.

(5) 생활지도는 임상적 판단뿐만 아니라 과학적 근거에 기초한 판단에 역점을 두고 있다.

상식적인 판단에만 의존하는 것은 착오를 가져올 가능성이 있다. 아동을 제대로 이해하기 위해서는 여러 가지 표준화된 검사를 활용하는 것이 필요하다. 객관적인 자료만이 절대적인 것은 아니지만 생활지도도 과학화되어야 아동을 바르게 이해해서 바르게 지도할 수 있다.

(6) 생활지도는 전인적 발달에 초점을 둔다.

생활지도의 주요한 기능 중 하나는 개인의 성장 · 발달이다. 여기서의 발달은 지적인 발달뿐만 아니라 신체적 · 정서적 · 사회적 발달 등을 모두 포함하는 것이다. 또한 개인의 잠재능력을 개발하도록 촉진하는 것도 의미한다. 생활지도는 개인으로 하여금 지적인 발달은 물론 올바른 판단과 사고를 하고 자신의 흥미 · 태도 · 가치관 등을 통해서 건전한 자아상을 확립해서 전인으로 발달할 수 있도록 해야 한다.

이상에서 우리는 생활지도가 무엇인지(개념), 왜 하는지(목표), 어떤 활동인지(내용 및 활동), 어떻게 해야 하는지(원리)에 대해 살펴보았다. 이를 토대로 교사는 훌륭한 생활지도 전문가가 될 수 있도록 노력해야 할 것이다.

2. 상담(counseling)

1) 상담의 기본 개념

상담이란 흔히 도움을 줄 사람과 도움을 필요로 하는 사람 간에 서로 대화를 통해 문제를 해결한다는 의미로 사용되고 있다. 그렇기 때문에 다양한 영역에서 포괄적 의미의 상담이라는 말을 사용하고 있지만 여기서는 보다 전문적인 영역에서의 상담만을 다루기로 한다.

상담(counseling)이란 라틴어의 counsurere에서 유래한 것으로 '고려한다(consider)', '반성한다(reflect)', '숙고한다(deliberate)', '조언한다(counsel)', '상담한다(consult)' 등 다양한 뜻을 지닌다. 이러한 여러 가지 의미는 영어에 counsel이란 형태로 통합되어 법률, 경제, 종교 등의 영역에서 변호, 고문, 조언이란 뜻으로 사용되었다. 그러다가 1939년 윌리엄슨(Williamson)이 『학생상담방법(How to Counsel Students)』이라는 저서를 발표하면서 오늘날과 같은 의미로 해석하게 되었다.

상담의 의미에 대해서는 많은 학자들이 언급하고 있는데 그 대표적인 것들을 살펴보면 다음과 같다.

윌리엄슨(Williamson, 1950)은 '상담이란 일시적으로 각 개인의 적응을 도울 뿐만 아니라 장래 적응을 준비하도록 돕는 것'이라고 정의했으며, 로저스(Rogers, 1952)는 '상담은 개인이 행동과 태도를 변화하는 데 도움이 될 목적을 가진 개인과의 일련의 직접적인 접촉'이라고 정의하였다. 그리고 우리나라의 정원식과 박성수(1978)는 '상담이란 도움을 필요로 하는 사람과 도움을 줄 수 있는 사람 사이의 개별적인 관계를 통하여 새로운 학습이 이루어지는 과정'이라고 정의하였고, 이장호(1982)는 '상담이란 도움을 필요로 하는 사람(내담자)이 전문적인 훈련을 받은 사람(상담자)과의 대면관계에서 생활과제의 해결과 사고·행동 및 감정 측면의 인간적 성장을 위해 노력하는 학습 과정'이라면서 학습 과정을 강조하였다.

이상의 정의를 정리해 보면 '상담이란 적응상의 문제에 직면하여 조력을 필요로 하는 개인과 심리적 훈련이나 지식 및 풍부한 경험으로 타인을 조력할 수 있는 자질을

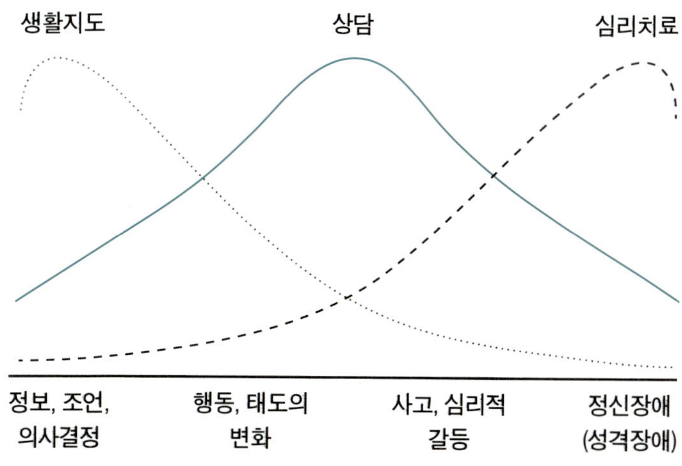

그림 10-1 생활지도, 상담, 심리치료 영역의 비교

출처: 이장호 (1994).

가진 전문가와 면대면(face to face)의 관계에서 대화를 통해서 행해지는 적절한 원조의 과정'이라고 할 수 있다(김청자 등, 2004).

이러한 상담과 유사하게 쓰이는 개념으로는 생활지도(guidance)와 심리치료(psycho-therapy)가 있다. 이들의 차이를 분명하게 구분하기는 어려우나 나름대로의 영역을 살펴 구분하면 [그림 10-1]과 같다.

생활지도는 정보를 수집 · 제공하고, 조언을 하며, 의사결정을 돕는 것에 가장 많은 비중을 두고 있으며, 행동이나 태도의 변화에도 관심을 가진다. 심리치료는 정신장애, 즉 심리적인 문제를 가진 사람들을 치료하는 데 가장 큰 비중을 두고 있으며, 사고나 심리적 갈등 문제를 해결하는 데도 관심을 가진다. 그러나 상담은 행동 및 태도의 변화와 사고 및 심리적 갈등 문제를 해결하는 데 그 초점을 둔다.

2) 상담에 대한 접근 및 기법

상담에 대한 접근은 정신분석적 상담, 행동주의적 상담, 인지적 상담, 형태주의적 상담, 인본주의적 상담, 인지 · 정서 · 행동적 치료적 접근, 현상학적 상담 등 실로 다양하다. 여기서는 상담에 있어 대표적인 정신분석적 상담, 행동주의적 상담, 인본주의적 상담인 인간중심 상담, 그리고 인지 · 정서 · 행동치료적 접근의 이론 및 기법을 살펴보고자 한다(이영훈 외, 2007).

(1) 정신분석적 상담

일반적으로 널리 알려진 심리학자인 지그문트 프로이트(Sigmund Freud)는 1896년에 '정신분석(psychoanalysis)'이란 용어를 처음 사용하여 정신분석이론을 창시한 인물이다. 그의 정신분석이론은 심리학뿐만 아니라 사회과학 그리고 인문과학 등에 지대한 영향을 미쳤다. 그는 비엔나의 신경증 증상을 치료하는 의사로 활동하면서 이전의 학문이 제시했던 인간에 대한 기본적인 생각들을 뒤집었다.

프로이트의 인간에 대한 핵심적인 가정을 크게 세 가지로 구분해 볼 수 있다. 첫째, 무의식이 인간행동을 지배한다고 보았다. 그는 인간의 행동이 우리가 알고 있는 의식과 이성적 통제하에 있다는 전통적인 믿음을 반박하고, 정신의 핵심이 오히려 우리가 알지 못하는 무의식의 세계에 있다는 것을 강조한다. 빙산이론(iceberg theory)이라고 불리는 그의 주장은 인간을 최고의 이성적인 존재가 아닌, 자신도 모르는 충동에 이끌리고, 깊은 성적 · 공격적 충동(Libido와 Thanatos)을 만족시키려고 노력하는 존재로 보았다.

인간의 마음을 구성하는 원초아, 자아, 초자아는 서로 추구하는 바와 작동원리가 다르다. 성격 구조들 간의 갈등을 중재하고 조정하는 역할을 수행할 수 있는 것은 자아뿐이다. 자아가 이런 역할을 제대로 할 수 있는 한 아무런 문제도 생기지 않으나 자아의 힘이 약해지면 심리적 문제를 경험하게 된다(이장호 등, 2005). 자아는 마음의 갈등에 대처하기 위해 방어기제를 사용한다. 방어기제란 원초아의 욕구와 초자아의 명령을 나름대로 다루기 위해 사용되는 수단인 셈이다. 자아의 방어기제에 대해서는 제4장을 참조하기 바란다.

이러한 자아방어기제는 잘 사용하면 개인의 정신 건강에 긍정적인 효과를 가져다준다. 그러나 잘못 사용한다면 문제행동과 같은 부정적인 결과를 가져올 수 있다. 예를 들어, 부모에 대해 강한 적개심을 가지고 있는 아이가 부모에게 적개심을 그대로 나타낸다면 부모가 어떻게 나올지 알 수 없다. 따라서 자아는 여러 가지 자아방어기제를 동원하여 적개심에 대한 적절한 방어를 시도한다. 하지만 그것도 실패하여 적개심을 여전히 그대로 드러내려 한다면 자아는 최후의 수단으로 심리적 증상을 형성한다. 왜냐하면 심리적 증상이 그 자체로 커다란 고통을 주기는 하지만 자신의 적개심이 그대로 표출되었을 때 겪게 될 고통보다는 차라리 낫기 때문이다.

① 정신분석적 상담의 과정

상담의 목표 : 정신분석적 상담의 주요 목표는 무의식적 갈등을 의식화시켜서 개인의 성격구조를 재구성하는 데 있다. 인간의 모든 문제는 무의식적 동기에 의해 생긴다고 본다. 무의식 속으로 억압됐던 갈등을 일단 의식적 수준으로 표출시켜 이를 합리적으로 다룰 수 있게 돕는 것이 정신분석적 상담의 목표이다.

상담의 과정 : 정신분석적 상담에서 상담자는 내담자에게 과거의 경험과 그때그때의 감정을 거리낌 없이 자유롭게 털어 놓도록 격려한다. 아무리 사소한 것이라도 떠오르는 것은 무엇이든지 말하도록 하는 것이 중요하다. 이 과정에서 상담자는 내담자의 증상과 관련된다고 여겨지는 무의식적 요소들을 하나씩 끌어내어 그 의미를 해석하게 된다. 이러한 해석을 통해 내담자는 이제까지 몰랐던 무의식의 내용들을 이해하게 되며, 이렇게 얻은 통찰은 자아가 증상을 극복하는 원동력이 된다.

② 정신분석적 상담의 기법

정신분석적 상담에서 활용하는 상담기법들은 무의식 속에 억압된 갈등을 찾아내서 그것을 내담자가 의식적으로 자각하도록 하는 것이다. 이러한 일련의 과정은 자아를 강화하는 것이라 할 수 있다. 주요 상담방법들은 정화, 자유연상, 해석, 전이의 분석, 저항의 분석, 미완성 문장의 분석 등이 있다.

정화 : 내담자는 무의식 깊이 묻혀 있던 모든 억압된 생각과 경험을 이야기할 때 억압되었던 강렬한 정서적 감정이 발산된다. 억눌린 감정을 말로 표현할 때 기억 속에 부착되어 남아 있던 고통스런 기억과 감정들이 효과적으로 발산될 수 있다. 프로이트는 이를 '정화'라 했으며, 이런 무의식적 요소를 찾기 위한 방법으로 자유연상법과 해석을 제안하였다(천성문 등, 2001).

자유연상 : 전통적인 정신분석에서 내담자는 소파에 눕고, 분석가(상담자)는 내담자의 시선이 미치지 않는 소파의 맨 앞쪽에 앉는다. 그런 다음 상담자는 내담자에게 마음속에 떠오르는 것이면 그것이 어떤 것이든 상관없이 그대로 말하도록 한다. 이

런 방법을 통해 무의식 속에 있는 생각과 갈등이 의식수준으로 표출되게 된다. 이 때 내담자에게는 자신의 가장 깊숙한 곳에 있는 생각을 말하려 하지 않으려는 암투가 벌어지는데 이것을 저항이라 한다. 상담자는 이러한 저항을 잘 다룰 수 있어야 한다. 또한, 언뜻 보기에는 두서없어 보이는 내담자의 말 중에 어떤 논리가 있는지를 찾아보아야 한다. 내담자가 말하는 것을 정확히 해석하기 위해 상담자는 내담자의 언어 이면에 있는 감정, 느낌에 주의를 기울여야 하고, 몸짓이나 어투까지도 주목해야 한다.

해석 : 자유연상 다음으로 중요한 기법이 해석이다. 해석은 꿈, 실언, 유머 속에 포함된 무의식적 상징 및 내용을 해석하여 상담자를 돕는 것이다.

미완성 문장의 분석 : 정신분석적 상담자들은 내담자의 사고, 행동 및 감정을 이해하기 위해 집/나무/사람, 또는 주제통각검사(TAT)와 같은 투사적 기법들을 사용하기도 한다. 검사해석에 대해 훈련받지 않은 상담자의 경우는 좋아하는 것, 가족, 친구들, 목표들, 소원들, 그리고 아동을 행복하게 하거나 슬프게 하는 일에 관해 진술을 하게 함으로써 내담자들을 이해하고 문제영역을 찾는 데 도움을 받는다. 이 절차는 상담자들과 친숙해지도록 할 때, 그리고 불안하고 두려워하며, 이야기하기를 싫어하는 내담자들과 더 나은 공감대를 형성하고자 할 때 특히 유용하다.

이상에서 설명한 기법들은 모두가 무의식 속에 억압된 갈등들을 의식적 수준으로 끌어오기 위해 사용되며 자아의 현실적 자각과 통찰을 통해 치료에 이를 수 있다. 할 수 있는 개인의 무의식에 접근하는 것들이라고 볼 수 있다.

(2) 행동주의적 상담

행동주의적 상담은 바람직한 행동은 유지 · 강화시키고, 바람직하지 못한 행동은 제거 · 감소시킨다는 행동주의 학습이론의 기본 원리를 바탕으로 한다. 파블로프(Ivan Pavlov)의 고전적 조건형성과 스키너(B. F. Skinner)의 조작적 조건형성이론의 원리가 대표적으로 적용된다. 오늘날 행동주의 상담은 전통적으로 다뤄온 외현행동뿐만 아니라 내현과정(예를 들어, 인지, 정서 강박관념)을 다루는 데도 이용된다.

행동주의적 상담에서는 부적응 행동 혹은 문제행동은 그것이 어떻게 형성되었고, 어떻게 유지되었는가의 측면에서 정상행동과 동일하다고 본다. 행동주의의 대표 학자인 스키너에 따르면, 행동이란 적절하든 부적절하든 간에 아이들이 환경과 환경 속 다른 사람들에 대해 반응할 때 학습된다. 아이들은 친구들이나 어른들과 상호 작용할 때, 그러한 사회적 환경 속에서 반응하고 행동하는 방법들을 배운다. 또한, 다른 사람들이 자신들의 행동에 대해 어떻게 반응하는지를 배운다. 결과적으로 아이들은 다른 사람들의 기대에 부응할 수 있는 행동을 선택하게 된다. 아이들의 행동은 주위 사람들에 의해 강화되거나 강화되지 않거나 한다. 만일 적절한 행동에 대해 강화를 받게 되면 그 행동을 계속하게 된다. 이와 마찬가지로 문제행동 역시 강화를 받게 되면 계속 유지된다. 이 두 유형의 행동은 모두 더 이상 강화가 주어지지 않으면 사라질 것이다.

많은 문제행동들은 아이들이 그런 행동을 할 때 관심을 받기 때문에 지속된다. 또한 대부분의 적절한 행동은 더 이상 강화를 받지 못하므로 더 이상 지속되지 않는다.

이상을 정리하면 행동주의 관점에서 문제행동은 환경과의 상호작용 속에서 강화와 처벌에 의해 학습된 것이며, 따라서 강화나 벌과 같은 환경적 요소들을 조작함으로써 아이의 문제행동을 다시 원상태로 복귀시키거나 바람직한 행동으로 변화시키고자 한다.

① 행동주의적 상담 절차

행동주의적 상담의 기본적인 과정은 다음과 같다.

1단계–문제행동 확인 : 행동주의적 상담에서 행동 수정을 위해서는 우선, 문제행동을 정확하게 파악하고, 이를 서술적 용어로 정의해야 한다. 흔히, '행동진술'이라고 한다. 행동진술은 구체적인 행동으로 기술하는 것으로 객관적인 진술(어느 누가 보더라도 그런 행동임을 판단할 수 있도록)이 되어야 한다. 행동수정에 들어갈 때는 이렇게 확인되고 진술된 행동을 보다 관찰 가능하고, 측정이 가능한 행동으로 세분화하여야 한다.

2단계–현재의 상태 파악 : 행동의 정의(행동 진술)가 행동수정의 목표와 방향을 지시해 준다면, 문제행동의 현 상태의 파악은 기초선을 제공한다는 점에서 의의가 있다. 행동의 기초선 측정은 실제 행동수정에 들어가기 직전까지의 행동이 얼마나 빈번하게, 얼마나 지속적으로 일어나고 있느냐를 측정하는 것이다. 기초선의 측정은 행동수정 작업(프로그램)이 끝난 후 문제행동이 얼마나 변화했는지를 알기 위한 기준을 제공하기도 한다. 기초선은 크게 두 가지로 측정할 수 있다. 첫째는 행동의 빈도를 측정하는 것이다. 얼마나 자주 우는가? 등이 여기에 속한다. 둘째는 그 행동의 지속성을 측정하는 것이다. 얼마나 오랫동안 지속하는가 하는 것이다. 이것은 시간으로 측정한다.

3단계–상담목표의 설정 : 문제행동의 현 상태를 파악했으면 그 행동을 어느 수준까지 수정할지를 결정해야 한다. 빈도나 지속시간으로 상담목표를 설정할 수 있다. 예를 들어, 하루에 다섯 번을 친구와 다투는 아이의 행동을 전혀 싸우지 않게 한다든지 아니면 한 번 이내로 줄인다든지 하는 것이 목표의 설정이다. 이러한 목표설정은 상담기술을 적용해서 행동수정을 할 경우 문제행동을 평가해서 언제 상담을 종료할지의 시점을 알려준다.

4단계–상담기술 적용 : 기초선 측정(빈도 또는 지속시간)을 해서 상담목표가 설정되면 이제부터 정적강화, 부적강화, 벌, 소멸(소거) 등 행동수정을 위한 기술들을 적용한다. 이때 상담자는 강화의 원리에 대해 숙지하고 있어야 한다.

5단계–행동결과 평가 및 추후지도 : 행동의 변화를 목표로 하여 시작된 상담은 행동변화가 확인되면 행동수정은 끝나게 된다. 중간 중간 행동변화에 대한 평가는 설정한 목표행동에 도달했는지도 알 수 있을 뿐만 아니라 행동수정의 효과가 강화의 조작에 일어난 것인지, 아니면 단순한 시간 경과로 나타난 것인지도 알 수 있게 해준다. 그리고 변화된 행동(원하는 행동)은 강화가 더 이상 주어지지 않으면 소멸되므로 바람직한 행동이 소멸되지 않고 일반화될 수 있도록 하는 것이 중요하다.

6단계-상담의 종결 : 설정한 목표행동에 도달하고, 바람직한 행동이 일반화되면 이제 상담을 종결해도 좋다. 그렇지 않을 때는 상담 과정에서 1단계부터 점검해 봐야 한다.

② 행동주의적 상담의 기법

행동주의 상담은 주로 고전적 조건형성의 원리를 이용해 불안, 공포 등의 정서학습에 초점을 맞춘 행동치료와 조작적 조건형성의 원리를 이용해 관찰 가능한 행동에 초점을 맞추어 강화를 통하여 행동을 변화시키는 행동수정이 있다.

행동치료를 위한 기법

- 체계적 둔감법(systematic desensitization) : 제이콥슨(Jacobson, 1938)이 최초로 제안한 후 월프(Wolpe, 1958)에 의해 발달되었다. 공포나 불안을 제거하는 데 쓰이는 기술이다(이숙 등, 2004 재인용). 점진적 둔화법이라고도 한다. 먼저, 불안의 정도에 따른 불안 위계 목록을 작성하고, 처음에는 심상화, 그런 다음 근육이완 훈련을 받도록 한 후, 내담자가 이완 상태에 도달하면 불안 위계 목록 중 가장 적게 불안을 일으키는 실제 장면(자극)부터 상상하게 하여 최대의 불안을 일으키는 장면을 상상해도 이완 상태에 머무를 수 있을 때 치료는 끝나게 된다(머릿속으로 작은 자극부터 그려보는 심상화 → 이완 연습 혹은 실제 자극에 차츰 노출).
- 자기표현훈련(assertive training) : 대인 관계에서 소외감, 피해의식, 대중공포 및 이에 따르는 불안과 고독문제가 있는 경우에 자기표현훈련이 필요하다. 대인관계에서 자기표현이 어려운 사람들에게 적합한 기술로 상담자와 내담자가 문제의 대인관계 상황을 놓고, 서로 역할을 바꾸어 가며 자신을 표현하는 역할행동(role playing)을 통해 연습되고, 실제 상황에서 실행되도록 한다.

- 역조건화 : 약한 혐오자극을 강하고 좋은 자극과 짝지어서 혐오자극에 의해서 일어난 불안을 극복하는 것이다. 예를 들어, 애완견에 대해 공포증을 가진 유아가 애완견이 옆에 붙어 불안을 느낄 때 유아가 좋아하는 아이스크림을 주는 방법이다(더 기쁜 자극이, 더 작은 혐오자극에 의해 일어나는 공포나 불안을 극복하게 함).
- 혐오적 조건형성 : 전기 충격이나 구토제와 같은 해롭고 혐오적인 자극을 가하여 바람직하지 못한 행동을 소거시키는 기술로, 처벌된 행동을 대체할 수 있는 바람직한 다른 행동을 강화해 줄 때 효과가 더 크다[어떤 행동으로부터 얻는 작은 보상보다도 더 고통스런 자극을 주어 작은 보상을 극복하게 함(예, 어머니가 아이 젖을 뗄 때 젖꼭지에 레몬즙을 발라 놓는 것)].

행동수정을 위한 기법

행동수정은 전문적인 지식이나 훈련 없이도 부모나 교사에 의해 적용될 수 있는 행동관리 절차이다. 행동수정은 특히 유아교육이나 특수교육분야에서 적용하기에 효과적인 기법이다. 대표적인 행동수정기법들로는 토큰강화, 반응대가, 타임아웃, 소멸, 과잉교정, 용암법, 행동연쇄, 행동형성 등을 들 수 있다. 행동수정기법에는 행동의 증가 및 감소를 위한 기법과 새로운 행동을 형성하기 위한 기법이 있다. 우선, 행동의 증가 및 감소를 위한 기법은 다음과 같다.

- 타임아웃(time-out) : 타임아웃은 일종의 부적 벌로써 현재 강화를 받고 있는 환경으로부터 격리시키는 절차이다. 이 기법은 아이가 타인이나 자신에게 해를 줄 때 일차적으로 사용되어야 한다. 공격적인 행동은 가능한 한 빨리 멈추게 할 필요가 있다. 그래서 항상은 아니지만 아이의 행동을 멈추게 하는 가장 좋은 방법 중 하나가 타임아웃 전략이다. 타임아웃은 아이가 공격적인 행동을 두 번 이상 반복할 때, 그리고 교사가 그러한 행동이 좋지 못한 행동이라는 것을 아이에게 이미 설명했을 때에만 사용해야 한다.
- 반응대가(response cost) : 문제행동에 대해 강화물을 제거하는 절차로 타임아웃

과 마찬가지로 일종의 부적 벌이다. 이미 지니고 있는 강화물이나 주어진 권리를 박탈하는 것 등이 이에 속한다. 아이가 문제행동을 할 때마다 지니고 있는 스티커 한 장을 반납하게 한다거나 아이의 TV 시청시간을 줄인다거나 컴퓨터 게임 시간을 줄이는 방법 등을 예로 들 수 있다. 우리 주변에서도 반응대가는 흔히 볼 수 있는데 운전자들에게 부과되는 불법주차나 과속으로 인한 벌금이 그 예이다.

- 토큰강화(token economics) : 토큰(또는 토큰 경제)이란 그 자체로는 아무 가치가 없지만 가치가 있는 물품이나 활동으로 대체할 수 있는 포인트, 쿠폰, 별표, 스티커, 스탬프, 칩 등을 말한다. 토큰강화란 음식이나 물건 대신 토큰을 사용하여 바람직한 행동을 증가시키고자 할 때 사용되는 기법이다. 일반 강화에서는 한 차례의 강화에 비싼 물건이나 오랜 시간의 활동(예를 들면, 만화영화 한 편 보기 등)이라는 강화물을 줄 수가 없다. 따라서 토큰을 이용하여 바람직한 행동을 보일 때마다 토큰을 하나씩 주고 일정 수가 모이게 되면 보다 큰 강화물(교환강화물)로 바꿀 수 있도록 한다.
- 행동계약(behavioral contracting) : 행동계약이란 교사가 아이와 함께 어떤 행동목표와 그런 행동을 할 때 어떻게 긍정적 강화를 주겠다는 것을 서면으로 동의하는 것을 말한다. 예를 들어, 교사는 아이가 기대된 행동을 하게 되면 이에 대한 보상으로 아이가 좋아하는 물건을 제공하거나 활동을 허락하는 식으로 양자 간에 합의된 계약을 말한다. 행동계약은 교사와 아이 양자에 의해서 목표행동과 보상방법이 사전에 약속된다는 점에서 다른 강화방법과 다르며, 특별한 것은 양자간의 합의내용을 문서화한다는 점이다(Axelrod, 1977).

이상에서 소개한 방법들은 어느 하나만으로 아이들의 문제행동을 수정하기는 어렵다. 다양한 방법을 혼합해서 사용할 때 가장 효과적인 결과를 얻을 수 있을 것이다. 그리고 새로운 행동을 형성하는 데 사용하는 기법에는 행동형성(shaping), 용암법(fading), 행동연쇄(behavioral chaining) 등이 있다.

(3) 인간중심 상담

로저스(Rogers)에 의해 주창된 이론으로 초기(1950년대)에는 비지시적 상담(non-directive counseling), 중반기(1960년대)에는 내담자 중심 상담(client-centered counseling), 후반기(1970년대 이후)에는 인간중심 상담(person-centered counseling)으로 부르고 있다(안영신 등, 2005). 인간중심 상담이론은 구체적인 문제해결기법보다는 내담자에 대한 상담자의 태도를 더 중시한다(이장호 등, 2005). 즉, 아이들에 대한 교사의 태도를 더 중시한다고 볼 수 있다. 아이가 문제를 가지고 있을 때 교사는 그 문제를 해결하기 위한 아이의 권리와 능력을 존중해야만 한다. 그래서 교사는 아이에게 충고 또는 설교를 하거나 주위를 환기시키지 않는다. 그 대신에 교사는 적극적 경청을 한다.

인간중심 상담이론에서는 인간은 누구나 다 스스로 자신의 길을 발견하고 성장해 나갈 수 있는 잠재력을 지니고 있다고 본다. 따라서 로저스는 인간은 본래 부적응을 극복하고 정신적인 건강상태를 되찾을 수 있는 능력을 지니고 있다고 본다.

아이들은 수많은 가능성과 잠재력을 지니고 타고났으면서도 왜 그것을 실현하지 못하고 심리적 문제를 경험하게 되는가? 그 첫째 이유는 이러한 가능성과 잠재력을 주위에서 인정하지 않기 때문이다. 타인과의 관계에서 다른 사람이 자신에 대해 긍정적으로 반응하면 자아개념은 긍정적이 될 수 있다. 그렇지만 다른 사람이 자신을 계속해서 부정한다면 자아개념은 부정적인 쪽으로 형성되게 된다. 이러한 부정적 자아개념이 결국 문제행동을 낳게 된다. 두 번째 이유는 아이와 성인 간의 입장 차이 때문이다. 아이들은 자신도 알지 못하는 사이에 어른들의 가치나 조건에 의해 길들여진다. 다행히 어른들의 가치조건과 아이의 실현가능성이 잘 조화를 이룬다면, 아이들은 성장을 촉진하는 분위기 속에서 마음껏 자신의 가능성과 잠재력을 발견하고 실현해 나갈 수 있게 된다. 어른들은 아이들이 스스로 선택한 길을 잘 갈 수 있도록 도와주면 된다. 결국, 아이들에게 나타나는 문제는 아이의 능력에 대한 주위 사람들의 무시와 아이들이 스스로 타고난 가능성과 잠재력을 발휘하지 못하고 외적으로 부여된 가치조건들에 맞춰 살려고 할 때 나타난다.

로저스는 인간중심상담에서는 특별한 상담기법을 따로 열거하거나 강조하지는 않는다. 그러나 학생의 문제행동에 긍정적 변화를 가져오는 필요충분조건으로 상담자인 교사의 진솔성(또는 일치성, congruence), 무조건적 긍정적 존중(또는 수용, unconditional acceptance), 공감적 이해(empathic understanding)를 강조한다. 이 세 가지 태도들이 문제를 해결하고 성격을 변화시키는 핵심이라고 본다.

진솔성 : 교사가 아이와의 관계에서 감지되는 바를 왜곡하거나 부정하지 않고 있는 그대로 경험하는 것이라 할 수 있다. 이는 진실하고 솔직하다는 의미로 첫째, 아이를 대할 때 교사가 무엇을 경험하는가의 측면이 있다. 아이를 대함에 있어 매력, 관심, 짜증, 귀찮음, 애처로움, 흥분, 지루함과 같은 느낌이나 생각에 충실해야 한다는 것이다. 있는 그대로를 느끼고 경험하는 것이 중요하다. 둘째, 아이에게 무엇을 표현하는가의 측면이다. 이는 아이와의 관계에서 느끼는 것을 표현하는 문제이다. 이때 교사가 느낀 것을 진솔하게 표현하는 것을 포함한다. 아이에게 느끼는 것 중 긍정적인 것만 표현하고 부정적인 것은 숨기는 것은 진솔한 태도가 아니다. 부정적인 감정의 표현은 반드시 아이의 성장에 기여가 될 수 있도록 해야 의미가 있다. 부정적인 감정을 충동적으로 쏟아낸다면 교사-아이 관계의 단절을 가져올 뿐만 아니라 아이에게 아픔과 상처만을 안겨줄 뿐이다. 반드시 인격적 성숙을 바탕으로 교사가 아이의 성장을 위해 진솔해야 한다.

무조건적인 수용 : 아이를 한 인간으로서 긍정적으로 존중하되 아무런 전제나 조건을 달지 않는 것을 말한다. 그렇다고 아이의 모든 행동을 승인하고 인정하라는 것은 아니다. 그런 행동은 승인하거나 옹호하지 않아도 된다. 문제는 그런 행동을 하고, 그런 감정을 느끼고, 그런 생각을 하는 아이의 인간적 가치이다. 이런 태도를 교사가 일관되게 유지할 때 아이 역시 기존의 가치조건에서 벗어나게 되며, 자신을 있는

그대로 느끼고 표현할 수 있는 자유로운 존재가 될 수 있다. 이렇게 되면 심리적 문제는 물론 이제까지 숨겨지고 왜곡되었던 아이의 가능성과 잠재력이 발현되어 참다운 발달을 할 수 있을 것이다.

공감적 이해 : '지금 여기(here & now)'에 나타나는 아이의 감정과 경험을 교사가 민감하고 정확하게 이해하는 것을 뜻한다. 교사가 솔직성과 무조건적인 긍정적 존중에만 머물지 않고 공감적 이해를 통해 아이와 소통을 한다는 것이다. 이런 의미에서 인간중심상담에서 가장 중요한 것이라 해도 과언이 아니다. 공감적 이해는 아이가 자신에 대한 진정한 경험과 접촉을 확대시켜 나가도록 해준다. 이제까지 부정되고 왜곡되어 왔던 아이 자신의 모습을 있는 그대로 보고 느끼고 받아들일 수 있도록 하는 데 도움이 되는 것이다(이장호 등, 2005).

(4) 인지 · 정서 · 행동 치료적 상담

"생각을 바꾸면 세상이 달라진다."는 말이 있다. 우리는 흔히 자신에게 일어나는 사건들이 자신의 감정이나 행동에 영향을 미치고 있다고 여긴다. 그러나 사건보다는 우리가 그 사건을 어떻게 생각하는가라는 신념체계가 우리의 감정이나 행동에 영향을 미칠 수 있다. 이러한 가정하에 엘리스(Albert Ellis, 1913~2007)는 인지 · 정서 · 행동 치료(Rational-Emotive Behavior Therapy: REBT)를 발전시켰다. 엘리스는 스토아 철학자인 에픽테투스(Epictetus)의 말을 잘 인용한다. "사람의 마음을 혼란시키는 것은 사건 그 자체가 아니라, 사건에 대한 그들의 판단이다."라는 말이 바로 그것이다. 이는 우리의 생각 혹은 신념체계를 바탕으로 일어난 사건을 어떻게 해석하는가에 따라 삶이 달라진다는 것이다. 엘리스는 이러한 신념체계를 합리적인 것과 비합리적인 것으로 구분한다. 합리적 신념체계를 갖고 있는 사람은 일어난 사건에 대해 합리적으로 해석하여 대처하기 때문에 바람직한 정서적 · 행동적 결과를 초래하지만 비합리적 신념체계를 갖고 있는 사람은 일어난 사건에 대해 비합리적으로 해석하여 바람직하지 못한 정서적 · 행동적 결과를 경험한다고 본다.

엘리스의 인지 · 정서 · 행동적 접근에서는 인간은 합리적인 사고와 비합리적 사고의 잠재성을 갖고 태어난다고 본다. 즉, 타고난 합리적 신념에 의해 자신을 성숙시키거나 실현시킬 수 있으며 동시에 타고난 비합리적 신념에 의해 자신의 성숙을 방해받거나 자신을 파괴할 수 있다. 엘리스는 이러한 비합리적 신념은 어렸을 때부터 부모나 사회의 영향을 받는다고 본다. 비합리적 사고는 자기혐오를 낳고, 자기혐오는 자멸적 행동을 초래한다. 자멸적 행동으로 타인들을 미워하게 되며 결국, 타인들로 하여금 자신에 대해 비합리적으로 행동하게 되고, 이러한 순환이 반복된다는 것이다. 그러나 사람들이 비합리적으로 사고를 하지 않을 경우에는 선천적으로 유익하고 사랑스런 존재이다.

엘리스의 인지 · 정서 · 행동적 접근에서 행동적 문제는 비합리적 신념체계(사고)에 의해 생긴다고 본다. 앞서 언급한 바와 같이 사람들이 정서 · 행동적 문제를 겪는 이유는 구체적인 사건(선행사건)들 때문이 아니라 그 사건을 받아들이는 방식이 잘못되었기 때문이라는 것이다. 즉, 어떤 사건을 자신이 이미 가지고 있는 기존의 생각들에 의해 비합리적으로 해석하기 때문에 그 결과로서 정서적 · 행동적 문제를 경험한다는 것이다.

엘리스의 인지 · 정서 · 행동적 접근에 따르면 이 아이가 기분이 상하고, 피아노를 더 이상 치지 않는 것은 경진대회에서 낙선한 사건을 왜곡해서 잘못 생각했기 때문이라는 것이다. 즉, '나는 경진대회에서 낙선하면 안 돼.'라는 생각 때문이라는 것이다. 그렇기 때문에 기분이 상한 것이고 피아노를 치지 않겠다고 한다는 것이다. 즉, 사람들이 겪는 심리적 문제(행동적 문제도 포함될 수 있음)의 기저에는 비합리적인 생각이 깔려 있다는 것이다. 웨이터스(Waters, 1982, 1998)는 아동과 청소년 그리고 부모들 사이에 존재하는 비합리적 신념들을 제시하였다. 이들 가운데 아동에게서 공통적으로 나타나는 비합리적 신념은 다음과 같다(천성문 외, 2005).

- 만일 남들이 나를 좋아하지 않는다면 그것은 무서운 일이다.
- 만일 내가 실수를 한다면 나는 나쁜 아이다.
- 모든 일은 내가 원하는 대로 진행되어야 하며, 나는 항상 내가 원하는 것을 얻어야만 한다.
- 나는 일들을 손쉽게 풀어갈 수 있어야 한다.
- 세상은 공평해야 하고, 나쁜 사람은 처벌받아야만 한다.
- 나는 감정을 드러내서는 안 된다.
- 어른들은 완벽해야 한다.
- 오직 한 가지 정답만이 존재한다.
- 나는 이겨야만 하며, 패한다는 것은 무서운 일이다.
- 나는 어떤 일도 기다려서는 안 된다.

① 인지 · 정서 · 행동적 상담의 절차

엘리스는 초기의 인지-정서치료를 학교 교육프로그램에 적용시켜 인지-정서치료가 다양한 정서문제를 가진 5~6세 정도의 아동들에게도 효과가 있다는 결과를 제시하였다. 하지만 언어적 상호작용이 성숙하지 못한 아동에게는 이러한 치료방법을 적용하는 데 한계가 있다는 점에 주의하여야 한다. 어떤 학자들은 적어도 피아제가 제안한 구체적 조작기에 도달한 아이들에게나 인지-정서치료의 적용이 가능하다고 주장한다(김순혜, 2004). 따라서 상담자인 교사들은 인지 · 정서 · 행동 접근이 지니고 있는 이러한 제한점을 알고 상담에 임해야 한다.

상담의 목표 : 비합리적인 정서와 행동적 문제에서 벗어나기 위해서는 어떻게 해야 하는가? 이에 대한 엘리스의 답은 비합리적인 신념을 합리적인 신념으로 바꾸어 주는 것이다. 정서적 혹은 행동적 문제에 깔려 있는 비합리적 신념을 확인하고, 그것들을 합리적 신념으로 대체해 나가는 것이 인지 · 정서 · 행동적 접근의 핵심이다. 내담자가 보이는 문제행동에 초점을 두기보다는 문제행동의 배후에 있는 핵심적인 비

합리적 신념을 극소화시켜 삶에 대하여 보다 현실적이고 합리적인 가치관을 갖게 하는 것이 상담의 목표이다.

상담의 과정 : 엘리스는 비합리적인 신념을 확인하고 반박하여 합리적인 신념으로 수정하여 나타나는 일련의 과정을 다섯 단계로 보여주는 것을 머리글자로 표현하여 ABCDE 모델이라 하였다. 첫째 단계인 A는 활성화된 사건(Activating events)을 확인하고 기술하는 것이다. 둘째 단계인 B는 활성화된 사건에 대한 개인의 신념(Belief)이다. 신념은 합리적이거나 비합리적일 수 있다. 셋째 단계인 C는 신념에서 비롯된 결과(Consequences)이다. 합리적 신념은 합리적 결과를 비합리적 신념은 비합리적 결과를 초래한다. 넷째 단계인 D는 비합리적인 결과를 야기한 비합리적인 신념을 논박하기(Disputing)를 나타낸다. 다섯째 단계인 E는 논박하기의 결과로서 나타난 효과(Effect)를 나타낸다. 이러한 효과는 논박하기를 통해 비합리적 신념이 효과적인 신념으로 바뀐 것을 의미한다.

ABCDE 모델	예
A(Activating Events) 앞서 일어난 사건 ⇩	교사의 질문에 대해 손을 들고 자신 있게 답을 말했는데 그 답을 들은 아이들이 모두 웃어버려 얼굴이 달아오르고 창피하여 고개를 못 들었다.
B(Beliefs) 그 사건에 대한 신념 ⇩	쉬운 답을 틀리게 대답한 나에 대해 '선생님이나 친구들이 바보라고 생각했을 거야'라고 생각한다.
C(Consequence) A와 B로 인해 생긴 결과 ⇩	그 후 수업 중에 확실히 아는 답이 있어도 결코 손을 들지 않는다.
D(Dispute) 신념에 대한 논박 ⇩	상담자는 한 번의 실수로 인해 선생님이나 친구들이 바보라고 생각할 것이라는 추측은 잘못된 것이며 세상 어느 누구도 실수를 하지 않는 사람은 없다고 논박한다.
E(Effect) D로 인해 나타난 효과	상담자의 논박에 대해 그간 자신의 잘못된 생각을 인정하고 혹 답이 틀릴지라도 자신의 생각을 적극적으로 표현하게 된다.

② 인지 · 정서 · 행동적 상담의 기법

인지 · 정서 · 행동적 접근은 내담자의 비합리적인 생각을 변화시키는 데 초점을 둔다. 이러한 변화를 위한 기법으로는 크게 인지기법, 정서기법, 행동기법이 있다.

인지기법 : REBT의 핵심은 비합리적인 신념을 합리적인 신념으로 바꾸는 것이다. 따라서 인지기법은 세 가지 기법 중에서도 가장 중요하다. 인지기법이란 내담자의 생각 중 비합리적인 신념과 비합리적인 언어를 찾아서 이를 합리적 생각과 언어로 바꾸는 것이다. 이를 위해 논박이 많이 사용된다. 논박의 첫 단계는 확인된 비합리적 생각이나 그에 근거한 언어를 정리하여 다시 진술하도록 하는 것이다. 둘째 단계는 정리된 신념이나 그에 근거한 언어가 합리적인가를 묻고 답하는 것이다. 이것은 그러한 생각과 언어가 타당하지 않음을 밝히기 위한 것이다. 셋째 단계는 비합리적 생각이나 그에 근거한 언어를 내담자가 하고자 하는 일에 도움이 되는 신념이나 언어로 바꾸도록 하는 것이다.

정서기법 : 정서기법은 내담자가 수치심, 적개심 등과 같은 부정적 감정을 수용할 수 있도록 하고, 이러한 부정적 감정을 의도적으로 만들어 낼 수도 있음을 알게 하여 자신의 감정통제능력을 길러주는 기법이다. 이를 위해 비합리적 사고가 자신은 물론 타인에게 어떤 영향을 미치는지를 경험해 보게 하기 위해 역할연기(role play)를 활용하기도 한다(김순혜, 2004). 역할연기는 정서적 요소와 행동적 요소가 있다. 이 기법은 어떤 사건이나 장면과 관련된 불쾌감의 밑바탕이 되는 비합리적 생각을 역할연기를 통해 알도록 하는 데 있다. 다른 예로는 수치공격연습이 있다. 수치공격연습은 주위 사람이 어떻게 생각할지에 대한 두려움 때문에 하고 싶은 행동을 하지 못하는 행동이 있을 때 실제로 행동을 해 보도록 하는 기술이다. 그 결과 주위 사람들이 내담자가 생각한 것보다는 관심이 없음을 알게 된다.

행동기법 : REBT는 행동기법을 사용하여 내담자가 이전보다 효과적으로 행동하도록 할 뿐 아니라 인지에 변화를 갖도록 돕는다. 행동치료는 인지적 행동치료의 한 형

태이기 때문에 대부분의 행동수정기법을 그대로 활용한다. 행동치료는 행동의 변화가 목적이지만 행동변화뿐만 아니라 인지와 정서에서의 변화에 강조점을 둔다. 행동의 변화를 통해 생각의 변화를 가져오고 변화된 생각에 따라 정서와 행동을 더 확실하게 변화시킬 수 있다고 본다.

제11장

교육평가

상대평가에 대한 생각

상대평가 형식의 시험을 없애자는 부분에 대한 반론도 제기되고 있다. 아이들 간의 과도한 경쟁을 막아야 한다고 한다. 그러나 경쟁은 인간의 본성이며 시험방법을 바꾼다고 해서 경쟁이 없어지지 않는다. 어떠한 시험방식을 쓰던 아이들은 여전히 잘하는 그룹과 못하는 그룹으로 나누어진다.

표준화 시험에서 좋은 성적을 거두는 아이들은 다른 종류의 시험에서도 역시 좋은 성과를 거둔다. 등수를 매기는 상대평가방식의 시험에서 1등을 한 아이는 등수에 신경 쓰지 않는 수행평가에서도 우수한 성적을 나타내는 게 일반적인 사실이다. 머릿속이 제대로 찬 아이들은 시험방식에 큰 영향을 받지 않는다. 시험방법을 바꾼다고 원래 못하던 아이가 갑자기 잘하게 되는 것이 아니다.

시험의 방식이 나빠서 아이들이 공부를 못한다는 사람들은 노력의 가치를 부인하며 공정한 경쟁의 성과를 무시한다. 그리고 이들의 하소연은 모든 아동들의 앞날을 망치고 있다. 1등을 하던 아이들은 더 이상 1등을 할 수가 없으니 학교 공부가 재미가 없고, 꼴찌를 하던 아이들은 더 이상 꼴찌라고 보여주는 성적표가 없으니 마음 편하게 논다. 공부 못 하고 경쟁에서 처지는 아이들을 위해서 시험을 없앴더니 도리어 더 못 하게 된다.

출처: 황용길 (1999). 열린 교육이 아이들을 망친다.

개요

인간이 존재하는 한 교육은 계속 행하여지고, 교육이 존속하는 한 어떠한 형태로든 평가활동도 계속된다. 그래서 인간 · 교육 · 평가라는 세 가지 개념은 서로 떨어질 수 없는 관계이다. 인간다운 인간을 만들기 위하여 교육이 필요하고 올바르고 참다운 교육을 하기 위해서는 평가가 필요하다. 반대로 보다 나은 평가결과나 자료에 의해 보다 개선되고 발전된 교육이 가능하고 이 같은 교육을 통해 인간은 보다 향상 발전되어 왔다.

교육평가(educational assessment)는 학생들의 학습결과의 평가뿐만이 아니라 목표를 달성하는 데 관련된 모든 자료를 수집 분석하여, 학습 목표의 달성 정도는 물론 그와 관련된 여러 가지 요인에 대한 가치 판단을 내리는 과정이다. 교육평가를 교수와 학습을 개선하고 학생의 학습에 도움을 주는 것으로 보려는 관점도 있다. 만약 교육평가의 기본 목적이 학생을 판정, 분류, 유목화, 선별하는 것에 있다면 평가는 교수 및 학습 과정의 개선에는 아무런 관련 없는 교육활동이 된다.

교육평가는 학습자들에게는 학습동기를 유발하고, 학습 내용의 파지(retention) 및 전이(transfer)를 도우며, 자기평가의 기준이 된다. 또한 교사들에게는 학습자 개개인의 장단점을 파악하고 자신이 전개한 수업의 효과성을 판단함으로써 수업방법의 개선에 중요한 정보를 제공한다. 즉 교수 과정과 학습 과정에 도움을 주고, 학생의 학교학습을 극대화시키는 역할을 갖도록 하려는 것이 교육평가가 지향하는 방향이다. 이렇게 보면 교육평가란 "교수 프로그램에 관한 의사결정을 하기 위해서 학습자의 행동변화 및 학습 과정에 관한 정보를 수집하고 이용하여 교육적 의사결정을 내리는 데 도움을 주거나 혹은 의사결정을 하는 과정 바로 그 자체"라고 볼 수 있다.

제11장

교육평가

1. 교육평가의 기초

1) 교육관과 평가관

어떻게, 왜 그리고 무엇을 평가하느냐 하는 평가의 문제는 어떠한 교육관을 갖고 있느냐와 밀접한 관계를 갖고 있다. 교육관이라고 하면 교육을 보는 하나의 관점으로서 다양한 교육관이 있을 수 있다. 다양한 교육관은 평가방법, 크게는 평가관에 영향을 주는 견지에서 선발적 교육관과 발달적 교육관으로 나누어 볼 수 있다(임인재, 1976: 7-10).

선발적 교육관은 교육을 통하여 달성하고자 하는, 어떤 교육목적이나 일정한 교육수준에 도달할 수 있는 사람은 어떤 교육방법을 동원하든지, 다수 중의 일부나 소수에 지나지 않는다는 신념을 가진 교육관이다. 과거의 우리의 교육활동은 주로 이러한 선발적 교육관의 표현이라 할 수 있다. 초 · 중 · 고 및 대학에 이르는 과정에서 계속적인 선발 과정을 통하여 소수의 우수자만을 상급학교에 진학할 수 있도록 하는 피라미드식의 교육제도의 실천은 이러한 선발적 교육관의 한 표현이다.

교사가 한 시간의 수업을 하는 동안 수업을 제대로 따라올 학생은 1/3에 지나지 않으며, 1/3 정도는 그럭저럭 따라올 것이고, 나머지 1/3은 아무리 열심히 수업을 하여도 제대로 따라올 수 없다는 가정에서, 각 학생에게 적합한 교수-학습방법을 고려하지도 않고, 일정한 수업방법과 학습시간을 모든 학생에게 동일하게 제공하였다면 이것도 선발적 교육관에 의한 교육활동이 되는 것이다.

발달적 교육관은 모든 학습자에게 각각 적절한 교수-학습방법만 제시될 수 있다면, 누구나 의도하는 바의 주어진 교육목표를 달성할 수 있다는 가정과 신념을 나타낸다. 이러한 교육관에서의 교육활동은 모든 사람에게 적절한 학습의 기회를 제공함으로써 가능한 한 모든 학습자가 의도하는 교육목표를 달성하도록 하는 것이 교육정책이나 교육활동의 중심이 된다. 발달적 교육관에서의 교육평가는 학생의 선발이나 개인차를 내기 위한 평가에 관심을 갖는 것이 아니라 모든 학생이 가능한 한 의도하는 수업목표를 달성할 수 있도록 모든 학습자에게 적절한 학습방법을 사용한다.

2) 교육평가의 학습자관

학습자의 학교학습에서 나타나는 개인차나 분화의 현상은 선천적 · 유전적인 것이 아니라 인공적인 것이며, 교육 실패의 누적적 현상이라는 점이 지적되고 있다. 어떤 사람이 학습할 수 있는 것이면 다른 사람도 적절한 학습조건만 제공하면 학습할 수 있다. 특수한 정서적 장애나 신체적 결함이 있는 경우는 예외로 하더라도 대부분의 학습자가 다른 사람이 학습하는 것을 학습할 수 있다는 것이다. 이 같은 학습자의 학습 가능성에 대한 신념은 학습자를 보는 시각에서의 변신이 전제되어야 한다. 지금까지 우리가 인공적으로, 또 당연한 것으로 받아들인 학습자관은 세 가지 발전 과정으로 분류해 볼 수 있다(황정규, 1988: 27-30).

첫째, '우수한 학습자(good learner)와 열등한 학습자(poor learner)가 있다'는 시각이다. 공부를 잘하는 학생과 공부를 못하는 학생이 있어서, 그들은 선천적으로 혹은 어릴 때부터 다르다고 생각한다. "될성부른 나무는 떡잎부터 알아본다"라는 우리의 속담이 이 생각을 적절히 표현하고 있다. 이러한 관점에 의하면 학교라는 것은 아무것도 할 일이 없으며, 학습능력이 있는 학생과 없는 학생이 있는 이상 학교나 교사에게는 아무런 잘못이 없는 셈이다. 그 탓은 조물주이건, 유전이건, 가정환경이건, 운이건, 그런 것에 귀속시키면 된다. 이 같은 학습자관에서는 학교가 해야 할 일이란 무능력자를 가려내고 우수한 자는 기능한대로 격려하는 일 뿐이다. 그러므로 학습이나 교육보다는 분화, 차이, 변별, 등급에 강조를 두는 관점을 취하게 될 것이다.

둘째, '빨리 배우는 학습자(faster learner)와 느리게 배우는 학습자(slow learner)가 있다'는 관점이다. "똑같은 과제를 주었더니 저 애는 빨리 해치우는데, 이 애는 퍽 늦다"는 교사의 푸념은 이 같은 학습자관을 대변하는 말이다.

셋째, '유리하고 적절한 학습조건을 제공하면 대부분의 학습자가 학습능력, 학습속도, 다음 학습을 위한 동기 등에서 거의 비슷해진다'는 생각이다. 이 학습자관은 위의 두 가지 학습자관에 대한 저항에서 출발한다. 즉 학습자에게 우수아나 열등아, 속진아나 지진아가 존재한다는 생각에 대한 저항이다. 연구결과에 의하면 학생에게 불리하고 부적절한 학습조건을 제공하면, 그들의 학습능력이나 학습속도 심지어 학습동기 등에서 점점 격차가 커진다는 것을 보여주고 있다. 그러나 유리하고 적절한 학습조건에서는 학생들 사이의 학습능력, 학습속도에서 비슷해진다는 것을 알 수 있다. 이것은 학습자에게는 학습능력이나 학습속도에서 근원적인 고정된 차이나 격차가 존재하는 것이 아니라, 투입된 학습조건의 적절성에서 실패한 결과가 그러한 격차를 창출하게 된다는 관점을 취하게 된다.

3) 교육평가의 기능

교육평가는 그 목적과 형태에 따라서 다양한 기능을 갖는다. 또 교육평가란 그 자체로서는 개선이나 반성, 방향설정 등 긍정적 기능 또는 순기능을 지니는 것으로 이해되고 있다. 그러나 시험이나 측정의 결과, 또는 평가자나 주요한 타인의 태도, 행동양식 등에 따라 부정적 기능 또는 역기능을 하기도 한다. 따라서 교육평가의 순기능뿐만 아니라 역기능을 이해하고 그것의 억제방법에 대한 탐구가 요청되고 있다.

여러 학자들의 견해를 종합하면 교육평가의 기능은 다음과 같이 정리할 수 있다(길형석 · 손충기, 1998: 266-269).

첫째, 개개 학생의 학업성취도를 평가하는 기능이다. 일정한 목표와 목적을 지니고 체계적으로 이루어지는 활동이 교육이므로 이러한 교육목표가 어느 정도(집단적으로뿐만 아니라 개인의 경우) 달성되고 달성되지 못했는가, 달성되지 못한 주요 원인은 무엇인가 등에 대한 통찰을 얻도록 돕는 기능을 갖는다.

둘째, 개인차원과 집단차원에서 학습에서 곤란한 점이 무엇인가를 파악할 수 있는 기회를 제공하는 기능을 갖는다. 학습 곤란점은 다양하게 파악될 수 있다. 즉, 학습자가 지니고 있는 곤란점, 교사가 지니고 있는 곤란점, 교수-학습 과정상의 곤란점, 교육환경이 안고 있는 곤란점 등을 고려할 수 있으며 교육평가는 결국 어떤 점이 학습을 곤란하게 하며 교육목표 달성을 어렵게 하고 있는가를 이해하는 데 도움을 준다.

셋째, 학습촉진의 기능을 지닌다. 평가는 학생의 학습촉진을 위해 필요한 학습동기유발기능을 수행한다. 물론 이러한 교육평가의 기능이 순기능으로서 이해될 수 있는가의 문제가 있다. 즉, 교육평가의 학습촉진기능이 진정한 의미에서 자율적인 학습동기를 유발시키는 것인가, 아니면 학생들의 스스로 하고자 하는 마음에서 우러나는 학습촉진이라기보다는 강제된, 타율적인 힘에 못 이겨 수행하는 학습이냐 하는 문제다. 교육평가가 긍정적인 학습촉진기능을 수행하기 위해서는 자율적이고 자의적인 학습동기유발이 가능하도록 해야 한다. 그러기 위해서는 학생들의 개인차에 부응하는 평가, 시험이나 검사 · 측정 등의 무기화를 지양하는 평가가 되어야 하며 평가자의 생각 깊은 평가방법에 대한 탐구가 요청된다.

넷째, 교육평가는 교육 과정, 수업자료, 수업 과정, 그리고 학급조직 등의 여러 측면에 대해 교육적 효과성을 점검하고 개선할 자료제공 기능을 수행한다. 따라서 교육평가란 결과로서의 교육성취도 뿐만 아니라 투입요소와 과정요소에 대한 평가도 포함되는 넓은 개념이며 활동이다.

다섯째, 교육평가는 교육정책 결정을 위한 자료제공의 기능을 수행한다. 이 기능은 전국적인 규모 또는 특정 지역단위의 교육평가에 드러나는 기능이다.

여섯째, 교육평가는 생활지도와 상담을 위한 기초자료 제공기능을 수행한다. 어느 면에서는 생활지도 과정이나 상담 과정도 교육평가 영역에 포함될 수 있다. 그러나 교육평가의 1차적인 기능을 학생 이해에 둔다고 할 때 그 이해에 바탕을 둔 생활지도나 상담이 보다 효과적으로 수행될 수 있는 것이다.

이상의 여러 기능과 더불어 고찰해야 할 것이 교육평가의 역기능이다. 교육평가란 순기능만을 수행하는 것이 아니라 학생들에게 부정적인 영향을 미치는 측면도 있다. 교육평가의 역기능 측면은 주로 학생들의 정의적 특성을 왜곡시키는 기능으로서 불안감의 조성, 정서적 안정감의 파괴, 부정적 자아개념의 형성, 부적절한 우월 의식의 형성, 자포자기 등 다양하게 나타날 수 있다. 물론 이러한 현상들이 교육평가의 본질적 기능은 아니더라도 그 과정에서 나타나는 것이 사실이다. 이러한 역기능 측면이 나타나는 원인은 다양하지만 가장 중요한 것은 평가자의 평가관과 평가 과정, 평가결과의 해석 등의 부적절성 등을 지적할 수 있다. 평가란 항상 부적절성을 내포하고 있는 것이므로 분류나 선발, 처벌이나 인간규정의 절대적인 기준을 제공해 주리라는 기대는 버려야 할 것이다.

4) 교육평가의 유형

교육평가의 유형은 크게 두 가지 기준에 의하여 나눌 수 있다.

첫째, 학습자의 학습결과 혹은 행동변화 상태가 양호한지 불량한지의 여부를 어떤 기준에 의하여 판가름하느냐에 따라 임의평가, 상대평가, 절대평가로 나눌 수 있다. 평가이론의 발달은 이 순서로 진행되어 왔다고 할 수 있다.

둘째, 평가를 학교교육의 핵심적 부분이라고 할 수 있는 수업을 중심으로 어느 시기에 실시하느냐에 따라서 진단평가(diagnostic assessment), 형성평가(formative assessment), 총괄평가(summative assessment)로 나눈다. 교수-학습의 전체적인 과정에서 평가는 세 개의 지점에서 서로 만나게 되는 것이 공통적이다. 현재의 학습단원에 대한 학습지도가 시작되기 직전(진단적 평가)에 실시하고, 현재의 학습단원에 대한 본 수업이 한창 진행되고 있는 도상에서 평가가 다시 실시되며(형성적 평가), 마지막으로 현재의 학습단원에 대한 학습지도가 끝난 지점(총합평가)에 실시한다.

(1) 임의평가, 상대평가, 절대평가

① 임의평가

임의평가는 비교적 교육이론이 체계적으로 정립되기 이전에 활용된 평가 유형이다. 평가기준(잘함 또는 잘못함 등)이 교사의 주관적이고 개인적인 판단에 의해 임의로 설정되어 이루어지는 평가를 말한다. 교사 개인의 주관적인 판단이 기준의 역할을 한다는 것이 어떤 의미로는 전문가로서의 타당성을 인정할 수도 있으나 근본적으로 교사 개인의 임의기준에 지나지 않는 것이며, 객관적이고 체계적인 평가를 가능하게 하는 어떤 공통된 절대기준을 형성하기는 어렵다. 100점 만점의 시험에서 80점이면 전체 문항에서 80%를 올바르게 답했으므로 비교적 잘한 것으로 해석하는 것이 임의평가의 한 예라고 할 수 있다.

② 상대평가

역사적으로 동서양을 막론하고 소수의 학생을 대상으로 한 학교교육의 초기는 절대기준 평가의 입장에서 주로 학생들의 성취를 평가하였다. 그러나 학교교육이 대중화함에 따라 학교 간에, 학급 간에 또는 교사 간에, 학생에게 주어지는 성적의 객관성과 균일성의 문제가 생기게 되었다. 이러한 문제를 해결하는 하나의 방편으로서 모든 학급이나 모든 학교에 일정한 비율의 평점수준을 갖도록 하는 상대평가를 적용하게 되었다.

상대평가란 학생들의 학력을 다른 학생들과 비교해서 평가하는 방법으로 한 집단의 학력분포가 정상분포를 이룬다는 가정에 근거를 두고 있다. 이러한 상대평가는 학생들의 학력분포를 일정한 범위에 맞춘다는 점에서 비교육적이라는 비판을 받고 있지만 개인차를 식별해 주고 외현적 동기유발을 시켜준다는 장점을 지니고 있다.

상대평가는 집단내의 개인을 집단 속의 어떤 규준과 비교하여 그 상대적 위치를 찾는 데 그 의의가 있다. 상대평가에서의 평점은 개인의 어떤 행동특성의 상대적 위치를 표시하는 구실을 하게 된다. 따라서 상대평가는 규준지향평가(norm-referenced assessment)이다. 지능이나 학력과 같은 표준화검사의 기준에 의한 지수나 표준점수, 백분위점수도 상대평가의 입장에 의한 방식이다.

이러한 상대평가의 원리와 절차는 규준지향 측정이라고 하는 심리측정이론의 한 입장에 근거를 둔 것이었다. 이 입장은 20세기의 심리학에 커다란 발전을 가져왔던 지능, 적성, 성격 등의 여러 심리검사의 모체이론이며, 표준화 학력검사도 바로 이 입장에 따라 만들어진 것이었고, 상대평가의 검사는 대개 백점만점, 등위점수, 백분위점수나 표준점수의 방법을 이용하고 있다. 따라서 상대평가라는 평가체제에서는 학생들의 학습성취도가 학생 상호간의 상대적 비교를 통해서 평점된다는 점이 특색이다.

정규분포의 개념을 교육에 적용하는 것은 기본 가정에서부터 무리가 있다. 자연현상을 측정하는 방법을 그대로 인간에게 적용했기 때문이다. 교육이라는 힘이 가해진 후에 학생들의 능력을 자연 그대로의 분포 모양으로 설명한다는 것은 교육을 하면서도 교육의 힘을 믿지 않는다는 모순을 내포하고 있다.

상대평가의 경우 한 학급이나 한 학교 안에서는 교사가 수업을 잘했든 못했든 간에 항상 일정한 비율의 수 · 우 · 미 · 양 · 가가 있기 마련이다. 이러한 평가제도에서는 수업의 질에 대한 관심은 갖지 않고 학생에게 등급을 매기고 분류하는 데만 관심을 갖게 한다. 수업의 질에 관계없이 학생을 일정한 비율의 성공자와 실패자로 구분한다. 이러한 평가제도는 교육목표 의식의 불명료와 교육의 질적 변화에 민감하지 못함으로써 교육의 질적인 저하를 가져올 가능성이 크다.

절대평가와 상대평가는 교육 신념에서 그 차이를 발견할 수 있다. 1960년대에 들어오면서 교사와 교육계의 신념은 '모든 학생'이, 아니면 적어도 '대부분의 학생'이 대부분의 교과목 학습에서 우리가 기대하는 성취 수준에 비추어 성공할 수 있다는 신념을 갖고 있다.

상대평가에서는 어차피 성공하는 자와 실패하는 자가 존재하기 마련이라는 신념이 밑받침되고 있다. 학생을 대할 때 이미 일부분의 학생은 어차피 실패하리라는 고정된 관념에서 출발하는 교육신념과 적절한 교수전략, 적절한 환경, 적절한 교육적 노력을 투입하기만 하면 대부분의 학생이 수업에서 기대하는 성취 수준에 도달할 수 있다고 신념을 갖는 교육과는 전혀 다른 결과를 낳는다는 것이 이론적 수준에서나 실증적 연구에서 밝혀지게 되었다.

상대평가의 문제점

- 학교교육에서 지적 우열과 패배의식을 은연중에 형성시킬 수 있다.
- 인간의 발전성에 대한 신념이나 교육의 힘에 대한 신념을 흐리게 할 우려가 있다(상대평가는 교수활동의 결과가 학업성취의 면에서 정상분포를 나타내도록 기대하고 있음으로 성적이 나쁜 학생도 일정한 비율로 나온다는 것을 가정함으로써 부정적인 교육적 신념을 갖게 된다).
- 참다운 학력의 평가가 불가능하다(집단 내에서의 상대적 비교로써 판정되기 때문에 점수는 그 자체로서 독자적인 의미를 가지지 못한다).
- 경쟁의식의 조장을 통하여 학습자들의 외현적 동기유발에 치중함으로써 정신건강을 해칠 우려가 있다.
- 교수-학습의 개선이라는 기능을 약화시킬 우려가 있다(개인차의 변별에 지나치게 관심을 보인 나머지 다음번의 교수-학습활동에서 구체적으로 보완되거나 개선되어야 할 부분이 무엇인지를 판단하는 데 요구되거나 필요한 정보의 수집을 곤란하게 만든다).

③ 절대평가

절대평가란 학생들의 학업성취수준을 평가할 때 학생의 성취수준을 동료 학생들이 획득한 학습평가의 점수나 성적 등위와 비교하는 것이 아니라, 설정된 교수목표를 어느 정도 획득하였느냐에 따라 성취 수준을 결정하는 방식을 말한다. 이렇게 사전에 설정된 교수목표를 준거(criterion)이라고 부르며, 절대평가를 다른 용어로 준거지향평가(criterion-referenced assessment)라고 한다.

절대기준평가는 상대평가와는 달리 "학생이 얼마나 성취했느냐?(How much has he achieved?)"라는 질문보다는 "학생이 무엇을 성취했느냐?(What has he achieved?)"라는 질문에 더 관심이 있고, 이것이 평가의 궁극적 기준이 된다. 여기에서 '무엇'이라는 것이 곧 달성해야 할 교육목표 및 영역이 된다.

절대평가는 학생들의 현재의 성취수준이나 행동목표의 도달정도를 알아보기 위한 평가방법이다. 즉, 이는 다른 학생과 상대적으로 비교하는 것이 아니라 교육 또는 교육목표에 비추어 평가하는 것이기 때문에 이를 목표지향평가(objective referenced assessment)라고 할 수 있다. 따라서 절대평가방법을 택하는 검사는 심리측정이론의 또 하나의 주류라고 할 수 있는 목표지향측정에 근거를 둔 것으로서 학생들이 무엇을 할 수 있는지 없는지에 관한 정보를 제공해 준다.

절대평가는 교수-학습이 적절히 진행되고 개선되기만 하면 대부분의 학생이 우리가 기대하는 교육목표에 도달할 수 있고 우리가 가르치는 내용을 성취할 수 있으며, 우리가 기대하는 기준에 도달할 수 있다는 입장에 서 있기 때문에 학생들에게 보다 많은 성취감이나 성공감을 줄 가능성이 크다.

한편 사회윤리적인 입장에서 절대평가방법이 강조되어야 할 분야가 있다. 예를 들어 수많은 생명에 대한 책임을 진 의사의 양성이나 비행사의 훈련, 자동차 운전면허 등은 어떤 일정한 수준까지 배우지 못하고 면허를 얻는다든가 또는 졸업이나 자격증을 따게 되면 사회적으로 커다란 문제가 된다. 학습의 위계적 관계가 뚜렷한 수학이나 과학 등에서는 절대평가의 방법이 우선적으로 요구된다. 학습의 위계적인 관계가 뚜렷한 교과에서는 전단계의 학습을 어떤 일정한 수준까지 학습하지 않고는 다음 단계의 학습이 거의 불가능하거나 어렵게 된다. 모든 학습의 기초 과정에서는 우선적으로 절대평가방법이 선행되어야 한다.

절대평가체제도 상대평가가 지니고 있는 장점을 갖기 어렵다는 문제점도 있다. 핵심적인 문제점은 평가의 기준이 되는 절대기준과 수준의 설정이 극히 어렵다는 점이다. 수업목표의 성취 수준 결정은 교사에게 달려 있으며, 교사에 따라서 절대기준이 달라지게 되며 이는 교사의 수업목표 의식에 크게 영향을 받게 된다.

상대평가와 절대평가는 서로 다른 특징과 장단점을 지니고 있다. 그래서 어느 한 가지 방법이 더 좋다거나 나쁘다고 말하기는 어렵다. 그러나 선발을 목적으로 하는 경우에는 상대평가의 사용이 유리하고, 인정이나 확인에 목적을 둘 때에는 절대평가를 사용하는 것이 적절하다(김인식 · 최호성, 1991).

(2) 진단평가, 형성평가, 총괄평가

교육평가활동을 수업 과정에서 기능적 역할에 따라 분류하면 진단평가, 형성평가, 그리고 총괄평가로 나누어진다. 이러한 세 가지 유형의 평가는 수업 과정에서 서로 다른 시점에서 일어난다.

① 진단평가(diagnostic assessment)

진단평가의 목적은 수업이 시작되기 전에 실시되는 예진적 활동과 학습실패의 교육 외적 원인을 밝혀 보완하는 활동이다.

수업의 효율화와 학습의 능률을 향상시키기 위해서는 학생이 어떠한 특성을 지니고 있으며, 과거의 학습의 정도, 준비도, 흥미, 동기상황 등 학습이 시작되기 이전의 초기 상태에 관해서 알아두는 것이 중요하다. 이처럼 학년이나 학기 혹은 단원이 시작되는 시기에 학습자의 수준을 파악하기 위하여 실시하는 평가를 진단평가라 한다.

② 형성평가(formative assessment)

형성평가는 교수–학습이 진행되는 교육활동 중에 궤도수정이나 문제점을 극복해 나가기 위한 필요에서 행하는 평가활동을 뜻한다. 형성평가란 교수학습이 진행되고 있거나 자료를 고안하고 있는 등의 유동적인 과정에 있어서 평가자료를 수집하는 것을 말한다. 그러므로 형성평가는 반드시 지필식(紙筆式) 문항구성이 아닌 학생들의 눈빛이나 표정을 통해 판단하거나 혹은 질문으로 확인하는 방법을 사용한다. 형성평가는 교사와 학습자에게 중요한 정보를 제공해 준다. 교사에게는 자신이 진행하는 수업이 학습자들에게 잘 전달되고 있는지, 그리고 학습자에게는 자신이 이해하고 있는 내용이 옳은지 그른지에 대한 피드백을 제공해 준다.

학습이 끝난 다음에 실시하는 총합평가와는 달리 학습이 형성되고 있는 시기에 실시하는 평가이기 때문에 학습증진의 극대화가 이루어지도록 하려는 것이 최대의 목적이다.

③ 총괄평가(summative assessment)

총괄평가는 주어진 학습과제, 또는 한 교과가 끝났을 때 설정된 교수목표의 달성도를 알아보기 위한 평가활동을 말한다. 총괄평가란 학습을 통해서 의도하는 교육목표에 대한 종합적 성취에 관심을 가지는 것으로 학습과제, 단위, 교과가 끝난 다음이나 기말, 학년말에 총괄적으로 교육목표의 달성 정도를 평가하려는 것이다. 형성적 평가가 과정 전개 도상에서의 평가임에 비하여 총괄평가는 과정 종료 후에 실시한다는 데 그 특징이 있다.

총괄평가의 주된 목적은 주어진 교수목표의 달성도에 따라 학생들에게 성적을 준다. 총괄평가의 결과는 학생들의 학습지도, 교육지도 또는 생활지도의 기초자료가 된다.

5) 평가도구의 구비조건

어떠한 측정이든 그것은 일정한 도구를 사용하여 이루어진다. 길이를 재려면 자(尺)를, 무게를 재려면 저울을, 시간을 재려면 시계를, 기능을 재려면 기능검사를, 성격을 재려면 성격검사를, 이처럼 각각 재려는 대상에 따라 거기에 맞는 측정도구를 사용하면 된다.

우리가 원하는 측정도구는 재려는 대상을 올바르게 잴 수 있는 도구여야 하고, 그 측정도구 자체가 언제나 일정한 측정결과를 낳을 수 있는 일관성 있는 도구가 되어야 하며, 마지막으로 그 측정도구는 다루기에 간편하고 편리하게 만들어져 있어서 최소한의 시간과 노력 및 비용으로 사용할 수 있는 것이라야 할 것이다.

(1) 타당도(vilidity)

타당도란 그 검사 또는 평가도구가 측정하려는 것을 얼마나 충실하게 측정하고 있느냐에 관한 것이다. 수학고사라는 것이 실제로는 수학 능력이 아닌 국어 능력을 재고 있다면 그 수학고사는 타당도가 없다고 말하는 것이다. 사회과학에서의 측정도구가 완전히 독립된 하나의 행동 요인을 재기란 물론 어렵다. 왜냐하면, 거기에는 그 이상의 다른 개재 요인이 작용할 가능성이 크기 때문이다. 따라서 다른 행동 요인을 가능한 한 제외하고 본래 재려고 하는 순수한 행동을 잴 수 있는, 즉 타당도가 높은 도구를 제작하도록 노력해야 한다.

(2) 신뢰도(reliability)

신뢰도는 '얼마나 정확하게' 재고 있느냐의 문제이다. 곧, 한 평가도구가 측정하고 있는 정도에 얼마나 일관성이 있느냐, 또는 측정의 오차가 얼마나 작으냐 하는 문제이다. 따라서 신뢰도에는 항상성, 예언성, 정확성, 신빙성 등의 뜻이 포함된다. 결국, 신뢰도란 척도가 얼마나 믿을 수 있느냐의 정도라고 말할 수 있다. 가령 몸무게를 10번 달았는데, 그때마다 결과가 다르고, 또 차이가 심하면 그 저울은 믿을 수 없는, 즉 신뢰도가 낮은 저울인 것이다.

(3) 객관도(objectivity)

객관도란 채점자에 의해서 좌우되는 신뢰도의 일종이다. 즉 검사자의 신뢰도이다. 객관도란 한 측정의 결과에 대해서 여러 검사자 또는 채점자, 사이에 어느 정도로 일치된 평가를 하느냐의 문제이다. 학생의 한 가지 행동을 놓고 교사가 보는 관점에 따라 여러 가지 해석과 평가가 내려질 수 있다. 때로는 교사 자신의 주관, 편견, 인상, 기분적 요소가 채점에 영향을 미치는 경우도 흔히 있다.

한 가지 반응결과에 대해 여러 사람의 채점 및 평가가 일치하는 정도를 '평가자 간 객관도'라고 한다면 한 평가자가 시간적 간격이나 상황의 차이에 따라 같은 대상에 대해 다른 평가결과를 나타내는 것은 '평가자 내 객관도'라고 규정할 수 있다. 하나의 답안지를 놓고 A채점자는 50점, B채점자는 80점으로 보았다면 그것은 평가자 간 객관도가 없는 경우이다. 한 교사가 같은 학생의 답안지를 오늘 채점한 결과와 며칠 후에 채점한 결과에 차이가 생긴다면 그것은 평가자 내 객관도가 없는 경우이다.

객관도는 그 자체가 신뢰도와 깊은 관계가 있는 것이다. 신뢰도가 없는 검사일 때 채점의 객관성이 있을 수 없고, 객관성이 없는 채점을 하게 되는 도구는 신뢰도가 없는 것이다. 흔히 논문형 검사에서는 선택형 검사에서 보다 채점자의 주관, 편견 등이 작용할 가능성이 크다.

(4) 실용도(utility)

아무리 좋은 측정도구라도 그것이 값이 너무 비싸던가, 실시에 고도의 전문성이 요구된다던가, 검사작성이나 결과처리에 시간과 노력이 너무 많이 든다면 실제로 사용하기 어려울 것이다. 이런 점에서 고려되어야 할 것이 실용도이다. 실용도란 한 평가도구가 얼마나 경비와 시간과 노력을 적게 들이고도 소기의 목적을 달성할 수 있느냐 하는 정도를 말하는 것이다. 다시 말해, 좋은 검사도구는 ① 실시하기가 편리해야 하며, ② 채점이 쉽고, ③ 결과의 해석과 활용이 용이하며, ④ 다른 조건이 동일하다면 검사실시 시간이 짧고, 저렴해야 한다.

2. 지필평가방법

1) 문항의 기본 성격

보통 문항은 피험자(또는 수검자)의 반응을 유도하는 진술문이며, 수검자의 반응은 여러 가지 방식으로 채점할 수 있다. 예컨대 시험이나 검사에서 한 문항의 답을 맞히면 1점을 주고 틀리면 0점으로 처리한다. 또한 수검자의 반응은 낮은 점수에서부터 높은 점수로 된 척도에 따라 점수를 부여할 수 있다(Hyladya, 1994).

문항제작과 관련한 용어가 다양하게 사용되고 있으나 하나의 통일된 용어가 없는 실정이다(Osterlind, 1998). 문항 유형에 관한 용어로는 선택형, 진위형, 선다형, 결합형, 서답형, 구성형, 단답형, 괄호형, 완성형, 논술형 등이 있다. 어떤 의미에서 문항은 질문(question)과 다르다. 왜냐하면 문항형식에는 의문문이 아닌 형식이 있기 때문이다. 단답형이나 결합형 문항은 의문문으로 구성되지 않는다(Osterlind, 1998).

또한 문항을 구성하는 하위 용어도 지시사항(또는 지시문), 지문, 그래픽, 문두, 답지, 정답지, 오답지, 교란지 등이 있다. 문항의 대표적인 구성요소는 지시사항(direction), 문두(stem), 그리고 답지(alternatives or options) 등이다(권대훈, 2008). 문항의 구조를 나타내면 [그림 11-1]과 같다.

그림 11-1 문항의 구조

지시사항 또는 지시문은 문항에 대해 어떻게 반응할 것인지를 명시한 문장을 말한다. 지시문은 문항 하나하나에 별도로 사용되는 개별지시문과 일련의 문항에 공통적으로 사용되는 공통지시문으로 구분된다. 문항에 대한 지시문은 특정 문항이나 지문을 공유하는 일련의 문항에만 적용되는 지시문이다.

문두는 피검사자의 반응을 유도하기 위해 질문을 제시하거나 상황을 설정하는 부분을 가리킨다. 문두는 반응을 유발하기 위한 자극의 기능을 한다. 문두는 질문과 다르다. 왜냐하면 문두는 의문문으로 진술할 수도 있고, 평서문이나 명령문으로 진술할 수 있기 때문이다.

선택지는 선택형 문항의 문두에 제시해 놓은 답지를 의미한다. 따라서 서답형 문항은 지시문과 문두만으로 구성된다. 선택지는 정답으로 채점되는 정답지와 오답으로 채점되는 오답지로 구성된다. 오답지는 정반응을 확실하게 모르는 피검사자를 헛갈리게 하는 기능을 한다는 의미에서 교란지(distractor, 영국에서는 foils)라고 부르기도 한다. 선택지를 보기라고 부르는 사람도 있으나, 양자는 전혀 다르다.

2) 검사 문항 제작의 절차

시험이나 검사의 문항 제작은 체계적인 절차를 준수해야 한다. 건물을 지을 때 청사진이 필요한 것과 마찬가지로 좋은 문항을 제작하기 위한 검사의 청사진이 필요하다. 문항 제작 절차는 측정의 내용, 검사의 목적, 검사의 종류에 따라 다소 다를 수 있다. 여기서 일반적인 검사 문항 제작 절차는 검사 목적의 확인, 출제계획서의 작성, 출제 문항의 작성, 문항의 예비편집, 예비검사 실시 및 수정 보완, 그리고 최종 문항의 편집과 인쇄 등으로 구분할 수 있다.

① **검사목적의 확인** : 먼저 검사의 목적을 구체화하여야 한다. 진단, 형성, 총괄평가 중 어떤 평가를 할 것인지 또는 규준지향평가와 준거지향평가 중 어떤 목적으로 평가할 것인지를 결정해야 한다. 문항제작을 위한 평가목표는 보다 구체적으로 분석되고 관찰가능하고 측정 가능한 행위동사를 사용하여야 한다.

② **출제계획서의 작성** : 문항 제작을 위한 청사진인 출제계획서를 작성한다. 출제계획서는 검사 제작을 위한 청사진이다. 여기에는 이원목적분류표를 비롯하여 검사 소요시간, 문항 수, 문항 유형, 문항 난이도 수준, 지시사항, 시행절차, 채점방법 등이 포함된다.

③ **출제 문항의 제작** : 문항작성을 위한 각종 기법을 최대한 활용하고 창의적인 아이디어를 발휘하여 평가목표에 적절한 문항을 제작해야 한다.

④ **문항의 예비 편집** : 일반적으로 같은 결과를 측정하는 문항은 같이 배열하고, 같은 문항 유형은 같이 배열하고 적당한 지시사항으로 표시한다. 난이도가 낮은 문제에서 높은 문제 순서로 배열한다.

⑤ **예비검사 실시 및 수정 보완** : 개발된 문항은 평가대상집단에 대하여 소규모 예비검사를 실시하여 문제점을 수정하고 이를 검토하여 보완한다. 보통 학급에서 실시하는 교사자작 검사는 예비검사를 생략하고 교사 상호간의 검토와 수정으로 대신할 수 있다.

⑥ **최종 문항의 편집과 인쇄** : 문항의 개발이 완료된 검사문항들은 검사의 전반적인 통일을 기하고 합리적인 배열과 편집의 과정을 거쳐 최종 인쇄하게 된다. 검사의 편집에는 문항계열의 결정, 문항배열, 그리고 검사지 인쇄와 보관으로 구분된다(권대훈, 2005).

3) 문항 유형의 분류

(1) 응답자의 반응형식에 따른 분류

① 선택형 문항

선택형 문항(selection type item)은 지시문이나 문두(item stem)와 함께 여러 개의 답지 또는 선택지(alternatives or options) 중에서 적합한 답지를 선택하도록 하는 문항 형식이다. 이 형식은 답을 찾는 데 필요한 정보를 제시하고 거기에서 정답을 골라내는 재인 과정을 요구하기 때문에 재인형(recognition type) 문항이라고도 한다. 선택형 문항은 다시 진위형, 선다형, 결합형(배합형 또는 연결형)으로 나누어진다.

선택형 문항은 객관적이고 신속한 채점이 가능하며, 내용표집의 대표성이 높다는 장점이 있다. 그러나 문항제작에 특별히 유의하지 않으면 단편적인 사실에 대한 기계적인 기억을 측정하는 문항이 출제될 가능성이 높아진다는 단점이 있다.

② 서답형 문항

서답형 문항(supply type item)은 문두만을 제시하여 응답자로 하여금 답을 생각해서 쓰도록 하는 형식의 문항이다. 이 형식은 응답자로 하여금 답을 스스로 생성하는 재생 과정을 요구한다는 점에서 회상형 문항이라 한다. 서답형 문항은 단답형, 완성형, 논문형으로 분류된다.

서답형 문항은 선택형 문항에 비하여 고차적인 학습성과를 측정할 수 있으며, 추측으로 정답을 맞힐 가능성을 최소화할 수 있다는 장점이 있으나, 채점이 어려울 뿐만 아니라 객관도가 낮다는 단점이 있다.

(2) 채점방식에 따른 분류

① 객관식 문항

객관식 또는 객관형 문항(objective-type item)은 채점 과정에 채점자의 주관이 개입될 소지가 없는 문항형식을 말한다. 일반적으로 채점 과정에서 주관성의 개입 수준으로 볼 때, 진위형, 결합형, 선다형, 단답형, 완성형은 객관식 문항에 해당된다. 단답형과 완성형 문항은 정답 이외에도 유사정답이 나타날 여지가 있고, 채점 과정에서 채점자의 주관이 개입될 소지가 있어 주관식 문항으로 분류한 경우도 있다(중앙교육평가원, 1987).

선택형 문항의 경우 객관성이 가장 높고, 완성형과 단답형 문항은 객관성이 비교적 높은 편이나, 논문형은 주관성이 가장 많이 작용하는 것으로 본다. 단답형과 완성형을 객관식 서답형 문항으로 분류하기도 한다. 일반적으로 단답형과 완성형을 객관식 문항으로 간주한다(권대훈, 2008).

② 주관식 문항

주관식 문항(subjective-type item)은 피험자가 구성한 답안에 대하여 채점자가 주관적으로 판단하고 채점하는 문항형식을 말한다. 논문형이 대표적인 주관식 문항에 해당된다. 논문형 문항은 채점자가 채점할 때 주관이 개입되어 동일한 답안에 대하여 여러 사람이 채점하거나 같은 답안을 한 사람이 여러 번 채점할 때 점수가 달라질 수 있다.

(3) 평가상황의 구조화 정도에 따른 분류

수행평가의 등장으로 문항 유형의 분류에 대한 논의가 진행되고 있다. 먼저 수행평가는 선택형과 서답형 문항의 연속선상에 놓여 있는 개념으로 이해될 수 있다(성태제, 1998). 선택형, 서답형, 그리고 수행평가의 유형을 제시하면 [그림 11-2]와 같다(성태제, 1998).

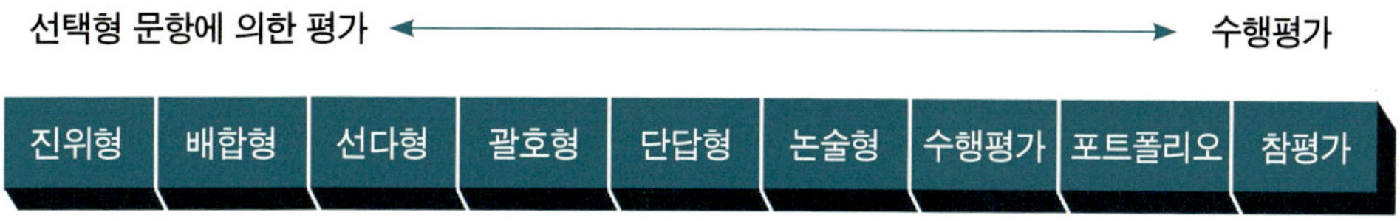

그림 11-2 선택형 문항과 수행평가의 비교

수행평가의 개념을 명료화하기 위하여 선택형 문항과 수행평가 간의 관계를 응답자의 반응형식이라는 하나의 기준으로 판단하기 어려운 점이 있다. 선택형 문항과 수행평가 문항 간의 반응형식에는 뚜렷한 차이가 있으나 서답형과 수행평가 간의 반응형식의 차이는 다소 애매모호한 점이 발견된다. 따라서 서답형 문항과 수행평가 간의 차이를 명료화하기 위한 새로운 분류 기준이 요구된다. 수행평가와 선택형 문항 간의 차이는 평가상황의 실재성과 구조화의 정도에서 나타난다. 평가상황의 실재성과 문항의 구조화 정도에 따라서 선택형, 서답형, 그리고 수행평가 간의 관계를 나타내면 [그림 11-3]과 같다(김진규, 2002a).

그림 11-3 평가상황의 구조화에 따른 문항 분류

4) 선택형 문항의 제작

선택형 문항은 지시문이나 문두(item stem)와 함께 여러 개의 답지 또는 선택지(alternatives or options) 중에서 적합한 답지를 선택하도록 하는 문항형식이다. 이 형식은 답을 찾는 데 필요한 정보를 제시하고 거기에서 정답을 골라내는 재인 과정을 요구하기 때문에 재인형(recognition type) 문항이라고도 한다. 선택형 문항은 다시 진위형, 선다형, 결합형(배합형 또는 연결형)으로 나누어진다.

일반적으로 선택형 문항이 적합한 상황은 다음과 같다.

① 평가받을 학생 수가 많다거나 동일한 평가문항을 재사용할 가능성이 있을 경우
② 보다 신뢰로운 평가문항을 원할 경우
③ 평가의 공정성, 객관성, 다른 불필요한 요인이 점수에 영향을 미칠 가능성을 가능한 한 제거하고자 할 경우
④ 비판적으로 답안지를 채점할 능력이 부족한 대신 객관적 평가 문항을 제작하는 데 더 자신이 있다고 생각할 경우
⑤ 평가문항보다도 평가실시 후에 그 결과를 시급히 보고해야 하는 경우

선택형 문항은 객관적이고 신속한 채점이 가능하며, 내용표집의 대표성이 높다는 장점이 있다. 그러나 문항제작에 특별히 유의하지 않으면 단편적인 사실에 대한 기계적인 기억을 측정하는 문항이 출제될 가능성이 높아진다는 단점이 있다.

(1) 진위형 문항

진위형 문항(true-false type item)은 응답자에게 진술문을 제시한 다음 그것의 진위, 정오, 또는 긍정-부정에 대한 이분적인 판단을 요구하는 문항형식이다. 진위형은 특정 사실의 진술, 용어의 정의, 원리의 서술 등의 진위 여부를 판별하는 능력을 측정하기 위해 사용된다. 진위형 문항의 기본 형식은 진위형, 정오형, 긍정-부정형으로 구분될 수 있다. 기본형의 예문은 다음과 같다.

예문 다음 글을 읽고 그 내용이 맞으면 ○표를, 틀리면 ×표를 하시오.

(　) 1. 온도가 높아지면 기체의 부피는 증가한다.

(　) 2. 삼각형의 내각의 합은 360도이다.

진위형 문항에는 여러 가지 변형이 있지만, 오류지적형(identification variety), 오류수정형(correction variety), 군집형(cluster variety), 자료제시형(material presentation variety), 삼지 택일형(triple options variety), 확률적 반응형(probabilistic variety), 자신감 표시형(confidence weighting variety) 등이 대표적인 유형이다(변창진 외, 1996).

진위형의 장점으로는 문항제작이 용이하며, 실시시간이 짧아서 많은 내용을 신속하게 다룰 수 있으며, 채점을 빠르고 객관적으로 할 수 있다는 것 등이다. 그러나 지엽적이고 단편적인 내용에 대한 기계적인 기억을 평가하는 문항이 출제될 가능성이 높고, 추측으로 답을 맞힐 가능성이 높으며, 잘못 진술하면 모호한 진술문이 되기 쉬운 단점이 있다.

(2) 선다형 문항

선다형 문항(multiple-choice item)은 문두와 여러 개의 답지(또는 선택지)를 같이 제시해 놓고 응답자로 하여금 정답지를 고르도록 하는 형식이다. 문두는 의문문이나 불완전문으로 진술되며, 답지는 정답지와 오답지로 구성된다. 기본형의 예문은 다음과 같다.

예문 소설의 구성단계에서 등장인물 간의 갈등과 긴장이 해소되는 단계는?
① 발단 ② 전개 ③ 위기 ④ 결말

선다형 문항의 변형 중에 가장 많이 사용되고 있는 형식은 정답형(correct answer variety), 최선답형(best answer variety), 다답형(multiple response variety), 불완전 문장형(incomplete variety), 합답형(combined response variety), 부정형(negative variety), 대입형(substitution variety), 유추형(analogy variety), 군집형(cluster variety), 포괄-제외형(inclusive-excluded variety) 등이다(변창진 외, 1996).

(3) 결합형 문항

결합형 문항(matching item)은 일련의 용어, 구, 개념, 또는 불완전 문장으로 구성된 자극군인 전제와 내용 또는 항목으로 이루어진 반응군인 답지에서 서로 관계되는 것을 찾아 연결하도록 하는 형식이다. 이 형식은 배합형 또는 연결형이라 부르기도 한다. 결합형의 자극군은 선다형의 문두에 해당하고 반응군은 선택지에 해당된다는 점에서 보면 이를 선다형의 특수한 형식으로 간주할 수 있다. 기본형의 예문은 다음과 같다.

예문 다음 〈A군〉에 있는 사람과 관계되는 사항을 〈B군〉에 골라 그 기호를 ( )에 써넣으시오.

〈A군〉	〈B군〉
( ) 1. 칸트	가. 이데아
( ) 2. 데카르트	나. 정언명령
( ) 3. 플라톤	다. 방법적 회의
( ) 4. 소크라테스	라. 산파술
	마. 변증법

결합형의 변형에는 복합결합형(compound matching variety), 분류결합형(classification matching variety), 결합완성형(completion variety), 관계분석형(relation analysis variety), 양단분류형(both-neither classification variety), 공변관계형(variation relationship variety), 수량비교형(quantity comparison variety), 충분조건형(sufficient condition variety) 등이 있다(변창진 외, 1996).

결합형의 장점으로는 답지 사용이 경제적이고 많은 수의 문항을 쉽게 출제할 수 있으며, 복잡한 내용들을 서로 관련시켜 학습했는지를 분석적으로 평가할 수 있다는 것 등을 들 수 있다. 단점으로는 일련의 동질적인 자극군과 반응군을 제작하기 어렵고, 답지의 연결을 추측으로 결합시킬 확률이 점차 높아지기 때문에 추측의 영향을 통제하기 어려운 것 등을 지적할 수 있다.

5) 서답형 문항의 제작

서답형 문항은 문두만을 제시하여 응답자로 하여금 답을 생각해서 쓰도록 하는 형식의 문항이다. 이 형식은 응답자로 하여금 답을 스스로 생성하는 재생 과정을 요구한다는 점에서 회상형(recall type) 문항이라 한다. 서답형 문항은 단답형, 완성형, 논문형으로 분류된다.

일반적으로 서답형 문항이 적합한 상황은 다음과 같다.

① 평가대상 학생 수가 적고 또한 같은 평가문항을 다시 사용할 필요가 없을 경우
② 학생들의 문장구성력이나 표현능력을 아울러 평가해 보고자 할 경우
③ 학업성취도보다는 학생들의 태도나 의견에 더 많은 관심이 있을 경우
④ 채점자가 답안지를 비판적으로 채점하는 데에 더 자신이 있을 경우
⑤ 답안지를 채점할 시간보다는 평가문항을 작성할 시간적 여유가 없는 경우

서답형 문항은 선택형 문항에 비하여 고차적인 학습성과를 측정할 수 있으며, 추측으로 정답을 맞힐 가능성을 최소화할 수 있다는 장점이 있으나, 채점이 어려울 뿐만 아니라 객관도가 낮다는 단점이 있다.

(1) 단답형 문항

단답형 문항(short answer type item)은 문제를 의문문이나 명령문으로 제시한 다음 한 두 개의 단어, 숫자, 기호, 짧은 구, 문장으로 답하도록 하는 문항형식이다. 기본형의 예문은 다음과 같다.

예문 다음 물음에 알맞은 답을 밑줄 친 부분에 기입하시오.

1. 삼국사기를 지은 사람은 누구인가?
2. 수학시험의 평균이 50, 표준편차가 10이라고 할 때 70점을 받은 김군의 점수를 Z점수로 바꾸면 얼마인가?

단답형 문항에는 여러 가지 변형이 있지만, 대표적인 문항 유형으로 연합형(association variety), 확인형(identification variety), 대입형(substitution variety)을 들 수 있다(변창진 외, 1996).

(2) 완성형 문항

완성형 문항(completion item)은 문장의 일부분을 비워 놓고 빈자리에 단어, 구, 숫자, 기호 등을 써넣어 불완전문을 완성하도록 하는 형식이다. 기본형의 예문은 다음과 같다.

예문 다음 문장의 괄호 속에 적당한 말을 써넣으시오.

1. 집합 A의 원소의 개수가 n일 때, A의 부분집합의 개수는 ( )이다.

완성형 문항의 변형 중에 가장 많이 사용되고 있는 형식은 답란제시형(blank presentation variety), 단서제시형(cue presentation variety), 단어완성형(word completion variety), 기호완성형(sign completion variety), 그림완성형(picture completion variety), 계산완성형(computation completion variety), 유추형(analogy variety), 불완전도표형(incomplete figure variety), 제한완성형(restricted completion variety) 등이다(변창진 외, 1996).

(3) 논문형 문항

논문형 문항(essay item)은 하나 또는 여러 개의 문장으로 구성된 문제 상황을 제시하여 놓고 응답자에게 몇 개의 문장 또는 여러 페이지에 걸쳐 논술식으로 답을 쓰게 하는 형식이다. 기본형의 예문은 다음과 같다.

예문 일상생활에서 컴퓨터의 필요성에 대해서 100자 이내로 쓰시오.

논문형 문항의 변형은 제한반응형, 확대반응형, 단독과제형, 자료제시형, 밑줄표시 요구형, 선택 · 평가적 재생 요구형, 조건제시적 비교 요구형, 조건제외적 비교 요구형, 판단 · 결정적 재생 요구형, 원인 · 결과제시 요구형, 설명 요구형, 요약 요구형, 분석 요구형, 관계설명 요구형, 예시 요구형, 분류 요구형, 적용 요구형, 목적제시 요구형, 비판 요구형, 개괄 요구형, 문제제기 요구형, 방법제시 요구형, 도해 요구형으로 분류할 수 있다(변창진 외, 1996).

3. 수행평가방법

1) 개념과 특징

수행평가방법은 실제 상황이나 그와 유사한 상황으로 구성된 과제를 제시하여 응답자로 하여금 실제적 수행을 하도록 유도하는 형식의 문항을 말한다. 원래 수행평가의 assessment라는 말의 assess는 라틴어의 assidere에서 유래되며 영어의 'sit beside'라는 뜻을 지니고 있다. 따라서 수행평가의 본래적인 의미는 교사가 학생들의 옆에 앉아서 그들의 학습 과정을 체계적으로 관찰하여 학습과제를 잘 수행할 경우에는 격려하고 잘못 수행할 경우에는 즉각 고쳐주는 활동을 의미한다. 이러한 관점에서 보면 수행평가의 과제를 매개로 해서 수업과 자연스럽게 통합함으로써 학습효과의 극대화를 이룩할 수 있다(김진규, 1999a).

교육부(1999)는 수행평가를 "평가자가 학습자들의 학습과제 수행 과정 및 결과를 직접 관찰하고, 그 관찰 결과를 전문적으로 판단하는 평가방법, 즉 선택형 지필 평가 이외 다른 모든 평가방법이다"라고 정의한 바 있다. 수행평가 과제는 가능한 현실 상황에서 고차적 사고 과정을 측정하기 위하여 응답자의 유의미한 수행을 나타낼 수 있는 여러 지식의 통합을 요구하는 문제 상황이어야 한다. 수행평가의 방법으로는 서술형 검사, 논술형 검사, 구술시험, 토론법, 실기시험, 실험 · 실습법, 면접법, 관찰법, 자기평가보고서법, 동료평가보고서법, 연구보고서법, 포트폴리오법 등이 있다(Blum & Arter, 1996; 백순근 외, 1998; OTA, 1992).

일반적으로 수행평가 문항이 적합한 상황은 서답형 문항의 경우와 유사하다. 특히 지적 영역의 고차적 사고능력을 평가할 경우, 학생들의 평소 일과 행동을 평가할 경우, 학생이 만들어낸 산출물을 평가할 경우, 그리고 학습 과정을 평가할 경우에 수행평가 문항을 사용해야 한다.

대안적 평가방법으로 강조된 수행평가는 학습관, 학습자관, 평가형태, 평가시점, 평가내용, 평가대상 등에서 전통적인 평가방법과 다른 특징을 지니고 있다. Herman, Aschbacher, & Winters(1992)는 주로 선택형 문항으로 제작되었던 전통적인 평가방법과 그 대안으로 제기되고 있는 수행평가를 학습관과 평가방법의 측면에서 〈표 11-1〉과 같이 비교하고 있다(성태제, 1998).

표 11-1 전통적 평가와 대안적 평가의 비교

구분	전통적 평가	대안적 평가
학습관	학습결과에 관심 분리된 지식과 기술을 평가	학습 과정과 결과에 관심 통합된 지식과 기술을 평가
학습자관	수동적 개체로 인식	능동적 주체로 인식
평가형태	지필검사	수행평가, 참평가, 포트폴리오
평가시점	일회적	지속적
평가내용	단일 속성	다원적 속성
평가대상	개인평가 강조	집단평가 강조(협동)

교실 수업장면에 주로 적용될 수 있는 수행평가 방법의 공통적인 주요 특징은 다음과 같이 요약된다(OTA, 1992; 백순근, 1995).

① 수행평가는 학생이 문제의 정답을 선택하게 하는 것이 아니라, 스스로 답을 작성하게 하는 평가방식이다.

② 수행평가는 실현하고자 하는 교육목표가 가능한 한 '실제 상황하'에서 직접 달성되었는지 평가한다.

③ 수행평가는 작품이나 수행행동의 질뿐만 아니라 학습 과정도 함께 강조하는 평가방식이다.

④ 수행평가는 단편적인 영역을 일시적으로 실시하는 평가라기보다는 학생 개개인의 변화 · 발달 과정을 지속적으로 평가하는 방식이다.

⑤ 수행평가는 개인 성적이나 개개인을 단위로 평가하기도 하지만, 집단활동을 평가하는 데 역점을 두고 있다.

⑥ 수행평가는 다른 사람이나 집단과 비교해서 평가하는 규준지향평가라기보다는 준거에 근거하여 평가하는 준거지향평가의 형태를 취하고 있다.

2) 수행평가의 분류

수행평가는 선택형 문항의 대안적인 방법으로 다양하게 제시되고 있다. 따라서 수행평가와 비슷한 의미로 사용되는 용어가 아주 많다. 수행평가와 더불어 사용되는 용어로는 대안적 평가, 실제적 평가, 직접적인 평가, 실기평가, 그리고 포트폴리오 평가 등이 포함된다(김찬종 · 김진규 · 임형, 2001; 박도순 외, 2007). 평가하려고 하는 수행의 성질에 따라 과정평가와 작품(산출물)평가로, 평가과제를 제시하는 장면의 성질에 따라 모의평가와 실제장면평가로, 평가과제에서 수행을 제한하는 정도에 따라 비구조화평가와 구조화평가로 구분할 수 있다(권대훈, 2008). 또한 한국교육과정평가원

표 11-2 수행평가의 본질을 구현하는 정도에 따른 평가방법의 분류

수행평가 본질의 구현 정도	평가방법	비고
매우 높음	실제상황에서의 평가	널리 사용되고 있는 수행평가 방법들
↑	실기시험, 실험 · 실습법, 관찰법	
	면접법, 구두시험, 토론법	
	자기평가 및 동료평가보고서법	
	포트폴리오	
	연구보고서	
	논술형	
	서술형	보통 수행평가 방법에 포함시키지 않음
	단답형	
	완성형(괄호형)	
	선다형	
↓	연결형(줄긋기형)	
매우 낮음	진위형(○×형)	

* 특정의 평가방법이 어떤 상황에서 어떠한 방식으로 시행되느냐에 따라 위치가 달라질 수 있음.

(1999)에서는 수행평가의 본질을 구현하는 정도에 따라 〈표 11-2〉와 같이 구분하여 제시하고 있다.

수행평가에서는 근본적으로 학습자가 수행한 모든 자료(예: 일기장, 연습장 등)를 평가자료로 활용할 수 있다. 위에서 제시한 수행평가의 분류기준에 따라 분류하기보다는 대표적인 수행평가방법을 나열하고 있다. 수행평가방법을 보다 체계적으로 이해하기 위해서 나열된 수행평가방법을 일정한 기준에 따라 범주화하려는 시도가 있다. 예컨대, 시험이나 검사형태로 사용 가능한 수행평가를 하나의 유목으로 묶고, 그 외의 수행평가방법을 미시적 학습활동 과제중심의 수행평가와 거시적 장기 연구과제 중심의 수행평가로 구분한 바 있다(김찬종 · 김진규 · 임형, 2001; 김진규, 2009).

여기에서는 McMillan(2007)이 수행과제를 산출물(product)과 기능(skill)으로 구분한 것을 참고로 하여 3가지 유목으로 재분류하였다. 먼저 시험과 검사중심의 수행평가는 독립된 유목으로 분리하였다. 과제해결에 소요되는 시간변수와 수행과제의 성질(산출물과 기능)을 고려하여 단시간 학습활동과 장시간 연구활동으로 구분할 수 있다. 따라서 시험과 검사중심의 수행평가, 단시간 학습활동 기능중심의 수행평가, 그리고 장시간 연구활동 산출물중심의 수행평가로 구분하여 제시하고자 한다(김진규, 2009).

시험과 검사중심의 수행평가

시험이나 검사의 형태로 실시되고 있는 수행평가의 범주에는 논술형 검사, 구술시험, 실기시험, 그리고 면접시험(법) 등이 포함된다.

단시간 학습활동 기능중심의 수행평가

단시간 학습활동 기능중심의 수행평가는 비교적 단시간에 걸쳐 학습을 진행하면서 학습활동 과정에서 실제로 표현되는 기능(skill)을 주된 평가대상으로 삼는 수행평가의 유형을 말한다. 이 범주에는 토론법, 발표법, 관찰법, 실험 · 실습법 등이 포함된다.

장시간 연구활동 산출물중심의 수행평가

장시간 연구활동 산출물중심의 수행평가는 평가자료를 수집하는 과정을 고려하지만, 비교적 장시간이 소요되며 학습 과정이나 결과 또는 산출물을 주된 평가대상으로 삼고 있는 수행평가의 유형으로 분류된다. 이 범주에는 자기평가보고서법, 동료평가보고서법, 연구보고서법, 포트폴리오법 등이 포함된다.

3) 수행평가의 방법

현재 널리 사용되고 있는 수행평가의 방법으로는 서술형(주관식) 검사, 논술형 검사, 구술시험, 실기시험, 실험 · 실습법, 면접법, 관찰법, 연구보고서, 포트폴리오법(portfolio) 등이 있다. 이러한 기법들은 새롭게 개발되었다기보다는 과거에도 있었던 것이지만, 학습에 있어서 기존의 권위나 가치관에 대한 수동적인 수용보다는 자기 나름의 세계를 재창조해가는 과정을 강조하는 근래의 인지심리학을 근거로 하여 창의성이나 문제해결력 등 고등사고기능을 파악하고 신장하기 위한 교육평가의 기법으로 각광받고 있다. 각 기법에 대해 부연설명을 하면 다음과 같다(한국교육과정평가원, 1998).

(1) 서술형 검사

서술형 검사란 흔히 주관식 검사라고 하는 것으로 문제의 답을 선택하는 것이 아니라 학생들이 직접 서술(구성)하는 검사형태이다. 보통은 모범답안을 상정하고 있는 경우가 대부분이나, 학생들이 단순히 암기하고 있는 수준이 아니라 문제해결의 과정을 제대로 이해하고 있는지를 파악하기 위한 경우가 대부분이다.

질문의 형태에 있어 전통적인 서술형 검사의 형태는 단편적인 지식을 묻는 것(예컨대, 2차 세계대전은 언제 일어났으며 어느 나라와 어느 나라와의 싸움이냐?)이 대부분이었으나, 최근에는 창의성 등 고등사고기능을 묻는 것(예컨대, 2차 세계대전이 현대를 사는 우리에게 어떠한 교훈을 주고 있는가?)이 대부분이다.

(2) 논술형 검사

논술형 검사란 일종의 서술형 검사이기는 하지만 특별히 상정하고 있는 정답이 없는 상태에서 개인 나름의 생각이나 주장을 창의적이고 논리적이면서도 설득력 있게 조직하여 작성해야 함을 강조한다는 점에서 서로 구별된다. 논술형 검사는 서술된 내용의 깊이와 넓이뿐만 아니라 글을 조직하고 구성하는 능력을 동시에 평가하게 된다. 이러한 논술형 검사를 통해서 학생들의 창의력, 문제해결력, 비판력, 조직력, 정보수집 및 분석력 등 고등사고기능을 제대로 평가할 수 있게 된다.

(3) 실기시험

실기시험이란 학생들의 지식이나 기능을 직접 행동으로 나타내도록 하는 시험이다. 종래의 실기시험과 수행평가에서 말하는 실기시험의 차이는 시험을 치르는 상황이 통제되거나 강요된 상황인가 아니면 자연스러운 실제 상황인가의 차이에 있다. 기존의 실기시험에서는 평가가 이루어지는 상황이 통제되거나 강요되는 경우가 대부분이나 수행평가에서 이루어지는 실기시험은 통제되거나 강요되는 상황이 아닌 자연스러운 상황에서 여러 번 관찰함으로써 실제 수행능력을 평가하는 것이다. 주로 과학이나 예체능분야에서 주로 사용되는 방법으로 학생 스스로가 행동으로 나타내거나 작품을 만들어 내는 기능을 측정하는 평가방식이다.

(4) 실험 · 실습법

실험 · 실습법은 자연과학분야에서 많이 사용하는 것으로, 어떤 과제에 대해서 학생들로 하여금 직접 실험 · 실습을 하게 한 후 그 결과보고서를 제출하게 하는 것이다.

(5) 관찰법

관찰은 학생을 이해하고 평가하기 위한 가장 보편적인 방법 중의 하나이다. 교사들은 늘 학생들을 접하고 있으며 개별 학생 단위나 집단 단위로 항상 관찰하게 된다.

(6) 토론법

토론법이란 교수 · 학습활동과 평가활동을 통합적으로 수행하는 대표적인 방법 중의 하나로, 특정 주제에 대해 학생들이 서로 토론하는 것을 보고 평가하는 것이다.

(7) 구술시험

구술시험(oral discourse)은 종이와 붓이 발명되기 전부터 시행되어 오던 가장 오래된 수행평가의 한 형태로서, 학생들에게 특정 교육 내용이나 주제에 대해서 질문한 다음, 학생의 의견이나 생각을 발표하도록 하여 평가하는 것이다.

(8) 면접법

면접법이란 교사가 학생들과 대화를 통해서 얻고자 하는 자료나 정보를 수집하여 평가하는 방법이다. 즉 평가자와 학생이 직접 대면하여 평가자가 질문하고 학생이 대답하는 과정을 통해 지필 시험이나 서류 보고서만으로는 알 수 없는 사항들을 알아보고 그것을 평가하는 방법이다.

(9) 자기평가 및 동료평가

자기평가(self-evaluation)란 특정 주제나 교수 · 학습 영역에 대하여 자기 스스로 학습 과정이나 학습결과에 대해 자세히 평가하도록 하여 그 결과(보고서)를 보고 평가하는 것이다. 동료평가(peer-evaluation)란 동료 학생들이 상대방을 서로 평가하도록 하여 그 결과(보고서)를 보고 평가하는 것이다.

(10) 연구보고서법

연구보고서법이란 각 교과별로나 통합교과적으로 특정 주제에 대해서 자기 나름대로 자료를 수집하고 분석 · 종합하여 연구보고서를 작성 · 제출하도록 하여 평가하는 것이다. 연구 주제나 범위에 따라 개인적으로 할 수 있고 관심 있는 학생들이 함께 모여 단체로도 할 수 있다.

(11) 포트폴리오(portfolio)법

포트폴리오란 자신이 만든 작품을 지속적으로 모아 둔 작품집을 이용한 평가방식이라 할 수 있다. 그림, 사진, 시, 소설 등도 작품집을 이용하여 평가할 수 있으며, 글짓기한 것이나 교과 과제물이나 연구 보고서나 실험 · 실습의 결과 보고서 등을 정리한 자료집을 이용하여 평가할 수도 있다. 특히 학생들은 자신이 제작한 포트폴리오를 통해 자기 자신의 변화 과정을 알 수 있고 자신의 장점이나 약점, 성실성 여부, 잠재가능성 등을 스스로 인식할 수 있으며, 교사들은 학생들의 과거와 현재의 상태를 쉽게 파악할 수 있을 뿐만 아니라 앞으로의 발전 방향에 대한 조언을 쉽게 할 수 있다. 이 평가방식은 단편적인 영역에 대해 일회적으로 평가하지 않고 학생 개개인의 변화 · 발달 과정을 종합적으로 평가하기 위해 전체적이면서도 지속적으로 평가하는 것을 강조하는 것으로 수행평가의 대표적인 기법 중의 하나이다.

제12장

심리검사

심리검사는 양날의 칼?

매년 4월은 고등학교 교실에서 진로심리검사를 실시한 결과를 학생들에게 배부하는 시기이다. 이때 터져 나오는 학생들의 고민은 다음과 같다.

"선생님, 정말 신나요. 저번에 한 진로적성검사결과가 나왔는데 제가 원하는 직업이 딱 있더라고요. 그동안 저한테 맞는 직업인가 고민스러웠는데 이제 진짜 안심이 돼요."

"선생님, 저 어떻게 해야 하지요? 진로적성검사결과가 나왔는데 제 생각이랑 영 딴판으로 나왔어요. 그러면 제가 원하는 직업을 포기해야 하나요?"

"선생님, 저는 미술에 소질이 없는데요. 검사결과에서 미술에도 소질이 있는 것으로 나오니까 혼란스럽네요. 정말 제가 미술에 소질이 있을까요?"

"선생님, 흥미는 예술, 언론 이런 쪽으로 나왔는데 적성은 반대로 수리, 공간 뭐 이런 쪽으로 나왔네요. 어떻게 해석해야 할까요?"

심리검사 전문가들은 심리검사를 양날의 칼에 비유한다. 한 편의 날은 이익과 유용성이라는 특징을 가지고 있고, 다른 한 편의 날은 불이익, 위험과 불행이라는 특징을 가지고 있다는 말이다. 따라서 심리검사 사용자는 항상 자신들이 다루고 있는 심리검사가 이익과 위험이라는 양날을 동시에 지니고 있음을 명심해야 한다.

개요

교육장면에서 학습자를 다양한 측면에서 바르게 알고 이해하는 것은 교사들에게 매우 중요한 일이다. 학습자를 이해할 수 있는 방법은 다양하다. 검사도구를 이용하여 인간을 이해할 수도 있고, 관찰이나 면접 등을 통하여 이해할 수도 있다. 이 중 심리검사는 측정하고자 하는 행동의 표본을 체계적이고 객관적인 방식에 따라 양적으로 측정하여 심리적 현상에서 개인차 비교뿐만 아니라 개인 내 비교도 가능하도록 해주는 심리측정법이라고 할 수 있다.

개인의 심리적 특성을 측정하는 검사는 교육 및 상담장면에서 필수적인 도구이다. 교사가 학생의 지도를 위해 학습자의 학업성취도, 적성, 지적능력 수준, 성격, 적성 등을 평가하는 것은 교사의 주요 임무이기도 하다. 교사들은 수업 내용과 관련된 평가도구를 제작 또는 선택하고 평가결과를 학생과 학부모에게 알려주는 것뿐 아니라, 교사 자신의 수업에 대한 효율성을 판단하고 그 결과에 따라 수업목표, 내용, 방법을 개선하기 위한 소양을 지녀야 한다. 이 장에서는 학생을 이해하는 중요한 수단으로서 심리검사의 기초 개념, 대표적인 표준화 심리검사, 그리고 심리검사의 활용에 대해 알아보기로 한다.

제12장
심리검사

1. 심리검사의 기초

1) 심리검사의 개념

모든 교육활동에 가장 우선적으로 이루어져야 할 것은 학습자들의 여러 가지 특성을 파악하는 일이다. 이를 위해서는 다양한 방법들이 활용되고 있지만 비교적 객관적인 평가를 위해 심리검사를 사용할 수 있다.

심리검사는 학습자의 발달 수준이나 능력 그리고 정서상의 특성에 대한 궁금증에 답을 제공해 줄 수 있는 도구 중 하나이다. 한 아동의 능력이나 특성을 직접 알 수 있거나 동일 연령의 다른 아동과 비교할 수 있는 잣대가 바로 심리검사이다. 일반적으로 심리검사는 동일 연령에 속해 있는 다른 아동들에 비해 현재 어느 정도 수준의 능력과 어떤 다른 특성을 지니고 있는 지에 대한 답을 제공해 준다. 심리검사를 통해 교사들이 궁금해 하는 학습자의 특정 영역에 대한 발달 수준뿐만 아니라 다양한 영역에 걸친 종합적인 결과를 얻을 수 있다.

검사(test)란 용어는 〈표 12-1〉과 같이 학자들에 따라 다양하게 정의되고 있다.

표 12-1 검사(test)의 정의

학자	정의
Aiken(1979)	개인의 행동이나 수행을 평가하는 데 사용되는 도구
Anastasi(1988)	행동의 표본을 객관적이고 표준화된 절차에 따라 측정하는 도구
Brown(1976)	행동의 표본을 측정하기 위한 체계적인 절차
Cronbach(1990)	개인의 행동을 관찰하고 숫자 척도나 범주 체계의 도움으로 행동을 기술하기 위한 체계적 절차
Crocker & Algina(1986)	특정 영역에서 일련의 행동을 표집하는 표준절차
Kaplan & Saccuzzo(1993)	행동을 수량화하기 위한 측정도구

이상을 종합하면, 심리검사란 '개인이 반응할 수 있는 일련의 자극을 제시하고 그에 대해 반응에 기초하여 측정하려는 속성에 대해 점수를 부여하는 절차'라 할 수 있다. 한마디로 인간의 심리적 속성을 수량화시키기 위한 도구를 일컫는다.

심리검사의 일반적인 기능은 개인 내에서의 차이점(intra-individual difference)과 개인 간의 차이점(difference between individual)을 측정하는 데 있다. 즉 전자는 다양한 상황에서 동일한 개인의 행동 차이점을 말하며, 후자는 동일한 상황에서 다른 사람과의 행동 차이점을 말한다.

심리검사의 기원은 정신적으로 지체된 사람들을 구별해 보려는 시도에서부터 출발하였으며 19세기 이후에 정신적으로 일탈된 사람들을 가려내고 이들을 분류해 내는 기준을 확립하는 데 관심을 두었다. 그러나 오늘날에는 인간의 다양한 행동을 예측하고 그 결과가 효과적으로 사용되도록 하는 데 관심을 두고 있다. 즉 학교장면에서는 개인의 능력평가와 학생들의 적절한 구분에 사용이 되며 산업장면에서는 개인의 적성과 흥미에 맞는 인사배치 및 선발에 심리검사가 유용한 정보를 제공해 주고 있다.

2) 심리검사의 표준화와 표준점수

표준화(standardization)란 심리검사를 실시하고 채점하는 절차를 모든 사람에게 동일하게 하여 서로 비교가 가능하게끔 하는 과정이다. 이러한 과정은 심리측정에서 매우 중요하다. 왜냐하면 동일한 검사일지라도 검사실시방법과 채점방법이 검사자마다 다르다면 검사결과는 서로 비교가 불가능하기 때문이다. 표준화 심리검사란 검사의 실시, 채점, 그리고 해석방법이 표준화된 심리검사를 말하며 이를 위해서는 특히 표준점수에 따른 해석이 필수적이다. 좋은 심리검사가 되기 위해서는 다른 모든 조건들을 일정하게 해서 검사상황이나 조건의 영향이 검사에 반영되지 않고 단지 사람들 사이의 개인차만이 잘 반영되어야 한다. 그래서 검사를 실시하는 환경 조건이 주의집중이 잘 되도록 쾌적하고 조용한 장소여야 한다든가, 검사 실시나 채점의 절차가 일정할 것 등을 요구한다.

심리검사의 표준화 과정에서 한 가지 매우 중요한 것은 규준(norm)을 만드는 일이다. 규준은 얻어진 검사점수를 표준화 집단에 비추어보아 상대적인 해석이 가능하도록 해주는 환산척도와 같은 구실을 한다. 각종 심리검사에는 검사에서 얻은 개인의 점수를 비교 해석할 수 있는 규준표가 제시되어 있다. 심리검사에서 얻게 되는 점수는 그것 자체로는 해석할 수 있는 기반이 없다. 이러한 문제를 해결해 주는 방법이 바로 규준을 만드는 일이다. 잠시 심리검사 개발 과정을 간단히 설명해 보기로 하자.

심리검사를 개발하기 위해서는 측정하고자 하는 심리적 속성을 분명하게 정의내린 후 해당 속성을 측정하는 데 적합한 문항들을 제작하고, 제작된 예비문항들에 대해 논리적이고 통계적인 분석을 거쳐 최종 문항을 완성한다. 이제 개인의 점수를 상대적으로 해석하기 위한 비교 대상 집단을 정하고, 그 집단을 대표할 수 있는 적당한 수만큼을 뽑아서 표준화 집단을 구성한다. 선정된 대상에게 개발된 검사를 실시한 후 응답자의 답안을 정답표에 근거해 채점한 다음 통계적 방법을 이용해서 규준을 만들게 된다. 대학생을 위한 지능검사를 개발한다면 비교 대상 집단은 우리나라

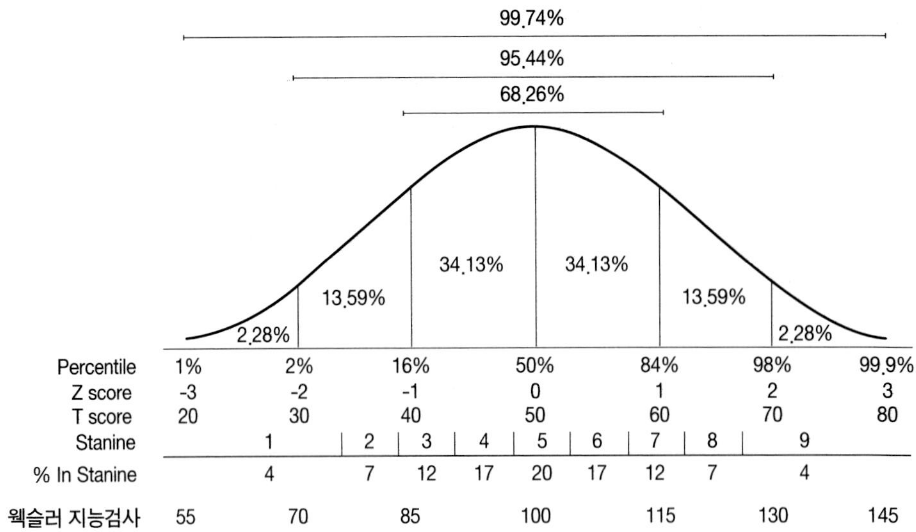

그림 12-1 정상분포곡선과 표준점수

의 대학생 집단이 될 것이다. 우리나라 모든 대학생들을 검사할 수 없으므로, 대학생 집단을 잘 대표할 수 있는 일부 학생들을 선발해서 그 검사를 실시하게 된다. 그 결과를 가지고 통계적 조작을 가해 점수해석의 기준이 되는 규준표를 작성한다. 검사가 개발되면, 우리나라 대학생들 아무에게나 검사를 실시해서 얻은 개인 점수들을 규준표에 비추어 우리나라 전체 대학생 집단 내에서 상대적으로 어느 위치에 속하는지를 판단하게 된다. 이와 같이 표준화검사는 복잡한 과정을 통해 오랜 기간에 걸쳐 개발되나, 일단 개발된 검사는 교육장면에서 편리하게 사용될 수 있다.

심리검사결과를 해석 가능하도록 하기 위해 검사를 통해 구해진 원점수(raw score)를 표준화된 점수(standardized score)로 환산해야 한다. 이렇게 원점수를 해석가능한 점수로 바꾼 점수를 표준점수라고 한다. 표준점수는 정규분포곡선 이론에 따라 만들어지는데 심리검사를 활용하기 위해서는 반드시 표준점수가 어떻게 계산되고 어떤 의미를 지니는지를 이해할 필요가 있다.

전국 12세 아동을 대상으로 지능검사를 실시하고 그 결과를 그래프로 그리면 [그림 12-1]과 비슷한 모양이 된다. 그림을 보면 평균치를 중심으로 좌우가 대칭이다. 따라서 평균치를 중심으로 좌우의 넓이가 같다. 빈도수는 평균치에서 가장 많고 좌우로 갈수록 적어지다가 X축에 무한히 접근한다. 그리고 ±1σ (표준편차) 이내에는 전체 사례 수의 68.26%, 그리고 ±2σ 이내에는 95.44%가 ±3σ 이내에는 99.74%가 들어 있다. 이 같은 종모양을 정상분포곡선 또는 가우스(Gauss) 곡선이라고 한다.

정상분포곡선이란 좌우대칭인 이론적 분포곡선으로, 한 점수에 의미를 부여하기 위해서나 통계적 가설을 검증하는 데 사용된다. 또한 이는 실증적 개념이 아니라 수학적 추상인 반면, 표준편차를 해석하는 실용 모형으로 사용된다. 정규분포에서 각각의 표준편차 범위 내에 점수들의 일정한 비율이 속한다(그림 12-1 참조). 따라서 우리가 어떤 점수의 평균과 표준편차를 알면, 특정한 점수 범위 내에 어떤 비율의 사례 수가 속해 있는지를 예상할 수 있다.

검사의 결과로부터 채점되어 나오는 점수가 원점수이다. 일반적으로 정답한 문항 수에 의해 원점수가 결정되는데 문항 당 배점이 같은 경우도 있고 다른 경우도 있다. 따라서 엄밀한 의미에서 볼 때, 원점수는 절대영점이 없거나 있더라도 실제상의 영점과 다르며 또 측정단위가 다르기 때문에 가감승제를 할 수가 없고 또 서로 비교할 수도 없다. 가감승제하고 비교해 보았자 아무런 의미도 없기 때문이다. 그래서 이 같은 원점수를 정상분포곡선에서의 상대적 위치로 표시하여 통계적 조작을 가능하게 하고 의미 있는 비교를 가능하게 해주는 것이 바로 표준점수이다. 교육 및 심리측정과 평가에 사용하는 점수들은 대부분 정상분포곡선을 이용한 표준점수들이다. Z점수, T점수, 스테나인(stanine)점수, 그리고 지능지수 등이 바로 이러한 표준화된 점수들이며, 이러한 점수들을 표준점수라 부른다. 다음은 표준화 심리검사에서 자주 사용되는 표준점수들에 대한 간략한 설명이다.

- Z점수는 한 집단의 평균치를 절대영점으로 하고 표준편차를 단위로 한 척도이다.
- T점수는 평균이 50이고 표준편차가 10인 척도로서 어떤 점수분포든지 그것을

T척도로 전환하면 평균치는 모두 50이 되며 표준편차는 모두 10이 된다. T점수는 Z점수가 소수점을 사용하고 +와 −기호를 사용하는 불편함을 덜기 위해 100점 만점의 점수 형태로 변환한 표준 점수이다. 하지만 실제 수집된 자료를 T점수로 환산할 경우는 대부분의 점수들이 0점에서 100점 사이가 아니라 20점에서 80점에 속하게 된다. 이는 [그림 12−1]에서 알 수 있듯이 T점수의 20점과 80점은 z점수로는 −3.0에서 +3.0으로 이 사이에 전체 사례 수의 99.74%가 속하기 때문이다.

- 스테나인(stanine)점수는 9간척도로서 C척도를 약간 변형한 것이다. C점수 10점을 9점에 포함시키고 또 0점을 1점에 포함시켜 1~9점의 배점체제로 한 것이다. 현재 대입수학능력시험 성적표에 표기된 9등급 점수가 바로 스테나인점수이나, 수능등급점수는 해석의 편리를 위해 1~9점까지의 순서를 9~1점의 순서로 바꾸어, 가장 높은 점수를 1등급으로 가장 낮은 점수를 9등급으로 하였다.

한편 표준점수에 속하지는 않을지라도 교육, 심리 측정에서 많이 사용되는 대표적인 규준점수가 백분위점수(percentile score)이다. 백분위점수는 석차와 같은 서열척도의 약점(집단의 크기에 따라 의미가 다르다는 점)을 보완한 것으로 상대적 지위를 명확히 지시해 주나, 동간성이 없는 것이 가장 큰 단점이다.

[그림 12−1]을 통해 웩슬러 지능검사를 통해 얻어진 IQ점수를 해석해 보면, IQ 100점은 그림에서 정중앙에 해당하므로 동일한 연령집단 내에서 정중앙에 해당하는 점수라는 의미이다. 한편 115점은 백분위 84%에 해당하는 점수로써 이는 상위 16%에 해당하는 지능 수준임을 말해준다. 130점의 경우는 백분위 98%에 해당하는 점수인데 동일 연령집단 내에서 상위 2% 정도에 해당되는 점수라고 해석할 수 있다.

2. 심리검사의 유형

1) 심리검사의 분류

심리검사의 종류는 다양한 기준에 따라 분류될 수 있다. 여기에서는 표준화 여부, 표현양식, 측정내용, 실시방식, 측정단위, 응답형식, 준거기준에 따라 분류한 검사의 유형을 소개한다(변창진 외, 1996).

(1) 표준화 여부에 따른 분류

표준화검사(standardized test) : 일반적으로 검사 제작절차, 검사내용, 검사의 실시조건, 채점 및 해석과정이 엄격하게 규정된, 전문가들이 제작한 검사를 말한다. 누가, 언제, 어디서 실시해도 검사의 내용과 실시, 채점, 해석 방법이 동일하도록 표준화한 검사이다.

비표준화검사(nonstandardized test) : 교사가 출제한 시험이나 설문지(교사제작검사 : teacher-made test) 등 비공식적으로 제작한 척도나 설문지 등을 지칭하며 흔히 비형식적 검사(informal test)라고도 한다.

(2) 표현양식에 따른 분류

언어검사(verbal test) : 문항진술과 표현에 있어서 문자로 구성되어 있으며 피험자들 역시 언어를 매개로 하여 응답하도록 되어 있다. 표준화된 심리검사의 대부분은 언어검사 유형이다.

비언어검사(nonverbal test) : 문항표현과 진술에 있어서 기호, 도형, 그림으로 구성된 검사를 가리킨다. 웩슬러 지능검사에서 동작검사도 여기에 포함된다. 언어능력이 아직 발달하지 않은 유아나 정신지체아들에게는 이러한 비언어검사를 사용해야 한다.

(3) 측정내용에 따른 분류

최대능력검사(maximum ability test) : 일정한 시간 내에 특정 검사에서 최대한의 능력을 발휘하도록 하는 검사로서, 지능검사나 적성검사, 학력검사와 같은 지적영역과 심동적 영역의 검사가 이에 속한다.

전형적 행동검사(typical behavior test) : 개인의 대표적인 행동을 측정하려는 검사로서, 성격검사나 흥미검사, 태도척도와 같은 정의적 영역의 검사가 이에 속한다.

(4) 실시방식에 따른 분류

개인검사(individual test) : 한 사람의 검사자가 한 번에 한 명의 피검사자를 상대로 실시하는 검사를 가리킨다. 예를 들어, 유아들은 지시에 따르는 능력과 언어능력 및 주의집중력이 부족하기 때문에 개별검사를 실시하는 것이 일반적이다. 그밖에도 개인의 특성에 대한 정밀한 측정이 요구되는 검사는 주로 1:1로 실시된다. 웩슬러 지능검사나 K-ABC, Standford-Binet 지능검사 등은 모두 개인검사에 속한다.

집단검사(group test) : 한 사람의 검사 실시자가 한 번에 여러 명의 피검사자를 대상으로 하여 동시에 일률적으로 실시하는 검사를 가리킨다. 대부분 지필검사로 이루어진 지능검사, 적성검사, 성격검사들은 집단검사이다.

(5) 측정단위에 따른 분류

속도검사(speed test) : 거의 모든 피검사자들이 쉽게 풀 수 있음은 물론 곤란도가 비슷한 과제(문항) 또는 작업을 제시한 다음 그것을 수행하는 데 소요된 시간을 재는 검사이다.

역량검사(power test) : 곤란도가 다양한 과제(문항) 또는 작업을 제시한 다음 시간에 제한을 두지 않은 상태에서 어떤 수준의 과제 또는 작업을 수행할 수 있는가를 측정하는 검사방식이다.

(6) 응답형식에 따른 분류

구술검사(oral test) : 평가자가 묻는 질문에 대해 응답자가 말로 대답하는 일종의 면접고사이다.

지필검사(paper and pencil test) : 평가자가 말이나 글로 물으면 응답자는 글로 써서 대답하는 검사이다.

실기검사 : 교육이나 훈련을 통해 익힌 기능을 실제 동작으로 어느 정도 실행할 수 있는가를 평가하는 것으로, 흔히 동작평가 또는 수행검사라고도 한다.

실제장면검사(situational test) : 피험자로 하여금 실제상황에서 동작 또는 작업을 직접 수행하게 한 다음 관찰하는 검사이다

모의장면검사(simulation test) : 실제 상황과 거의 유사한 장면을 인위적으로 제시하고 피험자에게 그 과제 또는 동작을 수행하도록 한 다음 관찰하는 검사이다.

(7) 점수의 해석방식에 따른 분류

규준지향 검사(norm-referenced test) : 상대평가의 목적을 수행하기 위하여 시행되는 검사로서 다른 학생과 비교하여 어느 위치에 있는가를 밝히는 데 목적을 둔다. 이 검사에서는 응시하는 대상들의 점수를 다양하게 부여하기 위하여 문항 난이도가 매우 다양한 문항들로 구성된다. 규준지향 검사에서 중요시되는 것은 타당도보다 신뢰도다. 이는 점수의 상대적 서열이 중요시되므로 측정의 오차를 최소화하여야 한다. 측정의 오차가 적은 검사라야 상대적 서열에 대한 정보가 신뢰로울 수 있다. 그러므로 규준지향 검사에서는 서답형 문항보다는 선택형 문항이 널리 사용된다.

준거지향 검사(criterion-referenced test) : 준거지향 평가, 목표지향 평가, 혹은 절대평가의 목적을 수행하기 위하여 시행되는 검사로서 피험자의 검사점수에 따른 상대적 서열보다 학생의 점수 자체가 중요시되는 검사이다. 이 검사에서 중요시되는 요인은 측정 영역과 준거이다. 이 검사에서 얻은 점수는 학생이 어떤 영역에서 얼마만큼의 능력을 지니고 있다는 직접적인 정보를 제공한다. 준거지향 검사는 학생이 어떤 준거에 도달하였느냐에 관심을 가지므로 다양한 난이도 문항으로 검사를 구성할 필요가 없다. 일반적으로 그 준거에 부합하는 수준의 난이도 문항으로 검사를 제작한다.

2) 지능검사

국내외에서 가장 많이 개발되어 있는 표준화 심리검사가 지능검사이다. 대부분 '심리검사'라고 하면 가장 먼저 떠오르는 것이 지능검사이다. 그만큼 심리검사 중에서 가장 오랜 역사를 가지고 있으며, 가장 과학적으로 발달한 검사이기도 하다. 우리는 일상적으로 '머리가 좋다'거나, '똑똑하다'는 말을 사용한다. 이러한 말 속에는 이미 지능의 개념이 포함되어 있다고 할 수 있지만, 사실 개인의 지적인 능력을 점수로 표시한다는 것은 복잡하고 어려운 일이다. 즉, 아이의 키를 재는 것처럼 간단히 지능을 잴 수는 없는 것이다.

지능검사를 실시하는 이유는 아동의 지적능력 수준을 알고자 하는 것이고, 그 아동의 학습에 대한 요구수준을 정하는 데 있다. 지능은 학습의 기초적인 능력이므로 학업성적을 결정하는 중요한 하나의 조건인 것은 이미 알려진 사실이지만, 그것만으로 학업성적이 결정되는 것은 아니다. 본인의 노력, 성격, 부모의 양육태도와 같은 가정환경 요인, 건강상태, 교사의 지도방법 등도 중요한 조건이다. 지능검사는 또한 개인의 잠재능력과 인지적 특성(장점과 단점)을 발견하는 데 사용되기도 한다.

한편, 지능을 측정하는 검사가 학교나 임상 또는 산업장면 등에서 비교적 효과적으로 사용되어 왔지만, 과학적인 방법들 중 어느 것도 완벽할 수는 없으며 그런 제한점을 신중히 고려하지 않고 맹목적으로 사용하는 데 따르는 문제도 있다. 따라서 지능검사가 지니고 있는 다음과 같은 제한점을 간과하지 말아야 한다.

첫째로, 지능검사 점수는 그 사람의 잠재적 능력뿐만 아니라 경험이나 사회문화적 영향도 반영한다는 점이다.

둘째로, 지적능력 이외의 요인들이 지능검사 점수에 영향을 준다는 점이다. 즉, 동기나 불안 수준 등이 검사결과에 상당한 영향을 미친다. 그래서 검사결과를 해석할 때는 언제나 검사가 이루어진 상황적인 맥락과 검사를 받는 사람의 상태를 충분히 고려해야 한다.

지능검사에 대한 여러 가지 비평에도 불구하고, 지능검사의 결과는 학교나 임상장면 등에서 널리 활용되고 있다. 현재 지능검사가 하는 기능을 대치할 만한 다른 방법이 없고, 지능검사를 활용하는 것의 유용성이 그 제한점을 능가할 때는 그 약점에 미칠 수 있는 영향을 고려해서 검사를 사용하는 것이 더 현명하다. 대신, 검사의 이용과 함께 그 검사가 지니는 제한점을 개선하기 위한 끊임없는 시도가 뒤따라야 할 것이다.

다음은 개인용 지능검사의 대표적인 예로써 웩슬러 지능검사와 집단지능검사에 대해 간략히 소개한 것이다.

(1) 개인용 지능검사 : 웩슬러 지능검사

웩슬러(D. Wechsler)는 1939년 Wechsler-Bellevue 성인용 지능검사를 제작했다. 이 검사는 1955년에 다시 웩슬러 성인용 지능검사(WAIS)로 개정되었고, 아동들을 위한 웩슬러 검사(WISC)도 개발되었다.

웩슬러 지능검사는 언어성 검사와 동작성 검사로 구분된다. 언어성 검사는 상식,

그림 12-2 웩슬러 아동용 지능검사(K-WISC) Kit

이해, 산수, 공통성, 숫자 외우기, 어휘 등으로, 동작성 검사는 바꿔 쓰기, 토막쓰기, 빠진 것 찾기, 차례 맞추기, 모양 맞추기 등으로 구성되어 있다. 그래서 전체 IQ와 언어성 IQ와 동작성 IQ 및 11개의 개별 하위검사 점수를 활용할 수 있다.

WAIS에서는 정신연령 개념에 의한 IQ 대신 편차 IQ 개념을 적용해서 나이가 많아짐에 따라 IQ가 낮아지는 문제를 해결하고 있다. 편차 IQ에서는 모든 연령에서 지능은 정상분포를 이룬다고 가정하고, 이 분포의 평균과 표준편차를 사용해서 IQ를 계산한다. 지능검사는 각 연령층의 IQ 평균을 100, 표준편차를 사용해서 IQ를 계산한다. 지능검사는 각 연령층의 IQ 평균을 100, 표준편차를 15~16이 되도록 구성하고, 개인의 지능은 해당 연령의 평균에서 얼마나 떨어져 있는가를 기준으로 해서 계산한다.

웩슬러 지능검사는 한국판으로 번안되고 표준화되었다. WAIS는 전용신, 서봉연, 이창우(1963)에 의해서 KWIS로 그리고 WISC는 이창우, 서봉연에 의해서 K-WISC로 개작되었다. 그 이후 KWIS는 염태호 등이 K-WAIS로 재표준화하였고, K-WISC는 한국교육개발원에서 KEDI-WISC로 1987년 재표준화하였으며 2003년에 KEDI-WISC3로 다시 표준화 발전되었다. 유아용 검사로는 박혜원 외(1996)가 한국판으로 재표준화한 K-WPPSI가 있다.

(2) 집단지능검사

위의 비네와 웩슬러 지능검사는 모두 한 검사자가 한 사람을 대상으로 검사하는 개인용 검사이다. 개인 검사는 한 개인의 지적인 능력의 세부적인 특성을 보다 정확하게 평가할 수 있을 뿐만 아니라, 정서 및 행동적 특성에 대한 정보를 제공받을 수 있어서 임상장면에서 널리 쓰인다. 그러나 검사실시, 채점 및 해석을 위하여 전문가가 있어야 하며, 시간과 비용이 많이 드는 단점이 있다. 따라서 많은 인원을 적은 비용으로 단시간에 평가할 수 있는 검사의 개발이 필요했다.

이를 위해 한꺼번에 많은 사람들을 검사할 수 있는 지필검사 형태의 집단용 지능검사가 개발되었다. 최초의 집단지능검사는 제1차 세계대전 시 군인들을 선발·배치하기 위하여 제작된 군대 α 검사(army a test), β 검사(문맹자용)이다. 우리나라에서는 정범모에 의해 처음 제작되었으며, 그 이후 여러 가지 검사가 여러 연령층(예: 초등학생, 중학생, 고등학생, 대학생, 일반인)을 대상으로 하여 제작·표준화되었다.

3) 적성검사(aptitude test)

적성(aptitude)이란 '일반적이거나 특수한 지식과 기술을 숙달할 수 있는 개인의 잠재력'을 말한다. 개인에게 적합한 직업이나 진로를 예상할 수만 있다면 교육적으로 큰 도움이 될 것이다. 이러한 개인의 적성을 측정하는 검사도구가 적성검사이다. 적성검사는 특정분야의 교육, 훈련 또는 직업과 관계되는 활동을 성공적으로 수행하는 데 필요한 특수능력의 소유정도를 측정하기 위해 개발된 검사(교육학 용어사전, 1994)이다. 지능검사가 개인의 종합적이고 일반적 능력을 측정한다면, 적성검사는 구체적이고 특수한 능력을 측정한다고 볼 수 있다.

적성에는 여러 가지 종류가 있다. 학습을 위한 잠재적 능력 수준을 측정하는 학업적성, 개인에게 적합한 직업분야를 예측하는 직업적성, 그리고 사무, 기계, 예체능,

언어, 컴퓨터 프로그래밍 등의 특정 직종과 관련된 능력을 측정하는 특수적성 등 다양한 종류가 있는 만큼 적성검사의 종류로 다양하다.

깁슨과 미첼(Gibson & Mitchell, 1981)에 따르면 적성검사는 ① 개인이 미처 인식하지 못한 잠재력을 발견하고, ② 개인의 특수 능력이나 잠재력 개발을 격려하며, ③ 학업이나 진로를 결정하는데 정보를 제공하고, ④ 미래 학업이나 직업에 있어서의 성공 가능성을 예측하며, ⑤ 개인을 적성에 따라 분류하는 기능을 지니고 있다.

대부분 입학시험이나 입사시험은 적성검사의 성격을 지닌다고 볼 수 있다. 예를 들어, 우리나라에서 현재 대학입학을 위한 국가시험으로 수학능력고사가 실시되고 있는데, 이는 일종의 학업적성검사라고 할 수 있다. 하지만 순수한 의미의 학업적성검사로 볼 수 없는 이유는 학력검사의 성격도 동시에 포함하고 있기 때문이다. 또한 개인의 지적능력을 측정하는 성격도 포함되어 있기 때문에 지능검사와의 상관도 전혀 없다고 볼 수 없다. 따라서 지능검사와 학업적성검사, 그리고 학업성취도검사는 그 차이를 명백히 구분하기 어려울 수도 있으나, 〈표 12-1〉에서 제시하는 바처럼 개념적으로 구분해볼 수 있다.

학업적성검사가 미래의 학습능력을 예측하는 데 그 목적이 있다면, 지능검사는 현재의 지적능력 수준을 측정하는 것이고 학업성취도검사는 현재 지니고 있는 지식과 기술 수준을 측정하는 검사라는 데 차이점이 있다. 또한 측정하는 내용에서도 지능검사는 일반적인 지적능력을, 학업적성검사는 이전의 학습내용을, 학업성취도 검사는 최근의 학습 내용을 측정하고 있다는 점에서 차이가 있다. 그밖에도 지능검사와 적성검사는 학교에서 배우는 교과목 내용과 관련이 없는 반면, 학업성취도 검사는

표 12-2 지능검사, 학업적성검사, 학업성취도 검사 비교

내용/종류	지능검사	학업적성검사	학업성취도검사
검사목적	지적능력 파악	미래학습 성공 여부	현재 지식, 기술 수준
측정 내용	일반 지적능력	예전 학습내용	최근 학습내용
교과목 관련성	없다	없다	있다

직접적으로 관련이 있다.

다음은 일반적성검사에서 측정하는 영역들이다(장석민 등, 1986).

- 일반능력(G) : 지시사항, 사실, 배경 논리 등의 이해의 정도, 추론하고 판단할 수 있는 능력, 학교 성적과 밀접한 관련이 있다.
- 언어력(V) : 언어와 아이디어의 이해력, 언어를 사용해서 정보나 아이디어를 명확히 제시한다.
- 수리력(N) : 신속하게 산술적인 조작을 한다.
- 공간력(S) : 평면도형을 보고 공간적인 물체의 상을 상징한다.
- 형태지각력(P) : 물체나 도면의 세부사항을 관찰하고 형태나 명암의 차이를 감지한다.
- 사무력(Q) : 유인물, 괘도, 표 등에서 숫자, 철자법, 문법 등의 세부적인 사항을 검토하여 틀린 것을 찾을 수 있으며 틀리게 이서하지 않는다.
- 기능조정력(K) : 어떤 과업의 수행을 위해 손과 눈 혹은 손가락을 신속하고 정확하게 움직여 일한다.
- 손가락 기능력(F) : 어떤 과업의 수행을 위해 손과 눈 혹은 손가락을 신속하고 정확하게 움직여 일한다.
- 손 기능력(M) : 물체를 옮기거나 돌리는 데 손을 기능적이고 숙련되게 움직인다.
- 눈, 손, 발의 조정 기능력(E) : 시각적 신호나 관찰에 따라 손과 발을 움직인다.
- 색분별력(C) : 색상의 유사성 및 유의도를 판단하여 색을 판별하고 배합한다.

4) 성격검사

4장에서 성격에 대한 개념과 이론을 살펴본 바와 같이 성격은 다양하게 정의되고 있다. 성격을 측정하는 데 사용되는 가장 보편적인 방법은 자기보고법과 투사법이다.

(1) 자기보고법 검사

자기보고법(self-report method)은 지필검사로써 짧은 시간 동안 개별 또는 집단으로 실시될 수 있어 편리한 방법 중 하나이다. 이는 피험자가 목록을 읽고 자신에게 해당되는 것을 예 또는 아니오 또는 정도에 따라 선택하는 방법이다. 자기보고방식은 문자를 읽고 쓸 수 있는 대상에게 빠른 시간에 쉽게 검사를 실시할 수 있다는 장점은 있지만, 피험자의 의도적 거짓반응이나 무의도적이긴 하지만 사회적으로 바람직한 쪽으로 응답하려는 경향성에 의해 결과가 왜곡될 가능성이 높다. 자기보고법을 이용한 성격검사 중 국내에서 가장 널리 사용되고 있는 성격검사의 예로 다면적 인성검사(MMPI)와 MBTI 성격유형검사(Myers Briggs Type Indicator)를 간단히 소개한다.

① 미네소타 다면적 인성검사

미네소타 다면적 인성검사(Minnesota Multiphasic Personality Inventory: MMPI)는 태도, 정서반응, 신체 및 심리적 상태, 과거경험 등을 묻는 약 550개의 문항들로 구성되어 있다. 피검사자는 각 문항에 대해 '예', '아니오' 또는 '모르겠다'의 세 대답 중 하나를 택한다. 예를 들면, 다음과 같은 문항들이 이 검사에 들어 있다.

나는 기계에 관한 잡지를 읽는 것을 좋아한다.
어머니는 내가 합당하지 않다고 생각할 때도 내가 순종하도록 하셨다.
때때로 내가 말할 수 있는 것보다 더 빠르게 내 생각이 움직인다.

이상과 같이 MMPI는 경험적 구성법을 사용해 제작되었기 때문에 검사받은 사람이 대답하는 것이 진실인지 거짓인지는 문제가 되지 않는다. 만약 '어머니는 나를 결코 사랑하지 않았다'는 문항에 대해 정신분열증 환자가 '그렇다'고 대답하고, 정상인이 '아니오'라고 대답한다면 그들의 대답이 두 집단들을 구분하고 있으며, 이들의 어머니가 실제 어떻게 행동했느냐는 문제가 되지 않는다. MMPI는 원래 정신분열증, 우울증, 편집증 같은 심한 성격질환을 가진 사람들을 진단하기 위해 제작되었으나,

정상인들을 연구하는 데도 광범위하게 사용되고 있다.

② MBTI 성격유형검사

MBTI 심리검사(Myers Briggs Type Indicator: 성격유형 선호도 검사)는 1부에 자신이 일상적으로 느끼고 행동하는 데 가장 가깝다고 생각되는 것을 선택하는 것과 2부에 두 개의 낱말이 있는 문항에서 호감이 더 가는 말을 선택하는 것을 내용으로 하는 94개의 문항으로 구성되어 있다. 예를 들면 다음과 같은 문항들이 이 검사에 들어 있다.

나는 대체로
(A) 다른 사람들과 쉽게 어울리는 사람이다.
(B) 조용하고 말이 없는 편이다.

나는
(A) 감정을 이성보다 더 자주 내세우는 편이다.
(B) 이성을 감정보다 더 자주 내세우는 편이다.

MBTI는 성격을 진단하거나 이상심리를 측정하기 위한 검사가 아니고 선천적인 심리검사를 알아보는 비진단검사이다. 이 검사는 개인마다 타고나는 심리적 경향과 그 경향이 지니는 성격의 역동을 알아내어 자기와 타인을 이해하고 가정과 사회와 학교와 직장 및 실생활에 도움을 주고자 하는 데 그 목적이 있기 때문에 학교나 종교단체, 군대 등과 각종 기업의 연수에 널리 활용되고 있다.

(2) 투사법(projective method) 검사

앞에 서술한 성격검사의 경우 검사의 객관성을 유지하기 위해 개인의 대답을 극히 제한한다. 투사적 검사(projective test)는 피검사자가 자유롭게 반응하도록 한다. 즉 이 검사의 경우 애매모호한 그림들을 제시하고 마음대로 반응하도록 요구한다. 자극이 애매하고 또 어떤 특정한 반응을 요구하지 않으므로 개인은 자신의 성격을 자극에 투사할 것으로 가정된다. 가장 빈번히 사용되는 투사적 검사로는 Rorschach 잉크반점검사(Rorschach inkblot test)와 주제통각검사(Thematic Apperception Tes: TAT), HTP(House Tree Person) 등이 있다. 이중 주제통각검사에 대해서 간단히 알아보기로 한다.

주제통각검사는 1930년대에 Henry Murray가 개발하였다. 피검사자에게 인물과 장면이 담긴 그림 20매를 보여주고 각 그림에 대해 이야기를 꾸며보도록 요구한다. 피험자들은 이 그림을 보고 현재 어떤 상황이며 또한 과거에 어떤 일이 있어 현재의 이런 장면이 되었으며, 장차 어떻게 되리라고 생각하느냐는 점을 고려하여 이야기를 꾸미게 된다. 이 이야기 속에서 피험자는 그림 속의 어떤 사람을 자기와 동일시하고 그를 통하여 자기의 욕구, 동기, 욕구좌절, 이성관계, 대인관계, 부모나 권위에 대한 적개심들을 표현한다고 생각된다. 이 검사는 피험자가 상상한 내용에 나타나는 기본 주제를 발견하는 데 그 목적이 있다. 여기서 통각이란 개인의 과거 경험에 근거하여 어떤 방식으로 지각하려는 준비성을 의미한다. 이 검사도 앞의 Rorschach 검사와 마찬가지로, 어떤 규준에 따라 결과를 해석하지 않고 검사자의 주관적인 입장에서 이루어지기 때문에 고도의 훈련을 받은 검사자에 의해서만이 타당하게 사용되고 해석될 수 있다.

투사적 검사의 신뢰도는 매우 빈약하다. 그 까닭은 반응의 해석이 검사자의 주관적 판단에 지나치게 좌우되기 때문이다. 따라서 투사적 검사결과들을 개인의 성격에 관한 잠정적 해석으로 간주하고 다른 정보를 더 추가하는 것이 바람직하다. 이 검사들은 어느 부분을 더 탐색해야 하는지를 시사하므로 이 점에서는 매우 유용하다. 투사적 검사는 전문적인 훈련과 오랜 경험을 쌓은 전문가만이 사용할 수 있는 검사라고 할 수 있으며 조심스럽게 실시되어야 한다.

투사적 검사를 실시하고 해석하는 예를 간단히 들어보자. 피험자에게 [그림 12-3]의 사진을 보여준 다음, 사진 속의 장면으로 이야기를 꾸며보도록 요구한다. 사진에는 한 아이가 문 앞에서 턱을 괸 채로 쭈그리고 앉아 있다. 만일 피험자가 "고아일

그림 12-3 아동용 주제통각검사의 사진 예

것이다"라고 응답한다면 아마 그 피험자는 세상에 대한 불신이 크거나 식욕이 강할 것이라고 해석할 수 있다. "엄마한테 혼나서 울고 있다"고 답하게 되면, 그 응답자는 자아개념이 부정적이거나 외부로부터의 위협이나 박탈감을 느끼고 있다고 해석할 수 있다. 한편, "놀러 와서 맛있는 저녁을 기다리고 있다"라고 답하게 되면, 낙관적 사고를 지니고 있다고 해석할 수 있다.

3. 심리검사의 활용

최근 들어 각종 심리검사가 온라인(on-line)상이나 오프라인(off-line)상에서 널리 보급되고 있다. 어떤 것은 비교적 철저한 제작 절차를 따라 만들어졌는가 하면, 어떤 것은 그렇지 못하고 임의적으로 만들어진 것도 있다. 다시 말해 좋은 심리검사가 있는가 하면 그렇지 못한 심리검사가 있다. 좋은 심리검사를 선택해서 실시하고, 그 결과를 활용할 때 학습자들에 대해 보다 적절한 이해를 할 수 있을 뿐만 아니라 교육적으로도 올바른 지도가 가능하다. 그렇지 않았을 때 그 문제점은 크다.

따라서 교사로서 심리검사를 선정하고 활용하기 위한 기본 지식을 갖추는 것은 또 다른 중요한 역할이라고 할 수 있다.

1) 심리검사의 선정

심리검사를 선정하려는 경우, 심리검사의 목적을 분명히 하고 그러한 목적에 적절한 검사를 선정해야 한다. 예를 들어 지적능력이나 적성에 대한 평가를 할 것인지, 전반적인 적응 문제나 성격 문제를 평가할 것인지 검사를 사용하는 목적을 피검사자의 요구나 상태에 적합하게 선정하게 된다. 또한 그러한 목적에 사용되는 표준화된 검사인 경우, 검사의 신뢰도와 타당도를 검토해 보아야 한다. 이상적으로는 신뢰도가 .80 이상인 경우가 신뢰로우나 .70 이상인 경우라도 현실적으로는 높은 신뢰도인 편이다. 검사지침서에 제시된 이들 신뢰도 계수와 검사의 타당도에 대한 자료들을 충분히 알고 사용해야 검사 목적에 맞는 결과를 충분히 이끌어낼 수 있다. 또한 검사의 시행은 표준화된 절차를 반드시 준수하고, 검사자의 상태나 변인이 수검자의 검사수행에 영향을 미치지 않도록 하여야 한다. 실제 검사 시행에서는 검사자와 수검자 사이의 라포형성이 일차적이며, 되도록 수검자가 편안하고 안정된 상태에서 최적의 능력을 발휘하거나 솔직한 보고를 할 수 있어야 한다. 지나친 소음이나 자극 등 방해요소가 있는 곳은 검사실 환경으로 적합하지 않고, 심리검사에 대한 수검자의 동기와 자발적인 참여, 정서적 안정이 이루어지고 난 다음 심리검사가 시행되는 것이 바람직하다(임영란, 1998).

2) 심리검사의 활용

심리검사는 교육장면에서 언제 하는 것이고, 구체적으로 어떻게 활용하는 것일까? 일반적으로 학교장면에서 심리검사는 다음과 같은 경우에 필요하다.

첫째, 개인의 지능 수준이나 지적 잠재력, 그리고 각종 인지적 기능들에 대한 평가를 위해서 필요하다. 예를 들면, 또래 아동들에 비해 학습속도가 떨어질 때, 과연 그것이 정신지체(지능 부족) 때문인지, 주의력이나 집중력 또는 기억력이 떨어져서인지, 다른 심리적 문제(예: 정서 불안) 때문인지를 파악하여 적절한 판단 및 상담을 하고자 할 때 심리검사가 필요하다.

둘째는, 개인의 성격특성 및 적응 양식을 파악하기 위해 심리검사가 필요하다. 예를 들면, 친구가 없거나, 사회적으로 부적응 행동을 보일 때, 그것이 친구를 사귀는 기술이 부족해서인지, 아니면 다른 아동들에 대해 관심이 없어서인지, 혹은 소심한 성격 때문인지, 아니면 다른 사람들의 평가가 두려워서인지를 살펴봄으로써 문제의 본질을 파악하고 그 대책을 수립하고자 할 때 심리검사가 필요하다.

셋째는, 아동의 발달 수준과 사회적 적응능력을 평가하는 데 필요하다. 언어 이해력이나 자기에 대한 표현력이 떨어지거나 또래들과 잘 어울리지 못할 때, 이런 문제가 자폐증과 같은 심각한 증상 때문인지, 아니면 아동의 발달 수준에 비추어보아 정상적인 반응인지를 평가할 수 있다.

마지막으로, 아동의 각종 심리적 혹은 행동적 문제를 치료하는 데 도움이 되는 정보들을 알아내기 위해서 필요하다. 예를 들면, 주의력이 산만한 경우 그 문제가 성격적인 문제인지 아니면 가정환경의 문제인지, 아니면 부모의 양육태도가 문제인지를 파악해서 치료에 적절한 정보를 얻고자 할 때 심리검사가 필요하다.

다음은 교육기관에서 상담이나 생활지도 시 심리검사를 활용할 수 있는 내용들을 정리해놓은 것이다(임영란, 1998).

① 학습장애와 학습부진의 감별 문제

지적능력에 대한 평가와 특정 학습능력이나 성취도 수준이 개인의 연령, 지능, 학력 수준에서 유의미하게 저하된 정도를 평가하는 것이 가장 주가 된다. 학습부진 개념에는 이러한 특정 학습능력의 유의한 저하가 포함되는 것이 아니라, 전반적인 지적능력의 제한, 개인의 학업과제나 지적 성취에 대한 동기, 자발성, 주의집중능력 등이 더 관련된다.

② 진로 및 적성에 대한 구체적 지도

개인의 인지적 특성, 강점과 취약성에 대한 평가가 지적 영역에서 필요하며, 우수한 지적능력의 경우 능력면에서는 모든 영역에서 적성을 보이는 등 변별력이 떨어지므로 개인의 성격적인 선호도나 흥미, 관심 범위에 대한 평가가 더 유용하다.

③ 비행, 자살행동과 같은 위기 문제 개입 및 예측

문제행동에 대한 구체적인 심각성이나 행동화할 가능성 등을 평가하는 것이 우선이다. 표면적인 문제에 대한 평가보다는 이러한 역기능적 행동을 야기시키거나 유지시키고 있는 근본원인에 대한 탐색이 필요하다. 주로 반사회성과 같은 성격적 문제, 우울과 같은 정서적 문제, 주변 환경과의 관련성, 부모나 친구 관계 등이 관련된다. 자살방지를 위해서는 즉각적인 위기 개입이 필요하며, 순간적이고 충동적인 행동화를 방지하는 것이 급선무이다.

④ 부모 문제, 가정불화 등으로 인한 일반적인 적응 및 정서적 문제

만성적이고 지속적인 가족 내 갈등이나 가정불화 등은 여러 가지 적응 문제나 학업 집중곤란, 대인관계 문제들로 확산되어 나타나기 쉽다. 갑자기 성적이 저하되거나 대인관계에서 평소와 다른 반응들을 보이는 것 등이 내면의 갈등이나 정서적 문제를 시사해 주는 외현적 지표가 되기도 한다. 특히 청소년기에는 정서적으로 아직 미숙한 시기이므로, 우울이나 적대감 같은 자신의 감정에 대한 인식이 불완전하고 이를 다루는 방법에서도 반항이나 회피와 같은 수동-공격적인 대처를 하기 쉽다.

⑤ 대인불안, 발표불안, 시험불안 같은 구체적인 증상 행동

생활 전반에 걸친 문제라기보다는 특정 상황이나 대상에 대한 적응곤란을 의미한다. 발표 상황이나 시험 상황과 같은 특정 상황에서 과도한 불안이나 긴장이 연합되어 있을 수 있고, 내면적으로 완벽 성향이나 주변에서 오는 높은 기대로 인한 심리적 부담이 내재되어 있을 가능성이 있다. 상황이나 스트레스 수준에 적절한 불안인지, 특성적 불안인지를 평가해 보고, 불안장애 유무와 하위 유형이나 심각성에 대한 전문가의 평가도 요구된다.

3) 심리검사의 활용상 주의사항

심리검사의 활용은 아동 개인의 심리적 혹은 행동적 특성에 대해 깊이 있게 이해할 수 있는 중요한 방법이지만 양날을 지닌 칼과 같다. 유용하게 잘 사용했을 때는 교육적으로 좋은 결과를 가져오지만 잘못 사용한다면 다음과 같은 여러 가지 문제들이 있을 수 있다.

첫째, 심리검사를 단지 학습자의 능력이나 특성에 대한 판별을 위한 목적으로 사용했을 때 문제가 있을 수 있다. 교사나 부모는 학습자들의 능력이나 특성을 판별하는 데 많은 관심을 갖는다. 검사결과를 올바로 해석할 수 있는 능력을 갖추지 않은 상황에서 무턱대고 심리검사를 실시하는 경우가 있다. 그리하여 컴퓨터로 출력된 검사 점수표와 결과에 근거해서 아동을 판단한다. 이것은 문제이다. 왜냐하면 정확한 검사라고 하더라도 한 번의 검사 혹은 한 가지 검사만으로 어떤 결론을 도출하는 것은 위험한 일이기 때문이다.

둘째, 심리검사의 결과를 토대로 아동의 능력수준이나 특성에 대해 명명하거나 낙인을 찍을 때 문제가 될 수 있다. 심리검사는 개인의 특정한 영역의 능력이나 특성을 측정하는 것이지 그 개인을 전인(全人)적으로 평가하는 것은 아니다. 그럼에도 불구하고 어느 한 검사에서 좋지 않은 결과가 나타났을 때 그 아동의 다른 특성마저도 그럴 것으로 판단하는 오류를 범할 수 있다.

셋째, 검사결과를 토대로 기대 수준이 달라지는 문제가 있을 수 있다. 심리검사 점수는 간단명료한 숫자로 표시되기 때문에 숫자가 지니는 강한 첫 인상은 교사나 부모로 하여금 아동에 대한 선입견을 갖게 하고 이에 따른 자기충족예언(self-fulfilling prophecy)을 하게 한다. 예를 들어, '우리 아이는 지능이 낮으니까 아무리 열심히 가르치고 노력해도 소용이 없어.'라는 예언은 피해야 한다. 부모나 교사 모두 검사에서 나타난 결과에 맞추어 기대수준을 결정하게 된다. 로젠탈과 제이콥슨(Rosenthal & Jacobson, 1968)은 아동에 대한 교사의 기대, 태도, 감정이 극적으로 학습자에게 영향을 준다는 사실을 확인하였다.

넷째, 검사결과가 아동 자신이나 타인에게 알려지는 데서 오는 문제가 있을 수 있다. 검사결과가 좋은 방향으로 나타난다면 그 아동이 그 검사결과를 안다거나 또는 다른 아동이 그것을 안다고 해도 그리 문제될 것은 없다. 물론 자만감에 빠질 수는 있다. 그래도 검사결과가 좋지 않게 나타난 아이보다는 문제의 심각성이 덜 할 것이다. 검사결과가 좋지 않은 아동이 그 검사결과를 알았을 때는 심한 마음의 상처를 받고 자존감을 상실할 수도 있다. 또한 다른 아이들이 이 결과를 알았을 때는 놀림의 대상이 될 수도 있다.

아동 중에는 낮은 지능이나 신체적 결함 때문에 학업성취가 낮은 것이 아니라 아동 자신이 학습능력이 모자란다는 부정적 자아개념으로 인하여 학업성취에 문제가 발생하는 아동이 있다. 일단의 아동들에게 글짓기를 시행하고 쉬운 단어든지 혹은 어려운 단어든지 매 페이지마다 일정한 수의 철자가 틀린 것으로 계속 조작하자, 아동들은 그 후 실제로 자신들의 철자 실력을 그것으로 결정하고 있음을 밝혔다. 이처럼 심리검사결과가 부정적으로 나타났을 때, 아동들이 이로 인해 부정적 자아를 갖게 된다면 이는 커다란 문제가 될 수 있다.

이상의 문제들은 결국 심리검사를 받은 아동의 능력이나 특성을 제한하는 결과를 초래할 수 있다. 따라서 심리검사를 활용하는 것은 신중하여야 한다.

교육심리학의 이해

APPENDIX

부록

부록 A 감성지능검사 예시

※ 참고 : 이 검사는 다니엘 골맨(Daniel Goleman)이 저술한 『감성지능』이란 책이 베스트셀러가 되면서 많은 독자들이 저자에게 감성지능을 측정할 수 있는 방법에 대해 문의해오자 가상적인 감성지능검사를 제작하여 자신의 홈페이지에 올려놓은 것이다. 따라서 아래 검사는 감성지능검사의 한 예일 뿐 검사도구가 갖추어야 할 타당도나 신뢰도가 검증되지 않은 검사이므로 검사결과에 대해 심각하게 여길 필요가 없다. 이 검사를 본떠 국내에도 몇몇 감성지능검사가 개발되었다. 아래 검사 문항은 저자가 일부 문항을 국내 사정에 맞게 수정 번역한 내용임을 밝힌다.

아직까지 IQ 검사와 같이 표준화된 감성적 지능검사지가 개발되지 않은 상태입니다만, 정서적으로 지능적인 반응을 수량화할 수 있는 많은 상황이 존재하는 것은 사실입니다. 다음의 문제들은 여러분들이 자신의 EQ 수준을 대략 짐작케 하는 데 도움이 될 것입니다.

다음과 같은 상황에서 여러분들이 가장 유사하게 할 수 있는 것들을 솔직하게 골라 답해 주십시오. 학교에서 선택형 문제를 풀 때처럼 정답을 고르거나, 자신의 심리학 관련 지식에 근거해 옳은 답을 추측하려고 하지 마십시오.

1 비행기 안에서 갑작스런 난류로 기체가 좌우로 급격히 흔들리기 시작하고 있다. 어떻게 행동할 것인가?

a. 읽고 있던 책을 계속 읽거나 보던 영화를 계속 보는 등 기체의 흔들림에는 별 관심을 보이지 않는다.
b. 비상사태에 대해 경계심을 갖고, 비치되어 있는 비상 시 행동요령에 대한 지시문을 꺼내 읽고, 스튜어디스들의 움직임을 주시한다.
c. 위 a와 b와 같은 행동을 약간씩 보인다.
d. 확실치는 않으나, 그런 상황을 거의 알아채지 못한다.

2 4살 난 아이들을 데리고 공원에 놀러 갔다. 데리고 간 아이들 중 한 명이 다른 아이들이 자기와 놀아주지 않는다고 울기 시작했다. 어떻게 할 것인가?

a. 간섭하지 않는다. 아이들 선에서 해결하도록 내버려둔다.
b. 그 아이와 대화를 통해 다른 아이들이 함께 놀아줄 수 있는 방법을 찾아보도록 도와준다.
c. 울지 말라고 다독거려 준다.
d. 다른 놀이거리를 보여주며 우는 아이의 관심을 다른 데로 돌려보려 한다.

3 자신이 수강하고 있는 과목에서 A학점을 받고자 노력하는 대학생이라고 가정하자. 그런데 중간고사에서 C학점을 받고 말았다. 어떻게 할 것인가?

a. 다음 번 시험에서 성적을 올리기 위한 특별 계획을 마련하고, 그 계획을 통해 문제를 해결하려고 노력한다.
b. 다음 번 시험에 잘 보리라 굳게 결심한다.
c. 그 과목에서의 성적이 전부가 아니라고 자신을 달랜 후, 대신 전체 평점을 올리기 위해 다른 과목에 집중해서 공부한다.
d. 담당교수를 찾아가, 성적을 올려줄 수 있도록 이야기해 본다.

4 고객들에게 보험에 가입하도록 설득하는 전화를 하고 있는 보험회사 영업사원이라고 가정하자. 그런데 벌써 15명이나 단호히 거절하여, 의욕이 달아나 버렸다. 어떻게 할 것인가?

a. 오늘은 그만하고, 내일이나 운 좋은 날이 되기를 기대해 본다.
b. 세일즈에 대한 자신의 능력을 저하시킬 수 있는 자신의 문제를 스스로 평가해 본다.
c. 다음 번 전화에는 다른 새로운 방법을 시도하며 계속 밀어붙인다.

d. 영업직 외 다른 일을 고려해 본다.

5 한 회사의 경영자로서 지역주의를 추방하고자 노력하는 사람이다. 우연히 어떤 사원이 지역차별주의와 관련된 농담을 하는 것을 듣게 되었다. 어떻게 할 것인가?

a. 못들은 척한다. 그저 농담이니까.

b. 그 사원을 내 방으로 불러 꾸짖는다.

c. 그 자리에서 큰 소리로 꾸짖으며, 그런 쓸데없는 농담은 우리 회사에서는 용납되지 않는다고 단호하게 말해준다.

d. 농담을 한 사원에게 재교육 훈련을 받도록 한다.

6 친구가 운전하는 차의 보조석에 앉아 있던 도중 다른 차가 갑자기 위험천만하게 끼어들었다. 이에 화가 나 흥분하는 친구의 감정을 진정시키고자 한다. 어떻게 할 것인가?

a. 잊으라고 이야기한다. 별 사고 없이 끝났으니 다행이 아니냐면서.

b. 관심을 바꾸기 위해 그 친구가 좋아하는 노래 테이프를 튼다.

c. 그 친구의 기분을 맞춰주기 위해 함께 그 운전사를 욕한다.

d. 자신에게도 유사한 상황이 있었으며, 똑같이 화가 났었는데 그 차가 병원의 응급실로 들어갔던 것으로 보아 위급한 상황인 것 같았다고 얘기한다.

7 배우자와 말다툼을 시작해 극한 상황까지 치닫게 되었다. 둘 모두가 흥분한 상태이고 화가 나서 의도한 바 없던 인신공격까지 하게 되었다. 어떤 방법이 최선인가?

a. 20분 정도 휴식을 가진 다음 이야기를 계속한다.

b. 그 시점에서 더 이상 논쟁을 하지 않는다. 상대가 무슨 이야기를 하던 침묵

으로 일관한다.

c. 미안했다고 사과하며 상대방에게도 사과할 것을 요구한다.

d. 언쟁을 잠시 멈추면서 생각을 정리한 다음 조목조목 자신의 입장에서 이야기한다.

8 한 부서의 책임자로서 사무실 내에서의 잡담을 근절할 수 있는 묘안을 생각해 내도록 몇몇 부하직원과 함께 임무를 부여받았다. 모임의 리더로서 우선 무엇부터 할 것인가?

a. 안건사항을 전달하고 효과적으로 회의를 진행하기 위해 각각의 안건에 대한 시간을 할당한다.

b. 모임에 참석한 멤버들의 친화를 조성하기 위한 시간을 갖도록 한다.

c. 한 사람씩 돌아가면서 문제를 해결할 수 있는 방법에 관한 아이디어를 묻는다.

d. 브레인스토밍(아이디어 짜내기) 시간을 먼저 갖되, 모두가 생각하는 바를 어느 것이든 이야기할 수 있도록 격려한다.

9 3살 된 아들이 지나칠 정도로 소심하다. 특히 출생 후부터 새로운 장소나 사람들에 대해 지나치게 예민하며 두려워한다. 어떻게 할 것인가?

a. 아들의 그러한 기질을 수용하며, 그러한 불안을 유발케 하는 상황을 만들어 주지 않도록 하기 위한 방법을 생각해 본다.

b. 심리요법가(전문가)에게 데려간다.

c. 스스로 극복할 수 있도록, 의도적으로 낯선 사람들과 낯선 장소에 자주 데리고 다닌다.

d. 적응시키기 위한 낯선 사람과 장소들을 마련하되 그 아이가 견뎌낼 수 있을 정도로 일련의 계획을 마련한다.

10 수년 전부터 어릴 때 배우다 그만둔 악기를 취미삼아 다시 배우려고 계획만 해오다가 마음을 굳게 먹고 시작하기로 결정했다. 바쁜 시간을 쪼개서 악기를 배우고자 하는데, 어떻게 할 것인가?

a. 매일 매일 시간을 정해 놓고 연습한다.
b. 수준을 조금씩 높일 수 있는 악보들을 선택 연습한다.
c. 기분이 날 때만 연습한다.
d. 내 수준보다 훨씬 높은 수준이라서 꾸준한 노력을 필요로 하는 악보들을 골라 연습을 시작한다.

채점표

응답 예	유창성	융통성	독창성	문항
1	20	20	20	–
2	–	20	–	–
3	20	–	–	–
4	–	–	20	–
5	–	–	20	–
6	–	5	5	20
7	20	–	–	–
8	–	20	–	–
9	–	5	–	20
10	–	20	–	–

위 채점기준표에 따라 각 문항별로 자신이 얻은 점수를 모두 합한 것이 자신의 감성지능 점수이며, 총점은 다음의 분류에 따라 비교해 볼 수 있습니다.

감성지능점수 총점 분류

- 200 – 천재
- 175 – 거의 완벽한 감정이입 수준
- 150 – 간디
- 125 – 프로이트
- 100 – 평균
- 75 – 심리치료를 받아 보셨나요?
- 50 – 정서적으로 주의를 요하는 상태(emotionally challenged)
- 25 – 네안데르탈인
- 0 – 도룡뇽

부록 B 토렌스의 창의성 검사 예시

창의성 검사 채점의 예

질문 : 나일론 스타킹을 가지고 무엇을 할 수 있는지 생각나는 대로 모두 적어 보시오.

응답 예	채점 요소		
	유창성	융통성	독창성
신는다.	○		
얼굴에 쓴다.	○		○
추울 때 손에 낀다.	○		
걸레를 만든다.	○	○	
옷을 만든다.	○		
총채를 만든다.	○	○	○
화분을 거는 데 쓴다.	○	○	
모빌을 매다는 데 쓴다.	○	○	
크리스마스 장식으로 쓴다.	○	○	○
붕대로 쓴다.	○	○	
강도를 잡아 묶는 데 쓴다.	○	○	
깨진 유리구멍을 막는 데 쓴다.	○	○	○
비행선이나 열기구 안의 모래주머니로 사용한다.	○	○	○
고기잡는 그물로 사용한다.	○	○	

유창성 : 서로 다른 반응들의 개수(14점)

융통성 : 다른 분류의 개수(10점)

독창성 : 특이하고, 전체 대상 중 5% 미만이 답한 반응의 개수(5점)

출처: Lefrancois, G. R. (2000). Psychology for Teaching(10th ed.). CA: Wadsworth.

참고문헌

국립특수교육원연구보고서 (2001). 장애아동출현율조사연구. 국립특수교육원.

권대훈 (2003). 교육심리학. 서울: 원미사.

권준모 (2001). 심리학과 교육. 서울: 학지사.

권준모, 이훈구, 이수정 (1998). 사회심리학의 새로운 통로: 사회정보의 자동적 처리. 한국심리학회지: 사회, 12(1), 1-36.

길형석, 손충기 (1998). 교육과정과 교육평가. 서울: 동문사.

김광웅 (2001). 유아교육심리학. 서울: 창지사.

김미화 (2006). 부모 양육 태도 및 교사 태도 지각과 아동의 학업적 자기 효능감 및 학교생활 적응의 관계. 경남대학교 교육대학원 석사학위논문.

김성곤 (2000). 심리검사 이론과 실제. 서울: 한국가이던스.

김성애 (2003). 통합교육의 이해와 실천. 특수교사연수자료집.

김순혜 (2004). 현대아동상담. 서울: 학지사.

김아영 (1998). 동기이론의 교육현장 적용 연구와 과제: 자기 효능감 이론을 중심으로. 교육심리연구, 12(1), 105-128.

김영돈 (1982). 학급경영의 이론과 실제. 서울: 익문사.

김인식, 최호성 (1991). 교육과정과 교육평가. 파주: 교육과학사.

김제한 (1999). 교육심리학. 파주: 양서원.

김제한, 공석영, 이규명, 권순달 (2002). 교육심리학. 파주: 양서원.

김청자, 정진선 (2004). 상담의 이론과 실제. 파주: 동문사.

김현수, 김태호 (2006). 상담의 이론과 실제. 서울: 태영출판사.

김현진 (1999). 다중지능 측정도구의 타당성 연구. 서울대학교 대학원 석사학위논문.

김형태 (2007). 21세기를 위한 교육심리학. 서울: 태영출판사.

문정화, 하종덕 (1999). 또하나의 교육 창의성. 서울: 학지사.

박아청 (1985). 현대의 교육심리학. 서울: 학문사.

박아청 (2002). 교육심리학의 이해. 파주: 교육과학사

박영태 (1995). 사랑의 학습지도법. 서울: 학지사.

박혜원, 곽금주, 박광배 (1996). K-WPPSI 지침서. 서울: 도서출판 특수교육.

백순근 (2003). 교과교육평가의 이론적 기초. 한국교과교육평가학회(편). 교과교육평가의 이론과 실제.

서울: 원미사.
변창진, 최진승, 문수백, 김진규, 권대훈 (1996). 교육평가. 서울: 학지사.
서울대학교 교육연구소 편 (1994). 교육학용어사전. 서울: 하우.
성태제 (1998). 교육연구방법의 이해. 서울: 학지사.
송인섭 (1989). 자아개념 구조에 대한 발달적 경향에 관한 연구. 교육학 연구, 27(1), 85-103.
신명희, 박명순, 권영심, 강소연 (2005). 교육심리학의 이해. 서울: 학지사.
신종호, 김민성, 최지영, 허유성, 이지은 (2015). 교육심리학. 파주: 교육과학사.
심하진 (1999). 자아개념형성과 학업성적과의 관계 - 중학생을 중심으로. 관동대학교 교육대학원 석사 학위논문.
안범희 (1993). 학교학습심리학. 서울: 하우.
안영신, 장선철 (2005). 아동상담. 서울: 동문사.
유구종, 강병재 (2005). 교육방법 및 공학. 파주: 창지사.
유재봉 외 (1990). 교육방법과 교육공학. 서울: 동문사.
이군현 (1990). 교육심리학. 서울: 박영사.
이성진 (1996). 교육심리학 : 그 학문적 성격과 과제. 교육심리연구, 10(1), 25-48.
이성진 (1996). 교육심리학 서설. 파주: 교육과학사.
이성호 (1986). 교수방법의 탐구. 파주: 양서원.
이숙, 정미자, 최진아, 유우영, 김미란 (2004). 아동상담. 파주: 양서원.
이영훈, 주연희, 김성수 (2007). 유아문제행동의 이해 및 지도. 서울: 태영출판사.
이은해 (1998). 아동연구방법. 파주: 교문사.
이장호 (1994). 상담심리학. 서울: 박영사.
이장호, 정남윤, 조성호 (2005). 상담심리학의 기초. 서울: 학지사.
이재창 (1988). 생활지도 -성장과 적응을 위한 접근-. 서울: 문음사.
이해경, 이양, 용홍출 (2005). 교육심리학. 파주: 양서원.
임규혁 (1996). 학교학습 효과를 위한 교육심리학. 서울: 학지사.
임규혁, 임웅 (2007). 교육심리학. 서울: 학지사.
임선하 (1994). 창의성 교육이란. 교육개발, 88, 72~75.
임승권 (1993). 교육의 심리학적 이해. 서울: 학지사.
임영란 (1998). 각종 표준화 심리검사의 활용. 서울교원연수원.
임인재 (1976). 절대기준평가의 원리와 실제. 서울: 배영사.

임창재 (2005). 교육심리학. 서울: 학지사.

장새롬 (2007). 중학생의 탐구보고서 작성에 대한 태도 및 자기효능감에 관한 연구. 이화여자대학교 대학원 석사학위논문.

장석민 외 (1986). 소질, 적성 계발지도. 서울: 서부교육청.

전경원 (2000). 유아 종합 창의성 검사 요강. 서울: 학지사.

전경원 (2000). 창의성을 중심으로 한 유아연구방법론 I. 서울: 창지사.

전성연 (2001). 교수-학습의 이론적 탐색. 서울: 원미사.

정범모 (1968). 교육과 교육학. 서울: 배영사.

정원식, 박성수 (1978). 카운슬링의 원리. 파주: 교육과학사.

조석희 (1999). 창의성 증진을 위한 교수-학습에 관한 교육심리학의 역할과 과제. 교육심리연구. 13(2). 79-104.

조성일, 김숙의, 신재흡, 최혜영, 김희인 (2002). 교육방법과 교육공학. 서울: 동문사.

조호익 (1997). 통합교육에서 뇌성마비 아동의 언어표현력 신장에 관한 연구. 1997년도 특수교육 교육현장연구논문. 지체부자유 아동 교육분과.

최유현 (1999). 다중지능의 탐색과 교육적 적용. 교육개발, 119, 104-111.

하대현 (1998). H. Gardner의 다지능이론의 교육적 적용: 그 가능성과 한계. 교육심리연구, 12(1). 73-100.

한국교육과정평가원 (1998). 수행평가의 이해.

한국교육신문 (2001. 3. 5.). 특별좌담-'다중지능수업' 왜 필요한가-'똑같이 수업'이 '나만의 지능' 죽여. http://www.hangyo.com/news/article.html?no=3011.

한방교, 윤길근 (2000). 교육의 이해. 서울: 동문사.

한방교, 윤길근 (2001). 교육방법론. 서울: 동문사.

한완상 (1974). 현대 청소년의 제문제. 서울: 현암사.

한혜진 (2002). 자기주장 훈련이 초등학생의 자기효능감 향상에 미치는 효과. 서울교육대학교 교육대학원 석사학위논문.

홍성윤, 진위교 (1992). 교수학습의 과정. 서울: 교육출판사.

황선이 (1994). 교사효능감과 학습자의 자아효능감 및 학습몰두시간(ALT)의 관계. 한국교원대학교 대학원 석사학위논문.

황용길 (1999). 열린교육이 아이들을 망친다. 서울: 조선일보사.

황정규 (1997). 지능의 요인이론, 요소이론, 다지능이론의 비교분석. 교육심리연구, 11(1), 191-219.

Aiken, L. R. (1997). *Questionnaires & Inventories: Surveying opinions and Assessing ersonality*. N.Y.: John Wiley & Sons, Inc.

Airasian, P. W. (1994). *Classroom Assessment* (2nd ed.). N.Y.: McGraw–Hill, Inc.

American Psychiatric Association (1994). *Diagnostic and Statistical Manual of Mental Disorders* (4th ed.).

Anastasi, A. (1988). *Psychological testing* (6th ed). N.Y.: Macmillan.

Armor, D., Conroy-Oseguera, P., Cox M., King, N., McDonnell, L., Pascal, A. Pauly., & Zellman, G. (1976). Analysis of the school preferred reading programs in selected Los Angeles minority schools. (REPORT NO. R–2007–LAUSD). Santa Monica, CA: Rand Corporation(ERIC Document Reproduction Service No. 130243).

Armstrong, T. (1994). *Multiple intelligences in the classroom*. Alexandria, VA: Association for Supervision and Curriculum Development.

Ashton, P. (1984). Teacher efficacy: A motivational paradigm for effective teacher education. *Journal of Teacher Education, 35*(5), 28–32.

Ashton, P. T. & Webb, R. B. (1986). *Making a difference: Teachers'sense of efficacy and student achievement*. N.Y.: Longman.

Atkinson, R. C., & Shiffrin, R. M. (1968). Human memory: A proposed system and it's control process. In K. W. Spence & J. T. Spence(Eds.). *The Psychology of learning and motivation: Advances in research and theory, 2*(pp. 89–195). N.Y.: Academic Press.

Axelrod, S. (1977). *Behavior Modification for the Classroom Teacher*. N.Y.: McGraw–Hill.

Bandura, A. (1977). *Social learning theory*. Englewood Cliffs, NJ: Prentice Hall.

Bandura, A. (1986). *Social foundations of thought and action: A social cognitive theory*. Englewood Cliffs, NJ: Prentice–Hall.

Bandura, A. (1988). Self–regulation of motivation and action through goal system. In V. Hamilton, G. H. Bower, & N. H. Frijda(Eds.). *Cognitive Perspectives on Emotion and Motivation*, 37–61. Dordrecht: Kmwer Academic Publixhers.

Bandura, A., Adams, N. E., & Beyer, J. (1977). Cognitive processes mediating behavioral change. *Journal of Personality and Social Psychology, 35*, 125–139.

Bayley, N. (1965). *Bayley Scales of infant Development*. N.Y.: The psychological Corporation.

Bee, H. (1981). *The developing child*(3rd ed.). N.Y.: Harper and Row.

Bee, H. (1992). *The journey of adulthood*. N.Y.: Macmillan.

Berman, P., McLaughlin, M., Bass, G., Pauly, E., & Zellman, G. (1977). Federal Programs supporting educational change. Vol. VII. Factors affecting implementation and continuation. (Report No. R–1589/7–HEW) Santa Monica, CA: Rand Corporation (ERIC Document Reproduction Service No. 140432).

Biehler, R. F., & Snowman, J. (1993). *Psychology applied to teaching*. Boston: oughton–Mifflin, Co.

Bledsoe, J. C. (1967). Self–concept of children and their intelligence, achievement, interest, and anxiety. *Child education, 43*, 436–438.

Borko, H., M. Flory, & K. Cumbo. (1993). Teachers' Ideas and Practices About Assessment and Instruction. A Case Study of the Effects of Alternative Assessment in Instruction, Student Learning, and Accountability Practice. CSE Technical Report 366. LS: Center for research on Evaluation, Standards, and Student Testing(CRESST).

Bousfield, W. A. (1953). The occurrence of clustering in the recall of randomly arranged associates. *Journal of General Psychology, 49*, 229–240.

Bower, G. H., Clark, M. C., Lesgold, A. M., & Winzenz, D. (1969). Hierarchical retrieval schemes in recall of categorized word lists. *Journal of Verbal Learning and Verbal Behavior, 8*, 323–343.

Brophy, J. E. (1985). Classroom management as instruction: Socializing self–guidance in students. *Theory Into Practice, 24*(4), 233–240.

Brophy, J. E. (1981). Teacher praise: A functional analysis. *Review of Educational Research, 5*(1), 5–32.

Budoff, M. (1987). Measures for assessing learning potential. In C. S. Lidz (Ed.), *Dynamic Assessment. : Foundations and fundamentals* (pp. 173–195). N.Y.: Guilford Press.

Burns, R. B. (1979). *The self–concept: Theory, measurement, development and behaviour*. London: Longman.

Bwen, N. K., & Bowen, G. L. (1998). The effects of home microsystem risk factors and school microsystem protective factors on student academic performance and affective investment in schooling. *Social Work in Education, 20*, 219–231.

Campione, J. C., & Brown, A. L. (1987). Linking dynamic assessment with school achievement. In C. S. Lidz (Ed.). *Dynamic Assessment : Foundations and fundamentals* (pp. 82–115). N.Y.: Guilford Press.

Canter, L., & Canter, M. (1976). *Assertive discipline: A take-charge approach for today's educators*. Los Angeles: Lee Center and Associates.

Carmichael, L. L., Hogan, H. P., & Walter, A. A. (1932). An experimental study of the effect of language on the reproduction of visually perceived form. *Journal of Experimental Psychology, 15*, 73–86.

Caropreso. (1999). Assessment of Preschool Giftedness: Intelligence and Creativity. http://www.bbpages.psu.edu/bbpages_reference/40006/400062.html.

Clarizio, H. F. (1988). New book on punishment. In H. F. Clarizio, R. C. Craig, & W. A. Mehrens (Eds). *Contemporary issues in educational psychology*. N.Y.: McGraw–Hill.

Clarizio, H. F., Craig, R. C. & Mehrens W. A. (1988). *Contemporary issues in educational psychology*. N.Y.: McGraw–Hill.

Clarke–Stewart, A., & Koch, J. B. (1983). *Children: Development through adolescence*. Canada: John wiley & Sons.

Cohen, R. (1992). A lifetime of teaching Portraits of five veteran high school teachers. N.Y.: Teachers' College Press.

Combs, A. W. (1965). *The professional education of teachers: A perceptual view of teacher preparation*. Boston: Allyn and Bacon.

Combs, A. W. (1984). *A personal approach to teaching: Briefs that make a difference*. Boston: Allyn and Bacon.

Combs, A.W. & Snygg, D. (1959). *Individual behavior*. N.Y.: Harper & Row Publishers.

Crocker, L., & Algina, J. (1986). *Introduction to classical and modern test theory*. Philadelphia: Harcourt Brace Jovanovich College Publishers.

Crocker, R. K., & Brooker, G. M. (1986). Classroom control and student outcome in grades 2 and 5. *American Educational Research Journal, 23*, 1–11.

Cronbach, L. J. (1990). *Essentials of Psychological Testing*(5th edition). N.Y.: Harper & Row Publishers.

Cronbach, L. J. & Snow, R. E. (1977). *Aptitudes and instructional methods*. N.Y.: Irvington.

Csikszentmihalyi, M. (1996). *Creativity : Flow and the psychology of discovery and invention*. N.Y.: Harper Collins.

Darwin, C. J., Turvey, M. T., & Crowder, R. G. (1972). An auditory analogue of the Sperling partial report procedure: Evidence for brief auditory store. *Cognitive Psychology, 3*, 255–267.

Denham, C. H. & Michael, J. J. (1981). Teacher sense of efficacy: A definition of the construct and a model for further research. *Educational Research Quarterly, 6*(1), 39–61.

Dietel, R. J., Herman, J. L., & Knuth, R. A. (1991). *What Does Research Say about Assessment?*. IL: North Central Regional Educational Laboratory, Oak Brook.

Doyle, W. (1986). Classroom organization and management. In Merlin C. Wittrock (Ed.). *Handbook of Research on Teaching*, 4th Edition. N.Y.: MacMillan Publishing.

Dweck, C. S. & Bempechat, J. (1983). Children's theories of intelligence. In S. Paris, G. Olsen, Y. H. Stevenson (Eds.). *Learning and motivation in the classroom*(pp.239–256). NJ: Erlbaum.

Dweck, C. S., & Leggett, E. L. (1988). A social–cognitive approach to personality and motivation. *Psychological Review, 95*, 256–273.

Edeburn, C. & Landry, R. (1974). Self–concepts of students and significant other: The teacher Psychological Reports, Aug., 505–506.

Eggen, P. K., & Kauchak, D. (1992). *Educational Psychology*. N.Y.: Macmillian Publishing Company.

Eggen, P. K., & Kauchak, D. (1999). *Educational psychology*. Upper Saddle River, NJ: Merrill Prentice Hall.

Eisner, E. W. (1994). Multiple intelligences: The theory in practice by Howard Gardner. *Teachers College Recode, 95*(4), 555–560.

Elliott, S. N. et al. (1996). *Educational Psychology: Effective learning*(2nd eds.). IA: Brown & Benchmark Publishers.

Emmer, E., Everston, C., & Anderson, L. (1980). Effective classroom management at the beginning of the school year. *Elementary School Journal, 80*, 219–231.

Erikson, E. H. (1968). *Identity: Youth and Crisis*. N.Y.: Norton.

Estes, W. K. (1970). *Learning Theory and Mental Development*. N.Y.: Academic Press.

Everston. C. M, & Emmer, E. T. (1982). Effective management at the beginning of school year in junior high classes. *Journal of Educational Research, 74*, 485–498.

Everston. C. M., Emmer, E. T., Clements, B. S., & Worsham, M. E. (1994). *Classroom management for elementary teachers*(3rd. ed.). Boston: Allyn and Bacon.

Falk, B., and L. Darling–Hammond. (1993). The Primary Language Record at P. S. 261: How Assessment Transforms Teaching and Learning. N.Y.: National Center for Restructuring Education, Schools, and Teaching.

Flavell, J. (1985). *Cognitive Development*. NJ: Prentice Hall.

Fletcher, J. M., Francis, D. J., Rourke, B. P., Shaywitz, S. E., & Shaywitz, B. A. (1992). The validity of discrepancy-based definitions of reading disabilities. *Journal of Learning Disabilities, 25*, 555-561.

Flinders, D. (1989). Does the"Art of Teacher"have a future? *Educational Leadership, May*, 16-22.

Freeman, F. S. (1955). *Theory and practice of psychological testing*. N.Y.: Holt.

Fuchs-Beauchamp, K. D., Karnes, M. B., & Johnson, L. J. (1993). Creativity and intelligence in preschoolers. *Gifted Child Quarterly, 37*, 113-117.

Gardner, H. (1983). *Frames of Mind : The Theory of Multiple Intelligence*. N.Y.: Basic Books.

Gardner, H. (1993). *Creating minds*. N.Y.: Basic Books.

Gardner, H. (1999) *Intelligence Reframed: Multiple intelligences for the 21st century*. N.Y.: Basic Books.

Gates, A. I. (1917). Recitation as a factor in memorizing. *Archives of Psychology, 6*, 104.

Gearhart, M., J. L. Herman, E. L. Baker, & A. K. Whittaker. (1993). Whose Work Is It? A Question for the Validity of Large-Scale Portfolio Assessment. CSE Technical Report 363. LA: CRESST.

Gessell, A., & Thomson, H. (1929). Learning and Growth in identical twins: An experimental study by the method of co-twin control. *Genetic Psychological Monographs, 6*, 1-123.

Gibson, S., & Dembo, M. H. (1984). Teacher efficacy: A construct validation. *Journal of Educational Psychology, 76*, 569-582.

Gibson, R. L., & Mitchell, M. H. (1981). *Inroduction to guidance*. N.Y.: Macmillan.

Good, T. L., & Brophy, J. (1991). *Looking in classrooms* (5th ed.). N.Y.: Harper Collins Publishers Inc.

Gordon, T. (1981). Cripping our children with discipline. *Journal of education, 163*, 228-243.

Graham, S., & Barker, G. (1990). The down side of help: An attributional developmental analysis of helping behavior as a low-ability cue. *Journal of Educational Psychology, 82*, 7-14.

Gredler, M. E. (2001). *Learning and Instruction: Theory into Practice* (4th eds.). NJ: Prentice-Hall Inc.

Greeno, J. G, Collins, A. M., & Resnick, L. B. (1994). Cognition and learning. In D. C. Calfee(Eds.).

The Handbook of Educational Psychology. N.Y.: Macmillian Publishing.

Guilford, J. P. (1985). The Structure−of−Intellect Model. In B. B. Wolman(Ed.), *Handbook of Intelligence : Theories, measurements, and applications*(pp. 225−266). N.Y.: John Wiley.

Guilford, J. P. (1967). *The nature of human intelligence*. N.Y.: McGraw−Hill.

Hallanhan, D. P., & Kauffman, J. M. (1988). *Exceptional children: Introduction to special education*(5th ed.). Boston: Allyn & Bacon.

Harris, R. (1991). *Some ideas for motivating students*. Virtual Salt, Mar.

Havighurst, R. J. (1972). *Developmental Tasks and Education*. N.Y.: David McKay.

Haywood, H. C., Brown, A. L., & Wingenfeld, S. (1990). Dynamic approaches to psychoeducational assessment. *School Psychology Review, 19*, 411−422.

Hoy, A. W. (2000). Educational Psychology in Teacher Education. *Educational psychologist, 35*(4), 257−270.

Ibuka, M. (1985). *Kindergarten may be too late!* N.Y.: Simon & Schuster.

James, W. (1890). *The Principles of Psychology* (2 vols.). N.Y.: Henry Holt (Reprinted Bristol: Thoemmes Press, 1999).

Johnson, D., & Johnson, R. (1994). *Learning together and alone: Cooperation, competition, and individualization*(4th ed.). Boston: Allyn and Bacon.

Kagan, J. (1971). *Change and continuity in infancy*. N.Y.: Wiley.

Kaplan, R. M., & Saccuzzo, D. P. (1993). *Psychological Testing: Principles, Applications, and Issues*. Belmont: Wadsworth.

Karweit, N. (1989). Time and learning: A review. In R. E. Slavin(Eds.), *School and classroom organization*. NJ: Erlbaum.

Khattri et al. (1995). How performance assessments affect teaching and learning. *Educational Leadership, 53*, 80−93.

Kilpatrick, T. H. (1918). The Project Method. *Teachers College Record, 19*, 319−334.

Köhler, W. (1917). *Intelligenzpr fungen an Menschenaffen*. Berline: Springer.

Köhler, W. (1925). *The mentality of apes*. N.Y.: Liveright.

Koretz, D., stecher, B., Klein, S., McCaffrey, D., & Diebert, E. (1993). Can Portfolios Assess Student Performance and Influence Instruction? The 1991−1992 Vermont Experience. CSE Technical Report 371. LA: CRESST.

Lefrancois, G. R. (2000). *Psychology for teaching*(10th eds.). CA: Thomson Learning.

Lewin, K. (1942). Field theory of learning. In N. B. Henry(Ed.), *Year book: National society for the study of education, committee on the psychology of learning*, 41st. part 2(pp. 215–242). Chicago: University of Chicago Press.

Linn, R. L. & Gronlund, N. E. (1995). *Measurement and Assessment in Teaching*(7th ed.). NJ: Prentice–hall.

Linn, R. L. & Gronlund, N. E. (2000). *Measurement and Assessment in Teaching*(8th ed.). NJ: Prentice–Hall, Inc.

Maker, C. J. (1993). Creativity, intelligence, and problem solving: A definition and design for cross–cultural research and measurement related to giftedness. *Gifted Education International, 9*, 68–77.

Marsh, G. E., Gearheart, C. K., & Gearheart, B. R. (1978). The learning disabled adolescent: Program alternatives in the secondary school. Saint rouis, MO: The C.V. Mosby Co.

McCombs, B. L., & Marzano, R. J. (1990). Putting the self in self–regulated learning: The self as agent in integrating skill and will. *Educational Psychologist, 25*, pp. 51–70.

McMillan, J. H. (1997). *Classroom Assessment: principles and practice for effective instruction*. Boston: Allyn and Bacon Co.

Mead, G. H. (1934). *Mind, self and society*. Chicago: University of Chicago Press.

Meichenbaum, D., Burland, S., Gruson, L., & Cameron, R. (1985). Metacognitive assessment. In S. Yussen (Ed.), *The growth of reflection in children*. Orlando, FL: Academic Press.

Miller, G. A. (1956). The magic number seven, plus or minus two. *Psychological Review, 63,* 81–97.

Miltenberger, R. G. (2001). *Behavior Modification: Principles and Practice* (2nd eds). Wadsworth : Thomson Learning Inc.

Moskowitz, G., & Hayman, M. L. (1976). Successful strategies of inner–city teachers; A year–long study. *Journal of Educational Research, 69*, 283–289.

Nisan, M., & Köhlberg, L. (1982). University and variation in moral judgement: A longitudinal and cross–section study in Turkey. *Child Development, 53*, 865–876.

O'Leary, K. D. (1980). Pills or skills for hyperactive children. *Journal of Applied Behavioral Analysis, 13*, 191–204.

Omwake, K. T. (1954). The relation between acceptance of self and acceptance of others shown by three personality inventories. J. Consult. *Psychol.*, *18*, 443–446.

Palincsar, A. S., & Brown, A. L. (1989). Classroom dialogue to promote self–regulated comprehension. In J. Brophy(Ed.), *Advance in research on teaching* (pp. 35–71). CT: JAI Press.

Posner, M. (1973). *Cognition: An introduction*. IL: Scott, Foresman.

Proctor, M. A. & Morgan, D. (1991). Effectiveness of a response cost raffle procedure on the disruptive classroom behavior of adolescents with behavior problems. *School Psychology Review*, *20*, 97–109.

Ratliff, J. D. (1988). Motivation and the perceived need deficiencies of secondary teachers. *High School Journal*, *72*, 8–16.

Reitman, J. S. (1974). Without surreptitious rehearsal, information in sort–term memory decays. *Journal of Verbal Learning and Verbal Behavior*, *13*, 365–377.

Renzulli, J. S. (1986). The three–ring conception of giftedness: A developmental model for creative productivity. In R. J. Sternberg & J. Davidson (Eds.), *Conceptions of giftedness* (pp. 53–92). N.Y.: Cambridge University Press.

Rogers, C. R. (1951). *Client–centered therapy: Its current practice, implications and theory*. Boston: Houghton Mifflin.

Rogers, J. (1993). The inclusion revolution. Research Bulletin, no. 11. Bloomington, IN: Phi Delta Kappan, Center for Evaluation, Development, and Research.

Rosenthal, R. & Jacobson, L. (1968). *Pygmalion in The Classroom*. N.Y.: Holt.

Rotter, J. (1975). Some problems and misconceptions related to the construct of internal versus external control of reinforcement. *Journal of Consulting and Clinical Psychology*, *43*, 56–67.

Salovey, P., & Mayer, J. (1990). Emotional Intelligence. *Imagination, cognition, and personality*, *9*(3), 185–211.

Sattler, J. M. (1992). *Assessment of children* (3rd ed.). San Diego, CA: Sattler Publisher.

Scarr, S. (1985). An author's frame of mind: Review of frames of Mind by Howard Gardner. *New Ideas in Psychology*, *3*(1), 95–100.

Shavelson, R. J., & Bolus, R. (1982). Self–concept: The interplay of theory and methods. *Journal of Educational Psychology*, *74*, 3–17.

Shertzer, B.,& Stone, S. C. (1981). *Fundamentals of Guidance*. Boston: Houghton Mifflin.

Shulman, L. S. (1987). Knowledge and teaching : Foundations of the new reform. *Harvard Educa-*

tional Review, 19(2), 4–14.

Skinner, B. F. (1982). 심리학적 이상사회. 이장호 역. 서울: 심지.

Slavin, R. E. (1990). *Cooperative learning: Theory, research, and practice*. Englewood Cliff, NJ: Prentice Hall Inc.

Smith, M. L., Noble, A. J., Cabay, M., Heinecke, W., Junker, M. S., & Saffron, Y. (1994). What Happens When the Test Mandate Changes? Results of a Multiple Case Study. CSE Technical Report 380. LA: CRESST.

Smith, S. M., Glenberg, A. M., & Bjork, R. A. (1978). Environmental contest and human memory. *Memory and Cognition, 6*, 342–353.

Snow, R., & Swanson, J. (1992). Instructional psychology: Aptitude, adaptation, and assessment. *Annual Review of Psychology, 43*, 583–626.

Sperling, G. A. (1960). The information available in brief visual presentation. *Psychological Monographs, 74*, Whole No. 498.

Squire, L. R. (1987). *Memory and the brain*. N.Y.: Oxford University Press.

Stallings, J., & Kaskowitz, D. (1974).'Follow–through classroom observation evaluation 1972–73'. Menlo Park, Calif.: Stanford Research Institute.

Sternberg, R. J. (1985). *Beyond IQ : A Triarchic Theory of Human Intelligence*. N.Y.: Cambridge University Press.

Sternberg, R. J. & Williams, W. M. (Eds.) (1998). *Intelligence, instruction, and assessment*. NJ: Erlbaum.

Sternberg, R. J., & Williams, W. M. (2003). 교육심리학. 전윤식 외 공역. 서울: 시그마프레스.

Summers, M. (1977). Learning disabilities: A Puzzlement. *Today's Education, 66*, 42.

Swanson, H. (1995). Using the cognitive processing test to assess ability: Development of a dynamic assessment measure. *School Psychology Review, 24*(4), 672–685.

Taylor, I. A. (1975). An emerging view of creative actions. In Taylor, I, A. & Getzels, J. W., *Perspectives in Creativity*. Chicago: Aldine.

Terman, L. M., & Oden, M. (1959). Genetic studies of genius: Vol. 5: The gifted group at midlife. Stanford, CA: Stanford University Press.

Thomas, E. L., & Robinson, H. A. (1972). *Improving reading in every class: A source book for teachers*. Boston: Allyn & Bacon.

Thompson, C. L., & Rudolph, L. B. (2000). *Counseling Children*. John Wiley & Sons Inc.

Thompson, C. L., & Rudolph, L. B. (2003). 아동상담의 이론과 실제. 천성문 외 역. 서울: 시그마프레스.

Torrance, E. P. (2000). Preschool Creativity. In Bruce A. Bracken(eds.). *The sychoeducational Assessment of Preschool Children*. MA: Allyn & Bacon.

Uric Neisser. (1996). Intelligence: Knowns and Unknowns. *American Psychologist, 51*(2), 77-101.

Vygotsky, L. S. (1962). *Thought and language*. Cambridge, MA: Harvard University Press.

Vygotsky, L. S. (1978). *Mind in Society: The development of higher psychological processes*. Cambridge, MA: Harvard University Press.

Vygotsky, L. S. (1986). *Thought and language*. Cambridge, MA: MIT Press.

Wallach, M. A., & Kogan, N. (1965). *Modes of thinking in young children: A study of the creativity-intelligence distinction*. N.Y.: Holt, Rinehart & Winston.

Waters, V. (1982). Helping children build tease tolerance. *RETwork, 1*(3), 1.

Waters, V. (1998). Irrational belief of children, adolescents, and parents. Personal communication.

Weiner, B. (1990). History of motivational research in education. *Journal of Educational Psychology, 82*(4), 616-622.

Wertheimer, M. (1959). *Productive thinking*. N.Y.: Harper & Row.

Wertsch, J. V. (1985). *Vygotsky and the social formation of mind*. Cambridge, MA: Harvard University Press.

Wiggins, G. P. (1990). The case for authentic assessment, ERIC Digest. ED328 611 TM 16142.

Wiggins, G. P. (1993). *Assessing Student Performance*. San Francisco: Jossey-Bass Publishers.

Williamson, E. G. (1950). *Counseling adolescents*. N.Y.: McGraw-Hill.

Wlodkowsky, R. (1986). *Motivation and teaching*. Washington, DC: National Education Association.

Woolfolk, A. E. (1990). *Educational Psychology/Study Guide*. MA: Allyn & Bacon.

Woolfolk, A. E. (1993). *Educational Psychology* (5th eds.). MA: Allyn & Bacon.

Woolfolk, A. E. (1997). 교육심리학. 김아영 외 역. 서울: 학문사.

찾아보기

인명

ㄱ

ㅅ

ㅇ

ㅊ

ㅋ

ㅌ

기타

저자소개

윤길근(尹吉根)
한양대학교 교육학과(학사, 석사, 박사)
육군3사관학교 교수
부천대학교 유아교육과 교수

주요 논문 및 저서
태도의 연상구조(한국심리학회), 태도와 행동의 관계(석사학위논문)
태도내변산의 크기가 Fishbein Model의 비중치 결정에 미치는 영향(한국심리학회)
태도내변산과 태도의 행동예언력(박사학위논문)
유아의 심리, 아동연구방법, 창의성 신장을 위한 교육방법, 교육평가의 탐구, 대학생과 리더십,
교육학개론, 유아교육기관 운영관리 외 다수
* E-Mail: bucheon@daum.net

김진규(金鎭奎)
경북대학교 교육학과(학사, 석사)
미국 University of Alabama 대학원(철학박사)
육군3사관학교 교수/국립교육평가원 교수
교육행정연수원, 국가전문행정연수원, 교육인적자원연수원,
교육과학기술연수원 교수/교육부 중앙교육연수원 교수 역임
현, 교육부 중앙교육연수원 객원교수
현, 서울교육대학교 초빙교수

주요 논문 및 저서
교사를 위한 정의적 특성의 평가방법, 교육평가, 행동발달평가, 과학과 수행평가의 이해와 활용,
교육과정과 교육평가, 프로그램 평가방법, 아동연구방법, 김교수의 형성평가 이야기, 교육평가 탐구
이야기, 형성평가 탐구 50가지 이야기, 교육평가의 탐구, 형성평가 101가지 기법 외 다수
* E-Mail: jkim618@daum.net

이영훈(李英薰)
한양대학교 교육학과(학사, 석사, 박사)
한양대학교 사범대 교육학과 강사(심리학 개론, 교육심리)
오산대학교부설유치원 원장
현, 오산대학 유아교육과 부교수(교육학, 교육심리학)
현, 오산대학교 NCS지원센터 소장

주요 논문 및 저서
태도의 면역처치가 설득에 대한 저항에 미치는 영향(석사학위 논문),
태도의 지식구조와 정보처리양식: 이중처리이론을 중심으로(1)(박사학위논문),
태도의 면역기제 : 양극성에서 이원성으로
경험유형에 따른 태도구조 및 태도-행동관계의 차이
설득에 대한 지지적 방어와 반박적 방어가 메시지의 처리양식에 미치는 영향
예비유아교사의 학습동기유형에 따른 학업적 자기효능감과 학습몰입
집단심리, 한국노동교육원 교육평가도구 개발, 유아문제행동의 이해 및 지도 외 다수

교육심리학의 이해

2017년 9월 5일 1판 1쇄 인쇄 | 2017년 9월 10일 1판 1쇄 발행
2019년 9월 10일 1판 2쇄 발행 | 2022년 9월 10일 1판 3쇄 발행

지 은 이 윤길근 김진규 이영훈
펴 낸 이 최용구
펴 낸 곳 도서출판 신정

주 소 (04316) 서울시 용산구 원효로 89길 19 (원효로1가)
전 화 02) 3211-4782 · 0266(영업부), 3211-4783(편집부), 3211-4784(팩스)
이 메 일 shinjeong72@naver.com
홈페이지 www.sjbook.co.kr
등 록 2001년 5월 11일 제13-702호

기획마케팅 최용구 장만동 최충구 진소희
책임편집 석기은 황가연
표 지 SDY

ISBN 978-89-5912-429-9 93370

정가 19,000원